# Die Beste Küche Oder Die Kunst Mit Geringem Aufwand Geschmackhaft Und Gründlich Kochen Zu Lernen: Ein Unentbehrliches Handbuch Für Deutsche Mädchen Und Hausfrauen Nach Vieljähriger Erfahrung Für Bürgerliche Haushaltungen Wie Für Die Vornehmere Küche...

Elisabetha Emmerich

# Die
# beste Küche

## oder

## die Kunst

mit geringem Aufwand geschmackhaft und gründlich
kochen zu lernen,

ein

unentbehrliches Handbuch für deutsche Mädchen und Hausfrauen
nach vieljähriger Erfahrung für bürgerliche Haushaltungen wie für
die vornehmere Küche

bearbeitet

von

## Elisabetha Emmerich.

---

*Zweite stark vermehrte und verbesserte Auflage.*

Kempten 1847.

Druck und Verlag von Tobias Dannheimer.

281.

# Vorrede zur erſten Auflage.

In dieſem Buche habe ich nach langjährigen Erfahrungen und vielfältig wiederholten Aufforderungen eine zuverläßige Anleitung für Zubereitung der geſundeſten und ſchmackhafteſten Speiſen niederzulegen geſucht und hoffe den Küchen höherer und bürgerlicher Stände damit einen Dienſt geleiſtet zu haben.

Weit entfernt mit dem Titel des Buches eine Eitelkeit ausgeſprochen und meine Arbeit für das beſte Kochbuch ausgeben zu wollen, habe ich den Titel deshalb nicht unpaſſend gefunden, weil das Buch in ökonomiſcher Beziehung ſowohl als in Rückſicht auf geſunde Speiſenbereitung dasjenige zu beachten nirgends überſehen haben dürfte, was man von der beſten Küche mit Recht verlangen darf. Es iſt das Wohlfeilere mit Erreichung gleichen Zweckes dem Koſtſpieligern überall vorgezogen, alles Ueberflüßige und Umſtändliche vermieden und die Vorſchriften ſo dargeſtellt, daß ſelbſt die angehende Köchin ſich zurecht finden ſollte.

Iſt der beabſichtigte Zweck mit dieſem Buche erreicht, ſo iſt es eine Beruhigung, die darauf verwendete Mühe mit einigem Nutzen für deutſche Familien belohnt zu ſehen.

Die Verfaſſerin.

# Vorrede zur zweiten Auflage.

Die freundliche Theilnahme, welche mein Kochbuch selbst in weitern Kreisen gefunden hat, machte es früher als ich zu hoffen wagte eine neue Auflage nöthig.

Ich habe dabei nichts zu bemerken, als daß ich die Freude habe, sie dem Publikum vermehrt und verbessert und in einem schmuckern Gewande hiemit übergeben zu können.

Die Verfasserin.

# Inhalt.

## Verschiedene Knöpflein (Knödel) in die Suppen.

## Verschiedene kleine Pastetchen, die nach den Suppen servirt werden.

## Rindfleisch auf verschiedene Arten gut zuzubereiten.

## Ochsenzungen auf verschiedene Arten zuzubereiten.

## Gemüse.

## Verschiedene Auflagen zu Gemüsen.

## Verschiedene Ragouts von Fleisch, wildem und zahmen Geflügel.

## Verschiedene Braten von Fleisch und Geflügel.

## Verschiedene Salate und Compots.

## Verschiedene Sulzen und Gelées.

## Verschiedene Crême.

# Allgemeine Bemerkungen.

Für Reinlichkeit und Ordnung beständige Sorge tragen, ist eine der nöthigsten Eigenschaften in der Küche, die ihren Werth nie verlieren kann, da selbst die geringste Speise reinlich zubereitet und gekocht, schon dem äußern Ansehen nach einen gewißen Werth erhält, während das kostbarste Gericht durch unsaubere Behandlung weit unter denselben herabgesetzt wird; deßwegen muß auch immer die Sorgfalt einer jeden Köchin zuerst dahin gehen, daß das Kochgeschirr stets rein gehalten werde. In einer Küche wo Kupfer eingeführt ist, ist doppelte Sorgfalt zu empfehlen, und sehr darauf zu sehen, daß solches immer gut verzinnt, und vor jedesmaligem Gebrauch mit einem reinen Tuch ausgewischt werde, weil die geringste zurückgebliebene Feuchtigkeit Grünspahn erzeugen, und solcher bekanntlich der Gesundheit nachtheilig werden kann, auch muß nie eine Speise in einem metallenen Geschirr, worin sie gekocht worden ist, aufbewahrt werden.

Alles Fleisch und Feder-Vieh, zu welchem Gebrauch es auch sei, muß man wohl waschen und reinigen, nicht aber, wie viele irrig glauben, es stundenlang im Wasser liegen lassen; dieses ist ganz zweckwidrig, indem ein großer Theil der Kraft, die das Wasser herauszieht, dadurch verloren geht. Ist Fleisch oder Feder-Vieh wirklich schon etwas angelaufen, so wasche man es anhaltend aus mehreren frischen Wassern ab, und es wird nützlicher sein, als wenn man es stundenlang wässern würde.

In Hinsicht auf die Art zu kochen, läßt sich keine allgemeine Vorschrift ertheilen, hiebei muß Uebung, Nachdenken und Kenntniß des Geschmacks derjenigen Personen, für welche man zu kochen hat, leiten, da Einige fette und stark gewürzte Speisen, Andere das Gegentheil lieben, der Eine liebt sehr weich gekocht, während bei dem Anderen die Speisen, besonders Braten, in völligem Saft, beinahe halb roh sein sollen. Soll indessen Fleisch, oder Feder-Vieh schmackhaft und leicht verdaulich sein, so muß solches im Sommer wenigstens 24 Stunden zuvor abgeschlachtet werden, bei kühlerer Jahreszeit aber kann dieses 2 auch 3 Tage zuvor geschehen, auch soll alles Geflügel, es sei welcher Art es wolle, trocken gerupft, ausgenommen, und bis zum Gebrauch aufgehängt werden.

Eine Hauptsache bei dem Kochen ist diese, daß immer gleiches, gemäßigtes Feuer unterhalten werde, damit nicht einmal das Essen bis zum Ueberlaufen koche, und dann wieder durch zu wenig Feuer

aus dem Kochen komme und erstarre, auch muß man sehr darauf
sehen, daß die Töpfe, worinnen gekocht wird, mit einem passenden
Deckel versehen seyen, damit die Speisen nicht räucherig werden, welches theils dadurch entsteht, wenn der Deckel zu groß ist, und über
das Geschirr hinausgeht, oder auch wenn man nasses und schlechtes
Holz brennt, daher Buchenholz seines ruhigen Brennens und gelinde
anhaltender Hitze wegen, allem anderen vorzuziehen, und weiches
Holz blos dann zu empfehlen ist, wann es eines schnellen Feuers,
unter einem Bratofen bedarf.

Bei Bestimmungen von Gewürzen an vorzukommende Speisen ist
es keineswegs gemeint, daß es absolut dazu oder gerade so viel genommen werden muß; hiebei muß die Köchin den Geschmack ihrer
Gäste kennen, und sich nach denselben zu richten wissen. Soll in
einer Küche durchaus alles Gewürz vermieden werden, so kann dieses
ohne allen Nachtheil für die Gesundheit durch die mehrmals mitange-
führten Kräuter, als Thimian, Basilikum, Zitronenkraut, Estragon, oder
das davon bereitete Pulver, welches in diesem Buch angezeigt ist,
ersetzt werden.

Da dieses Buch nicht allein für Augsburg und dessen Umgebun-
gen, sondern auch für andere Gegenden einiges Interessen haben
dürfte, so muß ich mich hinsichtlich der Angabe vom Brod genauer
erklären, da die Verschiedenheit desselben zu groß ist, und sonst leicht
Irrungen und Undeutlichkeiten entstehen könnten. Ich habe also solches nach dem Gewicht berechnet, es ist demnach, wenn bei einer
vorkommenden Vorschrift zu einer Speise von einem Milchbrod die
Rede ist, darunter das Gewicht von 6 Loth verstanden.

In Ansehung der Bestimmungen, wo das Maaß nach Löffeln an-
gegeben ist, wird man wohl thun, wenn man hierin die Mittelstraße
geht, wenn dieses nicht bei jeder Speise genau bemerkt sein sollte;
das nemliche ist auch bei Eyern, Zitronen und dergleichen zu beobachten, die bald größer, bald kleiner sind. Daß bei Meßereien von
Essig, Raum, Zucker, Mandeln u. dgl. Eßlöffel gemeint sind, versteht
sich von selbst, so wie bei Mehl, wo solches nicht ausdrücklich bemerkt
ist, von Kochlöffeln, bei Fleischbrühe, Jus, oder Wasser, aber von
Schöpflöffel die Rede ist.

Bei Maaß und Gewicht habe ich durchaus das Bayerische an-
genommen, wovon das Letztere dem Wiener gleich ist, und sich zu
dem Preußischen und Würtemberg'schen wie 32 Loth Bayer. zu 38
Loth Preußisch, oder Würtembergisch verhält.

## Nro. 1. Consomé oder Glace.

Man haut einen Ochsenfuß sammt vier Kalbsfüßen klein, nimmt ferner ein altes Huhn, 5 Pf. mageres Rindfleisch, 1 Pf. Schinken, und was man von Abfällen an Kalbfleisch oder Geflügel sonst noch hat; belegt eine große Casserolle oder irdenen Tigel mit Nierenfett, schneidet 2 Zwiebel in Scheiben, und legt diese sammt einigen zerschnittenen gelben Rüben und Petersil-Wurzeln, dann genanntes Fleisch und Beinerwerk, welches alles klein zerschnitten und gehackt sein muß, darauf, deckt das Geschirr mit einem passenden Deckel zu, stellt es auf Kohlen, und läßt den Inhalt dämpfen, bis sich am Boden ein brauner Satz zeigt, gibt aber wohl acht, daß dieses langsam geschieht, damit es nicht anbrennt, und die Glace dadurch einen brandigen Geschmack bekömmt, alsdann füllt man es mit 8 Maaß halb Wasser halb Fleischbrühe auf, thut 10 bis 12 Nelken und eben so viel Pfeffer-Körner dazu, läßt solches 4 bis 5 Stunden langsam kochen, bis alles Fleisch und Beinerwerk weich und gut ausgekocht ist, schöpft sodann die Fette ganz rein ab, gießt die Brühe zuerst durch ein Sieb, dann durch eine aufgespannte Serviette, bis sie hell abläuft, stellt das durchgelaufene in eine reine Casserole auf glühende Kohlen, und kocht es langsam, unter beständigem Umrühren, bis die Masse so dick ist, daß man sie mit dem Löffel in die Höhe ziehen kann, gießt sie alsdann auf eine Platte, oder in eine flache Form, bis sie gestanden ist, läßt die Glace an einem temperirten Orte trocknen, schneidet sie in Stücke, und verwahrt sie in reinem Papier, zu folgendem Gebrauch, nämlich:

Hat man schlechte, oder gar keine Fleischbrühe, so wird ein Stückchen von dieser Glace in Wasser aufgelöst, und statt derselben gebraucht, auch bedient man sich deren um Gemüße und Saucen kräftig zu machen, indem man, je nach Verhältniß, ein Stückchen davon zusetzt, endlich, um Geflügel und anderes Fleischwerk, so in einer Braise gekocht wird, damit zu glaciren, worauf ich mich hin und wieder beziehen werde.

## Nro. 2. Weiße Coulis.

Man schneidet eine handvoll Zwiebel klein, eben so Petersil-Wurzeln und gelbe Rüben, hat man Abgang von Geflügel, so wird solches mit 2 Pf. Kalbfleisch in kleine Stückchen zerschnitten, und mit ¼ Pf. guter Butter so lange gedämpft, bis sich am Boden des Geschirrs ein lichtgelber Satz zeigt, hierauf streut man 2 bis 3 händevoll feinstes Mehl dazu, läßt dieses noch so lange unter stetem Umrühren dämpfen, bis das Mehl angezogen hat, und sich kräuselt, gießt 3 bis 4 große Schöpflöffelvoll gute Fleischbrühe hinzu, kocht das Ganze noch eine Zeitlang, und treibt es sodann durch ein Sieb.

Will man nun weißes Ragout von Geflügel oder Fleisch verfertigen, so dämpft man solches zuerst in einem Stück Butter weiß, gibt ein paar Eßlöffel voll von dieser Coulis, nebst denen bei den Ragout angezeigten Kräutern, Trüffeln, Morgeln, Zitronen, Pommeranzen, Wein oder Fleischbrühe, je nachdem Eines oder das Andere erforderlich ist, dazu. Auf diese

1 *

Art ist bei Zubereitung von weißen, wie braunen Ragout, das Aufstäuben und Mehlrösten erspart, und eignet sich daher diese Coulis vorzüglich für große Küchen.

## Nro. 3. Braune Coulis.

Man schneidet ½ Pf. rohen Schinken klein, ebenso 1 Pf. Hammel=, Kalb= oder Rindfleisch, auch wenn man Abgang von Wildpret hat, schneidet man solches klein, und nimmt es ebenfalls dazu, dämpft das Ganze mit zwei händevoll klein geschnittenen Zwiebeln, gelben Rüben und Petersil=Wurzeln in ⅛ Pf. Butter, bis sich am Boden ein brauner Satz zeigt, streut alsdann drei händevoll feines Mehl darauf, rührt solches so lange um, bis es braun ist, gießt zwei bis drei eßlöffelvoll Schü (Jus) oder sonst gute Fleischbrühe dazu, läßt es so lange kochen, bis alles weich ist, treibt sodann die Coulis durch ein Haarsieb, und verwendet sie zu brauner Ragout, wie zu Wildpret.

## Nro. 4. Braise, eine Art Sud.

Man gießt in eine Casserolle gute frische Fleischbrühe, die ziemlich fett seyn darf, rechnet auf eine Maaß derselben ¼ Maaß weißen Wein, ein paar geputzte gelbe Rüben, ebenso Petersil=Wurzeln, eine in Scheiben geschnittene Zitrone, eine Zwiebel, ein Lorberblatt, und einige in einen Strauß gebundene feine Kräuter. Soll Geflügel darin gekocht werden, so muß solches, nachdem es wohl gereiniget ist, schön dressirt und zierlich gespickt, oder mit Speck eingebunden werden. Ebenso werden auch Fricandeaux behandelt. Soll aber Wildpret darin gekocht werden, so muß nach Proportion Essig dazu gegeben werden.

Das Geschirr wird zuerst mit einem Blatt weißen Papiers und passendem Deckel zugedeckt, alsdann auf Kohlen gesetzt.

Alles Fleisch und Geflügel, so in einer Braise gekocht wird, darf nur ganz langsam kochen, eigentlich nur ziehen, damit es durchaus mürbe und zart wird, auch zugleich schön weiß bleibt. Bei kühlem Wetter kann man sich derselben mehrere Tage nach einander bedienen, sie aber, wenn sie anfängt untauglich zu werden, durch ein Sieb ablaufen, und zu einer Glace wie solches Nro. 1. beschrieben ist, einkochen lassen, auch kann sie zu braunen Saucen verwendet werden.

## Nro. 5. Bechemelle.

Man schneidet ein paar Trüffeln, die wohl gereinigt sein müssen, ein paar gelbe Rüben, Petersil=Wurzeln, und ein Stückchen Schinken klein, dämpft dieses mit ¼ Pf. frischer Butter ein paar Minuten, rührt zwei händevoll feines Mehl dazu, und wenn dieses angezogen hat, oder zu steigen anfängt, gießt man so viel süßen Rahm dazu, bis es wie ein dicker Brei ist, kocht solches gut aus, treibt es durch ein Haarsieb, und verwendet es zu verschiedenen in diesem Buch vorkommenden Speisen, worauf ich mich beziehen werde.

## Nro. 6. Farçe oder Fülle von Kalbfleisch.

Man schabt 1 Pf. rohes Kalbfleisch mit einem Messer von Haut und

Flechsen ab, wiegt dieses mit ¼ Pf. frischem Speck, 4 bis 6 Chalotten, und einer kleinen Handvoll Petersilkraut, ganz fein, hierauf weicht man das Innere von einem Kreuzer Milchbrod in guter Fleischbrühe ein, preßt solches, wenn es durchweicht ist, fest aus, und trocknet es mit ¼ Pf. frischer Butter auf Kohlen ab, nimmt alsdann das gewiegte Fleisch sammt dem abgetrockneten Brod in einen Mörser, gibt Salz, Muskatblüthe, sammt dem Gelben von 4 bis 5 Eyern dazu, und stoßt es tüchtig und fein ab, das Weiße von drei Eyern schlägt man zu Schnee, und mischt solchen ebenfalls in die Farçe. Man kann sich dieser zum Farciren der Hühner, Indians, Tauben und verschiedener anderer Speisen, worauf ich mich hin und wieder beziehen werde, bedienen.

## Nro. 7. Schü (Jus).

Man belegt den Boden einer Casserolle oder Tigel mit frischem Nierenfett, schneidet zwei bis drei große Zwiebeln in Platten, und legt diese darauf, hierauf schneidet man 1 auch 2 Pf. mageres Rindfleisch in dünne Stücke, klopft es wohl, und legt sie auf die Zwiebel, hat man Abfälle von Kalbfleisch oder Geflügel, wird solches ebenfalls dazu genommen, alsdann schneidet man eine kleine Handvoll verschiedener Wurzeln, als gelbe Rüben, Petersil, Selleri und Pastinat, legt diese, nachdem sie rein gewaschen sind, darauf, nebst ein paar Nelken und einigen Pfefferkörnern, alsdann wird das Geschirr mit einem passenden Deckel versehen, auf gelinde Kohlen gesetzt, und langsam gedämpft, bis man sieht, daß sich am Boden ein brauner Satz zeigt, hierauf füllt man die Casserolle mit guter Fleischbrühe auf, legt etwas Petersilkraut, welches die Schü (Jus) hell macht, dazu, kocht sie, bis das Fleisch und Uebrige weich ist, ganz langsam, schöpft dann die Fette davon ab, paßirt die Schü durch ein Haarsieb, und hebt sie zum Gebrauch auf.

## Nro. 8. Bouillon (Fleischbrühe).

Ein Stück Rindfleisch, das beste hiezu ist das Kreuz- oder Schwanzstück, setzt man, nachdem es geklopft und gewaschen ist, mit einem alten Huhn, einem Kalbsknochen, einem Stückchen mageren Hammelfleisch und einem Stückchen Rindsleber, mit kaltem Wasser an das Feuer, nimmt den Schaum, wenn dieses zu sieden anfängt, rein ab, gibt das gehörige Salz hinzu; hiebei muß man jedoch sorgfältig sein, und lieber anfangs wenig, und nachdem solches eine zeitlang gekocht hat, die Bouillon versuchen, und wenn ihr noch Salz fehlen sollte, damit nachhelfen, als sie gleich anfangs zu stark zu salzen; hierauf putzt man einige gelbe Rüben, Petersil- und Selleri-Wurzeln, gibt diese sammt ein paar Stengel Bori oder Lauch darein, kocht die Bouillon zugedeckt, ganz langsam, bis das Fleisch weich, und solche kräftig genug ist, schöpft dann die Fette davon ab, paßirt sie durch ein Haarsieb, läßt sie völlig erkalten, bevor man einen Deckel darauf gibt, um das Sauerwerden, welches man hiedurch befördern würde, zu verhüten, und hebt sie an einem kühlen Ort zum Gebrauch auf.

# Suppen.

## Nro. 9. Schü oder braune Suppe.

Man belegt einen Tigel mit Nierenfett, hat man dieses nicht zur Hand, so kann gute Butter, oder Abschöpffett, so vom Rindfleisch genommen ist, verwendet werden, alsdann schneidet man nach Proportion, einen auch zwei große Zwiebeln in Platten, legt diese auf das Fett, 1 Pf. mageres Rindfleisch wird in dünne Stücken zerschnitten, solches mit dem Rücken eines großen Messers wohl geklopft, und fest auf die Zwiebeln gelegt, gibt sodann eine starke Handvoll gereinigte Wurzeln, als gelbe Rüben, Petersil, Selleri und Pastinat hinzu, versieht das Geschirr mit einem passenden Deckel, setzt es auf gelinde Kohlen, und läßt den Inhalt so lange, langsam dämpfen, bis sich am Boden ein brauner Satz angesetzt hat, sodann füllt man das Geschirr mit Fleischbrühe auf, gibt ein paar Nelken sammt einigen Pfefferkörnern und etwas grüne Petersil hinzu, und läßt es so lange kochen, bis alles weich ist, alsdann wird die Fette rein abgeschöpft, die Schü durch ein Sieb oder Seiher abgegossen, noch einmal zum Kochen gebracht, und über gebähte Schnitten oder Knöpflein, deren mehrere angezeigt sind, angerichtet, jedoch müssen alle Knöpflein, die nicht aus Schmalz gebacken sind, vorher in Wasser oder Fleischbrühe abgekocht, mit einem Schaumlöffel ausgehoben, und die Schü dann darüber angerichtet werden.

## Nro. 10. Biscuit-Suppe.

Hiezu rührt man ¼ Pf. Butter ganz leicht, schlägt nach und nach sechs Eyer dazu, zu jedem Ey aber einen Eßlöffelvoll feines Mehl, rührt dieses noch eine Viertelstunde, gibt Salz und Muskatblüthe daran, bestreicht eine Form mit Butter, füllt die Masse darein, und backt sie in einem gelinden Ofen. Wenn solches fertig und erkaltet ist, kann es in Schnitten getheilt, und gebäht, oder es kann ganz in die Suppenschüssel gegeben werden, in letzterem Fall muß die Suppe ein paar Minuten auf Kohlen gestellt werden; es wird Schü (Jus) oder gute Fleischbrühe mit ein paar Eyergelb abgezogen, darüber angerichtet.

## Nro. 11. Suppe von grünem Kern oder Waizen.

Ein Viertelpfund grünen Kern setzt man mit kalter Fleischbrühe an das Feuer, und kocht ihn bis er ganz weich ist, alsdann treibt man ihn durch ein Sieb oder engen Seiher, verdünnt das durchgetriebene mit heißer Fleischbrühe, so daß es die Dicke wie leichter Gerstenschleim hat, hierauf röstet man klein gewürfelt Milchbrod in Butter gelb, gibt den Kernschleim kochheiß darüber, würzt die Suppe mit Muskaten, und gibt sie zu Tische.

## Nro. 12. Suppe von gestoßenem Fleisch.

Uebergebliebenes Kalb- oder Hammelfleisch, auch Abgang von Geflügel, wenn man dieses hat, stößt man mit einer handvoll Petersilkraut und etwas Sauerampf in einem Mörser gut ab, dämpft es mit einem Stück frischer Butter, füllt es mit guter Fleischbrühe auf, und läßt es eine Stunde langsam kochen, hierauf treibt man solches durch ein Haarsieb, würzt es mit Muskaten, und richtet die Suppe, nachdem sie wieder kochend gemacht worden ist, über gebähte Schnitten von Milchbrod an, es können auch zwei bis drei Eyergelb mit etwas kalter Fleischbrühe abgezogen, und an die Suppe gegeben werden.

## Nro. 13. Schü (Jus) Suppe mit Hirn.

Ein rein gewaschenes, von Haut und Adern befreites Kalbshirn wird mit ¼ Pf. frischer Butter leicht gerührt, ein abgeriebenes und in Milch eingeweichtes zwei Kreuzer Mundbrod wird erst ausgedrückt, und solches nebst drei Eyer, Salz und Muskatblüthe mit in die Butter und das Hirn gerührt, hierauf bestreicht man eine Form mit kalter Butter, füllt die gerührte Masse darein, setzt solche auf ein Geschirr mit kochendem Wasser, bis sie fest gestanden ist, stürzt sie alsdann in die Suppenschüssel, und gibt kochheiße Schü (Jus) darüber.

## Nro. 14. Schü (Jus) Suppe mit Gurken.

Man sticht aus zwei oder drei mittelgroßen Gurken der Länge nach den Kern heraus, und schält sie alsdann erst, hierauf verfertigt man von einem Stückchen rohen Kalbfleisch ungefähr ¼ Pf., das man von aller Haut gesäubert hat, eine kleine handvoll Petersilkraut, und ein Stückchen geschabenen Speck oder Mark, eine feine Farçe, stößt solche mit 3 bis 4 Eyergelb, Salz, Muskatblüthe, und dem Innern von einem halben Kreuzerbrod, welches in Fleischbrühe geweicht, und wieder fest ausgedrückt wird, in einem Mörser fein ab, füllt damit die ausgehölten Gurken, schneidet sie alsdann in runde Scheiben, wendet diese in zerklopften Eyern um, bestreut sie mit geriebenem Milchbrod, und backt sie aus heißem Schmalz, hierauf legt man die gebackene Gurken, nachdem sie abgelaufen sind, in die auf den Tisch bestimmte Schüssel, gibt gute kochheiße Schü (Jus) darüber, läßt die Suppe einige Minuten auf heißer Asche anziehen, und gibt sie zu Tische.

## Nro. 15. Schü (Jus) Suppe mit Hühner- oder Kapaunen-Farçe (Fülle).

Hiezu nimmt man die rohe Brust von einem Kapaunen oder zwei jungen Hühnern, zieht die Haut davon, nimmt das Fleisch auf ein Brett, und schabt es mit einem Messer, so daß jedes Häutchen davon kommt, rein aus, wiegt es alsdann, mit ein paar Chalotten und etwas Petersilkraut fein, und stößt es mit einem Mörser gut durch, indessen weicht man das Innere von einem halben Milchbrod in süßem Rahm, drückt solches, wenn es weich ist, fest aus, und stößt es mit 12 Loth frischer Butter, Salz, Muskatblüthe und obigem Fleisch noch einmal tüchtig ab, schlägt sodann von 6 Eyerklar einen steifen Schnee, rührt diesen in die Farçe, legt davon länglichte Stückchen in kochende Fleischbrühe, läßt sie aber nur 5 bis 6 Minuten kochen, richtet sie dann mit einem Schaumlöffel in die dazu bestimmte Schüssel an, gibt kochheiße Schü (Jus) darüber, und servirt sie sogleich zu Tisch.

### Nro. 16. Schü (Jus) Suppe von Fischen.

Man bestreicht den Boden einer Casserolle oder Tigel dick mit kalter Butter, schneidet 2 bis 3 Pf. Fisch, welcher Art sie sein mögen, in Stücke, trocknet sie, nachdem sie rein gewaschen sind, mit einem Tuch ab, bestreut sie auf einer Seite mit Mehl, und legt die bestreute Seite auf die Butter, ferner eine Handvoll zerschnittene Zwiebeln, gelbe Rüben und Petersilwurzeln, stellt das Geschirr sodann auf Kohlen, bis die Fische braun sind, füllt solches mit hellem Erbsensud auf, und kocht das Ganze so lange, bis alles weich ist, alsdann schöpft man die Fette davon, paßirt die Schü (Jus) durch ein Sieb, setzt sie neuerdings auf das Feuer, verfertigt abgetrocknete Knöpflein nach Nr. 80., und setzt solche in die kochende Schü (Jus) ein.

### Nro. 17. Weiße Schü (Jus) Suppe.

Man bestreicht eine Casserolle dick mit kalter Butter, schneidet 2 bis 3 Pf. Kalbfleisch nebst Abgängen von Geflügel klein, und legt es darauf, ferner eine Handvoll verschiedener Wurzeln, als Petersil, Selleri, Pastinat, gelbe Rüben und eine Zwiebel, verschließt sodann die Casserolle mit einem passenden Deckel, stellt sie so lange auf schwache Kohlen, bis sich am Boden ein gelber Rand zeigt, und füllt sie dann mit 3—4 Maaß Fleischbrühe auf, läßt das Ganze so lange langsam kochen, bis alles weich ist, schöpft alsdann die Fette davon ab, und paßirt die Schü (Jus) durch ein Sieb; hierauf verfertigt man von denen weiter unten angezeigten Knöpflein, welche Art beliebig ist, kocht solche in leichter Fleischbrühe, richtet sie, wenn sie fertig sind, mit dem Schaumlöffel in die dazu bestimmte Schüssel an, und gibt obige Schü (Jus) kochheiß darüber.

### Nro. 18. Suppe von Sago.

Einen Viertelpfund braunen oder weißen Sago, auf acht Personen gerechnet, wird rein verlesen, und so oft gewaschen, bis er von allem Staub befreit, und ganz durchsichtig ist, alsdann zum Ablaufen auf ein Sieb oder Seier geschüttet; hierauf macht man in einem Tigel oder Casserolle Fleischbrühe kochend, gibt den Sago dazu, und läßt ihn anderthalb bis zwei Stunden kochen; beim Anrichten wird Muskatblüthe darauf gegeben, man kann auch den Sago ganz dünn wie Gerstenschleim kochen, und solchen über gebähte Schnitten anrichten, auch kann statt Fleischbrühe Schü (Jus) genommen werden, die Suppe wird dadurch kräftiger.

### Nro. 19. Suppe von Sago mit Wein.

Zu vier Personen verliest und wascht man 4 Loth weißen Sago, wie oben angezeigt ist, hierauf kocht man in einer Casserolle oder neuen Tigel, worin noch nichts fettes gekocht wurde, drei Schoppen rothen Wein mit einem Schoppen Wasser vermischt, ein Stück Zucker, ein Stück Zimmt und ein Stückchen Zitronenschale, gibt den abgelaufenen Sago dazu, und kocht ihn unter fleißigem Umrühren zur Dicke einer Gerstensuppe ein; sollte die Suppe, ehe solche ganz ausgekocht ist, zu dick sein, welches öfters von der Qualität des Sago's abhängen kann, so wird etwas Wein mit einem Stückchen Zucker siedend gemacht, und damit nachgeholfen.

## Nro. 20. Suppe mit Spargeln.

Von kleinen Spargeln werden die Köpfe abgeschnitten, diese in Salzwasser verwällt, und zum Ablaufen auf ein Sieb oder Seiher gegossen, indessen zerläßt man ein Stückchen Butter, dämpft damit eine kleine handvoll fein gewiegtes Petersilkraut, stäubt ein paar Messerspitz Mehl darüber, läßt dieß so lange anziehen, bis es zu steigen anfängt, und gießt sodann die nöthige Fleischbrühe dazu, thut die abgelaufenen Spargeln in die Suppe, kocht sie ganz weich, und richtet sie über gebähte Schnitten von Milchbrod an, verklopft alsdann ein paar Eyergelb mit etwas kalter Fleischbrühe und Muskatblüthe, und gibt solches darein.

## Nro. 21. Suppe von grünen Erbsen.

Drei bis vier händevoll Brockelerbsen werden mit ein paar klein geschnittenen gelben Rüben mit guter Fleischbrühe weich und kurz eingekocht, alsdann durch ein Haarsieb getrieben, und mit Fleischbrühe verdünnt; ein oder zwei verwällte Kalbspriesen wiegt man mit etwas wenigem Petersilkraut klein, dämpft solche mit einem Stückchen Butter, stäubt eine Messerspitze voll Mehl darauf, wenn dieses angezogen hat, gießt man die Erbsenbrühe dazu, und richtet die Suppe, nachdem sie noch ein paarmal aufgekocht hat, über gebähte Schnitten, oder in Würfel geschnittenes und in Schmalz geröstetes Milchbrod an, würzt sie mit Muskat, und gibt sie gleich zu Tisch.

## Nro 22. Reis=Suppe.

Ein halb Pfund Reis für acht Personen berechnet, welches man rein verlesen, und ein paarmal aus heißem Wasser gewaschen hat, läßt man mit einem Stückchen frischer Butter und einem Schöpflöffelvoll siedendem Wasser in einer Casserollj oder Tigel auf Kohlen aufquellen, füllt solchen alsdann mit guter Fleischbrühe auf, gibt etwas fein gewiegtes Petersilkraut darein, und kocht den Reis, ohne darin zu rühren, bis er völlig weich ist; beim Anrichten wird die Suppe mit Muskat gewürzt.

Man kann auch den Reis nach dem Aufquellen statt der Fleischbrühe mit Schü (Jus) auffüllen, und sodann den Petersil weggelassen.

Auch kann der Reis, wenn man ihn nicht ganz haben will, nachdem er eingekocht hat, verrührt, und mit Fleischbrühe verdünnt, übrigens wie oben angezeigt damit verfahren werden.

## Nro. 23. Reis-Suppe mit Wachteln.

Der Reis wird wie vorgenannt, jedoch ohne Schü (Jus), gekocht, die Wachteln, welche frisch sein müssen, werden gerupft, ausgenommen, die Flügel abgebrochen, der Kopf und die Füße ebenfalls abgeschnitten, rein gewaschen, und mit Salz von innen und außen eingerieben, eine halbe Stunde vor dem Anrichten werden die Wachteln mit frischem Wasser noch einmal abgewaschen, solche in den Reis gethan, und bis sie fertig sind damit gekocht, beim Anrichten werden sie in die Suppe gelegt, und Parmesankäse besonders dazu servirt.

## Nro. 24. Durchgetriebene Reis-Suppe.

Ein halb Pfund Reis wird, nachdem er rein verlesen und gewaschen ist, mit ein halb Maaß Wasser und einem Stück Butter weich und kurz eingekocht, alsdann durch ein Haarsieb getrieben, und mit Schü (Jus) wie leichter Gerstenschleim verdünnt; von Milchbrod schneidet man kleine Würfel, röstet diese in Schmalz gelb, würzt solche mit Muskaten und richtet den durchgetriebenen Reis kochend darüber an. Man kann ihn auch ohne Brod geben, dann wird er aber etwas dicker gelassen.

## Nro. 25. Reis-Suppe mit Krebsen.

Von 25 bis 30 kleinen, zuvor in Salzwasser abgekochten Krebsen löst man die Schweife aus, und stößt das Uebrige, nachdem man es von der Galle befreit hat, in einem Mörser klein, röstet solches in 4 bis 6 Loth Butter, und füllt, nachdem selbige schön roth ist, die Casserolle mit 2 Maaß guter Fleischbrühe auf, schöpft die in die Höhe kommende Butter mit einem Löffel durch ein Sieb oder engen Seiher ab, und passirt die Brühe, nachdem sie noch eine Weile gekocht hat, ebenfalls durch ein Sieb, hierauf läßt man ¼ Pf. rein gewaschenen Reis mit der abgenommenen Krebs-Butter und einem großen Schöpflöffelvoll siedendem Wasser auf Kohlen langsam aufquellen, gießt nach und nach die Krebsbrühe ohne in dem Reis zu rühren dazu, und kocht ihn bis er weich ist; beim Anrichten wird die Suppe mit Muskaten gewürzt und die Krebsschweife darein gelegt.

## Nro. 26. Andivien-Suppe.

Man nimmt ein großes Stäudchen Andivien, putzt die Blätter von den Rippen ab, schneidet solche fein, und wascht sie aus frischem Wasser, indessen zerläßt man ein Stückchen Butter, dämpft den abgelaufenen Andivien eine kleine Weile, bestäubt ihn mit ein paar Messerspitzevoll Mehl, wenn solches angezogen hat, und sich zu kräuseln anfängt, gießt man die nöthige Fleischbrühe hinzu, kocht die Suppe so lang, bis der Andivien weich ist, würzt sie mit Muskaten, und richtet sie über gebähte Schnitten von Milchbrod an. Es können auch 2 bis 3 Eyergelb mit ein wenig kalter Fleischbrühe verklopft, und in die Suppe gegeben werden.

## Nro. 27. Französische Suppe.

Man schneidet ein paar gelbe Rüben, Petersil, Selleri und Pastinatwurzeln, sammt drei bis vier roh geschälte Erdäpfel in ganz kleine Würfel, wascht sie aus frischem Wasser und setzt sie mit Schü (Jus) in einer Casserolle auf Kohlen; von Milchbrod schneidet man so viel man nöthig zu haben glaubt, ganz dünne Schnitten, bäht diese gelb, zerstößt sie in einem Mörser gröblich, thut sie ebenfalls zu den Wurzeln in die Suppe, und kocht solche eine Stunde langsam, beim Anrichten wird Muskaten darauf gegeben.

## Nro. 28. Suppe à la Reine. (a la Rän.)

Ein Stück Kalbfleisch wird mit einem alten Huhn, einem Stückchen rohen Schinken, ein paar gelbe Rüben und Petersilwurzeln mit leicht gesalzwei Fleischbrühe an' das Feuer gesetzt, und so lange gekocht, bis das Huhn weich ist, alsdann wird dasselbe auf ein Brett genommen, die Brust herausgelöst, und solche in einem Mörser ganz fein zerstoßen; von 2 altgebackenen Milchbroden reibt man die Rinde ab, schneidet das Innere in Schnitten, thut sie sammt dem gestoßenen Fleisch und dem Gelben von 8 hartgesottenen Eyern, die man zuvor ein wenig zerdrückt, in eine Casserolle, passirt die Brühe durch ein Sieb dazu, und kocht solches noch eine Stunde lang, treibt die Suppe alsdann genau durch ein Haarsieb, würzt sie mit Muskaten, und erhält sie blos auf schwachen Kohlen bis zum Anrichten heiß.

N.B. Diese Suppe soll die Dicke eines starken Gerstenschleims haben.

### Nro. 29. Suppe von Kalbs-Briesen oder Milchen.

Zwei bis drei Kalbs-Briesen werden verwällt, und wenn solche erkaltet sind, mit einer kleinen Handvoll Petersilkraut, klein gewiegt, hierauf zerläßt man ein Stückchen Butter in einer Casserolle, dämpft das Gewiegte, bestäubt es mit ein paar Messerspitzevoll Mehl, schwingt solches einigemal damit um, bis das Mehl angezogen hat, gießt zwei Maaß gute Fleischbrühe dazu, läßt die Suppe noch ein wenig aufkochen, und richtet sie über gebähte Schnitten von Milchbrod an.

Wer es liebt, kann ein paar Eyergelb mit ein wenig kalter Fleischbrühe verklopfen, und solche nebst Muskaten an die Suppe thun.

### Nro. 30. Suppe von Körbelkraut.

Ein paar Händevoll verlesenes und gewaschenes Körbelkraut wird ganz fein gewiegt, mit einem Stückchen guter Butter gedämpft, zwei Messerspitzevoll Mehl daran gestäubt, und wenn solches angezogen hat, mit guter Fleischbrühe aufgefüllt, sodann eine Halbviertelstunde gekocht; hat man gerade Schü (Jus), so wird etwas weniges dazu genommen, alsdann verklopft man zwei bis drei Eyergelb mit etwas Fleischbrühe, oder wer es liebt, mit ein paar Eßlöffelvoll süßen Rahm, thut solche an die Suppe, läßt sie aber nicht mehr damit kochen, sondern richtet sie gleich, nachdem sie mit etwas Muskaten gewürzt ist, über gebähte Schnitten von Milchbrod an. Man kann unter das Körbelkraut auch eine Handvoll Sauerampf- und Petersilkraut nehmen.

### Nro. 31. Suppe von Lerchen oder Krametsvögel.

Zu einer Suppe für sechs Personen bratet man 4 Krametsvögel oder 8 Lerchen saftig, und läßt sie erkalten, alsdann schneidet man das Brustfleisch heraus und in dünne Blättchen, und stellt es bei Seite, das Uebrige von den Vögeln stößt man in einem Mörser mit dem Gelben von 6 hartgesottenen Eyern klein, dämpft es nach diesem mit einem Stückchen Butter in einer Casserolle oder Tigel, füllt es mit so viel Schü (Jus) oder Fleischbrühe auf, als man zur Suppe nöthig hat, und kocht solches eine Viertelstunde; hierauf treibt man es durch ein Haarsieb, und stellt es nach diesem wieder an das Feuer, ohne es jedoch kochen zu lassen, indessen bäht man von Milchbrod dünne Schnitten, legt diese sammt den zerschnittenen Brustchen in die dazu bestimmte Schüssel, streut ein wenig Muskaten darauf, und richtet die heißgehaltene Suppe darüber an.

### Nro. 32. Panade-Suppe.

Das Innere von zwei altgebackenen Milchbroden setzt man mit kaltem Wasser und einem Stück frischer Butter auf heiße Asche, oder schwache Kohlen, bis das Brod ganz weich und alle Feuchtigkeit aufgezehrt ist, verdünnt alsdann solches mit heißer Fleischbrühe, treibt es durch ein Sieb, und erhält es, ohne es weiter kochen zu lassen, bis zum anrichten heiß, hierauf verklopft man 3 bis 4 Eyergelb mit ein paar Löffelvoll süßem Rahm, oder wer solchen nicht liebt, mit Fleischbrühe, rührt diese an die heiße Suppe, würzt sie mit Muskaten, und richtet sie, ohne sie noch einmal an das Feuer zu bringen, an.

### Nro. 33. Suppe mit Bechemelle.

Man macht die Bechemelle Nro. 5. jedoch ohne die Trüffeln dazu zu nehmen, und rührt solche, nachdem sie erkaltet ist, mit 5 bis 6 Eyern ab, hierauf bestreicht man eine Platte mit Butter, gießt die abgerührte Bechemelle darauf, setzt solche zugedeckt auf ein Geschirr, worin kochendes Wasser ist, stellt dieses so lange in einen Bratofen, bis die Masse gestanden oder fest geworden ist, und sticht sie sodann mit einem Löffel in länglichte Stückchen in die dazu bestimmte Suppenschüssel heraus, gibt kochheiße Schü (Jus) darüber, würzt die Suppe mit Muskaten, und trägt sie sogleich zu Tisch.

### Nro. 34. Italienische Suppe.

Von Milchbrod schneidet man dünne runde Schnitten, zieht solche durch zerlassene gute Butter, bestreut sie auf einer Seite dick mit geriebenem Parmesankäse, legt sie auf ein Blech oder sonst flaches Geschirr, und läßt sie in einem Ofen leichte Farbe nehmen, hierauf gibt man in die Suppenschüssel gute Schü (Jus), legt die Schnitten darein, und trägt die Suppe zu Tisch.

### Nro. 35. Eyer-Suppe mit Hühner-Fleisch.

Ein junges Huhn siedet man mit guter Fleischbrühe und verschiedenen Wurzeln weich, zieht alsdann die Haut davon, macht alles Fleisch von den Beinern ab, und wiegt es mit etwas Petersilkraut ganz fein, hierauf verklopft man 8 ganze Eyer mit der durchpassirten Brühe zu Schaum, gießt solches durch ein Sieb in einen Topf, gibt das gewiegte Hühnerfleisch nebst Muskaten darein, stellt es zugedeckt in ein Geschirr mit kochendem Wasser so lange, bis die Suppe wie eine Eyergerste zusammen gelaufen ist, worauf sie servirt wird.

### Nro. 36. Suppe von Haberkern.

Ein Viertelpfund verlesener und rein gewaschener Haberkern wird mit etwas Wasser und einem Stückchen Butter auf Kohlen gesetzt, und wenn solches eingekocht ist, mit guter Fleischbrühe aufgefüllt, noch eine Stunde gekocht, alsdann durch ein Haarsieb getrieben, mit Fleischbrühe zu der Dicke eines Gerstenschleims verdünnt, bis zum Anrichten heiß erhalten, und Muskatblüthe darauf gegeben.

### Nro. 37. Consomé-Suppe.

Ein halb Pfund Kalbfleisch, und wenn man etwas vom zahmen oder wilden Geflügel hat, schabt man mit einem Messer von Haut und Flechsen rein, stößt es alsdann mit dem Innern von einem halben Milchbrod, welches man zuvor mit fetter Fleischbrühe durchweicht hat, in einem Mörser zu Brei, rührt das Gestoßene mit zwei ganzen, und dem Gelben von 6 Eyern ab, treibt dasselbe durch ein Haarsieb, gibt Salz und Muskaten daran, und verdünnt die Masse mit einer Maaß Schü (Jus), bestreicht alsdann eine glatte Form mit Butter, gibt das Genannte darein, setzt es auf ein Geschirr mit kochendem Wasser in einen Bratofen, bis solches gestanden ist, stürzt es dann in die auf den Tisch bestimmte Suppenschüssel, und gibt kochheiße Schü (Jus) darüber.

### Nro. 38. Hühner-Suppe.

Den Rückgrad von ein paar Hühner, Füße und sonstige Abfälle, stößt man mit einer Handvoll abgezogener Mandeln, und dem Gelben von 4 hartgesottenen Eyern, in einem Mörser zu Brei, dämpft solches in einem Stückchen Butter, füllt es dann mit guter Fleischbrühe auf, und läßt es eine halbe Stunde kochen, passirt es durch ein Haarsieb, und erhält die Brühe, ohne sie weiter kochen zu lassen, heiß, man kann sich von den späterhin angezeigten Knöpflein nach Belieben wählen, solche in Fleischbrühe, in Ermanglung deren in gesalzenem Wasser, fertig machen, sie mit dem Schaumlöffel in die dazu bestimmte Suppenschüssel setzen, und die indeß heißgehaltene Brühe mit etwas Muskaten darüber geben.

### Nro. 39. Schnecken-Suppe.

Fünf und zwanzig Schnecken für vier Personen gerechnet, siedet man in Wasser, bis sich die Deckel ablösen, zieht sodann die Schnecken aus den Häuschen, reinigt solche von dem sie umgebenden schwarzen Ring, zieht die Haut sammt dem übrigen Unreinen davon, schneidet den Kopf ab, und wäscht die Schnecken ein paarmal aus warmem Wasser, wozu etwas Salz kommt, läßt sie alsdann ablaufen, und wiegt sie nach diesem mit etwas Petersilkraut klein, hierauf zerläßt man ein Stückchen Butter, dämpft die Schnecken nur ein wenig, bestäubt sie mit zwei Messerspitzevoll Mehl, gießt, wenn solches angezogen hat, einen Schöpflöffelvoll Schü, das Uebrige gute Fleischbrühe hinzu, kocht die Suppe nur noch einige Minuten, gibt Muskaten darein, und richtet sie über gebähte Schnitten von Milchbrod an.

### Nro. 40. Suppe von Blättlein.

Von zwei ganzen Eyern, nebst von zweien das Gelbe, und was solche Mehl annehmen, macht man einen festen Nudelteig, wällt solchen in drei bis vier dünne Plätze aus, und schneidet, wenn diese ein wenig abgetrocknet sind, mit dem Backrädlein kleine viereckigte Blättlein daraus, backt sie aus heißem Schmalz gelb, kocht sie in guter Fleischbrühe ein paar Wall auf,

und gibt Schnittling oder Muskaten darauf. Man kann auch die Blättlein, ohne selbe zu backen, gleich nachdem sie geschnitten sind, aufkochen lassen.

## Nro. 41. Zwiebel-Suppe.

Weißes oder schwarzes Brod zu feinen Schnitten gemacht, wird mit
kochender Fleischbrühe oder Wasser angegossen, und in letzterem Fall gesalzen, hierauf verklopft man 2 bis 3 Eyer mit ein paar Eßlöffelvoll Wasser,
gießt solche auf die Suppe, röstet eine kleine Handvoll fein zerschnittener Zwiebeln in Schmalz oder Butter gelb, und schmälzt die Suppe damit auf.

## Nro. 42. Butter-Suppe.

Vier Loth frische Butter wird leicht gerührt, drei Eyer in warmes
Wasser gelegt, Eins nach dem Andern in die Butter geschlagen, zu jedem
Ey aber ein kleiner Löffelvoll feines Mehl, etwas Salz und Muskatblüthe
gerührt, hierauf wird der Teig mit einem oder zwei Löffelvoll süßem Rahm
verdünnt, derselbe in kochende Fleischbrühe gezettelt, und die Suppe ohne
sie länger kochen zu lassen, angerichtet.

## Nro. 43. Suppe mit Créme.

Acht Eyergelb werden mit einem Löffelvoll ganz fein gewiegtem Petersilkraut, ein wenig Salz, Muskatblüthe, und einem Quart guter und fetter Fleischbrühe verklopft, hierauf werden ganz kleine, blecherne Förmchen,
in Ermanglung dieser, kleine Obertassen mit kalter Butter bestrichen, solche
von Gemeldetem etwas über halbvoll gefüllt, in ein Geschirr mit kochendem Wasser gesetzt, das aber nur bis an die Häfte der Formen gehen darf,
und so gekocht, bis die Créme fest bestanden ist; man muß sich sehr in
Acht nehmen, daß während dem Kochen kein Wasser dazu kömmt, indessen
wird die auf den Tisch bestimmte Schüssel mit heißer Schü (Jus) bereit
gehalten, die Créme, wenn sie fertig ist, herausgestürzt, in dieselbe gegeben,
und sogleich servirt.

## Nro. 44. Suppe von Erdäpfel.

Gesottene und kalt gewordene Erdäpfel werden geschält und gerieben,
indessen zerläßt man ein Stück ungefähr 4 Loth Butter, dämpft damit einen Löffelvoll gewiegtes Petersilkraut, bestreut solches mit einer Messerspitzevoll Mehl, gibt, wenn dieses angezogen hat, einen kleinen Tellervoll geriebener Erdäpfel hinzu, läßt diese noch ein wenig damit dämpfen, wäscht
sie alsdann mit guter Fleischbrühe ab, und richtet die Suppe, nachdem sie
eine Viertelstunde gekocht hat, über gewürfeltes und im Schmalz geröstetes
Brod, an.

## Nro. 45. Suppe von Erdäpfel auf andere Art.

Sechs bis acht große, kalt gewordene Erdäpfel werden fein gerieben,
diese mit 6 Kochlöffelvoll feinem Mehl vermischt, mit ein wenig lauwarmer Milch und 3 Eyern zu einem nicht laufenden Teig gemacht, alsdann
wird in einer Casserolle oder Tiegel gute Fleischbrühe siedend gemacht und
durch einen Spatzenseiher oder auch mit einem Löffel kleine Spätchen in
die kochende Brühe gezettelt, und nachdem sie ein paarmal überkocht haben

angerichtet. An Fasttagen kann statt Fleischbrühe, Wasser genommen, und die Suppe mit Butter, worin geriebenes Brod geröstet ist, aufgeschmälzt werden.

## Nro. 46. Erbsen-Suppe.

Für sechs Personen setzt man ungefähr 6 kleine Händevoll Erbsen, die rein verlesen und gewaschen werden, mit kaltem Wasser, Salz, ein Selleri und ein paar Petersilwurzeln zu, hat man Abschöpffett, so thut man einen Löffelvoll, in Ermanglung dessen, ein Stückchen Butter dazu, kocht die Erbsen bis sie weich sind, treibt sie alsdann durch einen Seiher, verdünnt sie mit Fleischbrühe, thut ein klein wenig Pfeffer und Ingwer dazu, kocht sie noch einmal auf, und richtet sie über gewürfeltes und im Schmalz geröstetes Milchbrod an. Man kann auch zu den Erbsen statt Fleischbrühe Wasser nehmen, und wenn sie durchgetrieben sind, eine Handvoll gewiegtes Petersilkraut in einem Stückchen Butter dämpfen, solches an die Erbsen thun, sie mit Wasser verdünnen, im Uebrigen wie angezeigt, verfahren.

## Nro. 47. Schwarze Brod-Suppe mit Bratwürsten oder verlornen Eyern.

Gutes schwarzes Brod schneidet man in ganz feine Schnitten, röstet solche ein wenig in Butter, thut sie gleich in die dazu bestimmte Suppenschüssel, gießt gute Fleischbrühe darüber, und stellt die Suppe auf heiße Asche. Die Würste, welche frisch sein müssen, dreht man in halbfingerlange Stückchen ab, hängt sie in kochende Fleischbrühe, kocht sie wie ein weich gesottenes Ey, schneidet sie ab, und legt sie auf der Suppe herum.

In einer breiten Pfanne macht man Wasser siedend, schlägt so viel Eyer, als man braucht, Eins nach dem Andern hinein, doch nicht zu nahe, daß sie nicht zusammenhängen, und läßt sie blos so lange kochen, bis das Weiße sich darüber gezogen hat, klopft aber während dem immer auf die Pfanne, damit sich die Eyer nicht anhängen, gibt auch Acht, daß das Gelbe weich bleibt, alsdann nimmt man sie mit einem Schaumlöffel heraus, legt sie auf die Suppe, und gibt Muskatblüthe darauf.

## Nro. 48. Gries (Gros)-Suppe.

Man setzt gute Fleischbrühe an das Feuer, rührt, wenn es zwei Maaß Brühe ist, ungefähr 5 kleine Händevoll Gries, während dieselbe kocht, hinein, rührt die Suppe so lange, bis sie wieder in vollem Kochen ist, damit sie nicht knollig wird, gibt einen Löffelvoll fein geschnittenes Petersilkraut dazu, und kocht sie Dreiviertelstunden lang; sollte die Suppe zu dick sein, wobei es viel auf das Gries ankömmt, so wird solche mit Fleischbrühe verdünnt, auch kann beim Anrichten Muskatblüthe darauf gegeben werden.

## Nro. 49. Braune Gries (Gros)-Suppe.

Zwei bis drei Händevoll Gries röstet man mit einem Stück Butter in der Größe eines Ey, in einem Tiegel oder Casserolle auf Kohlen braun, füllt solches mit guter Fleischbrühe auf, und kocht diese Suppe eine gute Stunde stark, man kann statt der Fleischbrühe auch Wasser dazu nehmen, die Portion Butter zum Abrösten aber sodann verdoppeln.

### Nro. 50. Gersten (Graupen)-Suppe.

Für 6 Personen wird ein Viertelpfund feine Gerste zerstoßen, solche mit einem Quart Wasser und einem Stückchen frischer Butter auf Kohlen gesetzt, wenn dieses eingekocht hat, mit guter Fleischbrühe aufgefüllt, und zwei Stunden gekocht, will man blos den Schleim haben, so treibt man die Gerste durch ein Sieb, macht den Schleim wieder ganz heiß, drückt ein paar Tropfen Zitronensaft daran, und gibt ihn entweder in Tassen oder einer Schüssel zu Tisch.

### Nro. 51. Braune Gersten (Graupen)-Suppe.

Ein Viertelpfund feine Gerste röstet man man mit 4 Loth Butter dunkelgelb, füllt sie alsdann mit kochender Schü (Jus), oder guter Fleischbrühe, auf, und kocht sie drei Stunden langsam auf Kohlen, bis sie weich und schleimigt ist, diese Suppe kann wie die vorhergehende, sammt den Körnern in einer Schüssel, oder blos als Schleim in Tassen servirt werden.

### Nro. 52. Zitronen-Suppe.

Zwei altgebackene Milchbrode schneidet man zu feinen Schnitten, schält von einer Zitrone die Schaale ganz fein ab, befreit das Innere oder Mark von der daran befindlichen Haut, die bitter ist, und gibt alsdann Schaale und Mark, klein zerschnitten an das Brod, gießt eine Maaß gute Fleischbrühe hinzu, kocht die Suppe eine Stunde langsam auf Kohlen, treibt sie dann durch ein Sieb, würzt sie mit Muskaten, und gibt sie, nachdem sie wieder heiß gemacht worden ist, zu Tisch.

### Nro. 53. Aufgezogene Suppe.

Ein fein zerschnittenes Milchbrod wird mit kochender Milch begossen, so daß alle Schnitten davon durchfeuchtet werden, alsdann verklopft man vier Eyer mit etwas Salz, einen Löffelvoll Schnittling und ein paar Löffelvoll dicken sauren Rahm, rührt das angefeuchtete Brod damit ab, zerläßt in einer eisernen Pfanne Butter, gießt das Gemeldete darein, stellt solches auf Kohlen, und gibt einen Deckel mit heißer Asche darauf, wenn es aufgezogen und auf beiden Seiten gelb ist, sticht man mit einem Löffel kleine runde Stückchen aus, legt sie in die Suppenschüssel, und gibt Schü (Jus) oder gute Fleischbrühe siedend darüber.

### Nro. 54. Suppe mit saurem Rahm.

Gute Fleischbrühe wird mit einem Löffelvoll fein gewiegten Petersilkraut siedend gemacht, und über gebähte Schnitten von Milchbrod gegossen, jedoch nur soviel, als die Schnitten einziehen können, hierauf verklopft man guten sauren Rahm, der aber nicht bitter sein darf, mit ein wenig Fleischbrühe, passirt solchen durch ein Sieb an die Suppe, stellt diese auf Kohlen, bis sie wieder recht heiß ist, und gibt sie dann zu Tisch.

### Nrot 55. Gefüllte Suppe.

Ein kleines Stück gebratenes Kalbfleisch wiegt man mit einem Stückchen Mark, etwas Petersilkraut und ein paar Chalotten ganz fein, ein halbes abgeriebenes Milchbrod, das man in Wasser geweicht hat, wird fest ausgedrückt, und in einem Stück Butter gedämpft, das gewiegte Fleisch darunter gethan, und auf dem Feuer gut durcheinander gemacht, alsdann bei Seite gestellt, und so lange es noch heiß ist, ein ganzes und drei gelbe Eyer, Salz und Muskatblüthe daran gerührt, hierauf macht man von zwei ganzen und zwei gelben Eyern einen Nudelteig, wällt solchen in zwei bis drei dünne Plätze, setzt auf die Hälfte eines jeden Platzes von obiger Fülle kleine Häuschen, schlägt die andere Hälfte darüber, drückt mit der Hand die Ende gut an, schneidet mit dem Backrädlein jedes Häuschen aus, und kocht sie eine kleine Viertelstunde in guter Fleischbrühe.

### Nro. 56. Gebrennte Mehl-Suppe.

Hiezu wird das Mehl in Butter oder Schmalz schön gelb geröstet, mit kochendem Wasser oder Fleischbrühe aufgefüllt, ein wenig Kümmel, Salz, Pfeffer und Ingwer dazu gethan, und wenn solches ein paarmal aufgekocht hat, über fein geschnittenes Brod angerichtet.

### Nro. 57. Zetterlein-Suppe.

Vier kleine Kochlöffelvoll Mehl rührt man mit ein paar Eßlöffelvoll Wasser und 4 Eyern gut ab, zettelt den Teig in kochende Fleischbrühe ein, läßt die Suppe nur einmal aufkochen, und gibt sie mit Muskaten bestreut zu Tisch.

### Nro. 58. Macaronen-Suppe oder Faden-Nudeln.

Man legt die Macaronen-Nudeln in kochende Fleisch- oder Hühnerbrühe ein, kocht sie ein wenig länger als gewöhnliche Nudeln, und gibt sie mit Schnittling oder Muskaten bestreut zu Tisch.

### Nro. 59. Gewöhnliche Nudel-Suppe.

Von einem ganzen und zwei gelben Eyern, und soviel feinem Mehl als die Eyer netzen, macht man einen Teig so fest, daß derselbe, nachdem er gut durchgearbeitet ist, in drei bis vier Theile gemacht, ohne Mehl ganz fein ausgewällt werden kann, hierauf werden die Plätze getrocknet, doch so, daß sie ohne zu springen aufgerollt und fein geschnitten werden können. Indessen setzt man gute Fleisch- oder Hühnerbrühe auf das Feuer, gibt, wenn diese siedet, die Nudeln darein, läßt sie ein paarmal aufwallen und gibt sie mit Schnittling oder Muskaten bestreut, auf den Tisch.

### Nro. 60. Suppe mit frischen Morgeln.

Eine Handvoll rein gewaschene Morgeln schneidet man in runde Ringeln, dämpft diese mit einem Löffelvoll fein gewiegtem Petersilkraut und einem Stück Butter eine Zeitlang, stäubt zwei Messerspitzevoll feines Mehl darauf, rührt dieses so lange damit um, bis das Mehl sich kräuselt, und gibt dann die nöthige Fleischbrühe hinzu; hierauf verfertigt man die in Nr. 84. angezeigten Knöpflein von Kalbfleisch, hebt diese, nachdem sie mit Fleischbrühe gekocht worden sind, mit einem Schaumlöffel in die dazu bestimmte Suppenschüssel, würzt sie mit Muskaten, und gibt obige Suppe, nachdem sie

**2**

eine Viertelstunde gekocht hat darüber; hat man Leber und Magen von jungen Hähnern, so werden diese, nachdem sie vorher mit Fleischbrühe abgekocht worden sind, klein zerschnitten, und mit in die Suppe gegeben.

### Nro. 61. Linsen-Suppe.

Die Linsen werden mit kaltem Wasser, nachdem sie vorher rein gewaschen worden sind, Salz und einigen Wurzeln, an das Feuer gesetzt, bis sie weich sind, gekocht, alsdann mit Fleischbrühe durchgetrieben und verdünnt, ein wenig Pfeffer dazu gethan, und bis zum Anrichten heiß erhalten, dann über geröstetes Brod angerichtet. Man kann auch statt der Fleischbrühe Wasser nehmen, in diesem Fall wird eine kleine Zwiebel fein gewiegt, solche in einem Stückchen Butter gedämpft, und nachdem die Suppe durchgetrieben ist, darein gegeben.

### Nro. 62. Flädlein-Suppe.

Drei Kochlöffelvoll Mehl, ein wenig Schnittling und etwas Salz werden mit Milch glatt abgerührt, alsdann drei Eyer dazu geschlagen, und mit Milch zu einem dünnen laufenden Teig gemacht, in einer Omelett-Pfanne wird ganz wenig Schmalz heiß gemacht und dünne Flädlein, eines nach dem andern gebacken, wenn alle fertig sind, rollt man sie auf, schneidet sie etwas breiter, als gewöhnliche Nudeln, übergießt sie mit kochender Fleischbrühe, würzt sie mit Muskaten, und gibt sie zu Tisch.

### Nro. 63. Suppe von Sauerampf.

Zwei bis drei Händevoll verlesenen und gewaschenen Sauerampf wiegt man fein, dämpft solchen in einem Stückchen Butter in der Größe eines Ey, stäubt zwei Messerspitzevoll Mehl darauf und gießt, wenn solches angezogen hat, die nöthige Fleischbrühe hinzu, indessen bäht man von Milchbrod dünne Schnitten, verklopft eine Obertasse voll guten sauren Rahm, mit ein paar Löffelvoll Fleischbrühe, rührt diesen an die kochende Suppe, und richtet sie, ohne sie noch einmal an das Feuer zu bringen, über obige Schnitten an.

### Nro. 64. Krebs-Suppe.

Auf vier Personen nimmt man 15 große oder 30 kleine Krebse, siedet solche in gesalzenem Wasser, bricht Schweif und Scheere weg, zieht die Galle aus, und stößt die Schaalen in einem Mörser klein, alsdann zerläßt man ein etwas großes Stück Butter, dämpft darin die Schaalen, bis die Butter schön roth ist, füllt sie dann mit guter Fleischbrühe auf, hebt die in die Höhe gekommene Butter mit einem Löffel ab, und stellt sie bis zum Anrichten warm, das Uebrige kocht man noch eine zeitlang, passirt es sodann durch ein Haarsieb, und richtet die Brühe über gebähte Schnitten von Milchbrod an.

Zwei bis drei Eyergelb verklopft man mit der heißen Krebsbutter, gibt solche durch einen Seiher in die Suppe, legt die ausgemachte Krebsschweife darauf, würzt sie mit Muskaten, und gibt sie zu Tisch.

Man kann statt der Schnitten auch mehrere Arten Knöpflein, welche weiter unten angezeigt sind, in diese Suppe geben.

### Nro. 65. Krebs-Suppe mit Rahm.

Diese wird eben so wie diejenige mit Fleischbrühe gemacht, nur daß man statt der Fleischbrühe Milch, mit etwas Zucker versüßet, dazu nimmt; vor dem Anrichten verklopft man drei Ehergelb, mit einem halben Quart warmen Rahm, gießt solches sammt der heißen Krebsbutter an die Suppe, legt die Schweife darauf, und servirt sie.

### Nro. 66. Geriebene Gerste.

Von zwei Eyern, welche man zuvor ein wenig verklopft, und feinem Mehl, macht man auf dem Backbrett einen festen Teig, reibt diesen auf dem Reibeisen fein, und trocknet das Geriebene eine zeitlang, hierauf zerläßt man in einer Casserolle oder Tiegel 4 Loth Butter, röstet den geriebenen Teig unter stetem Umrühren bis er hellbraun ist, gießt Fleischbrühe oder Wasser hinzu, würzt sie mit Muskaten, und kocht sie eine Viertelstunde.

### Nro. 67. Geriebene Gerste auf andere Art.

Hiezu wird der Teig wie im vorhergehenden gemeldet, gemacht und gerieben, alsdann wird gute Fleischbrühe sedend gemacht, das Geriebene ohne es zu trocknen oder zu rösten, hineingerührt, ein paarmal aufgekocht und zu Tisch gegeben.

### Nro. 68. Süße Milch-Suppe.

Man verklopft vier Ehergelb mit einer Maaß kochender Milch, worin ein Stückchen Zimmt und Zucker mit gekocht hat, läßt solche auf Kohlen, unter stetem Umrühren, noch einmal recht heiß werden, und richtet sie, über würflig geschnittenes Milchbrod, durch ein Haarsieb oder Seiher an.

### Nro. 69. Wein-Suppe.

Man kocht ½ Maaß Wein mit einem Stück Zucker, ein wenig Zimmt, einer welschen Nuß groß frische Butter, ein Stückchen Zitronenschaale und ein paar Nelken, zerklopft das Gelbe von 6 Eyern mit ein wenig Wasser, rührt diese mit dem kochenden Wein ab, läßt solchen auf dem Feuer unter stetem Umrühren noch ein wenig anziehen, aber ja nicht kochen, und richtet ihn sodann über in Würfel geschnittenes Brod, durch ein Sieb an; wenn diese Suppe von lauter Wein zu stark ist, kann auch etwas Wasser dazu genommen werden.

### Nro. 70. Panade-Suppe mit Wein.

Von zwei altgebackenen Milchbroden reibt man die Rinde ab, gießt ein Quart frisches Wasser daran, setzt sie in einer Casserolle oder Tiegel auf heiße Asche, bis alle Flüssigkeit verzehrt und das Brod ganz weich ist, hierauf verrührt man solches ganz fein, gießt, soviel nöthig ist, rothen Wein dazu, reibt eine Zitrone an einem Stück Zucker ab, thut solchen nebst einem Stückchen Zimmt dazu, kocht die Suppe noch ein paarmal auf, und richtet sie, wenn sie süß genug ist, an.

### Nro. 71. Chocolade-Suppe.

Eine halbe Maaß Milch oder Wein wird mit 3 Loth geriebener Chocolade, dem erforderlichen Zucker und einem Stückchen Zimmt, gekocht, das Gelbe von 2 Eyern wohl verklopft, diese mit obigem gut abgerührt, und nachdem solches noch ein wenig angezogen hat, über ganz dünne und gebähte Schnitten von Milchbrod angerichtet.

### Nro. 72. Bier-Suppe.

Man zerläßt eines Ey groß frische Butter, läßt zwei Messerspitzevoll Mehl lichtgelb damit anziehen, gießt eine Maaß weißes Bier dazu, ferner thut man ein Stückchen Zimmt und nach Belieben Zucker daran, zerklopft das Gelbe von 4 Eyern, rührt diese mit dem kochenden Bier ab, und richtet solches, nachdem es wieder ein wenig angezogen hat, über gewürfeltes Milchbrod an.

## Verschiedene Knöpflein in die Suppen.

### Nro. 73. Abgerührte Knöpflein.

Ein Viertelpfund Butter wird zu Schaum gerührt, indessen werden 5 Eyer in warmes Wasser gelegt, und eines nach dem andern in die Butter mit so viel Semmelmehl gerührt, bis der Teig nicht mehr läuft, gibt Salz und etwas Muskatblüthe darein, stäubt einen kleinen Kochlöffelvoll feines Mehl darüber, und rührt solches ganz leicht darein, alsbann legt man ein kleines Knöpflein in kochendes Wasser oder Fleischbrühe, sollte solches zu fest werden, so wird der Teig durch ein halbes oder ganzes Ey verringert, sollte er aber zu weich sein, oder gar zerfahren, so wird mit Semmelmehl nachgeholfen; diese Knöpflein können auch in Schmalz gebacken, und in Suppen verwendet werden.

### Nro. 74. Knöpflein von Kartoffeln (Erdäpfel.)

Sechs große, gesottene und geschälte Kartoffeln werden, nachdem sie erkaltet sind, fein gerieben, hierauf wird ein Viertelpfund frische Butter mit 5 bis 6 Eyern abgerührt, die geriebenen Kartoffeln nebst Salz, Muskatenblüthe und soviel feines Mehl, als man zwischen vier Fingern fassen kann, darein gerührt; nachdem der Teig ein wenig angezogen hat, können Knöpflein, in beliebiger Größe, mit Fleischbrühe gekocht oder auch aus Schmalz gebacken werden.

### Nro. 75. Knöpflein von Hühnerfleisch.

Das Brustfleisch von zwei jungen Hühnern schabt man rein aus, wiegt solches mit etwas Petersilkraut und ein wenig geschabenem Speck fein und stößt das Fleisch sodann mit 4 Loth frischer Butter in einem Mörser gut ab, ein halbes abgeriebenes und in Milch eingeweichtes Milchbrod drückt man fest aus, rührt dasselbe sammt dem gestoßenen Fleisch und dem Gelben von 3 Eyern gut ab, schlägt von dem Eyerklar einen Schnee, mischt solchen mit etwas Salz und Muskatblüthe in die Masse, macht davon kleine Knöpflein, und backt sie aus heißem Schmalz, oder setzt sie in kochende Fleischbrühe ein.

### Nro. 76. Gebrühte Knöpflein:

Von einem Quart kochender Milch, worin eine Nuß groß Butter mit gekocht hat, wird von feinem Mehl und etwas Salz auf Kohlen ein fester Teig gemacht, derselbe gut geschafft, bis er ganz glatt ist, alsdann bei Seite gestellt, und wenn solcher ein wenig erkaltet ist, 5 bis 6 Eyer darein gerührt, hievon legt man kleine Knöpflein in kochende Fleischbrühe ein, deckt solche während dem Kochen gut zu, und trägt sie, wenn sie fertig sind, ohne sie länger stehen zu lassen, zu Tisch. Diese Knöflein können auch, statt gesotten, aus heißem Schmalz gebacken werden.

### Nro. 77. Fisch-Knöpflein.

Von zwei mittelgroßen Weißfischen zieht man die Haut ab, schabt das Fleisch von den Gräten und wiegt solches, nachdem es gewaschen ist mit etwas Petersilkraut und einem Stückchen Mark ganz fein; alsdann zerläßt man eines Ey groß Butter, gießt diese über das Gewiegte, und rührt es mit einer halben Tasse süßem Rahm und 4 bis 5 Eyergelb ab, gibt Salz und Muskatenblüthe, und einen Löffelvoll Semmelmehl darein; schlägt dann von 3 Eyern einen Schnee, mischt diesen in die gerührte Masse, setzt davon kleine Knöpflein in leichte Fleischbrühe ein, und gibt, wenn sie aus derselben genommen sind, heiße Schü (Jus) darüber.

### Nro. 78. Hirn-Knöpflein.

Ein gewaschenes und rein gemachtes Kalbshirn wird mit 4 Loth zerlassener Butter und 4 Eyern gut gerührt, Salz, Muskaten und so viel Semmelmehl darein gerührt, bis der Teig nicht mehr läuft, wenn solcher ein wenig angezogen hat, können kleine Knöpflein aus heißem Schmalz gebacken, oder in kochende Fleischbrühe gesetzt werden.

### Nro. 79. Krebs-Knöpflein.

Von 30 gesottenen kleinen Krebsen werden Schweif und Scheeren abgelöst, die Galle ausgezogen, und die Schaalen im Mörser zerstoßen, alsdann zerläßt man ¼ Pf. Butter, dämpft das Gestoßene, bis die Butter schön roth ist, gießt alsdann Wasser, oder wenn man die Krebsbrühe zu verwenden weiß, Fleischbrühe darauf, hebt die in die Höhe kommende Butter mit einem Löffel rein ab, und gießt solche, damit sie schneller besteht, durch ein Sieb auf kaltes Wasser, hebt sie dann ab, und rührt sie mit 5 Eyern zu Schaum, die Schweife und Scheeren wiegt man fein, mischt sie sammt Salz, Muskaten und Semmelmehl unter die Butter, und setzt davon Knöpflein, nachdem man vorher eines probirt hat, in kochende Fleischbrühe ein.

### Nro. 80. Abgetrocknete Knöpflein.

Zwei abgeriebene und in Milch eingeweichte Milchbrode preßt man durch eine Serviette fest aus, zerläßt 4 Loth frische Butter, und trocknet solches auf Kohlen gut damit ab, alsdann nimmt man das Brod in eine Schüssel, gibt Salz, Muskaten und einen Löffelvoll fein gewiegtes Petersilkraut dazu, und rührt es mit 4 bis 5 Eyern ab; diese Knöpflein können aus Schmalz gebacken, oder in Fleischbrühe gekocht werden.

## Nro. 81. Gries-Knöpflein.

Ein Viertelpfund Butter wird mit 7 Eyern leicht gerührt, gesalzen und soviel Gries dazu gerührt, daß der Teig noch etwas flüssig ist, nach einer Stunde werden davon Knöpflein nach beliebiger Größe, in kochende Fleischbrühe oder Wasser eingesetzt, zugedeckt, und bis sie fertig sind gekocht.

## Nro 82. Grüne Knöpflein.

Eine Handvoll Petersilkraut, einige Blätter Spinat und etwas Schnittling werden ganz fein gewiegt, solches mit 4 Loth Butter gedämpft, alsdann mit einer starken Handvoll Semmelmehl vermischt, und mit 2 bis 3 Eyern nebst Salz und Muskaten gut abgerührt, dann werden 2 bis 3 Messerspitzvoll Mehl daran gestäubt, dieses ganz leicht in den Teig gerührt, und davon kleine Knöpflein in kochende Fleischbrühe eingelegt.

## Nro. 83. Leber-Knöpflein.

Eine Lamm- oder halbe Kalbsleber wird gehäutelt, gewaschen und ausgeschaben, alsdann mit ein paar Chalotten, einem Stückchen Mark und etwas Petersilkraut fein gewiegt, hierauf zerläßt man eines Ey's groß Butter, gießt solche über die gewiegte Leber, rührt diese mit 2 bis 3 Eyern gut ab, gibt soviel Semmelmehl mit einem Kochlöffelvoll gewöhnliches Mehl, bis der Teig nicht mehr läuft, nebst Salz und etwas Muskaten dazu und legt davon kleine Knöpflein in kochende Fleischbrühe ein.

## Nro. 84. Knöpflein von Kalbfleisch.

Ein halb Pfund rohes Kalbfleisch wird von Haut und Flechsen rein abgeschaben, solches mit ¼ Pf. Mark und etwas Petersil fein gewiegt, alsdann in einem Mörser tüchtig abgestoßen, hierauf zerklopft man zwei ganze und drei gelbe Eyer mit ein paar Löffelvoll Fleischbrühe, etwas Salz und Muskaten, rührt damit das Fleisch wohl ab, gibt nur soviel Semmelmehl dazu, daß die Masse zusammenhält; es können davon Knöpflein aus Schmalz gebacken, oder in Fleischbrühe gekocht werden.

## Nro. 85. Knöpflein von Schinken.

Ein Viertelpfund Schinken, der etwas Fett haben darf, wird mit ein paar Chalotten fein gewiegt, eines Ey groß zerlassene Butter darauf gegossen, und mit 4 Eyern und einer Handvoll Semmelmehl gut abgerührt, alsdann stäubt man soviel feines Mehl, als man zwischen 4 Fingern fassen kann, daran, rührt solches leicht darunter, und legt davon Knöpflein von beliebiger Größe in kochende Fleischbrühe ein.

## Nro. 86. Knöpflein von kaltem Braten.

Ungefähr ein halb Pfund gebraten Kalb- oder Schweinefleisch wird mit etwas Petersilkraut, ganz fein gewiegt, sodann wird für 2 Kreuzer Weißbrod, das man zuvor mit Milch oder Wasser durchweicht hat, fest ausgedrückt, dieses mit 4 Loth Butter auf Kohlen abgedämpft, das gewiegte Fleisch hinzu gethan, und nachdem es mit dem Brod gut vermischt ist, vom Feuer genommen, wenn die Masse ein wenig abgekühlt ist, werden 3—4

Eyer, nebst Salz und Muskatnuß hinzu gerührt, und sodann Knöpflein von beliebiger Größe, in kochende Fleischbrühe eingelegt.

### Nro. 87. Gebackenes Brod.

Man schneidet ein Milchbrod in runde Schnitten und diese wieder in drei Theile, zerklopft 2 bis 3 Eyer mit ein paar Löffelvoll süßem Rahm, Salz und etwas Schnittling, und gießt dieses über das geschnittene Brod; wenn solches gut davon durchweicht ist, wird es aus heißem Schmalz gelb gebacken und in Suppen gegeben.

### Nro. 88. Gebackene Erbsen.

Man macht eine Tasse voll Milch siedend, rührt soviel feines Mehl darein bis es ein fester Teig ist, und rührt ihn mit ein paar Eyern und etwas Salz ab, der Teig muß aber etwas fest sein, alsdann macht man in einer Pfanne Schmalz heiß, treibt ihn durch einen Seiher, der etwas große Löcher hat, und läßt das Durchgelaufene unter beständigem Schütteln gelb backen; man muß nicht zu viel Teig auf einmal durchtreiben, damit solcher nicht zusammenhängen kann.

### Nro. 89. Gebackener Karfiol.

Der Karfiol wird rein geputzt und gewaschen, alsdann in gesalzenem Wasser verwällt, und zum Ablaufen auf ein reines Tuch gelegt, hierauf werden zwei Kochlöffelvoll feines Mehl und etwas Salz mit ein wenig kochender Milch abgebrüht, der Teig mit 2 bis 3 Eyern verdünnt, der abgetrocknete Karfiol darin umgewendet, und aus heißem Schmalz gebacken.

### Nro. 90. Gebackene Briesen.

Die verwällten und abgehäuteten Briesen schneidet man in runde Platteln, zerklopft ein paar Eyer mit einem Löffelvoll Rahm, Salz und etwas Schnittling, wendet die Briesen darin um, bestreut sie mit etwas Semmelmehl, und backt sie aus heißem Schmalz. Sie werden statt oder zu Knöpflein in den Suppen gegeben.

---

## Verschiedene kleine Pastetchen, die nach den Suppen servirt werden.

### Nro. 91. Pastetchen von Schü (Jus).

Von Rindfleisch, wildem und zahmem Geflügel, Kalbfleisch, und was man sonst noch für Abfälle von Fleisch hat, auch Zwiebeln und allen Arten Wurzeln macht man eine gute starke Schü, und paßirt sie sammt dem Fett durch ein Haarsieb, hierauf zerklopft man das Gelbe von 14 Eyern gut, rührt ¼ Maaß von genannter Schü dazu, und paßirt solches wieder durch ein Sieb, alsdann bestreicht man kleine Obertassen mit kalter Butter, füllt diese von Genanntem etwas über halbvoll, stellt sie in ein Geschirr mit kochendem Wasser, das aber nur bis an die Hälfte derselben gehen darf,

deckt das Geſchirr zu, und läßt es ſo lange auf Kohlen ſtehen, bis die
Maſſe feſt beſtanden iſt; beſſer iſt es aber, man ſtellt ſie ſammt dem Geſchirr in einen Bratofen, wo ſie in einer kleinen Viertelſtunde fertig ſind;
man ſtürzt ſie alsdann auf eine heißgehaltene Platte, und beſtreut ſie dick
mit fein gewiegtem Schinken, der mit etwas Peterſilkraut und hartgeſotte-
nem Eyergelb, welches beides ebenfalls fein gewiegt iſt, vermiſcht wird,
und gibt ſie ſo heiß wie möglich, zu Tiſch.

### Nro. 92. Ragout-Paſtetchen auf gewöhnliche Art.

Man beſtreicht kleine Förmchen leicht mit Butter, beſtreut ſie mit fein
geriebenem Weißbrod und legt ſie ſodann mit Butterteig, der einen Meſſer-
rücken dick ausgewällt iſt bis an den Rand aus. Alsdann verfertigt man
folgendes Ragout, man ſchneidet ein paar verwällte Brieſen, einige verwällte
Morgeln, ſammt einen Ochſengaumen, in kleine Stückchen, dämpft ſolches mit
einem Stückchen Butter, beſtäubt es mit ein paar Meſſerſpitzen voll Mehl,
rüttelt es einigemal um, und gießt nachdem ſolches angezogen hat, ein wenig Fleiſchbrühe hinzu, würzt das Ragout mit etwas Muskatblüthe, drückt
den Saft einer halben Zitrone hinzu, und läßt es nachdem es ganz kurz
eingekocht hat, vom Feuer geſtellt erkalten, füllt ſodann die Förmchen damit aus, bedeckt ſie mit einem Blättchen Butterteig, und backt ſie aus fri-
ſcher Hitze ſchnell aus, ſie werden auf eine Platte behutſam ausgeſtürzt,
und heiß aufgetragen.

### Nro. 93. Paſtetchen mit Bechemelle.

Man beſtreicht kleine Förmchen mit Butter, legt ſolche mit gutem Meſſerrückendick ausgewällten Butterteig aus, füllt den innern Raum mit ein
wenig zuſammengeballtem Papier aus, beſtreicht oben den Rand mit einem
zerklopften Ey, ſtellt ſie auf ein Blech in einen guten Ofen und ſtürzt ſie,
wenn ſolche fertig und das Papier herausgenommen iſt auf eine Platte,
indeſſen verfertigt man die Bechemelle Nr. 5., vermiſcht dieſe mit ein paar
Löffelvoll Glace Nr. 1., ſchneidet von zahmem oder wildem Geflügel, welches gebraten ſein muß, das Bruſtfleiſch in ganz feine länglichte Stückchen,
miſcht dieſe in die Bechemelle, die nicht zu dick ſein darf, macht ſie wieder
ganz heiß, füllt die leer gebackenen Paſtetchen damit voll, und ſervirt ſie
gleich zu Tiſch.

### Nro. 94. Paſtetchen mit Salpicon (feines Ragout.)

Kleine Förmchen werden, ſo wie im vorhergehenden mit Butterteig
ausgelegt, der leere Raum eben ſo mit Papier ausgefüllt, der Rand oben
mit Eyer beſtrichen, ein Deckel von Butterteig darauf gemacht, derſelbe
ebenfalls beſtrichen und ſodann gebacken, wenn die Paſtetchen fertig ſind,
werden ſie auf eine Platte geſetzt, der Deckel aufgeſchnitten und das Papier herausgenommen; zum Salpicon ſchneidet man ein paar verwällte
Brieſen, einen Ochſengaumen, einige Morgeln, eben ſo Trüffeln, 3 oder 4
Lebern von jungen Hühnern, ebenfalls alles verwällt, klein, hat man etwas von gekochten Fiſchen, ſo wird ſolches von Gräten gereinigt und mit
einigen Krebsſchweifen ebenfalls dazu genommen, alsdann zerläßt man ein

Stück gute Butter, dämpft damit einige fein zerschnittene Chalotten, gibt das Genannte dazu, bestäubt es mit ein paar Messerspitzenvoll Mehl, macht es gut durcheinander, bis das Mehl angezogen hat, gießt dann ein paar Eßlöffelvoll Schü (Jus) oder gute Fleischbrühe daran, drückt den Saft einer Zitrone dazu, würzt das Salpicon mit einer Messerspitzevoll Muskatblüthe, und füllt die Pastetchen nachdem solches kurz eingekocht ist damit, legt die Deckel darauf und servirt sie zu Tisch.

### Nro. 95. Gesottene Krebs-Pastetchen.

Von 30 kleinen, gesottenen, ausgelösten und von der Galle gesäuberten Krebsen werden die Schalen klein zerstoßen, und in ¼ Pf. Butter bis selbige roth ist gedämpft, alsdann wird ein Schöpflöffelvoll Wasser oder Fleischbrühe darauf gegossen, die in die Höhe kommende Butter mit einem Löffel abgehoben, und auf kaltes Wasser gegossen, hierauf streicht man kleine Förmchen, oder in deren Ermanglung Obertassen, mit einem Theil der kalten Krebsbutter aus, rührt die Uebrige mit dem Innern eines Milchbrodes, welches man zuvor in lauwarme Milch eingeweicht und wieder fest ausgedrückt hat, dem Gelben von 3 Eyern, etwas Salz und Muskaten gut ab, schlägt das Weiße der Eyer zu Schnee, und mischt diesen unter die gerührte Masse, die zurückbehaltenen Krebsschweife und Scheeren, ein paar verwällte Briesen, einige Morgeln, und ein wenig Petersilkraut wiegt man gröblich, dämpft solches mit einem Stück Butter, bestäubt es mit ein paar Messerspitzenvoll Mehl, gießt, wenn es angezogen hat ein paar Eßlöffelvoll Fleischbrühe mit etwas Zitronensaft hinzu, läßt es ganz kurz damit einkochen, und schüttet es dann zum Erkalten auf einen Teller; hierauf füllt man die Förmchen oder Tassen von der gerührten Masse halbvoll, gibt in die Mitte von dem erkalteten Ragout, überstreicht dieses oben wieder von dem Gerührten, stellt sie in ein Geschirr mit kochendem Wasser, giebt einen Deckel darauf, setzt solches in einen Bratofen, kocht die Pastetchen eine halbe Stunde, stürzt sie, wenn sie fertig sind auf eine heiß gehaltene Platte, und servirt sie sogleich.

### Nro. 96. Gebackene Krebs-Pastetchen.

Diese werden ganz wie die gesottenen verfertigt, nur können hiezu keine Tassen, sondern Förmchen verwendet werden. Diese werden, mit der Krebsbutter ausgestrichen und leicht mit gerieben Brod bestreut, sodann mit der gerührten Masse fingerdick ausgestrichen. Das Ragout nachdem es erkaltet ist, darauf gethan, die Förmchen mit der gerührten Masse voll gemacht, und sie dann schnell damit sie saftig bleiben in einem heißen Ofen gebacken, sodann auf eine heiß gehaltene Platte gestürzt, und gleich servirt.

### Nro. 97. Pastetchen von Stockfisch.

Ein Stückchen Stockfisch, ungefähr 1 Pf. kocht man wie gewöhnlich, legt ihn zum Ablaufen auf ein reines Tuch, verliest ihn von Haut und Gräten rein, und dämpft ihn in einem Stück Butter mit einem Löffelvoll fein gewiegten Chalotten und Petersilkraut und stellt hierauf solchen zum erhalten bei Seite, indessen rührt man 4 Eßlöffelvoll Bechemelle Nro. 6 mit dem Gelben von 4 Eyern, 3 Eßlöffelvoll dicken sauren Rahm, ½ Pf. in Würfel geschnittenes Ochsenmark, 4 Loth gewiegte und klein zerschnittene Sardellen, Salz und Muskatenblüthe, mischt den erkalteten Stockfisch darunter, belegt kleine Förmchen mit gutem Butterteig, füllt sie von der Masse etwas über halbvoll, bestreut diese oben mit geriebenem Milchbrod, legt kleine Stückchen frische Butter darauf, und stürzt sie, nachdem sie schnell und saftig gebacken sind, auf eine heiß gehaltene Platte.

### Nro. 98. Pastetchen von Stockfisch auf andere Art.

Ein Stückchen Stockfisch, ungefähr 1 Pf. kocht man wie gewöhnlich, legt ihn zum Ablaufen auf ein reines Tuch, verliest ihn von Haut und Gräten rein, und dämpft ihn in einem Stück Butter mit einem Löffelvoll fein gewiegten Chalotten und Petersilkraut und stellt hierauf solchen zum Erkalten bei Seite, indessen verkocht man das Innere von 2 Milchbroden mit Milch zu einer dicken Crem, rührt solche, wenn sie erkaltet ist, mit dem Gelben von 3 bis 4 Eyer und 3 Eßlöffelvoll dicken, sauren Rahm ab, schneidet ½ Pf. Ochsenmark sammt 4 Loth gereinigte Sardellen ganz klein, gibt Salz und Muskaten hinzu, und mischt dieses sammt dem erkalteten Stockfisch in die Crem, hierauf belegt man kleine Förmchen bis an den Rand, mit gutem Butterteig, füllt sie von der Masse, etwas über halbvoll, bestreut diese aber mit geriebenem Milchbrod, legt kleine Stückchen frische Butter darauf, und stürzt sie, nachdem sie schnell und saftig gebacken sind, auf eine heiß gehaltene Platte.

### Nro. 99. Pastetchen von Kartoffeln (Erdäpfel).

Ein abgeriebenes halbes Milchbrod wird mit süßem Rahm zu einer Créme gekocht und zum Erkalten bei Seite gestellt, indessen rührt man ½ Pf. gute Butter mit dem Gelben von 6 Eyern zu Schaum, gibt die erkaltete Créme, 8 Loth geriebene Kartoffeln, Salz und etwas Muskaten daran, und rührt solches noch eine Weile damit gut ab, hierauf putzt und wässert man 2 Häringe gut aus, schneidet sie zu kleinen Stückchen, dämpft eine fein zerschnittene Zwiebel in einem kleinen Stückchen Butter, thut solchen nebst 4 Loth gewiegtem Ochsenmark und 2 bis 3 Eßlöffelvoll dickem sauren Rahm an die Häringe, hierauf bestreicht man kleine Förmchen oder Obertassen mit kalter Butter, füllt sie mit der gerührten Masse halbvoll, gibt in der Mitte von den angemachten Häringen, streicht von der gerührten Masse wieder darauf, kocht sie eine halbe Stunde, in siedendes Wasser gesetzt, und stürzt sie, nachdem sie fertig sind, auf eine heiße Platte.

### Nro. 100. Hachée-Pastetchen.

Ein halb Pfund kalter Kalbsbraten wird mit einem Löffelvoll Kapern, ¼ Pf. Mark, ein paar Chalotten, einem Stückchen Zitronenschaale und 4 Loth gereinigten Sardellen fein gewiegt, alsdann mit einem Stück Butter gedämpft, eine starke Messerspitzevoll Mehl darauf gestäubt, und wenn solches gut angezogen hat, ein paar Löffelvoll Wein nebst dem Saft einer halben Zitrone dazu gegeben, und zum Erkalten bei Seite gestellt; hierauf schneidet man, nach einer Obertasse, von gutem Butterteig runde Blättchen, bestreicht die Hälfte derselben nebenherum mit zerklopften Eyern, gibt auf diese einen Schöffelvoll von obigem Haché, deckt dieses mit einem unbestrichenen Blättchen zu, drückt die Enden am Rande nebenherum gut an, schneidet ihn in kleine Schuppen, bestreicht das Pastetchen mit Ey, schneidet oben mit einem Messer kleine Oeffnungen hinein, damit der Dampf heraus kann, und backt sie in einem guten Ofen.

### Nro. 101. Briesen-Pastetchen mit Spargeln.

Die Pastetchen werden wie in Nr. 94. verfertigt; nach dem Backen auf eine Platte gestürzt, und warm gestellt. Ein auch zwei paar verwällte Briesen schneidet man mit einer Handvoll verwällten Morgeln klein, dämpft solches mit einem Löffelvoll fein gewiegten Petersilkraut in einem Stück Butter, stäubt ein wenig feines Mehl dazu, und gießt, wenn dieses angezogen hat, ein wenig Fleischbrühe nebst dem Saft einer halben Zitrone daran; von einer Handvoll Spargeln schneidet man die Köpfe eines Fingergliedes lang ab, gibt solche, nachdem sie in Salzwasser halb weich gekocht, und auf einem Sieb abgelaufen sind, an obiges Ragout, und kocht dieses kurz damit ein, zerklopft alsdann ein paar Eyergelb mit etwas Zitronensaft, mischt diese unter das Ragout, und füllt sogleich die leeren Pastetchen, ohne solches noch einmal an das Feuer zu bringen, damit ein.

### Nro. 102. Reis-Pastetchen mit Salpicon (feines Ragout).

Ein Viertelpfund Reis kocht man mit Milch ganz weich und dick ein, gibt, so lange er noch heiß ist 4 Loth Butter dazu, und rührt damit den Reis, bis solcher erkaltet ist, rührt alsdann das Gelbe von 4 Eyern, das Weiße aber zu Schnee geschlagen, mit etwas Salz und Muskaten darein, hierauf belegt man kleine Förmchen mit gutem Butterteig, gibt in Jedes von dem angezeigten Salpicon Nr. 94. einen Löffelvoll, macht das Förmchen mit der gerührten Reismasse voll, und backt die Pastetchen auf ein Blech gestellt, in einem guten Ofen schnell und saftig.

### Nro. 103. Süße Krebs-Pastetchen.

Von 30 kleinen, ohne Salz gesottene Krebsen löst man die Schweife aus, stößt die Schaalen, wenn die Galle davon genommen ist, macht damit ¼ Pf. Krebsbutter, und rührt solche mit dem Gelben von 6 Eyern leicht; 2 abgeriebene, und in lauer Milch durchweichte Milchbrode werden fest ausgedrückt, diese nebst einer Handvoll fein zerstoßener Mandeln, die an einem Stück Zucker abgeriebene Schaale einer Zitrone und den zerschnittenen Krebsschweifen werden darein gerührt, alsdann schlägt man von den 6 Eyerklar einen steifen Schnee, mischt diesen unter die Masse, belegt kleine Förmchen mit fein ausgewälltem Butterteig, füllt diese mit genannter Masse etwas über halbvoll, und backt sie in einem guten Ofen.

### Nro. 104. Austern-Pastetchen mit Farce (Fülle).

Man löst die Austern aus, reinige sie von dem daran sitzenden schwar-

zen Ring, gibt aber Acht, daß von dem sich in der Schaale befindlichen
Saft nichts verloren geht, zerläßt alsdann zu 50 Austern 4 Loth Butter,
dämpft damit etwas fein gewiegtes Petersilkraut, gibt die Austern sammt
deren Saft, etwas Muskatenblüthe, nebst dem Saft einer halben Zitrone
dazu, und läßt sie auf heißer Asche blos ein wenig anziehen, nicht kochen;
hierauf wiegt man ⅛ Pf. von Gräten und Haut gereinigtes Fleisch von
einem Weißfisch oder Hecht, mit ⅛ Pf. Mark und etwas Petersilkraut ganz
fein, dämpft ein halbes abgeriebenes, in Milch durchweichtes und wieder
fest ausgedrücktes Milchbrod mit 4 Loth Butter, gibt das gewiegte dazu,
läßt es mit dem Brod noch ein wenig dämpfen, alsdann bei Seite gestellt
erkalten, hierauf stößt man es in einem Mörser, mit dem Gelben von 6
Eyern, etwas Salz und Muskatenblüthe gut ab, schlägt von 2 Eyerklar
einen Schnee, und mischt diesen unter die Masse, dann bestreicht man Obertassen mit kalter Butter, streicht diese mit der angezeigten Farçe fingerdick
aus, gibt in die Mitte einen Löffelvoll von obigen Austern sammt dem
Saft, bedeckt diese wieder mit Farçe, streicht sie mit einem Messer oben
glatt, stellt die Tassen in ein Geschirr mit kochendem Wasser, kocht die Pastetchen zugedeckt eine Viertelstunde in einem Bratofen, und stürzt sie, wenn
sie fertig sind, auf eine heiß gehaltene Platte.

### Nro. 105. Austern in den Schaalen.

Die Austern werden wie oben ausgelöst, gereinigt, und sammt deren
Saft in ein kleines Geschirr genommen, die größten von den untern Schaalen putzt man rein, bestäubt sie, wenn solche gut ausgetrocknet sind, mit
ein wenig Mehl, und belegt sie mit ganz dünn ausgewalltem Butterteig,
so daß dieser etwas über die Schaale heraufgeht, legt in jede derselben 2
bis 3 Austern, ein wenig fein gewiegte Sardellen, ein Stückchen frische Butter, etwas Muskatenblüthe, und einen halben Eßlöffelvoll Saft der Austern,
welcher gut mit Zitronensaft geschärft ist, bestreut die Austern ein wenig mit
geriebenem Milchbrod, stellt sie auf ein Blech, und backt sie schnell in einem
guten Ofen.

---

# Rindfleisch auf verschiedene Arten gut zuzu-
# bereiten.

### Nro. 106. Rindfleisch gut zu sieden.

Das Fleisch, welches Stück es auch sei, wird geklopft, wenn es ein großes Stück ist mit Bindfaden geschnürt, damit es sein Ansehen behält, und
im Herausnehmen nicht zerfallen kann, rein gewaschen, und mit kaltem
Wasser an das Feuer gesetzt, die Größe des Hafens läßt sich nicht genau
bestimmen, da man sich damit nach dem Bedarf der Fleischbrühe richten
muß, insgemein aber wird auf 4 Pf. Fleisch 7 Maaß Wasser gerechnet,
man läßt es langsam zum Sieden kommen, schäumt es rein und fleißig
ab, gibt nach diesem eine Handvoll Salz, ein paar gelbe Rüben, eben so
viel Petersil, Sellerie und eine Pastinatwurzel sammt einem kleinen Kopf-

then Wörschich dazu, schöpft nach einer Stunde die Fette davon, und kocht das Fleisch langsam und bei gleichem Feuer 3 bis 3½ Stunden, je nachdem man es weich haben will, fort; man kann auch ein Stückchen rein ausgewässerte Rind-Leber mitkochen lassen, es wird dadurch die Brühe kräftiger.

## Nro. 107. Rindfleisch mit Kruste von Parmesankäse.

Hiezu ist der Brustkern, nach diesem die gedeckte Rippe das Beste. Es wird, wie im vorhergehenden angezeigt ist, gesotten, und wenn es weich ist, aus der Fleischbrühe auf ein flaches irdenes, mit einem Rand versehenes Geschirr genommen, und mit zerlassener Butter oder Abschöpffett begossen, alsbann bestreut man es 2 Fingerdick mit geriebenem Parmesankäse, drückt diesen ein wenig fest, zerklopft ein halb Quart dicken sauren Rahm, breitet diesen mit einem Löffel über den Käs aus, streut ein wenig geriebenes weißes Brod darauf, legt auf dieses feine Schnittchen Butter oder Abschöpffett, stellt das Fleisch in einen frischen Bratofen, daß solches schnell Farbe bekömmt, und garnirt es beim Anrichten mit kleinen aus Schmalz gebackenen Erdäpfeln und grüner Petersil.

## Nro. 108. Roulade von Rindfleisch.

Man nimmt ein Stück von 5 bis 6 Pf. Rindfleisch, vom Lappen (hier Schlampen genannt), welches tüchtig durchgeklopft wird, spreizt es mit Hölzer gut auseinander, und läßt es über Nacht liegen, den andern Tag nimmt man das Fleisch auf ein Brett, reibt es mit reinen Tüchern gut ab, bestreut selbes mit Salz, Gewürz, einem Eßlöffelvoll gewiegten Chalotten und etwas Zitronenschaale, bedeckt alsbann das ganze Stück mit dünn geschnittenen Speckscheiben, rollt es wie eine Wurst auf, und verbindet es mit Bindfaden, hierauf belegt man einen Tiegel oder Casserolle mit Speck, und ein paar Schnittchen Schinken, legt auf diese das Fleisch, gibt ferner einen Zwiebel, ein paar gelbe Rüben, Petersilwurzeln und ein Stückchen Schwarzbrobrinde dazu, gießt eine halbe Maaß rothen Wein und einen Schöpflöffelvoll Fleischbrühe darüber, verdeckt das Geschirr gut, stellt es auf Kohlen, und kocht das Fleisch langsam, bis es weich ist, dann legt man es heraus, schöpft die Fette davon, treibt die übrige Sauce durch ein Sieb, gießt solche in eine reine Casserolle, und erhält darin das Fleisch bis zum Anrichten auf schwachen Kohlen heiß, nimmt alsbann den Bindfaden davon und gibt die Sauce, die nur kurz sein darf, darüber.

## Nro. 109. Stafadie von Rindfleisch.

Ein Schwanzstück von 5 bis 6 Pf., auch größer, wird tüchtig geklopft, rein gewaschen, und mit einem Tuch wohl abgetrocknet, alsbann schneidet man 2 geputzte und ausgegrätete Häringe, in halb Finger lange Stücke, eben so frischen Speck, macht mit einem spitzigen Messer durch das ganze Stück Fleisch Oeffnungen, steckt in eine Oeffnung desselben ein Stückchen Häring, in die andere ein Stückchen in Gewürz und Salz umgekehrten Speck; hierauf belegt man den Boden Boden einer Casserolle oder Tiegel mit Speck, legt das Fleisch darauf, thut einen zerschnittenen Zwiebel, die Schaale und das Mark einer halben Zitrone, 2 Eßlöffelvoll Kapern, ein Quart weißen Wein, 2 Schöpflöffelvoll Schü (Jus) oder statt dieser, wenn man gerade eine übrige Braise hat, dazu, gibt einer Hand groß schwarze Brodrinde darein, verschließt das Geschirr mit einem passenden Deckel, stellt solches auf heiße Asche oder schwache Kohlen, und läßt das Fleisch 4 bis 5 Stunden, ohne den Deckel zu lüften, langsam dämpfen; nach dieser Zeit legt man es heraus, schöpft die Fette rein von der Sauce ab, treibt sie durch ein Sieb, macht sie sammt dem Fleisch noch einmal recht heiß und gibt solches damit zu Tisch.

## Nro. 110. Stafadie von Rindfleisch auf andere Art.

Es wird hiezu das nämliche Stück Fleisch wie im vorhergehenden gewelket, genommen, dasselbe auch so zugerichtet. Hierauf belegt man eine Casserolle oder Tiegel mit Speck, gibt auf diesen eine Handvoll rein geputzten Wurzeln, als gelbe Rüben, Petersil und Selleri sammt einer in Scheiben zerschnittenen Zwiebel, legt sodann das Fleisch fest darauf, gibt auf dieses 2 Eßlöffel Kappern sammt dem Mark einer halben Zitrone, gießt 2 bis 3 Schöpflöffel Fleischbrühe sammt ein Quart weißen Wein hinzu, legt von schwarzem Brod ein Stückchen Rinde darein, verschließt das Geschirr mit einem passenden Deckel, stellt solches mehr auf heiße Asche als Kohlen und läßt das Fleisch ohne den Deckel zu lüften, 4—5 Stunden langsam dämpfen, nach dieser Zeit legt man das Fleisch wenn es weich ist heraus, nimmt die Fette rein von der Sauce ab, treibt sie durch ein Sieb oder Seiher, macht sie sammt dem Fleisch noch einmal recht heiß und gibt solches zu Tisch.

Sollte die Sauce zu viel eingekocht oder zu dick sein, so wird beim Durchtreiben mit Fleischbrühe nachgeholfen.

## Nro. 111. Rindfleisch mit Petersil.

Ein Stück Rindfleisch wird nach Vorschrift gut gesotten, ein paar Hände voll Petersilwurzeln putzt und wäscht man rein, dämpft solche sammt etwas von dem grünen mit einem Stück Butter, stäubt ein wenig Mehl darauf, und wenn dieses angezogen hat, gießt man gute Fleischbrühe hinzu und kocht die Wurzeln damit weich, eine halbe Stunde vor dem Anrichten legt man das Fleisch aus der Brühe in die Sauce, gibt ein klein wenig Pfeffer und etwas Muskaten daran, kocht es bis zum Anrichten, und gibt alsbann die Wurzeln sammt Sauce darüber.

## Nro. 112. Boeuf oder Beef-Steack.

Hiezu nimmt man das schmale Stück vom Lendenbraten, säubert solches von Haut und Fett, schneidet das Fleisch in runde dünne Platten, und klopft es mit dem Rücken eines schweren Messers gut durch, bestreut alsbann die Stückchen mit Salz und etwas Pfeffer, rundet sie zierlich, legt sie alle auf einander, und läßt sie so eine Viertelstunde stehen, sollen die Beef-Steack's gleich nach der Suppe gegeben werden, so legt man sie erst, wenn diese angerichtet wird, auf den Rost, gibt starke Kohlen darunter, bestreicht das Fleisch ein wenig mit Butter und wendet es schnell um, die Beef-Steack's dürfen nicht gelb und auch nicht hart werden, sondern müssen völlig im Saft bleiben, wenn sie nicht mehr roth sind, legt man sie auf eine heiße Platte, zuvor macht man ein Stück Butter heiß, dämpft damit einen Löffelvoll fein gewiegtes Petersilkraut, wozu ein paar Chalotten kommen, wenn die Butter wieder damit heiß ist, drückt man den Saft von einer Zitrone dazu, gießt dieses über die Beef-Steack und gibt folgende Kartoffeln dazu: die Kartoffeln werden in Salzwasser gesotten, geschält und in viereckige Stückchen geschnitten, mit Salz und etwas Pfeffer bestreut, alsdann macht man ein Stück Butter heiß, wendet die Erdäpfel auf dem Feuer so lange darin um, bis sich die Butter hineingezogen hat, und servirt sie mit dem Beef-Steack zu Tisch.

## Nro. 113. Roast-Beef oder englischer Braten.

Hiezu nimmt man die gedeckte Rippen, klopft solche stark, wascht sie aus kaltem Wasser und trocknet sie mit einem reinen Tuch ab, hierauf reibt man das Fleisch mit Salz und Gewürz ein, schneidet von Speck dünne Scheiben ab, bindet es gut damit ein und steckt es an einen Spieß, alsdann bestreicht man ein paar Bögen weißes Papier dick mit kalter Butter, bindet diese über das Fleisch, und bratet solches an einem mäßigen Feuer langsam; in den Untersatz oder Bratpfanne gießt man einen halben Schöpflöffelvoll Fleischbrühe, legt dazu ein Lorbeerblatt, eine in Scheiben zerschnittene Zitrone und eine Zwiebel, und begießt mit diesem den Braten fleißig; ein Stück von 6 Pfund kann immer 3 Stunden langsam braten, kurz vor dem Anrichten wird das Papier abgenommen, der Speck aber auf dem Fleisch gelassen, wenn es Farbe hat angerichtet, und die Sauce, die kurz eingebraten sein muß, wird durch ein Sieb passirt, dazu gegeben.

## Nro. 114. Lendenbraten gespickt.

Man schneidet das obere dicke Theil davon, säubert das Uebrige von Fett und Haut, schlägt es in ein Tuch ein, und klopft solches wohl, alsdann spickt man es zierlich, reibt es mit Salz und Gewürz ein, bestreicht ein paar Bogen Papier mit kalter Butter, bindet das Fleisch damit ein, steckt es an einen Spieß, und bratet es langsam saftig; in den Untersatz oder Bratpfanne gießt man ein Quart sauren Rahm, etwas Fleischbrühe, und ein paar Eßlöffelvoll Essig, eine Zwiebel und ein paar Scheiben Zitrone, erhält solches immer kochend, und beträuft das Fleisch stetig damit; kurz vor dem Anrichten nimmt man das Papier von dem Fleisch, damit es Farbe bekommt; die Sauce passirt man durch ein Sieb, und servirt sie besonders dazu.

## Nro. 115. Boeuf à la Mode.

Hiezu nimmt man ein großes fleischiges Stück, klopft solches, nachdem man es in ein Tuch eingeschlagen hat, stark, wascht es rein, und trocknet es mit einem Tuch wieder ab, hierauf macht man mit einem Messer durch das ganze Stück Fleisch Oeffnungen, steckt in eine jede derselben kleine Finger dicke, und eben so lange Stückchen Speck, die man zuvor in Salz, worunter gestoßener Pfeffer und Nelken gemischt wird, umwendet, belegt sodann den Boden einer Casserolle oder Tiegel mit Speckscheiben, legt das Fleisch darauf, gibt eine geschälte Zwiebel, eine halbe in Scheiben zerschnittene Zitrone, ein Lorbeerblatt und ein Stückchen Brodrinde, ferner ein Glas Wein, eben so viel Essig, und einen Schöpflöffelvoll Fleischbrühe dazu, verschließt das Geschirr mit einem passenden Deckel, stellt solches 4 bis 5 Stunden auf heiße Asche oder schwache Kohlen, damit es nur langsam kocht und dadurch zart wird; nach dieser Zeit legt man das Fleisch heraus, schöpft die Fette von der zurückgebliebenen Sauce ab, treibt solche sammt einer Obertassevoll sauren Rahm durch ein Sieb, legt das Fleisch in eine reine Casserolle, gibt die durchpassirte Sauce dazu, und erhält es bis zum Anrichten heiß.

Man kann auch statt dem Rahm einen Löffelvoll gebrenntes Mehl oder einen Löffelvoll braune Coulis in die Sauce thun, wenn solche durchgetrieben ist, einen Löffelvoll Kapern darein geben, und das Fleisch noch einmal damit aufkochen lassen.

### Nro. 116. Rindfleisch mit Trüffeln.

Ein gutes und etwas großes Schwanzstück wird in ein Tuch eingeschlagen, wohl geklopft, gewaschen und mit einem reinen Tuch abgetrocknet, alsdann mit Salz, etwas Pfeffer, ein paar zerstoßenen Cardemommen, Nelken und etwas Muskatnuß eingerieben und dann zierlich gespickt, hierauf belegt man einen Tiegel oder Casserolle mit Speck, legt das Fleisch, nachdem man es zuvor mit Mehl bestäubt hat, darauf, und läßt solches zugedeckt auf allen Seiten gelb werden, gießt ein Glas rothen Wein und zwei Schöpflöffelvoll Schü (Jus), in Ermanglung derer, Fleischbrühe dazu, und kocht damit das Fleisch ganz langsam, bis es zart ist, legt es alsdann heraus, schöpft die Fette von der zurückgebliebenen Sauce, die kurz eingekocht sein muß ab, treibt diese durch ein Sieb, legt das Fleisch wieder in eine reine Casserolle oder Tiegel, und gibt die Sauce dazu, verwällt eine Handvoll frische, gut gereinigte Trüffeln, mit einem Glas rothen Wein, gibt solche sammt dem Wein an das Fleisch, und kocht es noch eine kleine Viertelstunde, beim Anrichten wird das Fleisch mit den Trüffeln garnirt, die Sauce aber besonders dazu gegeben.

### Nro. 117. Rindfleisch mit Farçe (Fülle.)

Aus einem saftigen Stück Rindfleisch schneidet man Finger lange und 3 Finger breite dünne Stückchen, klopft solche wohl bestreut jedes Stückchen mit Salz und legt sie aufeinander, das Uebrige vom Fleisch sammt Abfälle, schabt man mit eben so vielem Speck rein aus, und wiegt solches mit einigen Chalotten, ein paar gereinigten Sardellen und etwas Persilkraut ganz fein; hierauf stößt man die Farçe Fülle, mit Salz, etwas Pfeffer und Nelken, sammt ein wenig sauren Rahm in einem Mörser gut ab, bestreicht die zerklopften Stückchen, eines nach dem andern damit, rollt sie wie eine Wurst auf, und umwindet sie mit einem Zwirnfaden; hierauf zerläßt man in einem breiten Tiegel ein Stück Butter, dämpft darin die Würstchen zugedeckt und langsam, bis sie gelb sind, gibt dann ein paar Eßlöffelvoll Essig und ein wenig Fleischbrühe dazu, und kocht damit das Fleisch, bis solches weich und die Sauce daran kurz ist, verklopft alsdann ein Quart sauren Rahm, gibt diesen an das Fleisch, läßt es noch ein wenig damit aufkochen, macht beim Anrichten die Fäden von dem Fleisch ab, und passirt die Sauce durch ein Sieb darüber.

### Nro. 118. Rindfleisch Escaloppen.

Man schabt ½ Pf. Rindfleisch mit eben so viel Speck rein aus, wiegt solches fein, und stößt es mit etwas Pfeffer, Nelken, Salz und ein paar Chalotten fein, macht dann mit einem Messer in der Rundung einer Obertasse Escaloppen oder Klöse, daraus, drückt sie etwas breit, bestreut solche mit Mehl, und dämpft sie auf beiden Seiten in einem Stückchen Butter gelb, alsdann legt man sie heraus, rührt in die zurückgebliebene Butter einen kleinen Kochlöffelvoll Mehl, gießt, wenn es gelb ist, einen kleinen Schöpflöffelvoll Fleischbrühe nebst dem Saft einer Zitrone dazu, legt, wenn die Sauce gut durchkocht hat, die Escaloppen darein, läßt sie aber nicht mehr kochen, sondern blos heiß werden, und passirt die Sauce beim Anrichten durch ein Sieb darüber.

# Ochsenzungen auf verschiedene Arten zuzubereiten.

### Nro. 119. Ochsenzunge mit Sauerampf-Sauce.

Die Zunge wird geklopft, gewaschen mit kaltem Wasser und einer Handvoll Salz zugesetzt, und wenn sie weich ist, die Haut davon gezogen, der Gurgelknopf weggeschnitten, und die Zunge in runde dünne Platten gemacht, hierauf wiegt man eine Handvoll reinen Sauerampf mit einigen Chalotten, dem Mark und der Schaale von einer halben Zitrone fein, dämpft solches mit einem Stück Butter, rührt einen kleinen Kochlöffelvoll Mehl daran, gießt, wenn dieses angezogen hat, zwei kleine Schöpflöffelvoll Fleischbrühe dazu, legt, wenn die Sauce wohl durchgekocht hat, die geschnittene Zunge darein, würzt sie mit Muskaten, und gibt sie, nachdem sie noch ein paarmal aufgekocht hat, zu Tisch.

### Nro. 120. Zunge mit Sardellen-Sauce.

Sechs Loth gereinigte Sardellen werden mit einer kleinen Handvoll Petersilkraut, einigen Chalotten und etwas Zitronenschaalen fein gewiegt, mit 4 Loth Butter gedämpft, und mit einem kleinen Kochlöffelvoll Mehl bestäubt, wenn das Mehl darein gerührt und sich zu kräuseln anfängt, gießt man 2 kleine Schöpflöffelvoll Schü (Jus) oder Fleischbrühe hinzu, drückt den Saft einer halben Zitrone darein, und kocht die Sauce, nachdem sie mit Muskaten gewürzt ist, gut durch; die Zunge schneidet man, nachdem sie wie in

3

voriger Nro. gekocht und gereinigt worden ist in runde Platten, und läßt sie ein paarmal in genannter Sauce aufkochen.

## Nro. 121. Gefüllte Zunge.

Wenn die Zunge, wie vorhergehend angezeigt, gesotten und gereinigt ist, wird der Gurgelknopf weg-, die Zunge aber der Länge nach in der Mitte entzwei geschnitten und beide Theile ausgehöhlt, das Herausgenommene wird mit halb so viel ausgeschabenem Speck, 4—6 Chalotten, ein Stückchen Zitronenschaale, ein paar Blättchen Basilicum und Esdracon ganz fein gewiegt; hierauf dämpft man eine Handvoll geriebenes Schwarzbrod mit einem Stückchen Butter, stößt solches mit obigem Gewiegten, etwas Salz, ein wenig Pfeffer und Nelken, und 2—3 Eyergelb in einem Mörser gut ab, füllt die ausgehöhlte Zunge damit aus, drückt die Farce (Fülle) ein wenig an, legt die Zunge wieder passend aufeinander, umbindet sie fest mit einem starken Zwirnfaden, und bratet solche in einer Casserolle auf beiden Seiten in Butter gelb, und macht sodann folgende Sauce dazu: Man läßt einen kleinen Kochlöffelvoll Mehl mit einem Stückchen Butter gelb werden, zerklopft eine Obertassevoll sauren Rahm mit einem kleinen Schöpflöffelvoll Fleischbrühe, passirt diese durch ein Sieb an das Mehl, gibt einen starken Eßlöffelvoll Kapern mit ein paar Chalotten klein zerschnitten darein, kocht die Sauce damit gut durch, schneidet von der gebratenen Zunge die Fäden ab, und richtet die Sauce darüber an.

## Nro. 122. Gebratene Zunge mit Häring gespickt.

Wenn die Zunge, wie schon gemeldet, weich gesotten und gereinigt ist, wird der Gurgelknopf abgeschnitten, die Zunge aber ganz gelassen, hierauf putzt man einen oder auch 2 Häringe, in Ermanglung derer aber 6—8 Loth Sardellen von Haut und Gräten rein, schneidet solche in halbfingerlange Stückchen, und durchzieht mittels eines spitzigen Messers die Zunge damit; zerläßt alsdann in einer Casserolle ein Stück Butter, und bratet solche, indem man sie öfters mit Zitronensaft beträuft, gelb, beim Anrichten gießt man die überflüssige Fette ab, drückt zu dem Zurückgebliebenen noch etwas Zitronensaft, und gibt dieses über die Zunge. Sie kann mit ganzer Petersil garnirt und mit ganzen Zitronen servirt werden.

---

# Gemüse.

## Nro. 123. Monat-Rettig als Gemüse.

Von welchen Monat-Rettigen, die etwas groß sein müssen, putzt man die äußern Blätter weg, kocht das Innere sammt den Rettigen mit gesalzenem Wasser weich, und schwenkt sie, nachdem sie abgegossen sind, ein paarmal mit frischem Wasser ab, das Grüne drückt man gut aus und schneidet es ein paarmal durch, die Rettige aber schneidet man in runde Blättchen, hierauf zerläßt man ein Stückchen Butter, dämpft damit das Grüne ab, bestäubt es mit ein paar Messerspitzevoll Mehl, läßt solches gut damit anziehen, gießt etwas Sauce (Jus) oder Fleischbrühe hinzu, gibt die geschnittenen Rettige mit etwas Muskaten daran, und kocht das Gemüse kurz ein.

Um das Unangenehme Wiederholen zu vermeiden, wird ein für allemal bemerkt, daß kein Gemüs viel Mehl, und eben so wenig Brühe haben darf, wenn es gut sein und Ansehen haben soll.

## Nro. 124. Pouppédon von Spinat.

Drei bis vier Händevoll abgezopfter Spinat und eine Handvoll Petersilkraut wird, nachdem solches rein gewaschen ist, mit einigen Chalotten fein gewiegt, und mit ¼ Pf. Butter abgedämpft, zwei abgeriebene Milchbrode schneidet man zu dünnen Schnitten, übergießt sie mit warmem Rahm, und stellt sie auf heiße Asche, bis alle Flüssigkeit verzehrt, und das Brod ganz durchweicht ist, nimmt alsdann solches sammt dem Grünen in eine Schüssel, gibt 4 Loth klein gewiegtes Rindmark, Salz und Muskathblüthe dazu, und rührt dieses mit 2 ganzen und dem Gelben von 4 Eyern ab; von ein paar verwällten, klein geschnittenen Briesen, Krebsschweifen, einigen verwällten Morgeln, auch wenn man etwas von gebratenem Geflügel oder Fischen hat, schneidet man das Fleisch klein, verfertigt davon ein Ragout, und läßt solches, nachdem die Sauce daran ganz kurz eingekocht hat, erkalten; hierauf bestreicht man eine glatte Form mit kalter Butter, hat man gerade Krebsbutter, so kann solche genommen werden, streicht die Hälfte von der gerührten Masse in die Form, gibt in die Mitte das Ragout, streicht das Uebrige darauf, setzt die Form in ein Geschirr mit kochendem Wasser, läßt es zugedeckt eine halbe Stunde kochen, und stürzt den Pouppédon, wenn er fertig ist, behutsam auf eine Platte.

## Nro. 125. Scorzeneri oder Schwarzwurzeln.

Man schabt die Wurzeln rein, schneidet sie in halbfingerlange Stücke, und legt sie gleich in frisches Wasser, wozu man, um das Gelbwerden zu verhindern, ein Glas Essig gibt, kocht sie alsdann in Salzwasser weich und schüttet sie nach diesem zum Ablaufen auf ein Sieb; hierauf zerläßt man ein Stück Butter, rührt einen kleinen Kochlöffelvoll Mehl darein, gießt, wenn solches angezogen hat, und zu steigen anfängt, die nöthige Fleischbrühe hinzu, würzt die Sauce mit Muskaten, und gibt die abgebrühten Wurzeln darein; man kann auch eine Handvoll Ackersalat (Niseln) mit kochendem Salzwasser abbrühen, solchen alsdann mit frischem Wasser gut abschwenken, ausdrücken und zu den Wurzeln legen, und die Sauce daran kurz einkochen lassen, auch können junge Hühner, Tauben oder Kalbfleisch, nachdem jedes zuvor ein wenig mit Fleischbrühe verwällt ist, mitgekocht werden; die Wurzeln können auch statt diesem beim Anrichten mit frischen Bratwürsten garnirt, oder gebackene Hühner dazu gegeben werden.

## Nro. 126. Pouppédon von Erdäpfel.

Gute und ganz kleine Erdäpfel kocht man mit gesalzenem Wasser nur halb weich, schält und rundet sie, daß sie alle gleich und nur die Größe einer welschen Nuß haben; hierauf bestreicht man eine glatte Form mit

3 *

Butter, belegt den Boden und Rand herauf mit den Erdäpfeln, so daß eine an die andere zu liegen kommt, streicht die Zwischenräume mit der angezeigten Farçe Nro. 6. gut und fest aus, überstreicht sodann die ganze Form von innen fingerdick mit genannter Farçe, so daß die Erdäpfel davon bedeckt sind, gibt alsdann ein kurz eingekochtes, abgekühltes Ragout von Hammel = oder Lammfleisch, wilden oder zahmen Geflügel darein, deckt solches zweifingerdick wieder mit genannter Farçe zu, belegt diese mit dünn geschnittenem Speck, stellt die Form in einen gemäßigten Ofen, und backt den Pouppédon eine kleine Stunde. Beim Anrichten wird der Speck oben weggenommen, der Pouppédon auf eine heiße Platte behutsam gestürzt, und die zurückgebliebene heißgehaltene Sauce besonders dazu servirt.

## Nro. 127. Andivien - Gemüse.

Aus den Andivien werden die stärksten Rippen herausgeputzt, die Blätter zerschnitten, gewaschen, mit Salz bestreut, alsdann mit kochendem Wasser begossen und zugedeckt, nach einer Viertelstunde schüttet man solchen auf ein Sieb; indessen zerläßt man ein Stück Butter, gibt den abgelaufenen und ausgedrückten Andivien darein, dämpft ihn eine Weile, stäubt ein paar Messerspitzevoll Mehl daran, gießt, wenn dieses gut angezogen hat, etwas Schü (Jus) oder Fleischbrühe dazu, würzt das Gemüs mit Muskaten und läßt es kurz einkochen. Es können gebackene Brieslein, Hühner, frische Bratwürste oder aus Schmalz gebackenes Brod darauf gegeben werden.

## Nro. 128. Spargeln mit gelber Sauce.

Die Spargeln werden so weit sie weiß sind sauber abgeschaben, gleich geschnitten, gewaschen, mit siedendem gesalzenem Wasser an das Feuer gebracht, weich gekocht und alsdann folgende Sauce verfertigt: Man nimmt das Gelbe von 6 Eyern und 2 Messerspitzevoll feines Mehl in eine kleine messingne Pfanne, rührt solche zuerst mit ein wenig Zitronensaft, und dann mit einem halben Schöpflöffelvoll Fleischbrühe, sammt ein paar Eßlöffelvoll Spargelsud gut ab, gibt ein Stück frische Butter mit etwas Muskatblüthe darein, und rührt die Sauce auf Kohlen, bis sie anfängt dick zu werden, kochen darf sie jedoch nicht, alsdann richtet man die Spargeln auf eine Platte so an, daß die Köpfe alle einwärts sehen, und passirt die Sauce durch ein Sieb so, daß blos die Köpfe bedeckt sind, daran.

## Nro. 129. Spargeln auf eine andere Art.

Die Spargeln werden wie oben geputzt, jedoch nicht ganz so weich gekocht, hierauf bestreicht man eine Platte von gut verzinntem Blech oder Steingut dick mit kalter Butter, bestreut solche mit ein paar Eßlöffelvoll fein gewiegtem Petersilkraut, worunter ein halber Löffelvoll Semmelmehl gemischt wird, legt die Spargeln aus dem Sud nach der Ordnung so auf die Platte, daß alle Köpfe einwärts sehen, bestreut sie oben wieder mit vermischter Petersile, würzt sie mit Muskaten, legt dünne Schnittchen Butter darauf, gießt alsdann einen kleinen halben Schöpflöffelvoll Fleischbrühe hinzu, und kocht die Spargeln zugedeckt eine kleine Viertelstunde auf Kohlen. Sie werden mit der nämlichen Schüssel aufgetragen.

## Nro. 130. Frische Stock-Morgeln als Gemüse.

Die Morgeln werden gewaschen und entzwei geschnitten, die Stiele werden davon gethan und die Morgeln zum Ablaufen auf ein Sieb gelegt, hierauf zerläßt man ein Stück Butter, dämpft solche damit, streut einen Eßlöffelvoll fein gewiegtes Petersilkraut und ein paar Messerspitzevoll Mehl hinzu, läßt die Morgeln ein wenig damit anziehen, gießt alsdann etwas Schü (Jus) oder Fleischbrühe dazu, würzt sie mit Muskaten, kocht die Sauce davon kurz ein, und gibt sie mit Lamm= oder Kalbs=Cottelete (Carminaden) zu Tisch.

## Nro. 131. Wörsch auf gewöhnliche Art.

Der Wörsch wird von den unreinen Blättern und den stärksten Rippen gereinigt, gewaschen, und mit kochendem Wasser und Salz, welches bei allen grünen Gemüsen zu beobachten ist, zugesetzt, und weich gekocht, alsdann in einen Seiher oder Sieb abgegossen, und mit frischem Wasser gut abgeschwenkt, hierauf zerläßt man ein Stück Butter, drückt den Wörsch aus, schneidet ihn einigemal durch, und dämpft ihn eine Zeitlang, streut sodann ein wenig Mehl darauf, läßt solches unter öfterem Umrühren mit dem Wörsch gut anziehen, gießt etwas Fleischbrühe und wenn man Braten=Sauce hat, ein paar Eßlöffelvoll dazu, würzt ihn mit ein wenig Pfeffer, und läßt ihn kurz einkochen.

## Nro. 132. Wörsch in einer Butter=Sauce.

Hiezu nimmt man kleine feste Stöckchen Wörsch, putzt das Unreine davon, schneidet das Stöckchen in 4 Theile, und nimmt den Dorschen heraus, doch so, daß die Theile ganz bleiben, verwällt sie in Salzwasser halb weich, und legt sie nach diesem zum Ablaufen auf ein Sieb, hierauf zerläßt man in einem Tiegel oder Casserolle ein Stück Butter, läßt einen kleinen Kochlöffelvoll Mehl und etwas gewiegtes Petersilkraut nur so lange damit anziehen, bis dasselbe zu steigen anfängt, füllt solches alsdann mit einem Schöpflöffelvoll guter Fleischbrühe auf, würzt die Sauce mit Muskatenblüthe, und läßt sie ein wenig durchkochen, den Wörsch drückt man, damit das Wasser davon kömmt, mit der flachen Hand ein wenig aus, legt ihn in die Sauce, und kocht ihn darin bis er weich ist. Beim Anrichten können ein paar Eyergelb mit der Sauce abgeklopft darüber gegeben werden.

## Nro. 133. Wörsch mit Schü (Jus.)

Der Wörsch wird wie im Vorhergehenden gereinigt, in Salzwasser verwällt, und zum Ablaufen auf ein Sieb gelegt, alsdann mit der flachen Hand ausgedrückt, und ordentlich in einen Tiegel oder Casserolle gelegt solcher mit Muskatenblüthe bestreut, mit 2 Schöpflöffelvoll guter Schü, (Jus), von der die Fette nicht abgenommen ist, aufgefüllt, und damit ganz kurz eingekocht.

## Nro. 134. Gefüllter Wörsich.

Ein schöner Wörsichstock wird abgelöst, das Unreine sammt den Rippen davon gethan, die reinen Blätter aber mit Salzwasser halbweich abgebrüht, alsdann zum Ablaufen auf ein Sieb gebracht, indessen verfertigt man folgende Fülle, ein Stückchen Kalbs= oder Schweinbraten wird mit einigen Chalotten oder einer kleinen Zwiebel, etwas Petersilkraut und einem Stückchen Rindsmark, in Ermanglung dessen mit einem Stückchen geschabenen Speck fein gewiegt, das Innere von einem halben Milchbrod durchgeweicht, fest ausgedrückt, solches mit einem Stückchen Butter gedämpft, dann das gewiegte Fleisch hinzugethan und ein paarmal damit auf dem Feuer umgewendet, Salz und Muskaten dazu gegeben, und so lange es noch warm ist mit zwei ganzen und so viel gelben Eyern abgerührt, daß die Fülle nicht lauft, sondern in der Dicke wie zu Knöpflein ist, hierauf breitet man auf einem Schneidbrett die abgelaufenen Blätter aus, über= streicht jedes derselben mit einem Eßlöffelvoll von genannter Fülle, schlägt sie an beiden Seiten ein, und rollt eines um das andere wie eine Wurst auf, verfertigt alsdann eine gute Butter=Sauce, legt, wenn solche in vollem Kochen ist die Würstchen darein und kocht sie damit fertig. Beim Anrich= ten wird die Sauce mit Eyergelb abgezogen, abgerührt und darüber gegeben.

## Nro. 135. Gedämpftes Sauerkraut mit Fasanen.

Man belegt einen Tiegel oder Casserolle mit frischem Nierenfett, schüt= telt eine Lage Sauerkraut leicht darauf, gibt auf dieses wieder Nierenfett, dann Kraut u. s. f. bis solches auf ist, gießt ein Glas Wein nebst ei= nem Schöpflöffelvoll Fleischbrühe hinzu, und dämpft damit das Kraut un= terbrochen langsam fort; die Fasanen werden, nachdem sie gerupft und gereinigt sind gut aufgezweckt oder dressirt, wie zum braten mit Salz und Gewürz eingerieben, und mit Speck eingebunden; alsdann zerläßt man in einer Casserolle Butter, dämpft die Fasanen während man von Zeit zu Zeit etwas rothen Wein hinzugießt halb fertig, gibt sie sammt der Sauce in obiges Kraut, und läßt sie darin ganz auskochen.

Eben so werden Feldhühner, die man zu Sauerkraut geben will, behandelt.

## Nro. 136. Sauerkraut mit Forellen.

Das Sauerkraut wird wie vorhergehend gemeldet ist in eine Casserolle oder Tiegel eingerichtet, auch eben so gekocht; ein oder zwei Forellen unge= fähr ein Pf. kocht man im Salzwasser ab, zieht die Haut davon ab und zopft das Fleisch dann klein, dämpft dieses mit 4 Loth klein zerschnittener zuvor aber gereinigter Sardellen, und etwas klein zerschnittenes Petersil= kraut, hierauf bestreicht man eine Platte, die man auf den Tisch geben kann, dick mit kalter Butter, gibt darauf eine Lage von obigen Forellen, auf diese eine Lage Kraut, dann wieder Forellen u. s. f., bis die Forelle zu Ende ist, den Beschluß macht das Kraut. Alsdann zerklopft man zu einer mittlern Platte ein halb Quart dicken, sauren Rahm, überstreicht damit das Kraut, bestreut es mit geriebenem Milchbrod, legt kleine Schnittchen frische Butter darauf und läßt das Kraut in einem guten Ofen Farbe nehmen. Ebenso wird Sauerkraut mit Schinken gemacht, nur daß die Sardellen wegbleiben, statt diesen aber zwischen jede Lage ein paar Löffelvoll saurer Rahm genommen wird.

### Nro. 137. Sauerkraut auf gewöhnliche Art.

Das Kraut wird mit einem Stück Schweine- oder Gänseschmalz und Wasser an das Feuer gesetzt, will man Schweinefleisch mitkochen, so wird dieses gesalzen und in die Mitte desselben gesteckt, solches mit Kraut zugedeckt, und bis es weich ist gekocht, hierauf legt man das Fleisch heraus und behält es warm, zerläßt ein Stück Schmalz, dämpft damit eine länglicht geschnittene Zwiebel gelb, rührt zu dieser ein paar Messerspitzevoll Mehl, gibt dieses an das Kraut, und kocht es ganz kurz, so daß keine Brühe mehr davon läuft, ein; vor dem Anrichten wird das Fleisch, damit es wieder heiß wird, in das Kraut gelegt, auch kann ein Glas Wein daran gegeben werden.

### Nro. 138. Weiß Kraut mit saurem Rahm.

Kleine Krauthäuptlein werden gereinigt, in 4 Theile geschnitten, die Dorschen davon gethan, und das Kraut mit kochendem Salzwasser weich abgebrüht, und mit Vorsicht, damit es nicht zerfällt, auf ein Sieb gelegt, hierauf zerläßt man ein Stück Butter, dämpft damit das Kraut, nachdem man es zuvor leicht ausgedrückt hat, eine Weile, zerklopft ein Quart guten sauren Rahm, mit ein paar Eßlöffelvoll Fleischbrühe, gibt solchen über das Kraut, würzt es mit etwas Muskaten, und servirt es, nachdem es gut eingekocht hat, mit Schwein-Cottelettes zu Tisch.

### Nro. 139. Weiß Kraut auf gewöhnliche Art.

Man putzt das Unreine davon, schneidet die Dorschen heraus, das Kraut aber, nachdem es zuvor rein gewaschen ist, in kleine Stücke, und brühet solches mit etwas Salz und kochendem Wasser weich, zerläßt alsdann in einem Tigel ein Stück Butter, dämpft damit das Kraut, nachdem es zuvor in einem Seiher oder Sieb mit dem Kochlöffel gut ausgedrückt worden ist, bestäubt es mit ein wenig Mehl und etwas Kümmel, wendet das Kraut einigemal um, und gießt, wenn das Mehl angezogen hat, etwas Fleischbrühe dazu, würzt es mit ein wenig Pfeffer, gibt, wenn man Braten-Sauce hat, ein paar Eßlöffelvoll dazu, und kocht das Kraut damit ganz kurz ein.

### Nro. 140. Gefülltes Krauthaupt.

Von einem großen Krauthaupt werden die äußeren unreinen Blätter hinweggethan, die Uebrigen abgelöst und die starken Rippen herausgeschnitten, doch so, daß das Blatt kein Loch bekommt, alsdann werden die Blätter in eine Schüssel gelegt, mit Salz bestreut, mit kochendem Wasser übergossen, zugedeckt, und solche nach einer halben Stunde zum Ablaufen auf ein Sieb gebracht. Zur Farçe oder Fülle wiegt man 1 Pf. Schweinefleisch, welches man vorher ein wenig abgedämpft hat, mit einem Stückchen Speck, ein paar abgesottenen Kastanien, wenn man gerade solche hat, einige Cha-

lotten und eine Handvoll Petersilkraut sein; hierauf zerläßt man ein gro=
ßes Stück Butter, trocknet damit ein halbes abgeriebenes, in Milch durch=
geweichtes und wieder fest ausgedrücktes Milchbrod, auf, gibt das Fleisch
hinzu, dämpft solches noch ein wenig damit, und rührt es, nachdem man
es hat ein wenig abkühlen lassen, mit 2 ganzen und 4 gelben Eyern, Salz
und Muskaten, gut ab; so groß nun der Kopf werden soll, werden Blät=
ter dicht aneinander in die Runde, so daß in der Mitte die Rippen zusam=
men laufen, gelegt, über diese legt man abermals ein großes Blatt, über=
streicht es mit genannter Fülle, bedeckt dieses wieder mit obgemeldeten Blät=
tern, überstreicht sie wieder, und fährt damit so fort, bis die Fülle auf ist,
schlägt alsdann die Blätter oben zusammen, gibt dem Kopf so viel mög=
lich die vorige Form, und legt oben, wo er eine Oeffnung behält, ein paar
zarte Blätter darüber; hierauf bestreicht man eine Casserolle, die nicht grö=
ßer als der Kopf ist, mit Butter, legt auf den Boden derselben zuerst kleine
Hölzchen, dann ein leeres Krautblatt, und auf dieses den gefüllten Krauts=
kopf, bedeckt solchen oben mit einem großen Blatt, schneidet etwas frische
Butter darauf, gießt neben an der Seite ein wenig Fleischbrühe hinzu,
und stellt den Kopf eine kleine Stunde in einen gemäßigten Ofen; sollte
die Brühe daran eingekocht sein, so wird immer wieder ein wenig dazu
gegossen, wenn der Kopf fertig ist, wird er behutsam auf eine Platte ge=
hoben, das oberste Blatt davon genommen, die zurückgebliebene Sauce mit
ein paar Eyergelb abgezogen (abgeklopft), und durch ein Sieb darüber ge=
geben. Man kann den Kopf auch, statt ihn in dem Bratofen zu backen,
auf ein Geschirr mit kochendem Wasser setzen, und solchen zugedeckt, in ei=
nem Bratofen, kochen lassen, dann darf aber keine Fleischbrühe daran ge=
nommen werden.

### Nᵒ· 141. Weiß=Kraut in der Braise.

Man putzt das Kraut rein, schneidet jedes Haupt in 4 Theile, legt
solche in kochendes Salzwasser, und läßt dies blos einmal darüber wallen,
gießt das kochende Wasser ab, gibt frisches darüber, und legt dann das
Kraut zum Ablaufen auf ein Sieb; hierauf schneidet man die Torschen
sauber heraus, umbindet jeden Theil mit einem Zwirnfaden, damit es nicht
auseinander fallen kann; alsdann belegt man den Boden einer Casserolle
mit Speckscheiben, einigen Schnitten Schinken, einer ganzen Zwiebel, ein
paar gelben Rüben, Petersil= und Selleriewurzeln, legt auf dieses das Ab=
gelaufene und ein wenig ausgedrückte Kraut, gibt etwas gute Fleischbrühe
hinzu, und kocht solches zugedeckt ganz langsam, bis das Kraut ganz weich
ist, wenn es angerichtet werden soll, legt man es auf eine heiß gehaltene
Platte, zieht die Fäden davon, schöpft von der zurückgelassenen Braise, die
kurz eingekocht sein muß, die Fette ab, und paßirt die Uebrige durch ein
Sieb an das Kraut.

### Nᵒ· 142. Pouppédon von Weiß=Kraut mit Krebsen.

Von 2 bis 3 Krauthäuptlein nimmt man blos das Innere oder die
Herzen heraus, verwällt sie mit gesalzenem Wasser, und drückt sie nach

diesem gut aus. Von 30 kleinen mit Salzwasser abgekochten Krebsen nimmt man die ausgelösten Schweife und Scheeren, wiegt diese sammt dem Kraut, eine Handvoll Peterfil, 4 Loth Rindsmark und einer Handvoll verwällten Morgeln klein, 2 abgeriebene in Milch durchweichte und wieder fest ausgedrückte Milchbrode, dämpft man mit ¼ Pf. Butter, gibt das Gewiegte mit etwas Salz und Muskatenblüthe hinzu, wendet es noch ein paarmal auf dem Feuer um, und rührt es sodann mit dem Gelben von 6 Eyern wohl ab, schlägt das Weiße von 4 Eyern zu Schnee, rührt diesen in die Masse, füllt solche in eine mit Butter bestrichene Form, setzt diese auf ein Geschirr mit kochendem Wasser, zugedeckt in einen Bratofen, kocht den Pouppédon ¾ Stunden und gibt ihn auf eine Platte gestürzt mit einer Krebs-Sauce mit Morgeln, oder einer Butter-Sauc, mit fein geschnittenen Peterfil zu Tisch.

### Nro. 143. Blau-Kraut auf gewöhnliche Art.

Es wird wie schon gemeldet, gereinigt und eingeschnitten, alsdann zerläßt man ein Stück Schmalz und dämpft darin das Kraut indem man etwas Fleischbrühe, sammt ein paar Eßlöffel Essig hinzu gießt, weich, röstet etwas Mehl lichtgelb, gibt dieses sammt dem nöthigen Salz und etwas Pfeffer hinzu und läßt es kurz einkochen. Es kann auch Schweinefleisch, das man zuvor halb abgekocht hat darein gelegt und vollends damit ausgekocht werden.

### Nro. 144. Blau-Kraut.

Man putzt die äußern rauhen Blätter weg, schneidet die Rippen davon, das Innere, oder die zarten Blätter aber schneidet man so fein wie Sauerkraut, hierauf zerläßt man ein Stück Butter, rührt 2 Messerspitzevoll Mehl hinzu, gibt, sobald dieses ein wenig angezogen hat, das geschnittene Kraut daran, läßt solches unter öfterem Umwenden eine Zeitlang dämpfen, gießt alsdann ein halbes Glas Wein, ein paar Löffelvoll Essig und eben so viel Fleischbrühe daran, und kocht das Kraut zugedeckt langsam und kurz ein; es können halbgebratene Enten, Feldhühner, oder auch ein halb abgedämpfter Haase darein gelegt und damit ausgekocht werden.

### Nro. 145. Winter-Kohl.

Man wirft von dem Kohl die äußern rauhen Blätter weg, streift die Bessern von den Stengeln ab, wascht sie wohl, und kocht sie mit gesalzenem Wasser weich, hat man etwas Abschöpffett, so ist es gut, wenn man ein Stückchen in das Brühwasser gibt und mitkochen läßt, es macht den Kohl milder; wenn solcher weich, abgegossen und mit kaltem Wasser gut abgeschwenkt ist, drückt man ihn wohl aus und zerschneidet ihn grob, zerläßt hierauf ein Stück Butter, dämpft den Kohl eine Zeitlang, bestäubt ihn mit ein wenig Mehl, läßt dieses unter öfterem Umwenden damit anziehen, gießt Fleischbrühe hinzu, würzt den Kohl mit ein wenig Pfeffer und läßt ihn ganz kurz einkochen. Es können Kastanien, die man zuvor gesotten oder gebraten und geschält hat, daran gegeben und mitgekocht werden, oder man kann den Kohl beim Anrichten damit garniren; auch kön-

nen frische oder geräucherte Bratwürste, Schinken oder geräucherte Zunge
damit gegeben werden.

## Nro. 146. Schnitt-Kohl.

Wenn derselbe rein geklaubt und gewaschen ist, wird er, wie jedes
grüne Gemüse, gesalzen und mit kochendem Wasser zugesetzt, wenn er fertig ist, mit kaltem Wasser abgeschwenkt, ausgedrückt und klein zerschnitten,
alsdann zerläßt man ein Stück Butter, dämpft damit einen fein geschnittenen Zwiebel, bestäubt solches mit ein wenig Mehl, gibt den geschnittenen
Kohl dazu, dämpft ihn eine Zeitlang, gießt etwas Fleischbrühe daran und
kocht ihn kurz ein, würzt ihn mit ein wenig Pfeffer, und gibt ihn mit
Hammel- oder Kalb-Cotteletts zu Tisch.

## Nro. 147. Grüne Bohnen.

Man zieht die Bohnen ab, und schneidet sie nach Belieben, wirft in
kochendes Wasser nach Proportion der Bohnen Salz, und kocht sie damit
weich, hierauf zerläßt man ein Stück Butter, läßt damit ein paar Messerspitzevoll Mehl lichtgelb werden, gibt einen Löffelvoll fein gewiegte Zwiebeln, Petersil- und Bohnenkraut, sammt den abgelaufenen Bohnen dazu,
dämpft solche eine Zeitlang, gießt alsdann ein wenig Fleischbrühe daran,
würzt die Bohnen nach Belieben mit Pfeffer, und kocht sie ganz kurz ein;
sie können mit gebratenen Häringen, Bratwürsten oder geräucherter Zunge
gegeben werden.

## Nro. 148. Bohnen auf andere Art.

Man zieht zarte Bohnen ab, schneidet sie fein und kocht sie in guter
Fleischbrühe weich, hebt sie alsdann mit einem Schaumlöffel aus dem Sud
und gibt solche, nachdem sie abgelaufen sind, auf eine Platte, und stellt
diese, zugedeckt warm; hierauf zerläßt man ein etwas großes Stück Butter,
schneidet eine kleine Zwiebel, eine Handvoll Petersil, auch etwas Bohnenkraut fein, dämpft dieses in der Butter gelb, würzt die Bohnen mit ein
wenig Pfeffer und schmälzt sie mit Gemeldetem auf.

## Nro. 149. Grüne Bohnen gedämpft.

Hiezu nimmt man ebenfalls zarte Bohnen, schneidet sie fein und wäscht
sie aus warmem Wasser, hierauf zerläßt man ein Stück Butter, dämpft die
Bohnen damit weich, bestreut sie mit einem Löffelvoll fein geschnittenem
Petersil und etwas Bohnenkraut, nebst einer oder nachdem es viel oder
wenig Bohnen sind, zwei Messerspitzevoll Mehl, wendet sie einigemal um,
bis solches angezogen hat, gießt etwas Fleischbrühe hinzu, würzt die Bohnen mit ein wenig Pfeffer und Muskaten, und läßt sie kurz einkochen.

## Nro. 150. Eingemachte Bohnen.

Die Bohnen werden, nachdem sie aus der Stande genommen sind, ein
paar Stunden in kaltes Wasser gelegt, alsdann abgegossen und mit kochendem Wasser weich gekocht; hierauf zerläßt man ein Stück Butter, dämpft
damit einen Löffelvoll fein gewiegtes Petersilkraut, gibt dann die abgegosse-
nen und mit frischem Wasser abgeschwenkten Bohnen dazu, bestäubt sie mit

ein klein wenig Mehl, wendet sie einigemal, bis das Mehl angezogen hat um, würzt sie mit Muskaten, gibt ein wenig Schü (Jus) oder gute Fleisch-brühe daran, und läßt sie ganz kurz einkochen.

### Nro. 151. Erdäpfel mit Butter-Sauce.

Man siedet die Erdäpfel mit gesalzenem Wasser nicht ganz weich, schält und schneidet solche in 4 Theile, oder auch in runde Platten, zerläßt als-dann ein Stück Butter, läßt damit einen kleinen Kochlöffelvoll Mehl, bis solches zu steigen anfängt, anziehen, gibt einen Schöpflöffelvoll Fleischbrühe, mit einem Löffelvoll fein gewiegtem Petersilkraut hinzu, legt alsdann die Erdäpfel darein, würzt sie mit Muskaten, und kocht sie bis sie weich sind.

### Nro. 152. Geschmälzte Erdäpfel.

Man schält die Erdäpfel roh, schneidet sie in 4 Theile, wäscht sie rein, und kocht sie mit Fleischbrühe oder gesalzenem Wasser weich, legt sie als-dann mit einem Schaumlöffel auf eine Platte, gibt aber acht, daß sie ganz bleiben, und stellt sie warm; hierauf zerläßt man ein Stück Butter, röstet damit eine Handvoll klein geschnittenes Petersilkraut, bestreut die Erdäpfel mit etwas Salz und Ingwer, gießt die heiße Butter darüber, und gibt sie zu aufgeschmälztem Stockfisch.

### Nro. 153. Erdäpfel mit saurem Rahm.

Man siedet die Erdäpfel mit gesalzenem Wasser weich, schält und schnei-det sie in runde Platten, zerklopft alsdann ein Quart guten sauren Rahm mit etwas Salz und gießt diesen darüber, hierauf zerläßt man in einer breiten Pfanne ein etwas großes Stück Butter, gibt die Erdäpfel dazu, wendet sie öfters mit einer eisernen Nudelschippe um, und gibt solche, wenn sie Schuppe haben, heiß zu Tisch.

### Nro. 154. Erdäpfel auf andere Art.

Die Erdäpfel werden geschält, in Schnitzen zerschnitten, und nachdem sie rein gewaschen sind mit gesalzenem Wasser weich gekocht, alsdann in einen Seiher abgegossen, und nachdem sie abgelaufen sind, mit ganz wenig Fleischbrühe durchgetrieben, hiernach zerläßt man ein Stück Butter, dämpft damit eine kleine fein gewiegte Zwiebel sammt Petersilkraut weich, gibt die durchgetriebenen Erdäpfel hinzu, verdünnt sie nur noch wenig mit Fleisch-brühe, gibt etwas Pfeffer oder Ingwer daran, und läßt sie noch wenig damit aufkochen; sie können zu Rindfleisch Hammel oder Schweinebraten gegeben werden.

### Nro. 155. Geröstete Erdäpfel.

Sie werden wie die vorhergehenden gesotten, geschält und in dünne Platten zerschnitten, hierauf zerläßt man in einer Pfanne ein Stück Butter, dämpft damit eine klein geschnittene Zwiebel, gibt die Erdäfel dazu, bestreut sie mit Salz und wenig Pfeffer, und röstet sie unter öfterem Umwenden gelb; indessen schneidet man einen gereinigten Häring in kleine Stückchen, mischt ihn unter die Erdäpfel, und richtet sie auf eine warme Platte an.

Wenn der Häring weggelassen wird, kann etwas Kümmel an die Erdäpfel gethan, im Uebrigen wie angezeigt damit verfahren werden.

### Nro. 156. Artischocken mit gelber Sauce.

Man schneidet die Artischocken unten am Boden gleich, auch von den
Blättern schneidet man die Spitzen ab, wascht und klopft sie gut aus, damit das Unreine herausfällt, hierauf kocht man sie in Salzwasser weich,
faßt die innersten Blätter zusammen, hebt sie heraus und stellt sie bei Seite,
reinigt alsdann den Käs oder Boden von dem sich darauf befindlichen
Saamen, gibt aber acht, daß der Boden ganz bleibt, würzt diesen mit etwas Muskatenblüthe, legt ein Stückchen frischen Butter dazu, stellt die
Blätter wieder dahin, wo man sie herausgehoben hat, setzt die Artischocken
in ein flaches Geschirr, gibt ein wenig heiße Fleischbrühe dazu, und stellt
sie zugedeckt auf heiße Asche, bis folgende Sauce verfertigt ist:

Sechs bis acht Eyergelb zerklopft man mit dem Saft einer halben Zitrone, rührt einen Schöpflöffelvoll gute kalte Fleischbrühe hinzu, wendet
ein Stück frische Butter einigemal in seinem Mehl um, und gibt diese nebst
Muskatenblüthe darein, rührt die Sauce, bis sie heiß und dick ist, auf
Kohlen langsam ab, kochen darf sie aber ja nicht, setzt dann die heiß gehaltene Artischocken auf eine heiße Platte, und passirt die Sauce durch ein
Sieb darüber.

### Nro. 157. Artischocken mit Ragout.

Diese werden wie die vorhergehenden zugerichtet, auch eben so mit Fleischbrühe heiß gehalten. Indessen verfertigt man von 2 bis 4 verwällten und
klein zerschnittenen Kalbsbriesen, einer Handvoll verwällten Morgeln, 20
bis 30 Krebsschweife und einen gereinigten Ochsengaumen ein gutes Ragout, wozu man, wenn man sie gerade hat, Krebsbutter nimmt, kocht solches kurz ein, füllt damit die Artischoken, und stellt die Blätter wieder darauf, die zurückgebliebene Sauce zieht (klopft) man mit dem Gelben von
ein paar Eyern ab, und gibt diese darüber.

### Nro. 158. Grüne oder Brockelerbsen mit gelben Rüben.

Die Erbsen werden, so lang sie noch weich und zart sind, aus den
Schoten gemacht. Hierauf schneidet man geputzte gelbe Rüben in ganz
kleine Würfel, zerläßt ein Stück Butter, dämpft damit einen Eßlöffelvoll
fein geschnittenes Petersilkraut, thut die Erbsen sammt den Rüben, nachdem sie aus warmem Wasser gewaschen sind, dazu, und dämpft sie zugedeckt, bis sie weich sind, stäubt 1 auch 2 Messerspitzevoll Mehl darauf, rüttelt die Erbsen bis solches angezogen hat, einigemal damit um, würzt sie
mit Muskaten, gießt etwas Schü (Jus) oder Fleischbrühe hinzu, und kocht
sie, ohne die Erbsen zu verrühren, kurz ein, es können hiezu gebackene
Hühner, Briesen, auch frische Bratwürste gegeben werden.

### Nro. 159. Dürre oder weiße Erbsen zu kochen.

Wenn die Erbsen verlesen (ausgesucht) und gewaschen sind, werden sie
mit kaltem weichem Röhrenwasser, etwas Salz, Selleri und Petersilwurzeln

an das Feuer gesetzt und bis sie weich sind, gekocht, will man Schweinefleisch damit kochen, so wird solches gleich dazu gethan, wenn die Erbsen
weich sind, nimmt man das Fleisch heraus, treibt solche durch einen engen
Seiher, macht ein Stück Butter heiß, dämpft damit eine klein geschnittene
Zwiebel weich, gibt dieses an die Erbsen, legt das Fleisch, wenn es noch
nicht ganz fertig ist, wieder darein, würzt sie mit ein wenig Pfeffer oder geriebenen Majoran, und kocht sie bis zum Anrichten langsam fertig.

## Nro. 160. Gefüllte Gurken.

Hiezu nimmt man kurze, aber dicke Gurken, die nicht schief, sondern
gerade gewachsen sind, schneidet oben einen Deckel ab, durchsticht sie der
Länge nach mit einem weiten Hohleisen, welches den ganzen Kern fassen kann,
und schält sie nach diesem erst; verfertigt alsdann die Farçe Nro. 6, füllt
damit die ausgehöhlten Gurken voll, legt den Deckel darauf, stellt sie auf-
recht in eine Casserolle, gibt gute Schü (Jus) die wohl Fette haben darf,
darauf, und kocht die Gurken darinnen weich, beim Anrichten wird die
Fette abgeschöpft, und die Schü (Jus), die kurz eingekocht sein muß, darüber gegeben.

## Nro. 161. Linsen mit Ochsenschweif.

Man setzt die Linsen, nachdem sie rein verlesen (ausgesucht) und ge-
waschen sind, mit kaltem weichem Röhrenwasser und etwas Salz an das
Feuer, kocht solche ohne darin zu rühren weich, und gießt sie alsdann zum
Ablaufen auf ein Sieb oder einen Seiher, hierauf zerläßt man ein Stück
Butter, dämpft damit eine kleine feingewiegte Zwiebel, gibt diese sammt den
Linsen in einen Tiegel oder Casserolle, einen Schöpflöffelvoll Schü (Jus)
dazu und kocht sie langsam, ohne darin zu rühren, ganz kurz ein, den
Ochsenschweif haut man klein, dämpft solchen mit einem Stück Butter, einer Zwiebel, Lorbeerblatt und ein paar Rädlein Zitronen, etwas Schü (Jus)
und einem Glas rothen Wein, einem halben Glas Essig, Salz und Gewürz
ganz weich; vor dem Anrichten schöpft man die Fette davon ab, gibt ein
paar Eßlöffelvoll von der Sauce an die Linsen, passirt die übrige Sauce
durch ein Sieb, und kocht sie auf schnellem Feuer kurz ein, gibt dann den
Ochsenschweif, damit er wieder ganz heiß wird darein, und servirt ihn, besonders angerichtet, zu den Linsen.

Man kann auch halb ausgebratene Rebhühner in die Linsen legen,
solche mit etwas Zitronensaft schärfen, und bis sie fertig sind, mitkochen,
alsdann aber den Ochsenschweif weglassen.

## Nro. 162. Linsen auf gewöhnliche Art.

Die Linsen werden wie schon gemeldet, mit kaltem Wasser und etwas
Salz an das Feuer gesetzt und weich gekocht, hierauf macht man ein Stück
Butter oder Schmalz heiß, röstet einen kleinen Kochlöffelvoll Mehl sammt einer
geschnittenen Zwiebel damit gelb, gibt dieses nebst etwas Pfeffer und ein
paar Eßlöffelvoll Essig an die Linsen, und kocht sie noch eine Viertelstunde
damit auf.

### Nro. 163. Gelbe Rüben.

Wenn die Rüben schon stark sind, wird der Kern oder das Innere, nachdem sie zuvor gereinigt worden sind, davon gethan, und das Uebrige in dünne halbfingerlange Stückchen zerschnitten; hierauf zerläßt man ein Stück Butter, dämpft damit die gewaschenen und abgelaufenen gelben Rüben weich, bestäubt sie mit ganz wenig feinem Mehl und einem Löffelvoll klein geschnittenem Petersilkraut, wendet die Rüben einigemal um, bis das Mehl angezogen hat, gießt alsdann etwas Fleischbrühe oder Schü (Jus) hinzu, würzt sie mit Muskaten und kocht sie bis keine Brühe mehr daran zu sehen ist, ein.

### Nro. 164. Zucker-Erbsen.

Diese werden wie die Bohnen abgezogen, gewaschen und mit einem Stück Butter und etwas klein geschnittenem Petersilkraut in einer Casserolle oder Tiegel, bis sie weich sind, gedämpft, alsdann mit ganz wenig Mehl bestreut, und bis dieses stark angezogen hat öfters gerüttelt, dann mit Fleischbrühe oder etwas Schü aufgefüllt, mit wenig Muskatenblüthe gewürzt und ganz kurz eingekocht, es kann auch halb abgedämpftes Hammelfleisch in die Zucker-Erbsen gelegt und damit fertig gemacht werden, oder man gibt frische Bratwürste auch Hammels-Cotteletten dazu.

### Nro. 165. Karfiol mit Parmesankäs.

Hiezu nimmt man festen und schön weißen Karfiol, läßt die Blumen ganz, reinigt sie von den dazwischen sitzenden kleinen Blättern und schneidet den Stengel kurz doch so ab, daß die Blume nicht zerfallen kann, verwällt solchen zuerst ein wenig mit gesalzenem Wasser und kocht ihn dann mit guter Fleischbrühe fertig, gießt diese ab, und legt den Karfiol fest geschlossen, so daß selbiger nur eine Blume bildet, auf eine Platte; alsdann verfertigt man folgende Sauce: man zerklopft das Gelbe von 6 Eyern mit ein wenig Zitronensaft und 2—3 Messerspitzevoll feinem Mehl, rührt dieses mit kalter Fleischbrühe ab, würzt es mit Muskaten, legt ein Stück frische Butter dazu, und läßt die Sauce auf Kohlen unter beständigem Rühren dick werden, aber ja nicht kochen, passirt sie dann durch ein Sieb, rührt sie bis sie abgekühlt ist, und gibt sie über den Karfiol, bestreut diesen dick mit Parmesankäs, stellt die Platte, damit sie nicht springt auf Sand in einen guten Ofen, läßt den Karfiol schnell Farbe nehmen, und servirt ihn dann gleich zu Tisch.

Beim Hinzugießen der Fleischbrühe an die Sauce muß man vorsichtig sein, damit selbige nicht zu dünne wird, sie muß, nachdem sie durchpassirt ist, und damit sie nicht von dem Karfiol abläuft, die Dicke einer leichten Crème haben.

### Nro. 166. Karfiol auf gewöhnliche Art.

Die Blume wird in kleine beliebige Stücke zerlegt, dieselbe gereinigt und mit gesalzenem Wasser weich gekocht, hierauf zerläßt man ein Stück Butter, gibt nach Proportion einen auch 2 Kochlöffelvoll feines Mehl,

sammt etwas fein gewiegten Peterfil hinzu, wann das Mehl sich zu kräuseln anfängt gießt man so viel Fleischbrühe hinzu, daß es eine leichte Sauce
gibt, läßt dieselbe wohl verkochen, würzt sie mit Muskatnuß, und legt dann
den Karfiol, nachdem er durch einen Seiher abgelaufen ist, darein, läßt
ihn blos wieder heiß werden, und richtet ihn in ein warm gehaltenes
Geschirr an.

## Nro. 167. Karfiol mit Krebs-Sauce.

Man putzt den Karfiol, wie schon angezeigt ist, rein, und kocht ihn
mit gesalzenem Wasser weich, zerläßt alsdann ein Stück Krebsbutter, läßt
damit ein wenig Mehl anziehen, gießt so viel durchpassirte Krebsbrühe,
als zur Sauce nöthig ist, hinzu, würzt sie mit Muskaten, und läßt sie einigemal aufkochen; hierauf zerklopft man 3—4 Eyergelb mit ein paar
Löffelvoll heißer Krebsbutter, rührt solche mit der Sauce gut ab und läßt
diese unter stetem Umrühren auf dem Feuer noch ein wenig anziehen, den
abgelaufenen Karfiol richtet man schön auf eine Platte an, belegt ihn mit warm
gehaltenen Krebsschweifen und passirt die Sauce durch ein Haarsieb darüber.

## Nro. 168 Pouppédon von Karfiol.

Von 2—3 paar verwällten Kalbspriesen, Morgeln und Krebsschweifen
verfertigt man ein Ragout, und stellt solches zum Erkalten bei Seite, ein
paar Blumen Karfiol macht man in mehrere Stücke, putzt denselben rein,
verwällt ihn mit gesalzenem Wasser halb weich, und bringt ihn nach diesem zum Ablaufen auf ein Sieb; hierauf bestreicht man eine glatte Form,
so keinen sehr hohen Rand hat mit Butter, belegt den Boden und Rand
herauf mit dünnen Speckscheiben, streicht alsdann die Form mit der Farçe
Nr. 6. zwei Fingerdick gut aus, hebt das abgekühlte Ragout mit einem
Schaumlöffel aus der Sauce in die Form, legt den Karfiol dazwischen hinein, bedeckt solches oben wieder gut mit Farçe und streicht es mit einem
Messer glatt, deckt die Farçe mit Speckscheiben und mit einem Blatt Papier zu, stellt die Form auf ein Geschirr mit kochendem Wasser eine Stunde
in einen Bratofen, stürzt den Pouppédon, wenn er fertig ist, behutsam auf
eine Platte, und gibt die zurückgebliebene und heiß gehaltene Sauce mit ein
paar Eyergelb abgezogen besonders dazu.

## Nro. 169. Spinat.

Der Spinat wird verlesen, rein gewaschen, und damit er schön grün
bleibt, mit gesalzenem Wasser schnell abgebrüht, wenn er fertig und abgegossen ist, wird kaltes Wasser darüber gegossen, der Spinat gut ausgedrückt, und mit einer kleinen Zwiebel fein gewiegt; hierauf zerläßt man ein
Stück Butter, dämpft damit den Spinat, bestäubt solchen mit ein paar
Messerspitzevoll Mehl, gießt, wenn dieses daran angezogen hat, Fleischbrühe
oder Schü (Jus) hinzu, und kocht ihn ganz kurz ein; man gibt Omeletto,
gebackene oder verlorne Eyer, frische Bratwürste, oder auch Kalb-Cotte-
lettes dazu.

### Nro. 170. Gefüllter Spinat.

Ein Stück gebratenes Kalbfleisch wiegt man mit einem Stück geschabe=
nen Speck, etwas Petersilkraut und etlichen Chalotten ganz fein, drückt das
Innere von einem halben in Milch durchweichten Milchbrod fest aus und
dämpft solches mit ¼ Pf. Butter, gibt das gewiegte Fleisch dazu, läßt die=
ses noch ein wenig mitdämpfen, würzt es alsdann mit Muskatenblüthe und
etwas Salz, und rührt die Fülle so lange sie noch warm ist, mit zwei gan=
zen und so viel noch nöthig mit gelben Eyern ab, die Fülle darf aber nicht
zu dünne sein; hierauf brüht man rein gewaschene und mit Salz bestreute
Spinatblätter in einer Schüssel mit kochendem Wasser ab, deckt solche zu,
und bringt sie nach einer Viertelstunde zum Ablaufen auf ein Sieb, be=
streicht indessen eine Schnecken= oder glatte Form mit kalter Krebsbutter,
legt sie mit den abgelaufenen Blättern eines dicht an dem andern bis an
den Rand herauf aus, und streicht von der Fülle Fingerdick auf den Bo=
den; hat man ausgelöste Krebsschweife, so legt man solche dazwischen, be=
deckt dieses mit einer Lage Blätter, streicht dann wieder Fülle darauf, be=
deckt diese wieder u. s. f. bis die Form voll ist, den Schluß macht eine Fin=
gerdicke Lage Blätter; dann schlägt man die über den Rand stehende Blät=
ter hinein, stellt die Form auf ein Geschirr mit kochendem Wasser in einen
Bratofen, gibt einen Deckel darauf und kocht sie ¾ Stunden, beim Anrich=
ten nimmt man die Blätter bis auf eine dünne Lage weg, stürzt den Spi=
nat auf eine heiß gehaltene Platte, garnirt ihn mit ausgelösten Krebs=
schweifen, und gibt eine Krebs = Sauce darüber.

### Nro. 171. Weiße Rüben auf gewöhnliche Art.

Sie werden geschält und nach Belieben in Würfel oder länglichte Stück=
chen und nachdem sie rein gewaschen sind, mit gesalzenem Wasser weich ge=
kocht, alsdann macht man ein Stück Schmalz oder Butter heiß, röstet nach
Proportion der Rüben einen auch zwei Kochlöffelvoll Mehl darin braun,
gießt das Wasser von den Rüben ab, gibt das geröstete Mehl sammt et=
was Fleischbrühe hinzu, würzt sie mit etwas Pfeffer und läßt solches zu=
sammen wohl verkochen. Man kann auch gleich beim Zusetzen der Rüben
Hammel oder Schweinefleisch dazu thun und mitkochen lassen, dann werden
sie aber nicht abgegossen.

### Nro. 172. Weiße Rüben.

Die Rüben werden geschält, und in länglicht feine Stückchen geschnit=
ten, hierauf wird ein Stück Schmalz heiß gemacht, ein Löffelvoll gestoße=
ner Zucker damit gebräunt, die Rüben aus warmem Wasser gewaschen, da=
zu gegeben, und zugedeckt bis sie weich sind damit gedämpft, man muß sie
aber etlichemale umschütteln, damit sie durchaus eine Gleichheit bekommen,
alsdann werden sie mit ein klein wenig Mehl bestäubt, wenn dieses gut
angezogen hat, etwas Fleischbrühe hinzugegossen, und solche an den Rüben
kurz eingekocht, man kann auch halb abgekochtes Hammel= oder Schweine=
fleisch in die Rüben thun, und es damit auskochen lassen.

### Nro. 173. Bayerische Rüben.

Man schabt die Rüben rein, schneidet die Größern entzwei, die Kleinern aber werden ganz gelassen, hierauf macht man in einer Casserolle oder Tiegel ein Stück Schmalz heiß, bräunt darin einen auch nach Proportion der Rüben, zwei Löffelvoll gestoßenen Zucker, gibt die Rüben, welche man zuvor aus warmem Wasser gewaschen hat, darein, gießt etwas Fleischbrühe hinzu, und dämpft solche weich, röstet alsdann ein wenig Mehl mit einem kleinen Stück Butter gelb, thut dieses zu den Rüben und kocht sie bis sie wenig Brühe mehr haben, ein, es kann auch Schweinefleisch damit gekocht oder auch Schweins-Coteletten dazu gegeben werden.

### Nro. 174. Kohlraben.

Hievon werden die zarten Blätter abgestreift, und mit etwas Salz und kochendem Wasser weich abgebrüht, mit kaltem Wasser abgeschwänkt, ausgedrückt und klein zerschnitten, die Kohlraben schält man, schneidet solche in Blatten, und kocht sie mit fetter Fleischbrühe weich; hierauf zerläßt man ein Stück Butter, dämpft damit das Grüne, bestäubt es mit ein wenig Mehl, läßt solches unter öfterm Umrühren anziehen, gießt alsdann etwas Fleischbrühe hinzu, würzt es mit Muskatenblüthe und kocht es kurz ein; beim Anrichten macht man einen Kranz von dem Grünen auf die Platte, hebt die Kohlraben mit dem Schaumlöffel aus der Sauce, gibt sie in die Mitte, und garnirt die Platte mit kleinen Bratwürsten. Wer die Kohlraben auf diese Art nicht liebt, kann sie, wenn sie weich sind, sammt der Brühe an das Grüne, nachdem es gedämpft und mit Mehl bestäubt ist, thun, auch kann statt Muskatblüthe ein wenig Pfeffer, und wenn man Braten-Sauce hat, ein paar Löffelvoll daran gegeben werden.

### Nro. 175. Gefüllte Kohlraben.

Man nimmt hiezu ganz junge, zarte Kohlraben, schneidet oben einen Deckel, an dem das Herz noch fein muß, ab, auch am Boden schneidet man sie gleich, und kocht sie mit Fleischbrühe bis zur Hälfte weich, höhlt sie alsdann über die Hälfte aus, setzt sie in eine Casserolle, gibt Schü (Jus) hinzu, und kocht sie damit weich, dann werden sie behutsam auf eine Platte herausgenommen, mit dem Salpicon Nro. 94. vollgefüllt, der Deckel darauf und etwas Schü (Jus) darunter gegeben, und sogleich servirt.

### Nro. 176. Hopfen zu kochen.

Die zarten Keime von Hopfen überkocht man ein oder zweimal mit gesalzenem Wasser, bringt sie alsdann zum Ablaufen auf ein Sieb; hierauf dämpft man mit einem Stück Butter etwas Petersilkraut, bestäubt dieses mit ein wenig Mehl, gibt, wenn solches angezogen hat, den Hopfen darein, würzt ihn mit Mukatenblüthe, gießt ein wenig Fleischbrühe hinzu und kocht ihn kurz ein. Man kann auch über den Hopfen, wenn solcher mit Salzwasser weich gekocht und abgelaufen ist, die Sauce, wie bei den Spargeln Nro. 128. angezeigt ist, darüber geben.

4

### Nro. 177. Latucken zu kochen.

Man putzt die grünen Blätter ſammt den Rippen davon, wäſcht den Latucken rein, verwällt ihn mit geſalzenem Waſſer, gießt ihn alsdann zum Ablaufen auf ein Sieb, und drückt ihn, nachdem er zuvor mit kaltem Waſſer abgeſchwänkt worden iſt, gut aus, hierauf zerläßt man ein Stück Butter, läßt nur ein wenig Mehl damit anziehen, gibt den Latucken, den man zuvor einigemal durchſchnitten hat, dazu, dämpft ihn damit noch ein wenig, gießt Schü (Jus) oder gute Fleiſchbrühe hinzu, und kocht ſolchen ganz kurz ein.

### Nro. 178. Sauerampf zu kochen.

Hiezu iſt der rundblätterige der geeignetſte, er wird, nachdem er verleſen (geklaubt) iſt, gewaſchen, in einer Schüſſel mit etwas Salz beſtreut, mit kochendem Waſſer übergoſſen, und nachdem ſolches ein wenig abgeſtanden hat, mit kaltem Waſſer abgeſchwänkt, ausgedrückt, und einigemal durchſchnitten, hierauf zerläßt man ein Stück Butter, läßt 1 auch 2 Meſſerſpitzevoll Mehl damit anziehen, gibt den Sauerampf hinzu, dämpft ihn eine Zeitlang, gießt etwas Schü (Jus) oder Fleiſchbrühe daran, und kocht ihn wie alle grüne Gemüſe ganz kurz ein. Man kann ſtatt der Fleiſchbrühe auch ſauren Rahm dazu nehmen, den Sauerampf mit etwas Muskaten würzen, und Lamms=Coteletten oder auch verlorne Eyer darauf geben.

### Nro. 179. Laubfröſche zu kochen.

So viel man davon zu machen gedenkt, brühet man Mangoldblätter in einer Schüſſel mit geſalzenem Waſſer ab, und bringt ſolche, nachdem ſie ein wenig abgeſtanden ſind, zum Ablaufen auf ein Sieb, hierauf verfertigt man die Fülle wie bei dem Spinat Nro. 170., macht dieſe jedoch ein wenig feſter; alsdann breitet man die abgelaufenen Blätter aus, gibt auf jedes einen kleinen Löffelvoll von angezeigter Fülle, ſchlägt das leere vom Blatt darüber, und formirt kleine runde Kugeln davon, dann verfertigt man eine gute Butter=Sauce, legt, wenn dieſe in vollem kochen iſt, die Laubfröſche darein, und kocht ſie damit fertig, zieht (klopft) beim Anrichten die Sauce mit ein paar Eyergelb ab, und gibt ſie darüber.

### Nro. 180. Trüffeln als Gemüſe.

Die Trüffeln werden aus kaltem Waſſer mit einer Bürſte wohl gereinigt, alsdann geſchält, hierauf zerläßt man ein Stück Butter in einer Caſſerolle, legt die Trüffeln ſammt einer Zwiebel und etwas Salz darein, und dämpft ſie wohl zugedeckt langſam, gießt aber von Zeit zu Zeit etwas rothen Wein dazu, damit ſie eine kleine Sauce bekommen, wenn ſie fertig ſind, bricht man eine Serviette, legt die Trüffeln auf ein Sieb zum Ablaufen, ſchlägt ſie alsdann in die Serviette ein, paſſirt die Sauce durch, und gibt ſie beſonders dazu.

### Nro. 181. Römiſcher Kohl oder Mangold.

Dieſer wird wie der Spinat in Salzwaſſer gebrüht, mit kaltem Waſſer abgeſchwänkt, gewiegt, und in einem Stück Butter gedämpft, mit Mehl bestäubt, und wenn solches angezogen hat, mit Fleischbrühe aufgefüllt, mit ein wenig Pfeffer und Kümmel gewürzt, und kurz wie der Spinat eingekocht.

## Nro. 182. Die breiten Stiele von Mangold zu kochen.

Diese werden abgezogen, in kleine Stücke zerschnitten, und in Salzwasser verwällt, hierauf zerläßt man ein Stück Butter in einer Casserolle, dämpft damit einen Löffelvoll Petersilkraut, und eine Handvoll verwällter und zerschnittener Morgeln, bestäubt diese mit ein wenig Mehl, läßt solches anziehen ohne gelb zu werden, gießt Schü (Jus) oder Fleischbrühe dazu, würzt die Sauce mit Muskaten, und legt, wenn sie einigemal aufgekocht hat, die abgelaufene Stiele darein, kocht sie, bis die Sauce daran kurz ist, und schärft sie mit ein wenig Zitronensaft.

## Nro. 183. Brokoli oder Rosenkohl.

Man kocht ihn wie den Karfiol im Salzwasser weich, und legt ihn zum Ablaufen auf ein Sieb, macht eine gute Butter-Sauce mit Petersil, legt den abgelaufenen Kohl darein, würzt ihn mit Muskaten, und gibt ihn mit gebackenen Hühnern, Tauben oder Briesen zu Tisch.

## Nro. 184. Weiße oder gedörrte Bohnen.

Man setzt sie mit lauwarmen Wasser und etwas Salz an das Feuer, kocht sie, nachdem man sie einigemal durcheinander gerüttelt hat, weich, und gießt sie nach diesem in ein Seiher oder Sieb zum Ablaufen, hierauf zerläßt man ein Stück Butter, dämpft damit eine fein geschnittene Zwiebel und etwas Petersilkraut, thut die Bohnen sammt etwas Pfeffer dazu, gießt ein wenig Fleischbrühe daran, und kocht sie damit bis zum Anrichten kurz ein, man kann auch halb abgesottenes, geräuchertes Fleisch damit auskochen lassen.

## Nro. 185. Lauch oder Bori.

Der Lauch wird, so lange er noch jung und grün ist, gereinigt, in Fingerglied lange Stückchen zerschnitten, und in einem Stück Butter weich gedämpft, alsdann mit ein wenig Mehl bestäubt, wenn solches angezogen hat, etwas Fleischbrühe, nebst ein paar Löffelvoll Essig dazu gegossen, mit ein wenig Muskaten gewürzt und kurz eingekocht.

## Nro. 186. Cardy mit Schinken.

Man putzt von einigen Stauden Cardy die grünen Stengel weg, schneidet die weißen in halbfingerlange Stücke, kocht diese eine Viertelstunde mit gesalzenem Wasser, und legt sie, nachdem sie abgegossen sind, wieder in warmes Wasser, und reibt den Cardy mit Salz bis die Haut davon abgeht, hierauf belegt man eine Casserolle mit klein geschnittenem Schinken, legt auf diesen den Cardy, schabt ein Stückchen Speck fein, wiegt ihn mit einigen Chalotten und etwas Petersilkraut, gibt dieses darauf, gießt Schü (Jus) oder Fleischbrühe dazu, und kocht damit den Cardy weich, richtet dann solchen auf eine Platte sammt dem Schinken an, passirt die Sauce durch ein Sieb darüber, bestreut ihn oben stark mit Parmesankäs, und gibt ihn sogleich zu Tisch.

4 *

# Verschiedene Auflagen zu Gemüsen.

### Nro. 187. Gebackene Hühner.

Wenn die Hühner gut gereinigt sind, schneidet man solche in vier oder mehrere Theile, alsdann zerläßt man in einer Casserolle ein Stück Butter, bestreut die Hühner mit etwas Salz und Muskatenblüthe, und läßt sie einige Minuten wohl zugedeckt damit dämpfen, hierauf zerklopft man Eyer, mit ein wenig süßem Rahm und etwas Salz, wendet die Hühner darin um, bestreut sie mit geriebenem Brod, und backt sie schnell aus heißem Schmalz.

### Nro. 188. Hühner farcirt (gefüllt.)

Hiezu nimmt man die hintern Viertel, schneidet den Fuß halbfingerlang unter dem Knie ab, und läßt ober dem Knie vom Schenkelbein eben so viel stehen, löst das übrige Bein aus, und nimmt das Fleisch ohne die Haut zu verletzen heraus, wiegt solches mit einem Stückchen geschabenen Speck, etwas Zitronenschaale und Petersilkraut fein, weicht das Innere von einem halben Milchbrod in süßem Rahm, drückt dieses, wenn es durchweicht hat, fest aus, gibt es sammt dem gewiegten Fleisch, etwas Salz, Muskaten und einem Stück frischen Butter in einem Mörser, und stößt es mit 2 bis 3 Eyergelb gut ab, alsdann füllt man die Büglein oder Haut damit ein, näht solche zu, gibt ihnen so viel wie möglich die alte Form wieder, bratet sie in einer Casserolle mit Butter gelb, und gibt sie mit Petersille garnirt zu Tisch.

### Nro. 189. Kalbs-Briesen im Netz.

Man schneidet zwei paar verwällte Briesen in kleine Würfel, zerklopft 3—4 Eyer mit ein paar Löffelvoll süßen Rahm, etwas Salz und einem Löffelvoll Schnittling, läßt dieses mit einem Stück Butter auf Kohlen unter stetem Umrühren zusammengehen, aber ja nicht hart werden, gibt alsdann die Briesen dazu, würzt sie mit Muskaten, und rührt das Ganze mit 2 Eyer durcheinander; hierauf breitet man ein gut ausgewässertes Kalbsnetz aus, gibt die Masse darauf, und rollt es länglicht wie eine Wurst zusammen, steckt das Netz mit kleinen Hölzchen, daß nichts heraus kann, gut zusammen, und bratet die Wurst in einer Casserolle mit Butter gelb.

### Nro. 190. Andouilles von Kalbs-Gekrös.

Man wäscht ein frisches und fettes Kalbs-Gekrös mit Salz aus mehreren Wassern, kocht es mit Salzwasser halb weich, und sucht nach diesem alle Drüsen sorgfältig heraus; hierauf schneidet man das Gekrös in kleine Stückchen, vermischt es mit etwas fein gewiegten Chalotten, Petersilkraut, und ein paar Blätter Basilicum, gibt etwas Salz und Pfeffer dazu, und füllt solches in einen fetten, weiten und sehr rein geputzten Schweinsdarm ein, unterbindet beide Ende, doch nicht zu fest; legt alsdann die Andouillen in eine gute Braise, und kocht sie langsam bis sie fertig sind, zieht sie, wenn sie abgelaufen sind, durch zerlassene Butter, und bratet sie auf dem Rost gelb.

## Nro. 191. Andouilles von Kalbfleifch.

Ein Pfund ausgefchabenes Kalbfleifch wird mit ¼ Pf. Nierenfett, einigen Calotten, etwas Bafilifum und Zitronenfchaalen fein gewiegt, alsdann
mit Salz, Muskaten und 5 bis 6 Eyergelb im Mörfer gut abgeftoßen;
hierauf fchneidet man von einem gut ausgewäfferten Netz vierecfigte Stücke
ab, gibt etwas von der Farçe darauf, rollt diefes wie eine Wurft auf, be-
feftigt die Ende mit kleinen Hölzchen, legt die Andouillen in eine Braife
und kocht fie eine Viertelftunde, wenn fie fertig und abgelaufen find, zieht
man fie durch zerlaffene Butter, beftreut fie mit geriebenem Brod und gril-
lirt (bratet) fie auf dem Roft gelb.

## Nro. 192. Andouilles von Kalbs-Gekrös auf andere Art.

Man wäfcht ein frifches und fettes Kalbs-Gekrös mit Salz aus mehreren Waffern, kocht es mit Salzwaffer halb weich, und fucht nach diefem
alle Drüfen forgfältig heraus; hierauf fchneidet man das Gekrös in kleine
Stückchen, vermifcht es mit etwas fein gewiegten Chalotten, Peterfilfraut,
und ein paar Blätter Bafilifum, gibt etwas Salz und Pfeffer dazu, und
füllt folches in einen fetten, weiten und fehr rein geputzten Schweinsdarm
ein, unterbindet beide Ende, doch nicht zu feft, legt alsdann die Andouillen
in eine Cafferolle oder Tiegel, gießt gute fette Fleifchbrühe hinzu bis die-
felbe darüber geht, fchneidet eine halbe Zitrone in Blatten, gibt diefe famt
einer ganzen gefchälten Zwiebel, famt einigen gereinigten Peterfilwurzeln
und gelbe Rüben hinzu, und läßt fie langfam fertig kochen, nimmt fie alsdann heraus, beftreicht fie ftark mit Butter und bratet fie unter fleißigem
Beftreichen auf dem Roft gelb.

## Nro. 193. Kalbs-Cotelettes oder Carminaden.

Man haut von dem Rippenftück das Rückgrad ab und fchneidet die
Cotelettes fo, daß an jedem eine Rippe bleibt, fchabt das Fleifch von dem
Bein bis zur Hälfte ab, klopft folches mit einem Mefferrücken wohl, rundet die Cotelettes zierlich, und ftutzt das Bein, wenn es zu lang fein follte,
ein wenig ab, beftreut fie alsdann mit Salz und etwas Pfeffer, und läßt
fie fo eine Weile auf einander liegen, will man fie auf dem Roft braten,
fo zieht man fie durch zerlaffene Butter, beftreut fie mit geriebenem Brod,
und bratet fie fchnell. Man kann fie aber auch in einem Tiegel braten,
man zerläßt Butter, beftreut die Coteletten, ohne fie vorher durch Butter
zu ziehen mit geriebenem Brod, und bratet fie darin auf beiden Seiten gelb.

## Nro. 194. Kalbs-Cotelettes gebacken.

Diefe werden wie die vorhergehenden dreffirt, alsdann werden ein paar
Eyer mit etwas Rahm, Schnittling und Salz verklopft, die Cotelettes darin umgewendet, mit geriebenem Brod beftreut, und aus heißem Schmalz
gebacken.

## Nro. 195. Kalbs-Cotelettes in Papier.

Man fchneidet nach der Größe der Cotelettes weißes Papier ins Viereck,
und beftreicht diefes mit zerlaffener Butter, hierauf vermifcht man eine

Handvoll geriebenes weiß Brod mit etwas Salz, Pfeffer und einem Löffelvoll geschnittenem Schnittling oder fein gewiegtem Petersilkraut, zieht alsdann die Cotelettes, die wie Nro. 193. angewiesen ist, dressirt sind, durch
zerlassene Butter, bestreut sie mit dem gemischten Brod, schlägt sie in das
bestrichene Papier, so daß das Beinchen heraussieht, zierlich ein, verwahrt
die Ende, damit solches nicht auseinander gehen kann, gut, und bratet sie
langsam auf einem Rost, wenn das Papier ziemlich gelb ist, sind sie fertig;
sie werden sammt diesem aufgetragen und mit grüner Petersil garnirt.

## Nro. 196. Cotelettes auf französische Art.

Man dressirt die Cotelettes wie Nro. 180., hierauf wiegt man ein Stückchen Schinken mit ein paar Chalotten und etwas Petersil fein, dämpft ein
wenig eingeweicht und wieder ausgedrücktes Milchbrod mit einem Stückchen
Butter, gibt solches zu dem gewiegten Schinken, und rührt es alsdann mit
einem ganzen und dem Gelben von 2 Eyern ab, bestreicht nach der Größe
der Cotelettes ins Viereck geschnittenes Papier mit Butter, streicht auf dieses ein wenig von der Fülle, legt das Cotelette darauf, überstreicht es oben
wieder mit Fülle, schlägt das Papier so, daß das Beinchen heraussieht, fest
zusammen, verwahrt die Ende gut, bratet die Cotelettes langsam auf einem
Rost, und gibt sie sammt dem Papier mit Petersil garnirt zu Tische.

## Nro. 197. Lamms-Cotelettes glacirt.

Man muß diese nicht zu dünne machen, sondern zu einem Cotelette immer
2 Rippen nehmen, ein Bein aber davon thun, sie werden wie schon gemeldet,
dressirt, mit fein geschnittenem Speck gespickt, und in einer Braise fertig
gemacht, hierauf zerläßt man ein Stückchen Glace Nro. 1, wendet die Cotelettes darin um, und gibt sie zu Tisch. Man kann sie auch wie die
Kalbs-Cotelettes Nro. 195. in bestrichenes Papier einschlagen, und auf dem
Rost braten.

## Nro. 198. Hammels-Cotelettes.

Da diese härter und etwas zähe sind, so werden sie auch stärker als die
Kalbs-Cotelettes geklopft, durch zergangene Butter gezogen und mit geriebenem Brod, welches mit Salz und Pfeffer vermischt ist, bestreut, und auf
dem Rost, oder in einer Casserolle, gebraten.

## Nro. 199. Gebackenes Kalbfleisch.

Man schneidet von einem Schlegel (Keule) länglicht dünne Stückchen
ab, klopft sie gut durch, vermischt alsdann etwas Mehl mit ein wenig geriebenem weißen Brod, Salz und Pfeffer, wendet das Fleisch darin um,
und backt solches, damit es saftig bleibt, schnell aus heißem Schmalz gelb.

## Nro. 200. Gebackenes Kalbs-Gekrös.

Man wascht das Gekrös, wie schon angezeigt ist, rein, siedet es in gesalzenem Wasser weich, schneidet die Drüsen heraus, das Gekrös aber in
kleine runde Stücke, hierauf macht man von 2 Löffelvoll Mehl, Salz, 4
Eyer, Schnittling und etwas Milch einen dünnen Teig, wendet das Ge-

kröß darin um, und backt es aus heißem Schmalz schnell und gelb, man kann auch das Gekrös blos in zerklopften Eyern umwenden, dasselbe mit geriebenem Brod bestreuen, und so ausbacken.

### Nro. 201. Kalbsfüße zu backen.

Die Füße werden weich gekocht, in beliebige Stücke gemacht, und die Beiner davon gethan, alsdann brühet man 2 Kochlöffelvoll feines Mehl und etwas Salz mit kochender Milch ab, verdünnt den Teig mit 4 Eyern, wendet die Füße darin um, und backt sie aus heißem Schmalz gelb.

### Nro. 202. Kalbsfüße zu backen auf andere Art.

Nachdem die Füße so weich gekocht sind, daß die Beine heraus fallen, werden sie in beliebige Stücke gemacht, sodann verklopft man nach Proportion der Füße, Eyer mit ein wenig süßem Rahm, gibt fein geschnittenen Schnittlauch nebst etwas Salz hinzu, wendet die Füße darin um, bestreut sie dick mit geriebenem weißem Brod, und backt sie schnell aus heißem Schmalz.

### Nro. 203. Kalbsohren zu backen.

Die Ohren werden ganz rein geputzt und in gesalzenem Wasser, wozu etwas Essig, eine Zwiebel, einige Wurzeln und ein Lorbeerblatt kommt, weich gekocht, alsdann zum Ablaufen auf ein Sieb gelegt, nun schneidet man das Ohr vom dünnen gegen das dicke Theil in feine Streifen, doch so, daß selbiges nicht zerfallen kann, bestreut sie mit Mehl, worunter etwas Salz gemischt wird, und backt sie schnell aus heißem Schmalz gelb, wenn die Ohren fertig sind, wirft man eine kleine Handvoll Petersilsträußchen in das heiße Schmalz, nimmt sie schnell mit dem Schaumlöffel wieder heraus und bestreut damit die gebackenen Ohren.

### Nro. 204. Kalbsleber zu backen.

Man wäscht und häutelt die Leber rein ab, schneidet sie in Messerrücken dicke Stückchen, vermischt schwarzes geriebenes Brod oder auch geriebenes weißes Brod mit etwas Pfeffer und Salz, wendet die Leber darin um und backt sie in einer Omeletpfanne mit heißer Butter auf beiden Seiten gelb.

### Nro. 205. Gansleber zu backen.

Diese wird wie die Kalbsleber geschnitten, geriebenes weißes Brod mit Salz, Pfeffer und etwas Nelken vermischt, die Leber damit bestreut und wie die Vorherige schnell gebacken; sie eignet sich vorzüglich zu Sauerkraut

### Nro. 206. Eyerwürstlein mit Schinken.

Man zerklopft 4 Eyer mit etwas Salz, Schnittling und 8 Eßlöffelvoll süßem Rahm, läßt solches mit einem Stück zerlassener Butter auf Kohlen unter stetem Umrühren zusammen gehen, jedoch nicht hart werden und stellt es alsdann zum Erkalten bei Seite; hierauf rührt man eine Handvoll gewiegten Schinken, ein paar Löffelvoll Semmelmehl und 2—3 ganze Eyer dazu, macht von der Masse längliche Würstlein, bestreicht sie mit Eyerklar, wendet sie in geriebenem Brod um, und backt sie schnell aus heißem Schmalz.

### Nro. 207. Grillirter Braten zu Gemüse.

Von Reh-, Kalb- oder Schweinebraten werden dünne Stückchen abge=
schnitten, durch zerlassene Butter gezogen, mit geriebenem Brod, worunter
etwas Salz und Pfeffer gemischt ist, bestreut, und schnell auf einem Rost
gelb gebraten, man kann das Fleisch, auch ohne durch die Butter zu ziehen
mit Brod bestreuen und aus heißem Schmalz backen.

### Nro. 208. Krebswürstlein.

Man reibt von einem Milchbrod die Rinde ab, durchweicht das Innere
mit Milch und dämpft es, nachdem es wieder fest ausgedrückt ist, mit ½ Pf.
Krebsbutter ab, von 40—50 ausgelösten kleinen Krebsen wiegt man die
Schweife mit 2—3 verwällten Kalbsbriesen, etwas Petersilkraut und ein paar
Chalotten fein, vermischt dieses mit dem gedämpften Brode, gibt Salz und
Muskaten dazu, und rührt solches mit dem Gelben von 5 bis 6 Eyer ab;
hierauf bereitet man sich rein geputzte Bratwürstdärme füllt diese mittels ei=
ner Wurstspritze mit genannter Masse, unterbindet die Würstlein, so groß
oder klein als man sie will, und verwällt sie alsdann in süßer Milch, wenn
sie fertig und abgelaufen sind, bestreicht man weißes Papier mit Krebsbut=
ter, krümmt solches am Rand ringsherum auf, damit die Butter nicht ab=
laufen kann, legt dann die Würstlein darauf und bratet sie auf einem Rost
gelb. Diese Würstlein können auch nach dem Verwällen auf Suppen ge=
geben werden.

### Nro. 109. Gefüllte Kalbsmilze.

Man durchbricht das Milz am dicken Theil, wendet es um, und schabt
behutsam das Innere heraus, wiegt das Ausgeschabene mit einer Zwiebel
und einem Stückchen Speck fein, gibt etwas Salz und Muskaten dazu und
rührt alles zusammen mit dem Gelben von 2 Eyern ab, füllt alsdann das
Milz damit ein, näht die Oeffnung zu, und bratet es, nachdem man es
zuvor eine Viertelstunde in Fleischbrühe abgekocht hat, auf beiden Seiten
in Butter gelb.

### Nro. 210. Kalbseuter mit Krebsfülle.

Man weicht ein halbes abgeriebenes Milchbrod in süßem Rahm, drückt
es fest aus, und dämpft es mit einem Stückchen Krebsbutter, wiegt 15 bis
20 ausgelöste Krebsschweife mit etwas Petersil fein, gibt dieses nebst Salz
und Muskaten an das Brod und rührt solches mit dem Gelben von 2—3
Eyern ab, hierauf durchbricht man die Euter behutsam, damit sie kein Loch
bekommen, füllt sie mit dem Gemeldeten ein, näht die Oeffnung zu, und
verwällt sie in kochender Fleischbrühe, zerläßt alsdann in einer Casserolle
ein Stück Krebsbutter, bratet sie darin gelb und gibt sie zu Andivien, Kar=
fiol oder Schwarzwurzeln.

### Nro. 211. Grüne Würstlein.

Man stößt 2—3 Händevoll rein gewaschenen Spinat in einem Mörser,
preßt den Saft durch ein Tuch, und stellt solchen in einer messingnen
Pfanne auf heiße Asche, bis er sich zu einem dicken Satz gesammelt hat,

dieses gießt man wieder auf ein reines Tuch, preßt das Flüssige davon und behält das, was im Tuch zurück bleibt, zum Gebrauch auf; hierauf drückt man ein halbes, abgeriebenes, in Milch durchweichtes Milchbrod aus, dämpft solches mit einem Stück Butter ab, schneidet 2—3 verwällte Briesen ganz klein, vermischt diese mit dem Brod und obigem Grünen, würzt solches mit Salz und Muskaten, und rührt es mit dem Gelben von 3—4 Eyern ab, füllt alsdann die Masse in rein geputzte Bratwurstdärme, unterbindet die Würstlein mit einem Faden, verwällt sie in Milch und bratet sie wie die Krebswürstlein auf bestrichenem Papier auf dem Rost gelb, sie können auch wie jene in Suppen gegeben werden.

### Nro. 212. Gebackene Krebse.

Man siedet große Krebse, so viel man nöthig zu haben glaubt, mit gesalzenem Wasser, löst die Schalen von den Schweifen und Körper ab, und schneidet Füße und die Seitenhaare weg, hierauf macht man von 2 Kochlöffelvoll Mehl, 4 Eyer, Milch und etwas Salz einen dünnen Teig, gibt etwas Schnittling daran, zieht die Krebse durch und backt sie aus heißem Schmalz.

### Nro. 213. Gebackenes Hirn.

Das Hirn wird, nachdem es rein gewaschen und gehäutelt ist, in Fleischbrühe ein wenig verwällt, und nach diesem zum Ablaufen auf ein Sieb gelegt; hierauf werden 2 Löffelvoll feines Mehl mit warmem Wein abgerührt, 1 Löffelvoll gutes Provencer-Oel nebst Salz dazu gegeben und der Teig mit Eyerklar so viel nöthig verdünnt, wenn das Hirn abgelaufen ist, wird solches zu kleinen Stückchen gemacht, in dem Teig umgewendet, und aus heißem Schmalz gebacken.

### Nro. 214. Schnitten von Hirn.

Vier Loth Butter werden mit einem gut gereinigten Hirn und dem Gelben von 3 Eyern leicht abgerührt, hernach ein wenig fein gewiegtes Petersilkraut, Salz, Muskaten und ein paar Löffelvoll geriebenes Milchbrod darein gerührt, von 2 Eyerklar schlägt man alsdann einen Schnee, mischt diesen unter das Gerührte, schneidet von Milchbrod dünne runde Schnitten, überstreicht sie halb fingerdick mit Genanntem, legt die bestrichene Seite in heißes Schmalz ein und backt sie gelb.

### Nro. 215. Würstlein von Hühner oder Kapaunenfleisch.

Von einem halb ausgebratenen Kapaunen oder 2 Hühnern schneidet man die Brust heraus, zieht die Haut davon und wiegt das Fleisch mit ¼ Pf. Mark gröblich; hierauf schneidet man ein abgeriebenes Milchbrod zu feinen Schnitten, gießt Rahm hinzu, und kocht solches zu einer dicken Creme, gibt diese sammt ein paar fein gewiegten Chalotten, etwas Petersilkraut, Salz und Muskaten an das gewiegte Fleisch und rührt es mit dem Gelben von 4—5 Eyern ab, füllt alsdann die Masse mittelst einer Wurstspritze in reine Wurstdärme, unterbindet mit einem Faden kleine Würstlein, verwällt diese mit Milch und bratet sie, nachdem sie abgelaufen sind, wie dieses bei den grünen Würstlein Nro. 211. angezeigt ist, sie können auch wie Jene auf Suppen gegeben werden.

## Nro. 216. Omelette.

Sechs bis acht Eyer zerklopft man mit einer halben Tasse Rahm, Salz und etwas Schnittling, macht alsdann in einer breiten Pfanne Butter heiß, backt dünne Kuchen, ungefähr eines Messerrücken dick, backt sie aber nur auf einer Seite gelb, und rollt sie alsdann so, daß die ungebackene Seite hineinkommt, auf; sie können zu allen grünen Gemüsen gegeben werden.

## Nro. 217. Gefüllte Omelette

Von einem Kochlöffelvoll feinem Mehl, 6 Eyer, Salz, etwas Schnittling und Milch, macht man einen dünnen Teig, backt davon ganz dünne Kuchen, jedoch nur auf einer Seite gelb, läßt aber von dem Teig ein wenig zurück, macht alsdann von einem Stückchen Kalbsbraten, ein Stückchen Speck, einigen Chalotten und etwas Peterfil, alles fein gewiegt, eine Fülle, dämpft diese mit einem Stückchen Butter, und rührt sie mit ein paar Eyergelb ab, überstreicht die Kuchen auf der gebackenen Seite damit, rollt sie auf und schneidet sie in 2 fingerbreite Stücke, wendet diese in dem zurückbehaltenen Teig um, und backt sie aus heißem Schmalz. Sie werden wie die Vorhergehenden auf grünen Gemüsen gegeben.

## Nro. 218. Gebackene Frösche.

Die Schenkel von den Fröschen werden geputzt, geschränkt und rein gewaschen, dann zum Ablaufen auf ein Sieb gebracht; hierauf salzt man sie, und läßt sie eine Viertelstunde liegen, trocknet sie nachdem mit einem reinen Tuch ab, wendet sie zuerst in zerklopften Eyern, alsdann in geriebenem Brod um, und backt sie aus heißem Schmalz schnell. Man kann die Frösche auch in solchem Teig, wie bei den Kalbsfüßen Nro. 201. angezeigt ist, umwenden, und auch aus heißem Schmalz backen.

## Nro. 219. Gespickte Kalbs-Briesen.

Man verwällt die Briesen ein wenig, reinigt sie von der Haut, spickt sie mit ganz fein geschnittenem Speck zierlich, kocht sie alsdann in einer Braise, und legt sie nach diesem zum Ablaufen auf ein Sieb, hierauf zerläßt man ein Stück Butter, bratet die Briesen auf allen Seiten gelb, und stellt sie zu grünen Gemüsen auf. Die Briesen können statt in einer Braise blos in guter Fleischbrühe abgekocht und dann in Butter gelb gebraten werden.

## Nro. 220. Gebackenes Brod.

Man schneidet Milch- oder anderes mürbes Brod in zierliche Stückchen, zerklopft 3—4 Eyer mit einer Tasse süßem Rahm, Salz und Schnittling, gießt dieses über das Brod und backt solches, wenn es ganz durchweicht ist, aus heißem Schmalz. Es können damit alle Gemüse garnirt werden.

## Nro. 221. Butterteig zu Torten und Pasteten.

Man nimmt auf ein Backbrett ein Pf. feines Mehl, macht in die Mitte desselben ein Loch, schlägt das Gelbe von 3 Eyern dazu, schneidet von einem

Pf. Butter eines Ey groß ab, gibt solche klein zerstückelt nebst etwas Salz dazu, und macht mit gutem sauren Rahm den Teig an, er muß nicht zu weich, aber auch nicht zu fest, sondern so sein, daß man ihn, ohne daß solcher am Brett und Händen hängen bleibt, ohne Mehl darunter zu stäuben, arbeiten kann; wenn der Teig recht gut gearbeitet, und ganz glatt und glänzend ist, läßt man ihn, mit einem Tuch bedeckt, eine halbe Stunde ruhen, indessen arbeitet man die Butter in frischem Wasser, bis sie recht zäh ist aus, trocknet sie zwischen reinen Tüchern gut ab und bestäubt sie mit ein wenig Mehl, wargelt dann den Teig ein wenig aus, legt die Butter darauf, schlägt ihn von allen Seiten ein und wargelt ihn das erstemal ganz dünn und gleich aus, schlägt ihn alsdann wie eine Serviette zusammen, wargelt ihn wieder aus nur nicht so dünn wie das erstemal, wiederholt dieses noch einmal, und stellt ihn alsdann, bis er gebraucht wird, an einen kühlen Ort.

Um guten Butterteig zu bekommen muß man vorzüglich darauf sehen, daß das Mehl ganz fein und trocken sei, auch die Butter muß zähe, nicht zu hart auch nicht zu weich sein, denn in beiden Fällen würde sie sich während dem auswargeln durch den Teig drücken und dieser dadurch ganz untauglich werden.

## Nro. 222. Butterteig mit Wasser.

Hiezu nimmt man ein Pf. Butter und eben so viel Mehl, etwas weniger als die Hälfte von dem Mehl knetet man in die zuvor ausgewaschene und getrocknete Butter, das Uebrige macht man mit etwas Salz, dem Gelben von 2 Eyern und etwas Wasser zu einem Teig, arbeitet diesen recht fein und glatt ab; nachdem solcher eine halbe Stunde geruht hat wird er ein wenig ausgewallt, in die Mitte die Butter gelegt, der Teig von allen Seiten darüber geschlagen, alsdann ganz dünne ausgewallt; dieses Auswallen wiederholt man noch zweimal, nur nicht so dünne wie das erstemal; dieser, so wie der vorher beschriebene Teig ist zu allen Pasteten und Torten zu verwenden.

## Nro. 223. Butterteig auf andere Art.

Man nimmt auf das Backbrett 1 Pf. feines Mehl, das man zuvor durch ein Sieb laufen läßt, schneidet 1 Pf. ausgewaschene und abgetrocknete Butter dazu, zerklopft das Gelbe von 4 Eyern mit einer Tasse sauren Rahm und etwas Salz, und macht damit den Teig so an, daß die Butter nicht stark verarbeitet wird, und läßt ihn eine halbe Stunde ruhen, hierauf wallt man den Teig ganz gleich und dünne aus, überschlägt ihn in Form einer Serviette, wiederholt das Auswallen noch zweimal, nur nicht so dünne wie das erstemal, und verwendet ihn ebenfalls zu Pasteten und auch Torten.

## Nro. 224. Süßer Butterteig zu Torten.

Ein Pfund feinstes gesiebtes Mehl wird mit 4 Löffelvoll gestoßenem Zucker, 4 Eyergelb und gutem Wein zu einem Teig gemacht, derselbe tüchtig geschafft, alsdann ausgewallt, 1 Pf. rein gewaschene Butter darein ge-

schlagen, und mit dem Auswallen, wie solches Nro. 221. angezeigt ist, verfahren; dieser Butterteig eignet sich zu Torten und kleinen süßen Backereien.

## Nro. 225. Geriebener Teig.

Man nimmt 1 Pf. Mehl, schneidet ½ Pf. Butter dazu, zerklopft 2
Eyer mit etwas Salz und Milch, reibt das Mehl gut mit der Butter ab,
gießt alsdann die Eyer und Milch hinzu, und macht damit einen festen
Teig, wallt solchen, nachdem er gut durchgearbeitet ist, zweimal aus und
gebraucht ihn zu kalten Pasteten.

## Nro. 226. Aufgesetzte Pasteten.

Hiezu wargelt man den Teig starken Messerrücken dick aus, schneidet
nach einer Schüssel, so groß die Pastete werden soll, den Boden, legt diesen sogleich auf ein mit Semmelmehl bestreutes Blech, und bestreicht den
Rand nebenherum mit zerklopften Eyern, schneidet von dem Teig ein zwei
fingerbreites Band, und legt solches darauf herum, alsdann legt man eine,
und wenn die Pastete groß werden soll, zwei Servietten schmal gewunden
so in den innern Raum, daß eines der Ende in die Mitte kommt, wallt
dann den Deckel, der etwas größer als der Boden sein muß, aus, gibt diesen darüber, und drückt den Rand rund herum gut an, legt neben herum
auf diesen wieder ein 2 fingerbreites Band, schneidet die Pastete außenherum
gleich, macht mit dem Messer kleine Einschnitte in den Rand, damit dieser
zackigt wird, und bestreicht die ganze Pastete mit zerklopften Eyern, den übrigen Teig und Abfälle wargelt man fein aus, schneidet man nach der Größe
eines kleinen Deffert-Tellers ein rundes Blättchen, legt dieses oben auf die
Pastete und ein ganz schmales Band um den Rand desselben, den noch
übrigen Teig schneidet man zu Laubwerk aus, verziert damit die Pastete,
bläst solche mit einem Federkiel, den man zwischen den Boden und den
Deckel steckt, auf, drückt die Oeffnung schnell, damit die Luft nicht wieder
heraus kann, zu, und backt die Pastete aus einem frischen Ofen. Wenn
sie fertig ist, wird oben der kleine Deckel herausgeschnitten, und die Serviette behutsam herausgenommen.

## Nro. 227. Reispastete mit Parmesankäs.

Man kocht ½ Pfund Reis mit Fleischbrühe weich und ganz dick ein,
und läßt ihn alsdann erkalten, indessen rührt man ½ Pf. Butter mit dem
Gelben von 7 Eyern leicht, gibt den abgekühlten Reis, Salz und Muskaten dazu, schlägt das Weiße der Eyer zu Schnee und rührt diesen ebenfalls
darein, mit gutem Butterteig belegt man eine blecherne Form, der man den
Ring abnehmen kann, gibt die Hälfte des gerührten Reises gleich ausgebreitet darein, schneidet 2 bis 3 paar verwällte Briesen in kleine Würfel,
und legt solche darauf, streut fingerdick geriebenen Parmesankäs darüber,
gibt das übrige Gerührte darauf, und backt dann die Pastete in einem guten Ofen schnell. Wenn sie fertig ist, macht man den Ring von der Form
ab, schiebt die Pastete auf eine Platte, schneidet oben eine kleine Oeffnung

hinein, verfertigt eine Petersil-Sauce nach Nro. 360. gibt ein paar Löffelvoll darein, und servirt das Uebrige besonders dazu.

## Nro. 228. Stockfisch-Pastete.

Man macht eine aufgesetzte Pastete nach Nro. 226., hierauf setzt man guten gewässerten Stockfisch mit kaltem Wasser an das Feuer, läßt solchen so lange dabei stehen, bis das Wasser einen weißen Schaum bekommt und bringt ihn alsdann zum Ablaufen auf ein Sieb, verliest ihn von Haut und Gräten rein und verfertigt folgende Sauce:

Zu 1 Pf. Stockfisch zerläßt man 4 Loth Butter in einem Tiegel, dämpft darin eine fein zerschnittene Zwiebel weich, ohne daß diese jedoch gelb wird; rührt alsdann einen kleinen Kochlöffelvoll Mehl dazu und gießt, wenn dieses mit der Butter zu steigen anfängt, ein Quart guten süßen Rahm dazu, würzt die Sauce mit Muskaten, und gibt, wenn sie einigemal aufgekocht hat, den abgelaufenen Stockfisch darein, kocht ihn damit einige Minuten, salzt ihn dann erst und richtet solchen in die leer gebackene Pastete an; die Sauce an dem Stockfisch darf nicht zu dünne sein, und muß sich deswegen mit Hinzugießen des Rahms darnach gerichtet werden.

## Nro. 229. Stockfisch=Pastete auf andere Art.

Man verwällt und verliest den Stockfisch, wie solches vorhergehend gemeldet ist und bringt ihn alsdann zum Ablaufen auf ein Sieb; hierauf belegt man eine Blechform, deren Rand man abnehmen kann, mit gutem Messerrückendick ausgewalltem Butterteig, zerklopft ein Quart dicken sauren Rahm mit ¼ Pf. zerlassener Butter und etwas Salz, macht auf den Boden der Pastete eine Lage von Stockfisch, überstreicht diesen mit ein paar Löffelvoll von genanntem Rahm und Butter, bestreut dieses mit fein gewiegtem Schinken, und bedeckt diesen mit gesottenen und in feine Scheiben zerschnittenen Erdäpfeln, überstreicht diese wieder mit Rahm, gibt eine Lage Stockfisch darauf, dann wieder Schinken und fährt abwechselnd so fort, bis die Form voll ist, gießt den allenfalls noch übrigen Rahm darüber, macht einen Deckel von Teig darauf, verziert denselben mit ausgeschnittenem Laubwerk, bestreicht die Pastete mit zerklopften Eyern und backt sie aus einem guten Ofen; wenn sie fertig ist, wird der Rand weggemacht und die Pastete auf eine warme Platte sammt dem Blechboden servirt. Die angegebene Portion Rahm und Butter ist auf 1 Pf. Stockfisch berechnet.

## Nro. 230. Pastete mit Ochsenschweif.

Einen auch zwei Ochsenschweife gliedert man ab, wäscht solchen rein, bestreut ihn mit Salz, worunter etwas Nelken, Muskatnuß sammt ein klein wenig Pfeffer gemischt ist, und läßt ihn zugedeckt eine Zeitlang stehen, hierauf zerläßt man ein Stück Butter in einer Casserolle, gibt den Schweif sammt einer Zwiebel darein und dämpft ihn damit eine Zeitlang, bestäubt ihn alsdann mit einem kleinen Kochlöffelvoll Mehl, läßt dieses unter öfterem Umrütteln gelb damit werden, gießt einen halben Schöpflöffelvoll Schü (Jus) oder Fleischbrühe sammt ein Glas rothen Wein dazu, gibt ein paar

Nudeln darein und kocht damit den Schweif bis er weich und die Sauce
daran kurz eingekocht ist, füllt ihn dann in eine leer gebackene Pastete,
schöpft die Fette von der Sauce ab, passirt diese durch ein Sieb, gibt ein
paar Eßlöffelvoll davon in die Pastete, und servirt die Uebrige besonders dazu.

## Nro. 231. Gerührte Pastete mit Hühner.

Man zerschneidet 2 rein geputzte junge Hühner in mehrere kleine Stücke,
zerläßt alsdann in einer Casserolle ein Stück Butter, dämpft damit die
Hühner ein wenig, bestreut sie mit einem Löffelvoll fein gewiegten Petersilkraut und 2 bis 3 Messerspitzevoll feinem Mehl, rüttelt sie bis das Mehl
angezogen hat, einigemal um, gießt ein Glas Wein nebst Fleischbrühe hinzu,
legt ein paar Blätter Basilikum darein, würzt sie mit Muskaten, kocht die
Hühner in der Sauce halb fertig, und legt sie aus derselben zum Erkalten
auf eine Platte; hierauf rührt man ½ Pf. Butter leicht, schlägt nach und
nach 6 Eyer, die man zuvor in warmes Wasser gelegt hat, dazu, rührt
aber mit jedem Ey einen Eßlöffelvoll feines Mehl darein, gibt etwas Salz
dazu und verdünnt den Teig mit einer halben Tassevoll süßen Rahm; nun
bestreicht man eine Blechform, der man den Rand abnehmen kann, mit
Butter, gibt die Hälfte von dem Gerührten darein, legt das erkaltete Ragout in die Mitte, gießt ein paar Eßlöffelvoll von der Sauce darauf und
gibt den übrigen Teig darüber, streicht solchen mit einem Messer gleich und
backt die Pastete in einem guten Ofen schnell; indessen passirt man die zurückgebliebene Sauce durch ein Sieb, stellt sie wieder auf Kohlen, gibt eine
Handvoll verwällte Morgeln daran und kocht sie noch eine Zeitlang. Wenn
die Pastete fertig ist, wird der Rand von der Form weggenommen, und
die Sauce mit ein paar Eyergelb abgezogen, besonders dazu gegeben.

## Nro. 232. Pastete mit Schnepfen.

Man nimmt die Schnepfen, nachdem sie rein gerupft sind, aus, wirft
den sandigen Magen weg, behält aber das übrige Eingeweide auf, die
Schnepfen schneidet man jede in 4 Theile, bestreut sie ein wenig mit Salz,
warunter etwas Nelken und Muskatnuß gemischt ist und dämpft solche, indem man ein wenig Wein hinzugießt, mit einem Stück Butter, das Eingeweide wiegt man, wenn es von 3 bis 4 Schnepfen ist, mit einer halben
Milz, welche man aus der Haut schabt, einem Stückchen Zitronenschaale
und einigen Chalotten ganz fein, hierauf röstet man einen halben Kochlöffelvoll
Mehl mit eben so viel Semmelmehl in einem Stückchen Butter gelb, gibt
das Gewiegte hinzu, rührt solches, wenn es ein wenig angezogen hat, mit
einem Glas Wein und etwas Fleischbrühe ab, schöpft dann von den Schnepfen die Fette ab, gießt dagegen die Sauce, die wohl dick sein muß, darüber, und kocht sie darin fertig, richtet sie alsdann in eine leer gebackene
Pastete an, und gibt die Sauce, ohne sie zu passiren, darein.

Man kann auch die Schnepfen, wenn sie ein wenig im Butter abgedämpft sind, in eine Casserolle oder Blechform, welche mit gutem Butterteig belegt ist, einsetzen, die Sauce, wie solche angezeigt ist, verfertigen, jedoch nicht zu dünne machen, und ohne sie weiter kochen zu lassen, darüber

gießen, alsdann einen Deckel von Teig darauf legen, diesen mit einem zerklopften Ey bestreichen, und die Pastete eine Stunde lang im Ofen backen laffen.

### Nro. 233. Warme Pastete von Feldhühnern.

Von 2 bis 3 gerupften, ausgenommenen und gut gereinigten Feldhühnern wird der Kopf und die Hälfte der Flügel abgeschnitten, die Bruft aber schön gespickt, mit Salz und Gewürz eingerieben, die Feldhühner schön dreffirt, alsdann ein paar Stunden in rothen Wein gelegt; hierauf zerläßt man in einer Cafferolle ¼ Pf. Butter, dämpft damit die Feldhühner zugedeckt langsam, indem man von Zeit zu Zeit den Wein, worin fie gelegen find, hinzu gießt, die Lebern von den Feldhühnern wiegt man mit einem Stückchen Speck, etlichen Chalotten, ein paar rein geputzte Trüffeln und ein paar Hühnerlebern fein, röftet einen halben Kochlöffelvoll Mehl, mit einem Kochlöffelvoll Semmelmehl in einem Stück Butter gelb, gibt das Gewiegte dazu und rührt solches, nachdem es noch ein wenig angezogen hat, mit einem Glas rothen Wein, und einem Schöpflöffelvoll Schü (Jus) oder Fleischbrühe ab, schöpft dann die Fette von den Feldhühnern ab, gibt die Sauce daran, und kocht fie damit fertig, legt dann die Feldhühner in eine leer gebackene Pastete, gießt ein paar Löffelvoll Sauce darüber und servirt die Uebrige befonders dazu.

### Nro. 234. Kalte Pastete von Feldhühnern.

Von 6 gerupften und wohl gereinigten Feldhühnern schneidet man die Brüfte so groß wie möglich heraus, spickt solche zierlich, macht jede in 2 Theile und beftreut fie mit Salz und Gewürz; hierauf zerläßt man ¼ Pf. Butter in einer Cafferolle, gibt die Brüfte fammt einem Glas rothen Wein hiezu, dämpft fie eine Viertelstunde und stellt fie dann bei Seite, von zwei Pf. rein ausgeschabenem Kalbfleisch 1 Pf. geschabenem Speck, 6 bis 8 Loth gut gereinigten Trüffeln, den Lebern der Feldhühner und 4 Loth gereinigten Sardellen wiegt man eine feine Farçe, ftößt diese mit dem Gelben von 6 Eyern, Salz und Muskatblüthe in einem Mörfer tüchtig ab und rührt die Sauce fammt der Butter, worin die Feldhühnerbrüfte gedämpft haben, in die Farçe; nun macht man von 3 Pfund gewöhnlichem Mehl, 4 Eyer, ¼ Pf. Butter und heißem Waffer einen ganz steifen festen Teig, arbeitet solchen tüchtig durch, und wargelt ihn einen starken Fingerdick aus, schneidet nach einer Platte, so groß die Pastete werden soll, einen Boden heraus, legt diesen sogleich auf ein mit Butter beftrichenes und mit Papier belegtes Blech, krempt an dem Boden den Rand einen Fingerbreit in die Höhe und beftreicht diesen Rand inwendig mit einem zerklopften Ey, aus dem übrigen Teig schneidet man einen Rand, der eine Viertelelle hoch ift, setzt diesen auf den Boden innerhalb des aufgekrempten schmalen Randes, sorgt aber dafür, daß beide Ende wohl übereinander gehen, und zwickt beide Ränder, damit die Pastete eine Festigkeit erhält, mit dem Küchenzängelchen fest zusammen, alsdann belegt man die Pastete auf dem Boden und am Rand herauf mit zu Scheiben geschnittenem Speck, streicht fie mit der Hälfte der Farçe gut aus, belegt die Brüfte mit Trüffeln, die man zuvor ein wenig

mit Wein verwällt hat, darein, streicht von der Farçe dazwischen, gibt die
Uebrige darauf und bedeckt diese wieder mit Speck, macht dann den Deckel
darauf, und schlägt den in die Höhe stehenden Rand einen Fingerbreit über
denselben herein, zwickt den Rand und Deckel mit dem Zängelchen fest zusammen, verziert die Pastete mit aus dem übrigen Teig geschnittenen Laubwerk, macht hie und da mit dem Zängelchen Verzierungen darein, und bestreicht die ganze Pastete mit Eyern; in die Mitte des Deckels macht man
ein rundes Loch, steckt, damit es nicht zufallen und der Dampf heraus kann,
ein aufgerolltes Kartenblatt hinein und backt die Pastete 3 Stunden in einem
guten Ofen.  Wenn sie fertig ist, zieht man die Karte heraus, gießt ein paar
Eßlöffelvoll guten Arrac hinein, steckt die Oeffnung mit etwas zurückbehaltenem Teig zu und läßt sie erkalten.  Man kann auch die Pastete, wenn sie
ganz erkaltet ist, mit einer von den später angezeigten Sulzen durch die Oeffnung voll füllen und solche alsdann stehen lassen.

## Nro. 235. Kalte Pastete von Ganslebern.

Drei bis vier große fette Ganslebern werden mit ¼ Pf. Butter, einer
Handvoll fein gewiegter Chalotten, Petersilkraut und einem Glas guten weißen Wein, nur ein wenig gedämpft, alsdann bei Seite gestellt und folgende
Farçe verfertigt: man wiegt 1 Pf. rein ausgeschabenes Kalbfleisch, ½ Pf. geschabenen Speck, eine Gansleber und 4 bis 6 Loth gut gereinigte Trüffeln
ganz fein, stößt dieses mit Salz, Muskaten, ein klein wenig Pfeffer, 3 bis
4 Eyergelb und das zu Schnee geschlagene Eyerklar in einem Mörser gut
ab, und rührt alsdann die Sauce sammt der Butter, worin die Lebern gedämpft haben, an die Farçe.  Hierauf verfertigt man den in vorhergehender
Nro. angezeigten Teig, macht davon die Pastete ganz so wie sie dort angezeigt ist und belegt oder setzt sie so wie Jene mit Speckscheiben aus, gibt die
Hälfte der angezeigten Farçe darein, legt die Leber, die man zuvor mit Trüffeln, die in Wein verwällt worden sind, durchspickt hat, darauf, bedeckt diese
mit der übrigen Farçe und dann mit zu Scheiben geschnittenem Speck, macht
einen Deckel darauf, verziert die Pastete genau, wie solches in vorhergehender
Nro. angezeigt ist, macht auch in die Mitte des Deckels wie bei Jener eine
Oeffnung, steckt eben so ein aufgerolltes Kartenblatt darein, und backt diese
Pastete 2 bis 3 Stunden in einem guten Ofen.  Wenn sie fertig ist, zieht
man das Röllchen aus dem Deckel heraus, gießt auch ein paar Eßlöffelvoll
guten Arrac hinein, verwahrt die Oeffnung mit etwas zurückbehaltenem
Teig und läßt sie erkalten.

## Nro. 236. Warme Pastete mit Ganslebern.

Zwei bis drei große und fette Ganslebern legt man eine Stunde lang
in süße Milch und wässert sie nach diesem wieder gut aus, zerläßt alsdann
in einer Casserolle ein Stück Butter, dämpft einen Löffelvoll gewiegte Chalotten und Petersilkraut damit, gießt ½ Quart guten Wein hinzu und legt
die Lebern bis sie ein wenig angezogen haben, darein.  Von ½ Pf. ausgeschabenem Kalbfleisch, ¼ Pf. Speck und 4 Loth Sardellen wiegt man eine
feine Farçe, stößt diese mit etwas Salz, einem abgeriebenen, mit Milch

durchweichten und wieder fest ausgedrückten Milchbrod, welches man mit 4
Loth Butter abgedämpft hat, Muskaten, 2 bis 3 Eyergelb und dem Saft
einer Zitrone ab und rührt die Hälfte der Sauce, worin die Lebern gedämpft haben, darein; hierauf belegt man eine Form, der man den Rand
abnehmen kann, mit gutem etwas dicken Butterteig, streicht die Hälfte der
Farçe auf den Boden derselben, legt die Lebern darauf, gießt die noch übrige
Sauce worin sie gedämpft haben, darüber, bedeckt sie mit der übrigen Farçe
und macht einen Deckel von gemeldetem Teig darauf, verziert diesen mit
aus Teig ausgeschnittenem Laubwerk, bestreicht die Pastete mit Eyer und
backt sie in einem guten Ofen 1½ Stunde. Wenn sie fertig ist, wird der
Blechrand weggenommen und eine Sardellen-Sauce dazu servirt. Der Teig
zu dieser wie zu jeder Pastete, worein Farçe und ungekochtes Fleisch oder
Geflügel gegeben wird, muß immer 2 starke Messerrückendick ausgewargelt
werden, doch kann man den Deckel etwas dünner machen.

### Nro. 237. Krebs-Pastete.

Man siedet 50 schöne Krebse in gesalzenem Wasser, thut die ausgelösten Schweife bei Seite, putzt die Galle davon, stößt die Schalen in einem
Mörser und dämpft sie mit ½ Pf. Butter, bis solche schön roth ist, gießt
einen Schöpflöffelvoll heißes Wasser darauf, und hebt die in die Höhe kommende Butter mit einem Löffel in ein Geschirr worin kaltes Wasser ist, ab, wenn
die Butter gestanden und fest ist, nimmt man sie von dem Wasser ab und
trocknet sie mit einem reinen Tuch. Von einem Ey, einer Tasse sauren
Rahm, etwas Salz und feinem Mehl macht man einen Teig, arbeitet ihn
wie den Butterteig glatt und läßt ihn ein wenig ruhen, schlägt alsbann
etwas über die Hälfte Butter in den Teig, und wällt ihn dreimal wie einen
Butterteig aus, die übrige Krebsbutter rührt man mit dem Innern von einem Milchbrod, welches man in Milch durchweicht und wieder fest ausgedrückt hat und dem Gelben von 5 bis 6 Eyern leicht, schlägt das Weiße
von 3 Eyerklar zu Schnee und mischt ihn darunter. Nun schneidet man
3 bis 4 verwällte Briesen und eine kleine Handvoll verwällte Morgeln klein,
kocht dieses mit den Krebsschweifen zu einem kurzen Ragout und läßt es
erkalten. Hierauf belegt man eine Form von der man den Rand wegnehmen kann mit dem beschriebenen eines Messerrückendick ausgewällten Teig,
rührt an das Brod ein wenig Salz und Muskaten, bestreicht damit den
Boden, gibt das erkaltete Ragout darauf und macht auf die Pastete einen
Deckel; belegt diesen mit ausgeschnittenem Teig, bestreicht sie mit Eyer und
backt die Pastete in einem guten Ofen. Wenn sie fertig ist, wird der Rand
von der Form weggenommen und eine Morchel oder Krebs-Sauce zu der
Pastete servirt.

### Nro. 238. Pastete mit Haasen.

Wenn der Haase ausgezogen und gereinigt ist, wird er gehäutet, gespickt, alsbann in kleine Stückchen zerschnitten, mit Salz, etwas Nelken und
Pfeffer bestreut und mit einem guten Stück Butter ein wenig abgedämpft,
nachdem dieses geschehen, legt man ihn auf eine Platte heraus, stäubt in die

5

zurückgebliebene Butter einen Kochlöffelvoll Mehl, läßt dieses gelb damit werden, gießt dann ein Glas rothen Wein und einen Schöpflöffelvoll Schü (Jus) oder Fleischbrühe daran, gibt eine Zwiebel und ein paar Scheiben Zitronen dazu, legt den Haasen wieder in die kochende Sauce, kocht ihn damit noch ¼ Stunde und legt ihn, damit er erkalte, wieder heraus, indessen verfertigt man folgende Farçe: man schabt eine halbe Kalbsleber, mit einem Stückchen Wildpret oder Haasen rein aus, wiegt dieses mit ¼ Pf. Speck, 4 Loth Sardellen und einigen Chalotten ganz fein, stößt es mit einem halben in Wasser durchweichten und wieder fest ausgedrückten Milchbrod, Salz, Muskaten und dem Gelben von 4 bis 5 Eyern ab; hierauf belegt man eine Form oder Casserolle mit gutem Butterteig, legt auf den Boden desselben dünne Scheiben Speck, theilt die Hälfte der Farçe darauf aus, legt auf diese den Haasen, gibt ein paar Löffelvoll Sauce dazu, auf diese die übrige Farçe und macht alsdann einen Deckel von Teig darüber, bestreicht die Pastete mit zerklopften Eyern und backt sie in einem frischen Ofen; wenn sie fertig ist, stürzt man sie, wenn sie in einer Casserolle gebacken worden ist, auf eine Platte, schneidet den Boden heraus, nimmt den Speck davon, legt den Deckel wieder darauf und gibt die heißgehaltene und durchpassirte Sauce besonders dazu.

## Nro. 239. Wildpret oder Haasen-Pastete auf andere Art.

Man schneidet von einem Haasen= oder Rehziemer, welcher gut abgehäutelt ist, das Fleisch in schöne Stückchen ab und spickt solches auf beiden Seiten. Hierauf kocht man 1 Quart Essig mit einer Zwiebel, 4 bis 6 Nelken, eben so viel Pfefferkörner, ein paar Scheiben Zitronen, ein paar Blätter Estragon und Basilikum ab, läßt dieses erkalten und marinirt (beizt) das gespickte Fleisch ein paar Stunden damit, alsdann zerläßt man ein Stück Butter, legt das Fleisch aus der Marinade, und dämpft es mit ein wenig Salz bestreut ¼ Stunde damit, von 1 Pf. ausgeschabenem Kalbfleisch, ¼ Pf. Speck, Chalotten und etwas Zitronenschalen wiegt man eine feine Farçe, stößt diese mit dem Innern von einem halben Milchbrode, welches man mit Fleischbrühe durchweicht hat, Salz, Muskaten und dem Gelben von 3 Eyern gut ab, passirt die Marinade durch ein Sieb an die Farçe und rührt dieses gut durcheinander. Nun belegt man eine Casserolle mit gutem Butterteig, legt auf den Boden derselben etwas Speck, auf diesen die Hälfte der Farçe und in die Mitte das gedämpfte Fleisch sammt der Butter, worin es gedämpft hat, gibt die übrige Farçe darauf, bedeckt diese zuerst mit Speck, dann mit einem Deckel von Teig, bestreicht die Pastete mit Eyer, und backt sie in einem guten Ofen, stürzt sie alsdann auf eine Platte und gibt die Sauce Nr. 350. dazu.

Man kann sich zu dieser Pastete auch des Teiges Nr. 234 bedienen, die Pastete wie jene verfertigen, das Fleisch mit Trüffeln durchspicken und wenn solche gebacken und kalt geworden ist, eine von den später angezeigten Sulzen darein geben.

### N™ 240. Haché-(Gehäck) Pastete.

Ein Pfund gebratenes Kalbfleisch von Nierenbraten oder Schlegel, wiegt man mit ¼ Pf. Speck, einigen Chalotten, etwas Zitronenschalen, Peterſil, 8 Loth gereinigte Sardellen und einem Eßlöffelvoll Kappern ganz fein, dämpft dieses mit ¼ Pf. Butter, beſtäubt es mit 3 Meſſerſpitzevoll Mehl, und gießt, wenn solches angezogen hat, ein halbes Glas Wein nebſt dem Saft einer Zitrone dazu, läßt das Haché ein wenig damit kochen und ſtellt es alsbann zum Erkalten bei Seite; nun belegt man eine Blechform, der man den Rand abnehmen kann, mit gutem Butterteig, gibt das Haché dar-ein, bebeckt es mit einem Deckel von Teig, verziert die Paſtete mit aus Teig geſchnittenem Laubwerk, beſtreicht ſie mit zerklopften Eyern und backt ſie in einem guten Ofen. Wenn ſie fertig iſt, löſt man den Blechrand von der Form ab und gibt eine beliebige recente Sauce zu der Paſtete.

### N™ 241. Macaroni-Pastete.

Ein halb Pf. Macaroni oder Hohlnudeln ſiedet man in geſalzenem Waſſer weich und läßt ſie nach dieſem auf einem Sieb ablaufen, hierauf zerläßt man ¼ Pf. Butter, gibt die Macaroni darein und läßt ſie damit ein wenig dämpfen, indeſſen zerklopft man ein Quart dicken ſauren Rahm, gibt dieſen an die Macaroni, vermiſcht ſie mit ¼ Pf. geriebenem Parmeſankäs und 2 Händevoll fein gewiegten Schinken, etwas Salz und Muskaten. Nun belegt man eine Form mit gutem dünn ausgewargelten Butterteig, gibt die Macaroni darein, macht einen Deckel darauf, verzieret dieſen mit ausgeſchnittenem Teig, beſtreicht die Paſtete mit Eyer und backt ſie in fri-ſcher Hitze.

### N™ 242. Aal-Pastete.

Man zieht dem Aal die Haut ab, ſchneidet den Kopf davon, das Ue-brige in runde Scheiben, beſtreut dieſe mit Salz und Muskaten und durch-ſpickt ſie mit Salbai, hierauf zerläßt man in einer Caſſerolle ein Stück Butter, läßt einen kleinen Kochlöffelvoll Mehl damit gelb werden, gießt ein Glas Wein, etwas Schü (Jus) oder Fleiſchbrühe ſammt dem Saft einer Zitrone hinzu, kocht zuerſt die Sauce und dann einige Minuten den Aal mit durch und legt dieſen alsbann zum Erkalten heraus. Nun belegt man eine Platte von gutem Porzellain mit feinem und dünn ausgewargelten Butterteig, ſetzt den Aal der Ordnung nach darauf, legt auf jedes Stückchen eine Scheibe Zitrone, macht einen dünnen Deckel von Teig darüber, verziert dieſen mit ausgeſchnittenem Teig und beſtreicht dann das Ganze mit zerklopften Ey-ern, ſtellt die Platte auf Sand in einen friſchen Ofen und backt die Pa-ſtete ſchnell, indeſſen kocht man die zurückgebliebene Sauce kurz ein, paſſirt ſie durch ein Haarſieb, und ſtellt ſie beſonders dazu auf.

### N™ 243. Salm-Pastete.

Der Salm wird zu kleinen Stückchen geſchnitten und eine halbe Stunde ehe er gekocht wird, mit Salz eingeſprengt, nun zerläßt man ein Stück Butter, drückt den Saft einer Zitrone dazu und dämpft damit den Salm einige Minuten, hierauf ſchabt man von einem Stückchen rohen Salm das

Fleisch aus, wiegt dieses mit 4 Loth gereinigten Sardellen, einigen Chalotten etwas. Zitronenschale und einem Stück Mark zu einer feinen Farçe, stößt diese mit dem Innern von einem halben in Milch durchweichten und wieder fest ausgedrückten Milchbrod, Salz, Muskatenblüthe und 2 bis 3 Eyergelb in einem Mörser gut ab, schlägt das Weiße von 2 Eyer zu Schnee und rührt diesen nebst der Sauce, worin der Salm gedämpft hat, an die Farçe. Nun belegt man eine Platte von gutem Porzellain mit fein ausgewargeltem Butterteig, gibt auf diesen die Hälfte der Farçe, alsdann den Salm und dann die andere Hälfte der Farçe, macht einen Deckel darauf, verziert diesen mit ausgeschnittenem Teig, bestreicht das Ganze mit Eyer und backt die Pastete schnell aus einem guten Ofen. Es kann eine Sardellen-, Austern- oder sonst beliebige recente Sauce dazu gegeben werden.

## Nro. 244. Pastete mit Hühner und Karfiol oder Spargeln.

Die Hühner werden, nachdem sie rein geputzt sind, zergliedert und mit einem Stück Butter, etwas gewiegtem Petersilkraut, Salz und Muskaten ein wenig abgedämpft, alsdann mit einem kleinen Kochlöffelvoll Mehl bestäubt, wenn solches angezogen hat, gießt man etwas heiße Fleischbrühe und den Saft einer Zitrone hinzu, läßt die Hühner damit noch ein wenig kochen und stellt sie zum Erkalten bei Seite, indessen verwällt man rein geputzten Karfiol nur halb weich in gesalzenem Wasser und bringt diesen zum Ablaufen auf ein Sieb; will man statt dem Karfiol Spargeln nehmen, so werden diese, so weit sie grün sind, Fingerlang abgeschnitten, ebenfalls nur halb weich verwällt und dann zum Ablaufen gebracht; hierauf belegt man eine Blechform, der man den Rand abnehmen kann, mit gutem Butterteig, gibt das erkaltete Ragout darein, legt dazwischen den Karfiol oder die Spargeln, gießt die Hälfte der Sauce darüber, macht einen Deckel darauf, schneidet in diesen kleine Oeffnungen, bestreicht die Pastete mit Eyer, und backt sie in einem guten Ofen; in der zurückgebliebenen Sauce kocht man eine Handvoll verwällte Morgeln, macht dann in die Pastete, wenn solche aus dem Ofen kommt, eine Oeffnung, zieht die Sauce mit ein paar Eyergelb ab, und gibt sie darein.

## Nro. 245. Kalte Pastete mit vermischtem Fleisch.

Man schneidet Wildpret und Kalbfleisch, jedes 3 bis 4 Pf. vom Schlegel genommen und rein gehäutet, in Fingerlange und 2 Finger breite dünne Stückchen, klopft diese mit einem Messerrücken und legt sie in eine Schüssel, kocht alsdann eine halbe Maaß Essig mit einigen Nelken, eben so viel Pfefferkörner, einer Zwiebel, etwas Estragon- und Basilikumblätter, ein paar Scheiben Zitronen und etwas Salz, und gießt diesen durch ein Sieb an das Fleisch, deckt solches zu, läßt es erkalten und legt es nach diesem zum Ablaufen auf ein Sieb. Von 1 Pf. ausgeschabenem Kalbfleisch, eben so viel Wildpret, 1 Pf. Speck, 4 Loth Trüffeln und einigen Chalotten wiegt man eine feine Farçe, stößt diese mit Salz, Muskaten und dem Gelben von 6 Eyern in einem Mörser gut ab, und rührt die Hälfte von der Marinade (Beize), worin das Fleisch gelegen hat, dazu; hierauf verfertigt man von 2 Pf. Mehl, 1 Pf. Butter, 2 Eyer, Salz und Wasser einen festen, steifen Teig, wällt von der Hälfte einen langen, kleinen fingerdicken Boden, legt diesen auf ein mit Butter bestrichenes und mit Papier belegtes Blech, bestreicht nebenherum den Rand 2 Fingerbreit mit zerklopften Eyern, bedeckt das Unbestrichene des Bodens mit zu feinen Scheiben geschnittenem Speck, überstreicht diese einen starken Fingerdick von beschriebener Farçe, belegt diese mit Fleisch, alsdann mit Speck, dann wieder Farçe, dann Fleisch u. s. f. bis alles zu Ende ist, den Beschluß macht die Farçe, diese wird zuerst mit Speck, alsdann mit dem Deckel von Teig, der etwas dünner als der Boden ausgewargelt sein darf, bedeckt, nun schlägt man den bestrichenen Rand des Bodens so weit wie möglich an den Deckel herauf; zwickt Beides mit dem Küchenzängelchen gut zusammen, legt noch ein 2 Fingerbreites Band darauf herum, und zwickt auch dieses wieder mit Deckel und Rand zusammen. Aus dem noch übrigen Teig schneidet man Laubwerk, belegt die Pastete damit, gibt ihr mit dem Zängelchen sonst noch beliebige Verzierungen, bestreicht das Ganze mit Eyer, macht oben in den Deckel der Pastete zwei Oeffnungen und steckt, damit solche nicht zufallen und der Dampf heraus kann, in jede ein aufgerolltes Kartenblättchen, stellt sie dann in einen guten Ofen und backt sie 3 gute Stunden. Wenn die Pastete fertig und aus dem Ofen ist, läßt man sie unverrückt auf dem Blech, bis sie ganz erkaltet ist, liegen; man kann sie ohne, oder mit einer Sulz, die man, wenn sie abgekühlt ist, durch die Oeffnungen hinein gießt, geben.

### Nro. 246. Pastete mit Lerchen in Salmi.

Man rupft die Lerchen, zieht den Kopf ab, nimmt sie aus, und bestreut sie von innen und außen mit Salz, alsdann schneidet man die Köpfe, Flügel und Füße ab, und stößt diese mit ein paar ganzen Lerchen und einigen aus Schmalz gebackenen Schnitten von einem Milchbrod in einem Mörser zu Brei, dämpft dieses mit einem Stück Butter, gießt einen Schöpflöffelvoll Schü (Jus) nebst einem Glas rothen Wein hinzu und kocht solches eine halbe Stunde gut durch; die Lerchen dämpft man nur ein wenig mit Butter, gießt diese dann ab, passirt das Salmi durch ein Haarsieb, schärft es mit Zitronensaft, gibt es mit Muskaten und etwas Nelken an die Lerchen und richtet diese, nachdem das Salmi daran kurz eingekocht hat, in eine leer gebackene Pastete an.

---

# Verschiedene Ragouts von Fleisch, wildem und zahmem Geflügel.

### Nro. 247. Wilde Ente mit Häring.

Die Ente wird gerupft, ausgenommen, gut gereinigt, und entweder in kleine Stücke zerschnitten, oder auch ganz gelassen, mit Gewürz und Salz bestreut, alsdann in einer Casserolle mit einem Stück Butter gedämpft; indessen wiegt man die Leber der Ente mit ein paar Chalotten, etwas Zitronenschale und ein wenig geschabenem Speck fein, läßt einen Kochlöffelvoll

Mehl mit einem Stückchen Butter gelb werden, gibt das Gewiegte dazu, rührt solches mit einem Schöpflöffelvoll Schü (Jus) oder Fleischbrühe, und dem Saft einer halben Zitrone ab, schöpft von der Ente die Butter ab und gibt die Sauce daran; hierauf schneidet man einen gut gereinigten Häring in kleine Würfel und gibt diesen ebenfalls dazu, kocht damit die Ente bis sie weich ist, und gibt beim Anrichten die Sauce durch ein Sieb passirt darüber.

Wer es liebt, kann die Enten auch über Nacht in Essig mit Kräuter beizen, alles Wildpret verliert aber durch dieses seinen eigenthümlichen Wildgeschmack.

### Nro. 248. Wilde oder zahme Enten auf andere Art.

Nachdem die Ente wie Nro. 234 angezeigt, hergerichtet, gefüllt und dressirt ist, wird dieselbe in eine Casserolle oder Tiegel gelegt, ein Glas Wein, halb so viel Essig nebst so viel fetter Fleischbrühe hinzu gethan bis es über die Ente geht. Alsdann schneidet man eine halbe Zitrone in Platten, gibt diese nebst einer ganzen Zwiebel, ein paar gereinigte gelbe Rüben sammt Petersilwurzeln hinzu, bedeckt das Geschirr mit einem passenden Deckel und kocht sie ganz langsam bis sie weich ist. Es kann hiezu eine Kapern- oder Sardellen-Sauce gegeben werden.

### Nro. 249. Wilde oder zahme Ente mit Farçe.

Die Ente wird behutsam, damit sie kein Loch bekommt, gerupft, ausgenommen und wohl gereinigt, Hals, Kopf und Füße abgeschnitten, die Haut am Rücken in der Mitte der Länge nach aufgeschnitten, die Schenkel und Flügel aus den Gelenken, so daß sie an der Haut bleiben, der Körper aber alsdann vom Fleisch abgelöst und herausgenommen; hierauf wiegt man die Leber, ein Stückchen ausgeschabenes Kalbfleisch, eben so viel Speck, 3 bis 4 gereinigte Sardellen, einige Chalotten und ein paar Blättchen Estragon und Basilikum zu einer ganz feinen Farçe, stößt diese mit einem halben abgeriebenen in Milch durchweichten und wieder ausgedrückten Milchbrod und dem Gelben von 2 Eyern in einem Mörser gut ab, schlägt das Weiße von den Eyern zu Schnee und stößt diesen ebenfalls mit etwas Salz und Muskaten in die Farçe, alsdann bestreut man die Ente von innen mit ein wenig Salz, näht die Oeffnung, durch die sie ausgenommen worden ist, zu, füllt die Farçe darein, näht den Rücken gut zusammen, bringt die Ente wieder in die vorige Form und kocht sie in einer Braise, wie solche Nr. 4. angezeigt ist. Wenn sie fertig ist, legt man sie, damit die Fette zuerst davon ablaufen kann, heraus und gibt dann eine Oliven- oder sonst beliebige recente Sauce, wie solche später angezeigt sind, dazu.

### Nro. 250. Wilde oder zahme Ente mit Trüffeln.

Die gut gereinigte Ente wird nach Belieben entweder in Stücke zerschnitten, oder, nachdem man Füße, Kopf und Hals davon gethan hat, auch ganz gelassen, mit Salz und gemischtem Gewürz, als: ein wenig Pfeffer, Nelken, Cardemomen und Muskatnuß eingerieben, und nach einer halben Stunde mit einem Stück Butter gut zugedeckt, indem man ein wenig Wein

hinzugießt, langsam gedämpft; hierauf röstet man einen Löffelvoll geriebenes Schwarzbrod mit einem kleinen Kochlöffelvoll Mehl und einem Stück
Butter braun, füllt dieses mit einem Glas rothen Wein und einem kleinen
Schöpflöffelvoll Schü (Jus) auf, gießt alsdann die Butter von der Ente ab,
die Sauce dagegen hinzu, und kocht sie damit langsam fort, wenn die Ente
bald fertig ist, legt man sie heraus, treibt die Sauce durch ein Sieb, gibt
einige mit Wein verwällte und in Blätter geschnittene Trüffeln sammt der
Ente, wieder darein und kocht sie vollends damit fertig.

### Nro. 251. Junge Hühner in grüner Sauce.

Wenn die Hühner trocken gerupft, ausgenommen und gut gereinigt sind,
wird das Brustbein, damit solche ein runderes Ansehen bekommen, ausgebrochen, die Füße eines halben Fingerglied lang unter dem Knie abgeschnitten, alsdann dressirt und in einer Braise Nro. 4. fertig gemacht, indessen
stößt man auf 2 Hühner eine starke Handvoll gewaschenes Petersilkraut in
einem Mörser ganz fein, und preßt den Saft davon mit etwas guter Fleischbrühe stark durch eine Serviette aus, zerläßt dann in einem kleinen Tiegel
oder Casserolle ein Stück Butter, läßt einen kleinen Kochlöffelvoll Mehl,
bis es zu steigen anfängt, damit anziehen, gießt die durchgepreßte Brühe
nebst dem Saft einer kleinen Zitrone hinzu, würzt die Sauce mit Muskatenblüthe und kocht sie kurz. Wenn die Hühner fertig sind, werden sie aus
der Braise gelegt und nachdem die Fette davon abgelaufen ist, wird die
Sauce darüber gegeben.

Man kann auch die Hühner, wenn man gerade keine Braise hat, in 4
auch mehrere Theile zerschneiden, solche in Butter weiß abdämpfen, alsdann
in die Sauce legen und damit auskochen lassen.

### Nro. 252. Junge Hühner in schwarzer Sauce.

Man fängt das Blut von den Hühnern wenn sie abgestochen werden,
in ein reines Geschirr auf und rührt solches, damit es nicht gerinnt, mit
etwas Zitronensaft ab, schneidet die geputzten und gereinigten Hühner in
4 Theile, bestreut sie mit Salz, trocknet sie nach einer Viertelstunde mit einem reinen Tuch ab, und backt sie aus heißem Schmalz schnell gelb, zu 2
Hühnern schneidet man ein Milchbrod in runde Schnitten, backt diese aus
dem nehmlichen Schmalz braun aus und legt sie nachdem in einen Tiegel
oder Casserolle, gießt ein Glas guten Wein und einen Schöpflöffelvoll Schü
(Jus) hinzu, würzt dieses mit ein wenig Nelken, Muskatenblüthe und ein
paar Blätter Basilikum, kocht es bis das Brod ganz weich ist, treibt alsdann die Saucen durch ein Sieb, legt die gebackenen Hühner darein, gibt
einige verwällte und in Blätter geschnittene Trüffeln sammt dem Wein
hinzu und kocht damit die Hühner weich, kurz vor dem Anrichten gießt
man das Blut durch ein Sieb dazu, und läßt die Hühner nur noch ein
wenig damit aufkochen.

### Nro. 253. Junge Hühner in schwarzer Sauce auf andere Art.

Man fängt das Blut beim Abstechen der Hühner auf und rührt solches
mit etwas Essig oder Zitronensaft, damit es nicht gerinnt. Alsdann wird

ben Hühnern, nachdem sie rein geputzt sind das Brustbein ausgebrochen, die Füße ein Gliedlang unter dem Knie abgeschnitten und nachdem sie gut dressirt sind, in einen Tiegel oder Casserolle mit guter frischer Fleischbrühe, wozu eine Zwiebel sammt ein paar Schnitten Zitronen kommen, auf Kohlen gesetzt, sie dürfen nicht kochen sondern blos ziehen. Indessen röstet man ein paar Löffelvoll gerieben weiß Brod, welches mit einem Löffelvoll Mehl und eben so viel Zucker vermischt wird, ganz braun, gibt an dieses ein Glas Wein, nebst so viel nöthig, von der Brühe worin die Hühner ziehen, und verkocht solches wohl. Alsdann legt man die Hühner aus dem Sud in ein anderes Geschirr, treibt die Sauce durch ein Sieb darüber, würzt sie mit etwas Nelken und Muskatenblüthe, und kocht sie vollends fertig. Kurz vor dem Anrichten läßt man das Blut durch ein Sieb an die Hühner und dieselbe noch einmal damit aufkochen.

### Nro. 254. Hühner fricassirt.

Die gereinigten Hühner werden in 4 auch mehrere Theile geschnitten, und eine Viertelstunde vor dem Kochen mit ein wenig Salz bestreut, alsdann zerläßt man zu 3 Hühner ¼ Pf. Butter in einer Casserolle, gibt die Hühner mit einem Löffelvoll fein gewiegtem Petersilkraut dazu, dämpft sie wohl zugedeckt eine Weile, gibt aber acht, daß sie schön weiß bleiben; hierauf bestäubt man sie mit 3 bis 4 starken Messerspitzevoll Mehl, schwänkt sie gut damit um und gießt, wenn das Mehl angezogen hat, ein Glas Wein und einen Schöpflöffelvoll Fleischbrühe hinzu, gibt ferner einige Chalotten, etwas Basilikum und Thimian ein paar Scheiben Zitronen und etwas Muskaten dazu und kocht damit die Hühner weich. Beim Anrichten zerklopft man 3 bis 4 Eyergelb mit etwas Zitronensaft, rührt solche an die Sauce und gibt diese, durch ein Sieb passirt an die Hühner.

Anmerk. Wenn man die Eyergelb mit hinlänglich Zitronensaft abgeklopft eine Viertelstunde stehen läßt, kann man solche, ohne daß sie gerinnen, an jeder recenten Sauce mitkochen lassen.

### Nro. 255. Junge Hühner auf andere Art.

Die Hühner werden genau wie Nro. 251. gereinigt und dressirt, alsdann in einer Braise Nro. 4. fertig gemacht, indessen zerläßt man in einer Casserolle oder messingnen Pfanne ein Stück Butter, ungefähr 6 Loth, rührt einen Kochlöffelvoll Mehl darein und gießt, wenn dieses zu steigen anfängt, 2 Schöpflöffelvoll gute Fleischbrühe und ein Glas Wein hinzu, gibt ferner eine Handvoll Petersilwurzeln, gelbe Rüben, eine Zwiebel, ein Lorbeerblatt und etwas Zitronenschale darein und kocht dieses eine Viertelstunde gut durch; zuvor zerklopft man aber das Gelbe von 6 Eyern mit dem Saft einer halben Zitrone, rührt, wenn dieses eine Viertelstunde gestanden hat, die kochende Sauce dazu, bringt diese wieder auf das Feuer, kocht sie noch ein paarmal durch und passirt sie alsdann durch ein Sieb in eine Casserolle, gibt ein paar Händevoll verwällte Morgeln darein, würzt sie mit Muskatenblüthe, legt die Hühner, wenn sie fertig, aus der Braise genommen und abgelaufen sind, darein und erhält sie bis zum Anrichten auf heißer Asche oder schwachen Kohlen gut zugedeckt heiß.

Diese angegebene Portion Sauce ist zu 3 bis 4 Hühner hinreichend.

Anmerk. In Ermanglung einer Braise, da dieselbe sich nur für herrschaftliche und Gasthofs-Küchen eignet, kann diese dadurch ersetzt werden, daß man die Hühner mit guter fetter Fleischbrühe, wozu man eine Handvoll gereinigter Wurzeln, ein paar Schnitten Zitronen sammt einem Glas weißen Wein gibt, fertig gemacht, im Uebrigen wie angezeigt ist verfahren wird.

## Nro. 256. Eingemachte junge Hühner auf gewöhnliche Art.

Die Hühner werden, nachdem sie gereinigt sind in vier, auch mehrere Theile zerschnitten und dann mit ein wenig Salz eingesprengt. Alsdann zerläßt man ein Stück gute Butter, läßt darin nach Proportion der Hühner 1 auch 2 Kochlöffelvoll Mehl anziehen, gießt die nöthige Fleischbrühe hinzu, gibt eine kleine Zwiebel mit ein paar Schnitten Zitronen darein, legt die Hühner, nachdem die Sauce wohl verkocht hat darein, bedeckt sie mit einem passenden Deckel und läßt sie langsam fertig kochen. Es kann auch ein kleines Gläschen Wein sammt Muskatnuß an die Sauce gegeben werden.

## Nro. 257. Junge Hühner mit Krebs-Sauce

Die gereinigten Hühner werden in 4 Theile zerschnitten, alsdann mit ein wenig Salz und Muskaten bestreut, hierauf belegt man den Boden einer Casserolle mit guter frischer Butter, bestreut diesen mit fein gewiegtem Petersilkraut, und legt die Hühner darauf, gießt ein paar Eßlöffelvoll Schü (Jus) oder gute Fleischbrühe auch den Saft einer halben Zitrone dazu, deckt das Geschirr wohl zu und dämpft die Hühner langsam weich, gibt aber acht, daß sie schön weiß bleiben; indessen verfertigt man die Krebs-Sauce Nro. 356., legt die Hühner wenn sie weich sind aus der Butter, richtet sie auf eine warm gehaltene Platte an und gibt die Sauce darüber.

## Nro. 258. Junge Hühner à la Reine.

Wenn 2 bis 3 Hühner nach Nro. 250. genau gereinigt und dressirt sind, spickt man sie zierlich, besprengt sie von innen und außen mit Salz, und läßt sie eine Viertelstunde stehen, indessen belegt man den Boden einer Casserolle mit dünnen Speckscheiben, einigen Schnitten Schinken und eine in Blatten geschnittene Zwiebel, legt auf dieses die Hühner, gibt ferner ein paar gelbe Rüben, Petersilwurzel, auch 2 Schöpflöffelvoll Fleischbrühe dazu, verdeckt die Casserolle mit einem passenden Deckel und kocht die Hühner langsam; hierauf backt man ein halbes zu runden Schnitten gemachtes Milchbrod aus heißem Schmalz, legt den Schinken, der bei den Hühnern ist zum Erkalten heraus, und stößt ihn alsdann sammt dem gebackenen Brod und dem Gelben von 6 hartgesottenen Eyern in einem Mörser zu Brei, gibt dieses wieder zu den Hühnern, kocht sie noch eine Zeitlang damit, legt sie alsdann heraus, schöpft die Fette davon, treibt die Sauce durch ein Haarsieb, würzt sie mit Muskatenblüthe legt die Hühner wieder hinein, und erhält sie bis zum Anrichten heiß.

## Nro. 259. Ragout von Hahnenkämmen.

Man reibt die Hahnenkämme mit Salz und warmem Wasser, daß sie schön weiß werden und kocht sie nach diesem in einer Braise nach Nro. 4., schneidet einen oder auch zwei verwällte und gut gereinigte Ochsengaumen, einige verwällte Trüffeln und Champignon in eben der Form und Größe wie die Hahnenkämme sind, alsdann zerläßt man ein Stück Butter, dämpft das Genannte damit einige Minuten, bestäubt es mit ein paar Messerspitzevoll Mehl und gießt, wenn dieses angezogen hat, so viel zur Sauce nöthig ist Schü (Jus) hinzu, drückt den Saft einer Zitrone darein und gibt eine Messerspitzevoll Muskatenblüthe dazu; hierauf nimmt man die Hahnenkämme, mit einem Schaumlöffel aus der Braise, gibt solche, nachdem sie abgelaufen sind, zu dem Uebrigen in die Sauce und kocht diese kurz damit ein, man kann auch statt der Schü (Jus) Fleischbrühe nehmen und die Sauce beim Anrichten mit Eyergelb abziehen.

### Nro. 260. Kapaun mit Austern.

Wenn der Kapaun trocken gerupft, wohl gereinigt und 1 bis 2 Tage gelegen hat, wird solchem das Brustbein ausgebrochen, die Füße unter dem Sporn abgeschnitten, schön dressirt, mit Speck eingebunden und in der Braise Nro. 4. fertig gemacht, die Austern löst man aus den Schalen, gibt sie sammt ihrem Saft in einen kleinen Tiegel, gießt ein wenig Wein dazu, stellt sie auf heiße Asche und läßt sie blos ein wenig anziehen, nicht kochen, nimmt sie sodann heraus und putzt den Bart oder schwarzen Ring davon; hierauf zerläßt man ein Stückchen Butter, läßt ein paar Messerspitzevoll Mehl damit anziehen, gießt die Sauce, worin die Austern gelegen haben, ein wenig Fleischbrühe und den Saft einer halben Zitrone dazu, gibt Muskatenblüthe darein und kocht die Sauce einigemal gut durch, legt sodann die Austern wieder darein, jedoch ohne sie weiter kochen zu lassen, wenn der Kapaun in der Braise durchaus mürb und zart geworden ist, legt man ihn damit die Fette davon lauft, heraus, richtet ihn dann auf eine warm gehaltene Platte an, und gibt die indeß heiß gehaltene Sauce sammt den Austern darüber.

### Nro. 261. Kapaun auf eine andere Art.

Wenn dieser nach Vorschrift des Vorhergehenden behandelt und dressirt ist, wird er mit Salz, etwas Pfeffer und Nelken eingerieben, alsdann belegt man eine Casserolle mit Speck und einigen Schnitten Schinken, einer Zwiebel, ein Lorbeerblatt, etwas Basilikum, und ein paar gereinigte und zerschnittene Sardellen, legt auf dieses den Kapaun, gießt einen Schöpflöffelvoll Schü (Jus) oder Fleischbrühe hinzu und dämpft den Kapaun gut zugedeckt langsam, bis er weich ist, legt ihn dann heraus, schöpft die Fette davon, treibt die übrige Sauce durch ein Haarsieb, schärft sie mit Zitronensaft und gibt sie, nachdem sie noch einmal heiß gemacht worden ist, über den Kapaun.

### Nro. 262. Kapaun mit Spargeln.

Dieser Kapaun wird wie die zwei vorher Angezeigten hergerichtet und in der Braise Nro. 4. gekocht, indessen zerläßt man ein Stückchen Butter, läßt ein paar Messerspitzevoll Mehl damit anziehen, gießt alsdann ein we=

nig Fleischbrühe dazu, verwällt eine Handvoll Spargeln, so weit sie grün
sind zu Fingergliedlangen Stückchen zerschnitten, eben so eine Handvoll
Morgeln, gibt diese nebst einigen Krebsschweifen an die Sauce, würzt sie
mit Muskaten, drückt den Saft einer halben Zitrone dazu und kocht sie so
lange bis Alles weich ist, legt alsdann den Kapaun, wenn dieser fertig ist,
aus der Braise und gibt, wenn solcher abgelaufen und angerichtet ist, die
Sauce sammt dem Uebrigen darüber.

## Nro. 263. Feldhühner mit Salmi.

Von übrig gebliebenen, gebratenen Feldhühnern löst man die Brust
aus und schneidet solche in kleine Stückchen, das übrige Beinwerk stößt
man mit einigen aus Schmalz gebackenen Schnitten von Milchbrod in einem Mörser zu Brei, zerläßt alsdann ein Stückchen Butter, läßt ein paar
Messerspitzevoll Mehl damit gelb werden und gibt das Gestoßene hinzu,
gießt, wenn dieses noch ein wenig damit gedämpft hat, ein Glas rothen Wein
und einen halben Schöpflöffelvoll Schü (Jus) oder Fleischbrühe dazu, und
kocht es gut damit durch, dann treibt man die Sauce genau durch ein Haarsieb, würzt sie mit Muskaten, legt das Fleisch von den Feldhühnern darein,
und läßt solches ein paarmal damit aufkochen.

## Nro. 264. Feld-Hühner glacirt mit Oliven.

Man rupft die Feldhühner bis an den Kopf und schneidet diesen ab,
wascht solche, nachdem sie ausgenommen sind, mit Wein aus, spickt und
dressirt sie schön und macht sie in der Braise Nro. 4., wie solche für das
Wildpret einzurichten beschrieben ist, fertig; hierauf zerläßt man ein Stückchen Butter, läßt einen kleinen Kochlöffelvoll Mehl gelb damit werden,
gießt etwas Schü (Jus) und ein Glas Wein dazu, gibt ein Stück in kleine
Würfel geschnittenen Schinken darein und passirt die Sauce, wenn dieser
wohl damit durchkocht hat, durch ein Sieb, stellt sie alsdann wieder auf
das Feuer und gibt nach Belieben geschälte Oliven darein; wenn die Feldhühner fertig sind, legt man sie zum Ablaufen aus der Braise, zerläßt indessen ein Stückchen Glace Nro. 1., glacirt damit die Feldhühner, richtet
diese auf eine Platte an und gibt die Sauce sammt den Oliven darunter.

Anmerk. In Ermanglung einer Glace, läßt sich dieselbe zum glaciren
der Speisen dadurch ersetzen, daß man helle reine Braten-Sauce mit etwas Fleischbrühe vermischt und dieselbe auf Kohlen dick einkochen läßt, die
Speisen werden damit beim Anrichten mit einem reinen Pinsel überstrichen.

## Nro. 265. Feld-Hühner mit Trüffeln.

Diese werden wie die Vorhergehenden gereinigt und dressirt, alsdann
mit Speck eingebunden, hierauf zerläßt man ein Stück Butter und dämpft
damit die Feldhühner, nachdem man sie zuvor mit Salz und Gewürz eingerieben hat, wohl zugedeckt langsam weich, gießt aber von Zeit zu Zeit,
damit die Butter nicht schwarz wird, ein wenig rothen Wein hinzu, die
Lebern von den Feldhühnern wiegt man mit einigen Chalotten klein, zerläßt dann ein Stückchen Butter, läßt einen Kochlöffelvoll Mehl gelb damit
werden, gießt einen halben Schöpflöffelvoll Schü (Jus) dazu, und passirt

dieses, nachdem es einigemal gut durchgekocht hat, durch ein Haarsieb; hierauf schneidet man 4 Loth gereinigte Trüffeln in Blatten, kocht diese mit einem Glas rothen Wein und einer ganzen Zwiebel ein wenig, thut die Zwiebel heraus und gibt die Trüffeln sammt dem Wein an die durchpaffirte Sauce, schöpft von den Feldhühnern die Fette ab, gibt die Sauce dagegen daran, und kocht sie damit vollends fertig. Beim Anrichten wird der Speck von den Feldhühnern abgenommen und die Trüffeln sammt der Sauce darüber gegeben. Diese Portion Trüffeln ist zu 2 bis 3 Feldhühnern gerechnet.

### Nro. 266. Blison von Feld-Hühnern oder Schnepfen.

Drei Schnepfen oder Feldhühner bratet man am Spieß halb fertig, nimmt sie alsdann vom Feuer und läßt sie erkalten, löst das Brustfleisch heraus, zieht die Haut davon, wiegt das Fleisch ganz fein, stößt es nach diesem in einem Mörser gut durch, und stellt es bei Seite, das übrige Weinwerk stößt man ebenfalls zu Brei, gießt eine halbe Maaß gute Schü (Jus) und ein großes Glas Wein dazu, setzt solches auf Kohlen und kocht es langsam bis auf ein Quart ein, preßt alsdann die Flüssigkeit durch eine Serviette und läßt sie erkalten; hierauf wiegt man ¼ Pf. gereinigtes Ochsenmark ganz fein, vermischt dieses mit dem gestoßenen Brustfleisch, rührt es zuerst mit der durchgepreßten Sauce, und dann mit 2 ganzen und 6 gelben Eyern, Salz und Muskaten gut ab, bestreicht kleine Blechförmchen oder Obertassen mit kalter Butter, füllt sie von der Masse nicht ganz voll, setzt solche in ein Geschirr mit kochendem Wasser, stellt dieses in einen Bratofen, gibt aber acht, daß durch das Kochen kein Wasser in die Tasse kommt, kocht das Blison eine Viertelstunde und stürzt es dann, wenn es durchaus gestanden ist, auf eine warm gehaltene Platte. Man kann es trocken oder auch mit der angezeigten Trüffel-Sauce Nro. 335 geben.

### Nro. 267. Lerchen in der Sauce.

Wenn die Lerchen gerupft und ausgenommen sind, schneidet man die Köpfe, Flügel und Füße davon, bestreut die Lerchen mit etwas Salz, Pfeffer und Nelken, alsdann belegt man den Boden einer Casserolle mit Speck, gibt die Lerchen sammt etwas Butter darein und dämpft diese damit gelb, das Abgeschnittene davon stößt man in einem Mörser klein und kocht es mit Schü (Jus) oder Fleischbrühe, einem Glas Wein, ein paar Scheiben Zitronen, einigen Wurzeln und einer Zwiebel gut durch, die Lebern der Lerchen wiegt man mit einem Stückchen geschabenem Speck und etwas Zitronenschalen fein, dämpft dies mit einem Stückchen Butter, stäubt einen kleinen Kochlöffelvoll Mehl dazu, läßt solches anziehen, füllt es dann mit der durchpaffirten Brühe von dem Gestoßenen auf und läßt es einigemal durchkochen. Hierauf gießt man von den Lerchen die Butter ab, nimmt den Speck davon, gießt dagegen die Sauce daran und erhält sie bis zum Anrichten heiß.

### Nro. 268. Krametsvögel mit Farce.

Man rupft die Vögel, nimmt sie aus, schneidet Kopf, Flügel und Füße davon, bestreut sie alsdann mit Salz und etwas fein zerriebenen Kräutern legt sie in zerlassene Butter und läßt sie auf heißer Asche blos ein wenig

darin anziehen. Von einem Haasen= oder Rehziemer schneidet man ein
kleines Stückchen Fleisch ab, wiegt dieses mit halb so vielem Speck, den
Lebern von den Vögeln und wenn man gerade hat, 1 oder 2 verwällte
Trüffeln ganz fein, stößt dieses mit dem Innern von einem halben Milchbrod, welches man in Fleischbrühe durchweicht hat, Salz Muskaten und
dem Gelben von 4 Eyern gut ab und rührt an die Farçe ein halb Glas
rothen Wein; hierauf bestreicht man eine Platte von Porzellain mit Butter, gibt von der Farçe Fingerdick darauf, setzt die Vögel ordentlich darauf
herum, gießt die Butter, worin sie gedämpft haben darüber, macht von der
übrigen Farçe um dieselbe einen Kranz, bedeckt diesen so wie die Vögel zuerst mit dünn geschnittenen Speckscheiben, alsdann mit einem passenden Deckel und stellt sie in einen nicht zu heißen Ofen, die Köpfe, Füße und Flügel stößt man mit einigen aus Schmalz gebackenen Schnitten von Milchbrod in einem Mörser zu Brei, gießt ein halb Glas rothen Wein, nebst
etwas Schü (Jus) dazu, kocht dieses auf Kohlen kurz ein, treibt es alsdann durch ein Sieb, schärft die Sauce mit Zitronensaft, und gibt solche,
wenn die Vögel fertig sind, darüber, nimmt dann den Speck davon, läßt
sie noch ein paar Minuten im Ofen anziehen, und servirt sie so zu Tisch.

## Nro. 269. Wasser=Hühner mit Austern.

Die Hühner werden nach dem Rupfen über dem Feuer damit die Haare
davon kommen, flamirt, alsdann ausgenommen, Kopf und Flügel davon
geschnitten, die Füße umgebogen und dreßirt, alsdann mit Salz und Gewürz eingerieben; hierauf belegt man eine Casserolle mit Speck, legt die
Hühner darein, übergießt sie mit zerlassener Butter, und dämpft sie damit
gelb, gießt ein Glas Wein und etwas Schü (Jus) oder Fleischbrühe dazu, gibt
eine Zwiebel und ein Stückchen ganze Muskatenblüthe darein, und kocht
die Hühner damit weich; indessen löst man zu 2 Hühnern 25 Austern aus,
nimmt sie sammt dem Saft in einen kleinen Tiegel, legt ein Stückchen frische
Butter dazu, und drückt den Saft einer halben Zitrone darein, stellt die
Austern auf Kohlen, damit sie heiß werden, aber nicht kochen, putzt alsdann die Bärte oder den schwarzen Ring davon, und gibt sie wieder in
die Sauce. Wenn die Hühner fertig und die Sauce daran kurz eingekocht
hat, legt man sie heraus, schöpft die Fette davon ab, passirt das Uebrige
durch ein Sieb, gibt die Austern sammt deren Sauce dazu, macht diese
sammt den Hühnern noch einmal heiß, und gibt solche, ohne sie noch einmal kochen zu lassen, zu Tisch.

## Nro. 270. Wasser=Hühner auf andere Art.

Diese werden, wie vorhergehend angezeigt ist, gereinigt und dreßirt, und
über Nacht in Essig gelegt, alsdann mit Salz, Pfeffer und Nelken eingerieben, mit einem Stück Butter gelb gedämpft, und mit ein wenig Mehl
bestreut, wenn dieses gelb damit geworden ist, gießt man ein Glas Wein
und etwas Fleischbrühe hinzu, gibt eine Zwiebel und Lorbeerblatt, ein paar
Scheiben Zitronen und einige Blätter Estragon dazu, und kocht damit die
Hühner weich, schöpft dann die Fette von der Sauce ab, passirt diese durch

ein Sieb, gibt einen Löffelvoll Kappern dazu, kocht die Hühner noch ein paarmal damit auf, und gibt sie so damit zu Tisch.

## Nro. 271. Ragout von Kalbsfüßen.

Man kocht die gut gereinigten Kalbsfüße mit Fleischbrühe, einem Glas Wein und einer Zwiefel weich, zieht alsdann die größten Beine davon, und schneidet das Fleisch in beliebige Stücke, zerläßt zu 6 Kalbsfüßen 4 Loth Butter, läßt einen kleinen Kochlöffelvoll Mehl mit einem Löffelvoll fein gewiegten Petersilkraut anziehen, gießt von dem Sud, worin die Kalbsfüße gekocht haben, so viel zur Sauce nöthig ist, hinzu, gibt ein paar Scheiben Zitronen und ein Lorbeerblatt sammt den Füßen in die Sauce, und kocht sie noch eine Weile damit, beim Anrichten kann die Sauce mit ein paar Eyergelb abgezogen, oder auch ohne diese durch ein Haarsieb darüber gegeben werden.

Anmerk. Die Füße können auch bloß mit gesalzenem Wasser weich gekocht, und mit einer gewöhnlichen Butter-Sauce gegeben werden.

## Nro. 272. Kalbsfüße auf andere Art.

Sechs gereinigte Kalbsfüße werden, wie die vorhergehenden, weich gekocht, die Beiner davon gezogen, und die Füße, wenn sie kalt sind, in kleine viereckigte Würfeln geschnitten; hierauf zerläßt man in einer Casserolle 4 Loth Butter, schneidet einer Hand groß mageren Schinken ebenfalls in Würfeln, und dämpft diesen sammt den Füßen, 4 Loth klein geschnittenen Ochsenmark, Petersilkraut und einigen Chalotten ein paar Minuten, alsdann bestreicht man eine Blechform mit Butter, setzt diese mit reinem Papier aus, zerklopft 6 Eyergelb mit einem Quart saurem Rahm, Salz und Muskaten, gießt dieses an das Gedämpfte, gibt solches, wohl durcheinander gemacht, in die ausgesetzte Form, und backt es schnell in einem guten Ofen, wenn es fertig ist, wird es sammt dem Papier aus der Form geholen, auf eine heiße Platte gesetzt, und sogleich servirt.

## Nro. 273. Ragout von Kalbsleber.

Die Leber wird gewaschen, gehäutet, und in runde Stückchen in der Größe eines Kronenthalers, nur etwas dicker, ausgeschnitten, alsdann mit ganz fein geschnittenem Speck gespickt, und mit etwas Pfeffer und Nelken bestreut; hierauf schneidet man aus einem rein gewässerten Kalbsnetz ebenfalls runde Stücke, wickelt in jedes ein Stückchen Leber, legt sie in zerlaffene Butter, bestreut solche mit einer Handvoll geriebenem Roggenbrod und einer klein zerschnittenen Zwiebel, dämpft damit die Leber schnell gelb, gießt etwas Schü (Jus) der Fleischbrühe sammt dem Saft einer Zitrone dazu, und kocht sie damit fertig.

Beim Anrichten passirt man die Sauce, die ganz kurz sein muß, nachdem man die Leber zuvor gesalzen hat, durch ein Haarsieb darüber.

## Nro. 274. Geröstete Kalbsleber.

Die rein gewaschene und gehäutete Leber wird in ganz feine Stücken zerschnitten, mit etwas Pfeffer, Nelken und ein wenig Mehl bestreut; hierauf zerläßt man ein etwas großes Stück Butter, dämpft damit eine fein zerschnittene Zwiebel weich, thut alsdann die Leber dazu, wendet sie fleißig um, damit sie nicht hart wird, und gießt, wenn sie durchaus angezogen hat, und nicht mehr roth ist, ein paar Eßlöffelvoll Essig, mit eben so viel Fleischbrühe dazu, kocht die Leber nur noch kurz damit auf, und gibt das nöthige Salz erst beim Anrichten dazu.

## Nro. 275. Ganze Kalbsleber im Netz.

Die Leber wird nach dem Waschen gehäutet, mit Speck durchzogen, und mit etwas Pfeffer und Nelken bestreut; hierauf breitet man ein rein gewaschenes Kalbsnetz aus, schlägt die Leber darein, steckt die Ende von dem Netz, damit solches sich nicht zurückziehen kann, mit kleinen Hölzchen zusammen, und dämpft sie mit einem Stück Butter in einer Casserolle auf beiden Seiten gelb, legt sie alsdann heraus, rührt in die zurückgebliebene Butter 2 bis 3 Messerspitzevoll Mehl, und läßt dieses mit 3 bis 4 gewiegten Sardellen und Chalotten gelb anziehen, gießt etwas Fleischbrühe sammt dem Saft einer halben Zitrone hinzu, legt die Leber wieder in die Sauce, und kocht sie schnell darin fertig. Beim Anrichten wird das noch fehlende Salz daran gegeben, und die Sauce durch ein Haarsieb daran passirt.

## Nro. 276. Gewiegte Kalbsleber im Netz.

Man schabt die Leber nach dem Waschen mit einem großen Messer aus, wiegt solche mit der Hälfte geschabenem Speck, etwas Majoran, eine Zwiebel, und eine Zehe Knoblauch ganz fein; hierauf läßt man ein abgeriebenes Milchbrod in Milch durchweichen, nimmt dieses sammt der gewiegten Leber in eine Schüssel, rührt solches mit einer Tasse süßen Rahm, 3 bis 4 Eyer, Salz, etwas Pfeffer und Muskaten gut ab, breitet alsdann in ein langes oder rundes Geschirr ein rein gewaschenes Kalbsnetz aus, gibt das Gerührte darein, näht das Netz damit solches nicht auslaufen kann, gut zusammen, legt kleine Hölzchen darunter, gießt ein Stück zerlassene Butter darüber, und backt die Leber im Ofen fertig.

## Nro. 277. Nieren zu dämpfen.

Die Hammels- oder Schweins-Nieren werden gehäutelt, der Länge nach in dünne Blättchen so geschnitten, daß sie unten alle beisammen bleiben, und kein Blatt von dem Andern fallen kann, alsdann vermischt man eine Handvoll geriebenes Roggenbrod mit einem Löffelvoll fein gewiegten Chalotten und Peterfilkraut, Salz, etwas Pfeffer und Nelken, legt zwischen jedes Blatt Nieren ein in gleicher Form geschnittenes Blatt Speck, streut immer dazwischen etwas von dem vermischten Brod, giebt dem Nieren die alte Form wieder, und durchsticht sie, damit sie zusammen halten, mit kleinen zugeschnitzten Hölzchen; hierauf zerläßt man ein Stück Butter, legt die Nieren darein, streut das übrige Brod darüber, und dämpft sie zugedeckt eine Zeitlang, gießt alsdann etwas Schü oder Fleischbrühe hinzu, schärft die Sauce mit Zitronensaft, und gibt solche, nachdem die Nieren durchgekocht sind, beim Anrichten durch ein Haarsieb darüber.

### Nro. 278. Hammel- oder Schweins-Nieren auf andere Art.

Die gereinigte Nieren werden in feine Blatten zerschnitten, und mit ein wenig Pfeffer und Nelken bestreut, hierauf dämpft man eine fein geschnittene Zwiebel mit einem Stück Butter weich, gibt die Nieren dazu, bestäubt diese mit ein paar Messerspitzevoll Mehl, wendet sie öfters damit um, gießt alsdann etwas Fleischbrühe mit ein wenig Essig hinzu, kocht die Nieren, damit sie nicht hart werden, nur noch kurz damit, und gibt erst beim Anrichten das nöthige Salz dazu.

### Nro. 279. Ragout von Kalbsgekrös.

Man wascht das Gekrös mit einer Handvoll Salz mehrmals aus warmen Wasser, setzt es alsdann mit kaltem Wasser, einer Zwiebel, ein paar Scheiben Zitronen, Salz und ein paar Petersilwurzeln an das Feuer, und kocht es weich, indeß macht man folgende Sauce: Man zerläßt ein Stück Butter ungefähr 4 Loth in einem Tiegel oder Casserolle, läßt damit einen kleinen Kochlöffelvoll Mehl anziehen, gießt die zur Sauce nöthige Fleischbrühe hinzu, gibt einen Löffelvoll fein gewiegte Chalotten, Petersilkraut und einen Eßlöffelvoll Kappern darein, würzt die Sauce mit Muskaten, und läßt sie ein paarmal durchkochen, wenn das Gekrös weich ist, legt man es zum Ablaufen heraus, putzt die Drüsen rein davon, schneidet es in kleine Stücke, legt es in die Sauce, und kocht es noch eine Weile damit. Man kann auch das Gekrös, wenn solches weich gekocht und von den Drüsen gereinigt ist, auf eine heiße Platte anrichten, einen Löffelvoll fein gewiegte Chalotten und Petersilkraut mit einem Stück Butter abdämpfen, wenn dieses gelb zu werden anfängt, den Saft von einer Zitrone darein drücken, das Gekrös ein wenig mit Pfeffer bestreuen, und die heiße Butter darüber geben.

### Nro. 280. Kalbsgekrös auf andere Art.

Das Gekrös wird, wie vorhergehend, gereinigt und gekocht, alsdann zum Ablaufen auf ein Sieb gebracht, und von allen Drüsen befreit; hierauf bestreicht man eine Casserolle dick mit kalter Butter, vermischt eine Handvoll gerieben weiß Brod mit etwas Pfeffer, Salz und einem Löffelvoll fein gewiegten Petersil, streut davon die Hälfte in die Casserolle, legt das Gekrös von der gekräusten Seite darauf, streut die andere Hälfte des zurückbehaltenen Brodes oben darauf, bedeckt dieses mit dünnen Stückchen Butter, stellt die Casserolle auf starke Kohlen, gibt einen Deckel mit dergleichen darauf, und läßt das Gekrös schnell Farbe nehmen, stürzt es alsdann auf eine heiße Platte und servirt es sogleich zu Tisch.

### Nro. 281. Ragout von Ochsenschweif mit kleinen Gurken.

Man haut einen oder 2 gewaschene Ochsenschweife zu kleinen Stücken, legt diese in eine Casserolle, gießt ein Glas weißen Wein, und ein paar Schöpflöffelvoll Fleischbrühe hinzu, gibt ferner eine Zwiebel, ein Stückchen mageren Schinken, ein paar Scheiben Zitronen, einige Pfefferkörner und Nelken, und ein paar Blätter Estragon daran, und kocht damit den Schweif auf Kohlen langsam weich; hierauf röstet man einen Kochlöffelvoll Mehl mit einem Stück Butter braun, gibt dieses an den Schweif, und läßt es wohl verkochen, legt alsdann den Schweif heraus, schöpft die Fette von der Sauce ab, und treibt diese durch ein Haarsieb, stellt sie wieder auf Kohlen, gibt kleine eingemachte, in 4 Theile geschnittene Gurken sammt dem Schweif wieder darein, läßt solchen aber nicht mehr kochen, sondern erhält ihn blos bis zum Anrichten heiß.

## Nro. 282. Kalbs-Cotelettes (Carminaden) mit Sauce.

Die Coteletts werden, wie solches Nro. 193. beschrieben ist, geschnitten und dressirt, alsdann in der Braise Nro. 4. weich gekocht; hierauf zerläßt man ein Stückchen Butter, dämpft damit etwas fein gewiegte Chalotten, Petersilkraut, Basilikum und Thymian, bestreut dieses mit einer nach Verhältniß auch zwei Messerspitzevoll Mehl, gibt, wenn dieses angezogen hat, einen Eßlöffelvoll gutes Provenceröl, den Saft einer halben Zitrone und etwas Schü dazu, und kocht es ein wenig durch, wenn die Coteletts fertig und abgelaufen sind, richtet man sie auf eine heiß gehaltene Platte an, und gibt die Sauce darüber.

Man kann die Coteletts auch, wenn man keine Braise hat, in Butter, ohne daß solche jedoch gelb werden, halb abdämpfen, sie alsdann in gemeldete Sauce legen, und darin kochen lassen.

## Nro. 283. Kalbs-Coteletts in einer Speck-Sauce.

Wenn die Coteletts, wie vorgehend beschrieben ist, dressirt sind, werden solche mit feinem Speck zierlich gespickt, und wie Jene in einer Braise fertig gemacht; zur Sauce schabt man ein Stückchen Speck, wiegt diesen mit ein paar Chalotten und etwas Zitronenschale fein, läßt ein paar Messerspitzevoll Mehl mit einem Stückchen Butter gelb werden, gibt das Gewiegte alsdann etwas Schü, in deren Ermanglung, Fleischbrühe hinzu, würzt die Sauce mit etwas Pfeffer und Muskaten, schärft sie mit Zitronensaft, und legt die Coteletts, nachdem sie aus der Braise genommen und abgelaufen sind, darein, läßt sie noch ein wenig damit aufkochen, und passirt die Sauce beim Anrichten durch ein Haarsieb darüber.

Man kann die Coteletts, statt in der Braise zu kochen, mit Salz bestreuen, sie durch zerlassene Butter ziehen, halb auf einem Rost abbraten, und dann völlig in der Sauce auskochen lassen.

## Nro. 284. Farcirte Coteletts mit Saucé.

Diese werden ganz dünn und etwas breit geklopft, mit Salz bestreut, und in zerlassener Butter kurz angelassen, von ein wenig ausgeschabtem Kalbfleisch, etwas Speck, ein paar Chalotten und etwas Basilikum wiegt man eine feine Farçe, stößt diese mit ein wenig eingeweichten Brosamen, Salz, Muskatenblüthe und ein paar Eyergelb ab, alsdann legt man die Coteletts aus der Butter, überstreicht sie mit Eyerklar, und schlägt um das ganze Cotelett die angezeigte Farçe einen Messerrückendick, dann belegt man ein flaches Geschirr mit Speck, bestreicht die Coteletts noch einmal mit Eyerklar, und legt sie darein, belegt die obere Seite derselben nach der

6

Schattirung mit Krebsschweifen, verwällten Mörgeln, Trüffeln und grüner
Peterstl, bedeckt die Coteletts genau mit Speck, und stellt sie eine halbe
Stunde in den Bratofen, gibt aber acht, daß solche in Saft bleiben, beim
Anrichten nimmt man den Speck oben davon, und gibt eine pikante Sauce,
wie deren mehrere beschrieben sind, dazu.

### Nro. 285. Kalbs-Coteletts auf andere Art.

Die dreßirten Coteletts werden mit Salz und etwas Pfeffer bestreut,
in feinem Mehl umgewendet, und in einer Casserolle mit zerlassner Butter auf beiden Seiten gelb gemacht, alsdann gießt man ein Glas Wein
und etwas Schü oder Fleischbrühe dazu, legt eine Zwiebel, ein Lorbeerblatt und eine Scheibe Zitrone darein, und kocht damit die Coteletts fertig,
beim Anrichten schöpft man die Fette davon ab, und passirt die Sauce durch
ein Haarsieb darüber.

### Nro. 286. Gansleber zu dämpfen.

Man wässert die Leber gut aus, trocknet sie mit einem reinen Tuch ab,
und bestreut sie mit ein wenig Nelken und Pfeffer, hierauf bestreicht man einen
Tiegel oder Casserolle mit kalter Butter, gibt eine zu Platten geschnittene
Zwiebel sammt der Leber darein, und dämpft diese zugedeckt auf beiden
Seiten gelb, gießt alsdann die Fette davon, gibt dagegen ein wenig Schü
oder Fleischbrühe mit dem Saft einer halben Zitrone daran, und kocht sie
vollends damit fertig. Man kann auch an die Leber, wenn sie bloß in
Butter gedämpft ist, folgende Sauce geben: man schneidet 2 bis 3 geschälte
Trüffeln in dünne Blättchen, dämpft diese mit einer ganzen Zwiebel in
einem Stückchen zerlassener Butter, stäubt eine auch 2 Messerspitzevoll
Mehl darein, und gießt, wenn dieses ein wenig gelb geworden ist, ein kleines Glas rothen Wein und etwas Schü oder Glace dazu, wenn dieses
eine zeitlang gekocht hat, richtet man die Sauce mit Muskaten gewürzt
sammt den Trüffeln auf eine gewärmte Platte an, legt die Leber, welche
man jetzt erst salzt in die Sauce, und gibt sie gleich zu Tisch.

### Nro. 287. Lungenmus.

Die Lunge wird nur ein wenig in Salzwasser verwällt, alsdann von
allen Adern gereinigt, und mit einer Zwiebel und etwas Zitronenschalen
so fein wie Mehl gewiegt; hierauf zerläßt man in einer Casserolle ein
Stück Butter, dämpft damit das Gewiegte, bestäubt es mit 2 bis 3 Messerspitzevoll Mehl, und gießt, wenn dieses angezogen hat, ein halbes Glas
Wein, etwas Schü oder Fleischbrühe und den Saft einer halben Zitrone
daran, würzt das Mus mit Muskaten, und kocht solches dick ein. Beim
Anrichten wird es mit aus Schmalz gebackenem Brod oder mit gebackenen
Blumen von Butterteig garnirt.

### Nro. 288. Kalbslunge in der Sauce.

Die Lunge wird nach Vorschrift des Vorhergehenden verwällt, gereinigt, und in ganz feine länglichte Stückchen zerschnitten, alsdann zerläßt
man in einer Casserolle ein Stück Butter, dämpft damit eine fein geschnit-

eine Zwiebel, rührt einen Kochlöffelvoll Mehl dazu, und füllt dieses, wenn es gelb ist, mit etwas Essig und Fleischbrühe auf, würzt die Sauce mit Pfeffer und etwas Nelken, legt die geschnittene Zunge mit etwas fein geschnittener Zitronenschale darein, und kocht sie damit fertig.

### Nro. 289. Kuttelfleck in der Sauce.

Man wäscht die Kuttelfleck aus mehreren warmen Wassern mit Salz gut ab, setzt sie mit heißem Wasser und Salz an das Feuer, und kocht sie ganz weich, wenn sie aus dem Sud, und abgekühlt sind, geht man sie noch einmal durch, ob sie ganz rein sind, und schneidet sie nach diesem ganz fein länglicht; hierauf zerläßt man ein Stück Butter, dämpft damit eine fein zerschnittene Zwiebel gelb, gibt alsdann die Kuttelfleck darein, bestäubt diese mit ein wenig Mehl, läßt solches gut anziehen, gießt etwas Fleischbrühe oder Schü und ein paar Eßlöffelvoll Essig oder den Saft einer Zitrone dazu, würzt die Kuttelfleck mit etwas Pfeffer und Nelken, gibt auch ein wenig fein geschnittene Zitronenschalen dazu, und kocht die Sauce daran kurz ein.

### Nro. 290. Kalbshirn mit Sauce.

Das Hirn wird gut ausgewässert, von Haut und Adern gereinigt, und in gesalzenem Wasser einmal übersotten, alsdann zum Ablaufen auf ein Sieb gebracht, hierauf zerläßt man ein Ey groß Butter, läßt damit etwas fein gewiegtes Petersilkraut und einen Eßlöffelvoll Kappern anziehen, bestäubt dieses mit ein paar Messerspitzevoll Mehl, gießt einen halben Schöpflöffelvoll Fleischbrühe hinzu, läßt die Sauce wohl durchkochen, legt alsdann das Hirn darein, würzt es mit Muskaten, und kocht solches damit fertig, zerklopft 3 bis 4 Eiergelb mit dem Saft einer halben Zitrone, rührt diese, nachdem sie eine Weile gestanden sind, mit der kochenden Sauce ab, läßt sie noch ein wenig daran aufkochen, und richtet dann das Hirn an; eben so verfährt man bei Zubereitung von Ochsenhirn.

### Nro. 291. Gespickte Kalbsherzen.

Man schneidet die Herzen in der Mitte entzwei, spickt sie sauber, und bestreut sie mit Salz und Gewürz, zerläßt alsdann ein Stück Butter, und dämpft damit die Herzen; hierauf schabt man ein Stückchen Speck, wiegt diesen mit einigen Chalotten und etwas Petersil fein, streut dieses mit ein paar Löffelvoll geriebenem Roggenbrod und ein paar klein zerschnittenen Sardellen darüber, läßt es noch eine Weile zusammen dämpfen, gießt alsdann einen Schöpflöffelvoll Fleischbrühe mit ein paar Eßlöffelvoll Essig hinzu, kocht sie noch eine Zeitlang, und passirt die Sauce beim Anrichten durch ein Sieb darüber.

### Nro. 292. Kalbszunge mit Sauce von Champignon.

Man läßt die Zungen in heißem Wasser so lange ziehen, nicht kochen, bis sich die Haut daran aufgezogen hat, putzt diese sodann davon, und schneidet die Zungen der Länge nach entzwei, hierauf zerläßt man in einer Casserolle ein Stück Butter, läßt einen Kochlöffelvoll Mehl damit gelb werden, füllt dieses mit einem Schöpflöffelvoll Fleischbrühe auf, legt ein paar Scheiben Zitronen, eine Zwiebel und ein Lorbeerblatt darein, und treibt die Sauce, nachdem sie wohl verkocht hat, durch ein Haarsieb, stellt sie alsdann wieder auf Kohlen, gibt eine Handvoll, zuvor ein wenig in Butter abgedämpfte, Champignon nebst den Zungen darein, würzt sie mit etwas Nelken und Muskaten, drückt den Saft einer halben Zitrone daran, und kocht die Zungen damit fertig.

### Nro. 293. Ragout von Hasen.

Der Hase wird gut gereinigt, gehäutet, alsdann gespickt, in beliebige Stücke zerhauen, und mit Gewürz und Salz bestreut; hierauf zerläßt man ein Stück Butter, dämpft damit den Hasen bis er gelb ist, bestäubt ihn mit einem Löffelvoll Mehl, und gießt, wenn solches gut angezogen hat, einen Schöpflöffelvoll Fleischbrühe hinzu, gibt ferner eine Zwiebel, ein paar Scheiben Zitronen sammt einem Lorbeerblatt daran, und kocht damit den Hasen bis er weich ist, zerklopft eine Tasse dicken sauren Rahm, mit ein paar Eßlöffelvoll Essig, und gibt diesen an die Sauce, legt sodann den Hasen in eine Casserolle, schöpft die Fette von der Sauce ab, treibt diese durch ein Haarsieb über den Hasen, und erhält ihn dann bis zum Anrichten heiß.

### Nro. 294. Ragout von Hasen mit Trüffeln.

Der Hase wird, wie vorhergehend angezeigt, behandelt, und mit einem Stück Butter gelb gedämpft, indessen wiegt man ein paar Chalotten mit 3 bis 4 geschälten Trüffeln und etwas geschabenen Speck fein, dämpft dieses mit einem Stückchen Butter, läßt einen kleinen Kochlöffelvoll Mehl damit anziehen, füllt solches sodann mit einem Glas rothen Wein und einem Schöpflöffelvoll Schü oder Fleischbrühe auf, schöpft von dem Hasen die Fette ab, und gibt die Sauce, nachdem diese zuvor gut verkocht hat, daran, kocht sie bis zum Anrichten kurz ein, und gibt selbige, ohne sie vorher zu passiren, darüber.

### Nro. 295. Schwarz Wildpret mit Sauce.

Man reibt den Ruß trocken so viel wie möglich ab, haut das Fleisch in beliebige Stücke, wäscht es rein, und setzt es mit 2 Theile Wein, 1 Theil Wasser und etwas Essig an das Feuer, gibt, nachdem es rein verschäumt ist, eine Zwiebel, ein Lorbeerblatt, ein paar Scheiben Zitronen, einige ganze Nelken, eben so Pfefferkörner, Salz und ein paar Wachholderbeere dazu, und kocht mit diesem das Fleisch langsam weich, indessen röstet man in einem Stück zerlassener Butter, eine Handvoll geriebenes Roggenbrod und einen Eßlöffelvoll gestoßenen Zucker ganz braun, füllt dieses so viel zur Sauce erforderlich ist, von der Brühe, worin das Fleisch gekocht hat, auf, und kocht es gut durch, alsdann legt man das Fleisch aus dem Sud in eine Casserolle, treibt die Sauce durch ein Haarsieb darüber, würzt es mit ein wenig gestoßenen Nelken, und läßt es noch eine kleine Zeit damit aufkochen.

### Nro. 296. Schwarz Wildpret auf andere Art.

Man reinigt und wäscht das Wildpret genau, wie es im Vorhergehenben angezeigt ist, schneidet solches in kleine Stücke und richtet es in einem Tiegel oder Casserolle ein, gibt ein Glas guten Wein, ein halbes Glas Essig und einen Schöpflöffelvoll Schü oder Fleischbrühe dazu, und kocht es auf Kohlen langsam; wenn der in die Höhe gekommene Schaum ganz rein abgenommen ist, gibt man eine Zwiebel, ein paar Scheiben Zitronen, ein Lorbeerblatt, ein paar ganze Nelken, eben so viel Pfefferkörner und Salz dazu; wenn man Glace hat und man legt ein Stückchen dazu, so gibt dieses sowohl dem Fleisch als auch der Sauce einen sehr angenehmen Geschmack, man kocht das Fleisch langsam, bis es weich ist, sollte noch zu viel Sauce daran sein, so wird das Fleisch herausgelegt und zugedeckt warm erhalten, die Sauce aber kurz eingekocht und dann durch ein Sieb passirt, darüber gegeben.

## Nro. 297. Kalbfleisch mit Chalotten und Zitronensaft.

Von einem gehäuteten Kalbschlegel schneidet man dünne runde Stückchen aus, klopft sie mit dem Messerrücken ohne sie zu zersetzen, wohl, rundet sie zierlich und bestreut sie ein wenig mit Salz; hierauf wiegt man eine Handvoll Chalotten mit etwas Petersilkraut fein, dämpft dieses mit 2 bis 3 Eßlöffelvoll gutem Provenceröl weich, gibt das Fleisch hinzu und kocht es zugedeckt schnell, wendet es sodann um und drückt den Saft einer Zitrone darein; es darf nicht länger als im Ganzen eine kleine Viertelstunde damit es im Saft bleibt, kochen. Man richtet es auf eine heiß gehaltene Platte an und gibt die Sauce, ohne solche zu passiren, darüber.

## Nro. 298. Ragout von Kalbfleisch.

Man nimmt hiezu die Brust oder auch das Rippenstück, haut solches klein, wäscht es aus lau warmem Wasser, und legt es zum Ablaufen auf ein Sieb, hierauf zerläßt man ein Stück Butter, gibt das Fleisch darein, bestreut es mit Salz und etwas klein geschnittener Petersil und dämpft es zugedeckt eine Zeitlang, stäubt alsdann einen Kochlöffelvoll Mehl darauf, läßt dieses unter öfterm Umschwingen anziehen, gießt sodann ein Glas Wein sammt der nöthigen frischen Fleischbrühe (alte Fleischbrühe macht es roth) hinzu, thut eine Zwiebel, eine Scheibe Zitrone und etwas Muskaten daran und kocht das Fleisch bis es weich und die Sauce kurz eingekocht ist.

## Nro. 299. Fricassé von Kalbfleisch.

Man säubert ein schönes Rippenstück von den stärksten Beinern, haut es in beliebige kleine Stücke, und wässert es in lau warmem Wasser weiß, setzt es sodann mit frischer Fleischbrühe, in Ermanglung dieser, mit gesalzenem Wasser an das Feuer, bis es zu schäumen anfängt, und stellt es, wenn es gut abgeschäumt ist, bei Seite; hierauf zerläßt man in einer messingnen Pfanne ein Stück Butter, rührt einen Kochlöffelvoll Mehl darein und gießt, wenn dieses zu steigen anfängt, ein Glas Wein und 2 kleine Schöpflöffelvoll Fleischbrühe hinzu, gibt ferner eine Zwiebel, ein paar gelbe Rüben, Petersilwurzeln und die Schale einer halben Zitrone darein und läßt dieses zusammen wohl durchkochen, zerklopft alsdann 5 bis 6 Eyergelb mit dem

Saft einer halben Zitrone, rührt, wenn dieses eine Viertelstunde gestanden hat, die kochende Sauce daran, das Fleisch legt man aus der Brühe, worinnen es gezogen hat, in eine Casserolle, gibt eine Handvoll verwällte Morgeln oder gut gereinigte Champignon dazu, passirt die Sauce durch ein Sieb an das Fleisch, würzt dieses mit Muskaten und kocht es auf Kohlen langsam fertig.

## Nro. 300. Spanische Vögel von Kalbfleisch.

Man schneidet von einem rein gehäuteten Kalbschlegel Fingerlange und 2 Fingerbreite dünne Stückchen ab, klopft solche, ohne sie zu zersetzen, wohl durch; hierauf wiegt man ein paar Sardellen mit eben so viel Chalotten, etwas Petersil, einem Eßlöffelvoll Kappern und einem Stückchen geschabenen Speck fein, dämpft das Innere von einem halben, in Fleischbrühe durchweichten, fest ausgedrückten Milchbrod mit einem Stückchen Butter, gibt das Gewiegte hinzu und rührt solches, nachdem es vorher noch ein wenig auf Kohlen angezogen hat, mit 2 bis 3 Eyergelb, Salz und Muskaten ab, streicht alsdann auf jedes Stückchen Fleisch von der Farçe Messerrückendick auf, legt unter Jedes ein Stückchen Speck von gleicher Form, rollt es auf, so daß der Speck zugleich mit aufgerollt wird und befestigt sie mit kleinen zugespitzten Hölzchen, bestreut sie alsdann mit ein wenig Salz, steckt sie an etwen Vogelspieß und bratet sie unter fleißigem Begießen mit Butter gelb. Vor dem Anrichten übergießt man sie noch einmal mit Butter, bestreut sie mit geriebenem Weißbrod, läßt dieses schnell gelb damit werden, richtet die Vögel an und gibt eine recente Sauce besonders dazu.

## Nro. 301. Rouladen von Kalbfleisch.

Man schneidet von einem gehäuteten und gut geklopften Kalbschlegel Handgroße dünne Stücke ab, wiegt ein Stückchen geschabenen Speck mit einigen Chalotten und dem Mark einer halben Zitrone fein, vermischt dieses mit einer Handvoll geriebenem Roggenbrod, Salz, ein wenig Pfeffer und etwas Nelken, bestreicht alsdann das Fleisch auf einer Seite mit zerlassener Butter, bestreut es dünn mit dem vermengten Brod, rollt jedes Stückchen auf, befestigt es mit kleinen Hölzchen, damit solches im Kochen nicht auseinander gehen kann; hierauf zerläßt man in einem flachen Tiegel ein Stück Butter, dämpft darin die Rouladen auf allen Seiten gelb, zerklopft ein Quart sauren Rahm mit ein paar Löffelvoll Schü oder Fleischbrühe, gibt diese darüber und läßt sie vollends damit auskochen, beim Anrichten schöpft man die Fette davon, gibt die Sauce durch ein Haarsieb darüber und garnirt die Rouladen mit Zitronen.

## Nro. 302. Grenade von Kalbfleisch.

Von einem rein gehäuteten Kalbschlegel schneidet man Fingerlange und 2 Fingerbreite dünne Schnitze gegen den Faden ab und klopft solche wohl, wiegt alsdann einige Chalotten, etwas Basilikum, Thymian und Petersilkraut, ganz fein, oder wenn man diese Kräuter pulverisirt hat, nimmt man ein paar Messerspitzevoll von diesem Pulver, legt das Fleisch in eine Schüssel,

bestreut es mit Genanntem, nebst etwas Salz und gießt gutes und feines
Provenceröl darauf; hierauf bestreicht man eine glatte Form mit Butter,
setzt solche zuerst mit weißem Papier und dann mit fein geschnittenen Speckscheiben bis an den Rand herauf aus, legt auf den Boden desselben eine
Verzierung von verwällten Trüffeln, Morgeln, Krebsschweifen, gewiegter
Petersil, gewiegten Schinken und dem Gelben von hartgesottenen Eyern,
bedeckt dieses fingerdick mit der angezeigten Farçe von Kalbfleisch Nro. 6.,
drückt diese mit der Hand fest an und bestreicht die ganze Form mit genannter Farçe gleichfalls Fingerdick aus; hierauf rollt man das marinirte
Fleisch sammt den Kräutern und Oel auf, setzt damit die Form fest und
dicht voll, streicht in die zuweilen entstehenden Lücken von genannter Farçe,
bedeckt das Fleisch wenn die Form voll ist, ebenfalls damit, streicht sie mit
einem Messer gleich, bedeckt sie dann mit dünn geschnittenen Speckscheiben,
und dann mit einem nach der Form geschnittenen und mit Butter bestrichenem Blatt Papier. Nun stellt man die Form auf ein Geschirr mit kochendem Wasser in einen guten Bratofen und backt die Grenade zwei gute
Stunden; wenn sie fertig ist, stürzt man sie auf eine warme Platte, nimmt
das Papier sammt dem Speck behutsam davon und gibt eine Trüffel oder
sonst beliebige pikante Sauce dazu, man kann die Form auch ohne sie auf
Wasser zu setzen, so in einen Backofen stellen und backen lassen.

### Nro. 303. Fricandeaur (Fricando) von Kalbfleisch.

Man häutet einen schönen Schlegel ab, klopft ihn wohl, und schneidet
eine Hand große Frikandeaur heraus, legt diese eine Zeitlang in laues
Wasser und spickt sie nachdem schön mit Speck, den Abgang von dem Schlegel, etwas Speck und wenn man gerade ein Stückchen Schinken hat, legt
man sammt einer Zwiebel, ein Lorbeerblatt, ein paar gelbe Rüben und ein
paar Blättchen Estragon in einen Tiegel oder Casserolle, gibt auf dieses
die Fricandeaur welche man vorher mit Salz bestreut hat, gießt ein Glas
Wein oder Essig und so viel Fleischbrühe hinzu, daß die Brühe bis an die
Hälfte der Fricandeaur heraufgeht, bedeckt sie mit einem passenden Deckel
und kocht sie langsam bis sie weich sind, alsdann legt man die Fricandeaur
heraus, schöpft die Fette davon, treibt die Sauce durch ein Sieb, gibt sie
in eine reine Casserolle und kocht sie kurz ein, legt dann die Fricandeaur
wieder darein und erhält sie bis zum Anrichten heiß.

### Nro. 304. Fricandeaur glacirt.

Die Fricandeaur werden wie die Vorhergehenden herausgeschnitten, gespickt und in einer Braise Nro. 4. fertig gemacht, alsdann zerläßt man ein
Stücken Glace Nro. 1., wendet die Fricandeaur darin um und servirt sie
zu beliebigen grünen Gemüsen; hat man aber keine Glace vorräthig, so
nimmt man den Abgang von dem Schlegel, verschiedenes Wurzelwerk, ein
paar Zwiebel und ein Stückchen Schinken, zerschneidet dieses alles klein,
läßt solches mit einem Stück Nierenfett in einer Casserolle braun werden,
verhütet aber, daß es einen brandigen Geschmack bekommt, füllt es sodann
mit Fleischbrühe auf und kocht es so lange, bis Alles weich und die Kraft

herausgezogen ist, alsdann schöpft man die Fette davon, passirt die übrige Flüssigkeit durch ein Sieb und kocht diese zu einer dicken Glace ein.

Anmerk. Die Fricando können auch statt in einer Braise, mit guter fetter Fleischbrühe, worin einige Wurzeln, als: gelbe Rüben, Petersil, Selleri sammt einer Zwiebel, nebst ein paar Schnitten Zitrone abgekocht sind, fertig gemacht, übrigens wie angezeigt ist, verfahren werden.

### Nro. 305. Fricandeaur mit Sauerampf.

Man macht die Fricandeaur, wie vorhergehend angezeigt ist, in einer Braise fertig, indessen schneidet man 2 Händevoll gut gereinigten Sauerampf ein parmal durch, dämpft ihn mit einem Stück Butter, stäubt ein paar Messerspitzevoll Mehl darauf und gießt, wenn dieses angezogen hat, einen Schöpflöffelvoll Schü oder Fleischbrühe hinzu, hat man Glace, so legt man auch ein Stückchen bei, würzt den Sauerampf mit Muskaten und verkocht ihn gut. Wenn die Fricandeaur fertig sind, legt man sie zum Ablaufen aus der Braise und wendet sie nach diesem in einer bereit gehaltenen Glace um, zerklopft alsdann eine Tasse dicken sauren Rahm, gibt diesen an den Sauerampf, richtet solchen, nachdem er noch einmal mit dem Rahm aufgekocht hat, auf eine Platte an und gibt die glacirte Fricandeaur darein.

### Nro. 306. Matelote (eine Art Ragout) von Kalbsbriesen.

Man läßt schöne Kalbsbriesen in heißem Wasser gut ausziehen, nimmt alsdann die Haut sammt allem Unreinen davon und spickt sie zierlich; hierauf zerläßt man ein Stück Krebsbutter, dämpft damit einen Löffelvoll fein gewiegte Chalotten, bestäubt diese mit einem kleinen Kochlöffelvoll Mehl, gießt, wenn dieses angezogen hat, einen Schöpflöffelvoll gute Fleischbrühe hinzu und läßt die Sauce wohl verkochen, legt dann die Briesen darein und kocht diese langsam, indessen dämpft man eine Handvoll gut gereinigte Champignon mit einem Stückchen Butter, gibt solche mit eben so viel verwällten Morgeln und ausgelösten Krebsschweifen an die Briesen und kocht die Sauce daran kurz ein, löst dann Austern nach Belieben aus den Schalen, reinigt sie gehörig und gibt sie sammt ihrem Saft und dem Saft einer Zitrone in einen kleinen Tiegel, würzt sie mit Muskaten und macht sie, ohne sie kochen zu lassen heiß, wenn die Matelote kurz eingekocht hat, so, daß nur noch ganz wenig Sauce daran zu sehen ist, richtet man sie auf eine gewärmte Platte an, gibt die Austern sammt deren Saft darüber und servirt sie gleich zu Tisch.

### Nro. 307. Ragout von Kalbsbriesen mit Ochsengaumen.

Man läßt die Kalbsbriesen bis sie weiß sind, in heißem Wasser ziehen, macht alsdann die Haut sammt dem Unreinen davon und schneidet sie in runde Blatten, die verwällte Ochsengaumen reinigt man ebenfalls gut und schneidet sie in länglicht feine Stückchen; hierauf zerläßt man in einer Casserolle ein Stück Butter, rührt einen kleinen Kochlöffelvoll Mehl darein und gießt, wenn dieses zu steigen anfängt, so viel als zur Sauce nöthig ist, Fleischbrühe hinzu, schärft sie dann mit Zitronensaft, gibt etwas Muskatenblüthe und einem Stückchen fein geschnittener Zitronenschale darein, verkocht die Sauce damit ein wenig; gibt die Briesen sammt dem Gaumen dazu und kocht sie damit fertig. Man kann auch statt weißer, Krebsbutter zu der Sauce nehmen, in dieselbe verwällte Morgeln und ausgelöste Krebs= schweife geben, auch solche beim Anrichten mit ein paar Eyergelb abziehen.

### Nro. 308. Ragout von Tauben.

Man schneidet die gut gereinigten Tauben in 2 auch 4 Theile, wäscht sie noch einmal aus lau warmem Wasser und bestreut sie, nachdem sie ab= gelaufen sind, mit etwas Salz und Muskaten, alsdann zerläßt man zu 4 Tauben in einer Casserolle ungefähr 6 Loth Butter, dämpft diese damit eine Zeitlang, bestäubt sie dann mit einem kleinen Kochlöffelvoll Mehl und gießt, wenn dieses unter öfterem Umwenden angezogen hat, ein Glas Wein, die nöthige Fleischbrühe, oder wenn man Schü hat, diese hinzu, legt eine Zwie= bel, ein Lorbeerblatt und eine Scheibe Zitrone darein und kocht damit die Taube weich und kurz ein, legt sie alsdann heraus, schöpft die Fette davon, passirt die Sauce durch ein Sieb, gibt eine Handvoll verwällte Morgeln, oder abgedämpfte Champignon sammt den Tauben wieder darein, kocht sie noch ein wenig und richtet sie dann an.

### Nro. 309. Tauben mit rothem Wein gedämpft.

Man klopft die gut gereinigten Tauben breit, spickt sie zierlich, gießt rothen Wein darüber und läßt sie zugedeckt über Nacht stehen, alsdann be= streicht man eine Casserolle mit Butter, legt die Tauben, die man zuvor hat ablaufen lassen, darein, bestreut sie mit etwas Salz und Muskaten, gibt ein paar Schnitten Schinken sammt einer Zwiebel darein und dämpft sie gelb, bestäubt sie alsdann mit ein wenig Mehl, gießt, wenn dieses gelb geworden ist, den Wein worin die Tauben gelegen sind, mit etwas Schü hinzu und kocht sie langsam weich; hierauf schöpft man die Fette ab, treibt die zurückgebliebene Sauce durch ein Haarsieb, legt die Tauben wieder hin= ein und erhält sie bis zum Anrichten heiß.

### Nro. 310. Ragout von einem Rehziemer.

Man löst und zieht das Fleisch von einem rein gehäuteten Rehziemer auf beiden Seiten heraus, schneidet es in runde, 2 Messerrückendicke Blat= ten, klopft diese ein wenig, bestreut sie mit Salz, etwas Pfeffer und Nel= ken und rundet sie wieder zierlich, alsdann zerläßt man in einem flachen Geschirr ein etwas großes Stück Butter, dämpft damit einen Löffelvoll fein gewiegte Chalotten, gibt dann das Fleisch darein, verstärkt aber das Feuer oder die Glut, damit solches schnell ohne trocken zu werden, Farbe bekommt und wendet es um, zerklopft indessen ein Quart dicken sauren Rahm mit dem Saft einer Zitrone, gießt diesen, wenn das Fleisch auf der anderen Seite Farbe genommen hat, darüber, kocht es noch einmal schnell damit auf, richtet es auf eine gewärmte Platte an und passirt die Sauce, die ganz kurz sein muß darüber.

### Nro. 311. Ragout von Rothwildpret auf andere Art.

Das hiezu bestimmte Fleisch wird in kleine Stücke zerhauen oder zer= schnitten, aus frischem Wasser gewaschen, gut abgetrocknet, mit Gewürz,

Salz und etwas Mehl bestreut, und mit einem Stück Butter auf beiden Seiten gelb gedämpft; hierauf gießt man etwas Essig und Fleischbrühe, so viel zur Sauce nöthig ist hinzu, gibt eine Zwiebel, ein Lorbeerblatt sammt einer Scheibe Zitrone darein und kocht damit das Fleisch weich, legt es sodann heraus, schöpft die Fette davon, treibt die übrige Sauce durch ein Sieb, gibt einen Eßlöffelvoll Kappern sammt dem Fleisch wieder darein und erhält es bis zum Anrichten heiß.

## Nro. 312. Schweins-Quarré (Karreh) mit Senf-Sauce.

Man nimmt das Rippenstück, (was darüber hinausgeht taugt hiezu nicht), zieht die Haut davon und reinigt es von den überflüssigen Beinen; hierauf kocht man eine halbe Maaß Essig mit einer Zwiebel, einigen Nelken, Pfefferkörner, etwas Estragon und Salz, gießt dieses, wenn es ein wenig erkaltet ist, über das Quarré und läßt solches zugedeckt über Nacht stehen, wenn es gekocht werden soll wird es aus der Marinade genommen, nachdem es abgelaufen ist mit Salz bestreut, in ein gereinigtes Kalbsnetz geschlagen, an einem Spieß mit Butter saftig gebraten und folgende Sauce dazu gemacht.

Man schneidet eine mittlere Zwiebel länglicht fein, dämpft diese mit einem Stückchen Butter weich, stäubt 2 Messerspitzevoll Mehl darauf und läßt solches gut anziehen, gießt etwas Schü (Jus) oder Fleischbrühe, ein paar Eßlöffelvoll von der Marinade und 3 bis 4 Eßlöffelvoll guten Senf dazu, würzt die Sauce mit etwas Pfeffer und verkocht sie wohl; wenn das Quarré fertig ist richtet man die Sauce auf eine Platte an, nimmt es von dem Spieß ab, macht das Netz davon, legt es in die Sauce und gibt es sogleich zu Tisch. Eben so wird das Quarré von Kalbfleisch verfertigt, nur daß jenes abgehäutet und gespickt werden muß.

## Nro. 313. Gewickelte Kalbsbrust mit Sardellensauce.

Hiezu nimmt man eine fette weiße Brust, löst davon die Beine und Knorpeln aus, wässert und trocknet sie mit einem reinen Tuch wieder ab, alsdann breitet man die Brust auf einem reinen Schneidbrett aus, belegt die innere Seite mit zu dünnen Scheiben geschnittenem Schinken, bestreut diesen mit etwas fein gewiegtem Petersilkraut und Chalotten, wickelt die Brust gegen das dünne Theil fest auf, umbindet sie gut mit Bindfaden, und kocht sie in einer Braise Nro. 4. langsam weich, wenn sie fertig ist, legt man sie heraus, bis sie ein wenig abgekühlt ist, schneidet sie dann, nachdem man den Bindfaden davon gemacht hat, in dünne Blätter, wendet diese in einer heiß gehaltenen Glace Nro. 1 um, setzt sie schön in die Höhe auf eine heiß gehaltene Platte und gibt eine Sardellen-Sauce dazu.

Anmerk. Die Brust kann auch ohne Schinken nach Vorschrift bereitet und solche statt in einer Braise, mit guter Fleischbrühe worin man ein paar Schnitten Zitrone, eine Zwiebel und einige Wurzeln mitkochen läßt, fertig gemacht werden Es kann dann wenn sie zerschnitten ist, ohne sie zu glaciren, die Sauce darüber gegeben werden.

## Nro. 314. Gedämpfte Kalbsschale.

Man trocknet die geklopfte und gewaschene Kalbsschale mit einem reinen Tuch ab, reibt sie mit Salz und etwas Pfeffer ein, legt sie in eine Casserolle, gibt etwas Speck, eine Zwiebel, ein pgar gelbe Rüben und Petersilwurzeln dazu, gießt ein Stück zerlassene Butter darüber und dämpft sie damit auf beiden Seiten gelb, legt sie alsdann heraus, streut in die zurückgebliebene Butter, ein paar Messerspitzevoll Mehl, gießt, wenn dieses gelb geworden ist, ein Glas Wein und etwas Fleischbrühe hinzu, legt das Fleisch wieder hinein und kocht es damit fertig. Beim Anrichten schöpft man die Fette davon und passirt die Sauce durch ein Sieb über das Fleisch.

## Nro. 315. Lammfleisch mit frischen Morgeln.

Man schneidet das Fleisch in beliebige Stücke und läßt es in heißer Fleischbrühe fern vom Feuer ein wenig ziehen, indessen schneidet man eine oder 2 Händevoll gut gereinigte frische Morgeln entzwei, dämpft diese mit einem Stück Butter, bestäubt sie mit ein wenig Mehl und einem Löffelvoll Petersilkraut und gießt, wenn dieses angezogen hat, von der Brühe, worinnen das Fleisch liegt, so viel nöthig ist hinzu, legt alsdann das Fleisch in die Sauce, würzt solches mit Muskaten und kocht es damit fertig, die Sauce muß kurz und bis auf wenig eingekocht sein.

Anmerk. In Ermanglung frischer können auch getrocknete Morgeln, nachdem sie vorher verwällt worden sind, verwendet werden. Es können auch die Keime von Hopfen nachdem solche gereinigt, verwällt und gut abgelaufen sind, statt den Morgeln an das Fleisch gegeben werden.

## Nro. 316. Hammelfleisch mit Gurken.

Man klopft das Fleisch und wäscht es rein, schneidet oder haut es in beliebige Stücke, trocknet es mit einem reinen Tuch gut ab, bestäubt es mit etwas Mehl, Salz und ein wenig Pfeffer; hierauf zerläßt man ein Stück Butter und dämpft damit das Fleisch gut zugedeckt langsam gelb, schneidet alsdann 2 bis 3 geschälte Gurken in Würfel, dämpft diese noch ein wenig mit dem Fleisch, gießt einen Schöpflöffelvoll Fleischbrühe hinzu und kocht es vollends damit weich, schöpft sodann die Fette von der Sauce ab, gibt eine Taffevoll zerklopften sauren Rahm daran, kocht das Fleisch noch einmal damit auf und gibt beim Anrichten die Sauce, ohne sie zu passiren, darüber.

## Nro. 317. Hammelfleisch auf andere Art.

Hiezu nimmt man das Quarré oder Rippenstück, klopft es stark und wäscht es rein; hierauf zerläßt man ein Stück Butter, trocknet das Fleisch mit einem reinen Tuch ab, bestreut es mit ein wenig Salz, Pfeffer und etwas Mehl und dämpft es langsam gelb, gießt alsdann ein Glas Wein, ein halbes Glas Essig und etwas Fleischbrühe hinzu, legt eine Zwiebel, ein paar Zehen Knoblauch mit einer Scheibe Zitrone darein, und kocht damit das Fleisch weich, beim Anrichten wird die Fette davon geschöpft und die Sauce, welche kurz eingekocht sein muß, durch ein Sieb darüber gegeben.

## Nro. 318. Kalbskopf in der Haut.

Man schneidet den Kopf, ohne die Haut davon zu ziehen, ab, brühet und putzt ihn mit kochendem Wasser rein, reibt das Maul mit Salz gut aus und legt ihn nach diesem in kaltes Wasser, wenn der Kopf gekocht werden soll, bestreut man eine naß gemachte Serviette mit Salz,, sperrt das Maul mit einem Hölzchen, das man hinein spannt, auf, schlägt die Serviette über den Kopf zusammen und umbindet ihn mit Bindfaden, alsdann setzt man ihn so, daß das dicke Theil unten hinkommt, in ein dazu passendes Geschirr, gießt Wein und Wasser in gleiche Theile hinzu, gibt ein paar Zwiebeln, eine in Scheiben geschnittene Zitrone, ein Lorbeerblatt, einen kleinen Strauß Basilikum und Thimian, einige Nelken und Pfefferkörner und das noch fehlende Salz darein und kocht den Kopf ganz langsam, bis er durchaus weich ist, nimmt ihn sodann behutsam aus dem Sud, macht die Serviette davon, wischt damit den daran hängen gebliebenen Schaum ab, macht das Hölzchen aus dem Maul, steckt dagegen eine kleine Orange oder Zitrone darein, richtet den Kopf auf eine Platte an und gibt die Trüffel-Sauce Nro. 335. darunter. Man kann den Kopf auch kalt und die in Nro. 351. angezeigte Sauce dazu geben.

## Nro. 319. Gateau von Hasen.

Von einem rein gehäuteten Hasen schneidet man alles Fleisch heraus, schabt solches von den daran sitzenden Flechsen rein und wiegt es mit einer Handvoll Chalotten ganz fein; hierauf schneidet man ¼ Pf. Speck so fein wie möglich, mischt diesen sammt Salz, etwas Pfeffer, ¼ Pf. zerlassene Butter, 3 Eyergelb, einem Glas rothen Wein, und das zu Schnee geschlagene Weiße der Eyer an das Fleisch und rührt oder klopft vielmehr die Masse gut ab; hierauf bestreicht man eine Blechform mit Butter, setzt diese mit dünn geschnittenen Scheiben Speck bis an den Rand herauf aus, gibt die Masse darein, stellt solche 2 Stunden gut zugedeckt auf kochendes Wasser in einen Bratofen, stürzt dann nach dieser Zeit den Gateau auf eine Platte, nimmt den Speck davon und gibt eine von den angezeigten pikanten Saucen dazu.

## Nro. 320. Gateau von Hühner oder Capaunen.

Von 3 jungen Hühnern oder einem großen Kapaun zieht man die Haut ab, nimmt alles Fleisch von den Beinen, schabt solches von aller Haut und Flechsen rein, und wiegt es mit eben so viel ausgeschabenem Kalbfleisch ganz fein, so schwer das Fleisch ist, halb so viel schneidet man Speck ganz zart gewürfelt, mischt diesen nebst Salz, Muskatenblüthe, etwas fein zerriebene Kräuter, an das Fleisch, und rührt es mit ¼ Pf. zerlassener Butter, dem Gelben von 4 bis 5 Eyern und einem Glas guten Wein leicht ab, schlägt das Weiße der Eyer zu Schnee und mischt diesen ebenfalls in die Masse; alsdann bestreicht man eine glatte Form mit Butter, setzt oder legt diese bis an den Rand herauf mit Speck aus, legt eine Verzierung von verwällten Trüffeln, Morgeln, Champignon, Pistatien, ausgestochene Schinken und grünen

Peterſil darein, gibt auf dieſes die gerührte Maſſe, ſtellt ſolche mit einem mit Butter beſtrichenen Blatt Papier bedeckt, auf kochendes Waſſer 2 Stunden in einen Bratofen, ſtürzt alsdann den Gateau auf eine Platte und gibt eine Sauce von Morgeln beſonders dazu.

### Nro 321. Artiſchockenkäs mit Kalbsbrieſen.

Man waſcht und klopft die Artiſchocken gut aus, kocht ſie in Salzwaſſer halb weich, nimmt die Blätter davon, reinigt die Käſe von dem darauf ſitzenden Saamen und ſchneidet jeden in 2 Theile; hierauf zerläßt man ein Stück Butter, dämpft damit einen Löffelvoll fein gewiegte Peterſil, einige verwällte Morgeln ſammt dem gereinigten Käs, beſtäubt dieſes mit ein wenig Mehl und gießt, wenn ſolches gut angezogen hat, die nöthige Fleiſchbrühe und den Saft einer halben Zitrone hinzu, ſchneidet 1 oder 2 Paar verwällte und gereinigte Brieſen in dünne Blatten, gibt ſie ſammt Muskatenblüthe an das Ragout und kocht die Sauce damit kurz ein.

### Nro. 322. Ragout von übriggebliebenem Geflügel.

Man ſchneidet das gebratene kalte Geflügel, welcher Art es ſei, in kleine Stücke, macht das überflüſſige Beinwerk davon, und ſtößt ſolches mit dem ſonſt noch vorhandenen Abgang in einem Mörſer klein und kocht es mit einem Glas Wein und Schü (Jus) oder guter Fleiſchbrühe gut durch; alsdann zerläßt man ein Stückchen Butter, läßt das Fleiſch darin ein wenig angehen, beſtäubt es nach dieſem mit ein wenig Mehl, paſſirt die Sauce von dem Geſtoßenen durch ein Sieb, gibt ſolche an das Fleiſch, ſchärft ſie mit Zitronenſaft, gibt etwas Muskaten hinzu, und läßt es kurz einkochen.

### Nro. 323. Kälberne Vögel.

Man löst aus einem wohl geklopften und rein gehäuteten Kalbsſchlegel die 4 Hauptmuskeln aus, ſchneidet dieſe in beliebige Stücke, ſpickt und legt ſie über Nacht in Eſſig; hierauf zerläßt man in einem Tiegel oder Caſſerolle ein Stück Butter, beſtreut die abgetrockneten Vögel oder das Fleiſch mit Salz, Pfeffer, ein wenig Nelken und etwas Mehl und dämpft ſie auf beiden Seiten gelb, gießt die nöthige Fleiſchbrühe mit etwas Eſſig hinzu, gibt eine Zwiebel, ein Lorbeerblatt, ein paar Scheiben Zitronen und einiges Wurzelwerk darein und kocht damit die Vögel langſam weich, legt ſie alsdann heraus, ſchöpft die Fette davon, treibt die Sauce durch ein Haarſieb und erhält ſie darin bis zum Anrichten heiß.

### Nro. 324. Fröſche zu fricaſſiren.

Die Schenkel von den Fröſchen werden wohl gereinigt, alsdann geſchränkt, aus warmem Waſſer gewaſchen und zum Ablaufen auf ein Sieb gebracht; hierauf zerläßt man ein Stück Butter, gibt die Fröſche ſammt einem halben Löffelvoll gewiegten Peterſil und einer Zwiebel darein, beſtreut ſie mit wenig Mehl, läßt dieſes ein wenig anziehen, gießt etwas Fleiſchbrühe jedoch nicht zu viel daran, drückt etwas Zitronenſaft dazu, würzt ſie mit Muskaten und kocht die Fröſche eine Viertelſtunde.

Beim Anrichten wird die Zwiebel herausgenommen, die Sauce mit ein paar Eyergelb abgezogen, und darüber gegeben. *)

## Nro. 325. Hirschziemer.

Hiezu nimmt man das hintere oder dicke Theil vom Ziemer, wäscht und häutet denselben rein, und durchzieht ihn mit grob geschnittenem Speck, vermischt das nöthige Salz mit etwas Pfeffer, Nelken und fein gewiegten Chalotten, und reibt ihn gut damit ein; hierauf belegt man ein hiezu passendes Geschirr mit Speck, setzt den Ziemer darein, gießt eine halbe Maaß rothen Wein, ein Glas Essig, das Uebrige Wasser hinzu, gibt ferner ein paar Zwiebel, eine zu Scheiben geschnittene Zitrone und einiges Wurzelwerk dazu, bedeckt das Geschirr mit einem passenden Deckel, und kocht den Ziemer, bis er weich ist, legt ihn alsdann auf ein flaches Geschirr, und bestreicht ihn mit zerlassener Butter, vermischt ein paar Händevoll Roggenbrod mit etwas Nelken, Zimmt und einem Löffelvoll Zucker, bestreut damit den Ziemer dick, und drückt solches gut an, besprizt es oben wieder mit zerlassener Butter, und stellt ihn in einen guten Ofen, damit er schnell Farbe nimmt, indessen röstet man ein paar Kochlöffelvoll geriebenes Roggenbrod, ein paar Messerspitzevoll Mehl, und einen Eßlöffelvoll gestoßenen Zucker in einem Stück Butter braun, gießt, so viel zur Sauce nöthig ist von der Brühe, worin der Ziemer gekocht hat, dazu, verkocht diese Sauce stark, und gibt sie, durch ein Sieb passirt, besonders zu dem Ziemer.

Es kann auch statt dieser die in Nro. 372 gezeigte Kirschen=Sauce dazu gegeben werden.

## Nro. 326. Das Junge von der Gans oder Gansgeräusch.

Hiezu gehören Kopf, Hals, Flügel, Füße, Magen und Leber, wenn dies alles gut gereinigt, und aus warmem Wasser gewaschen ist, wird es in kleine Stücke gemacht, mit halb Wasser und Essig, Salz, einer Zwiebel, ein Lorbeerblatt, etwas ganzen Ingwer und einigen Pfefferkörnern an das Feuer gesetzt und weich gekocht, alsdann zerläßt man in einer Cassevolle ein Stück Butter, röstet damit einen Kochlöffelvoll Mehl braun, gießt von der Brühe, so viel zur Sauce nöthig ist, hinzu, legt ein Stückchen Zitronenschale darein, gibt, nachdem solche gut verkocht hat, das Gansgeräusch hinzu, und erhält es bis zum Anrichten heiß.

## Nro. 327. Auf andere Art.

Wenn das Gansgeräusch, nach dem Vorangezeigten, gut gereinigt und zerschnitten ist, setzt man es mit Wasser, Salz, einigen Wurzeln und einer Zwiebel an das Feuer, und kocht es weich, alsdann zerläßt man ein Stück

---

*) Da die Frösche während dem Kochen immer selbst Sauce ziehen, so muß man bei Hinzugießen derselben behutsam sein, daß nicht zuviel daran kommt. Auch muß man bei allen weißem Ragout, wo nicht besonders von kalter Fleischbrühe die Rede ist, sich heißer, dabei aber frisch gekochter Fleischbrühe bedienen, weil alte Brühe gerne roth macht, und das Essen dadurch ein eckelhaftes Ansehen erhält.

Butter, dämpft damit einen Eßlöffelvoll gewiegter Petersil, rührt einen Kochlöffelvoll Mehl darein, und gießt, wenn dieses zu steigen anfängt, so viel von dem Sud als zur Sauce nöthig ist, durch ein Sieb hinzu, verkocht solche gut, würzt sie mit etwas Muskaten, legt alsdann das Gansjung darein, und erhält dieses bis zum Anrichten heiß.

## Nro. 328. Ragout von Schnecken.

Die Schnecken werden mit Salz und heißem Wasser an das Feuer gesetzt, und nur so lange gekocht, bis die Deckel sich aufzulösen anfangen, alsdann abgegossen, und mit einer Spicknadel aus ihren Häuschen gezogen, der schwarze Ring so darum läuft, abgelöst, die Köpfe und Schweife weggeschnitten, die Schnecken mit Salz bestreut, aus ein paar warmen Wassern gewaschen, und zum Ablaufen auf ein Sieb gebracht, zu 100 Schnecken rührt man ¼ Pf. Butter leicht, mischt ⅛ Pf. gut gereinigte mit Chalotten und etwas Petersil fein gewiegte Sardellen, Salz, Muskaten, und ein paar Löffelvoll Semmelmehl darein; hat man besondere Häuschen von Erde, so gibt man in jedes einen kleinen Eßlöffelvoll von dem Gerührten darein, legt auf dieses 3 bis 4 auch 6 Schnecken, deckt solche wieder mit einem Löffelvoll von der gerührten Butter zu, gießt einen starken Eßlöffelvoll Fleischbrühe daran, stellt die Häuschen zugedeckt auf einen Rost auf Kohlen oder in einen Bratofen, kocht sie eine Viertelstunde, und gibt sie sammt denselben auf den Tisch.

Man kann auch einen gut gereinigten Häring in ganz kleine Stückchen schneiden, und solchen zu den Schnecken geben, auch kann man sie, statt in den Häuschen, in einem Tiegel fertig machen, und alsdann auf eine Platte anrichten.

## Nro. 329. Gans Pfeffer.

Man fängt beim Abstechen der Gans das Blut auf und rührt an solches, damit es nicht gerinnt, ein paar Löffelvoll Essig. Nachdem die Gans gut gereinigt ist, werden Hals, Flügel, Füße sammt dem Magen, in kleine Stücke gemacht, und solche mit gesalzenem Wasser weich gekocht. Alsdann röstet man mit einem Stückchen Butter oder Schmalz zwei Kochlöffelvoll Mehl ganz braun, füllt dieses mit der Brühe worin das Gansgeräusch gekocht, auf, legt dieses in einen Tiegel, läßt die Sauce nachdem sie wohl verkocht hat durch ein Sieb oder Seiher sammt dem Blut darüber laufen, würzt solches mit ein wenig Nelken und Pfeffer, und läßt es nur noch kurze Zeit kochen, sollt es nicht rezent genug seyn, so wird noch etwas Essig hinzu gegeben.

## Nro. 330. Schnecken in den Häuschen zu braten.

Die Schnecken werden, nach Vorschrift des Vorhergehenden, gekocht, gereinigt, und zum Ablaufen auf ein Sieb gebracht, alsdann die leeren Häuschen mit Salz und warmen Wasser von innen und außen gut gereinigt, und damit sie auslaufen können, auf die Oeffnung gestellt; hierauf rührt man ¼ Pf. Butter leicht, mischt 4 Loth gut gereinigte und mit ein

paar Chalotten und Peterfil fein gewiegte Sardellen, Salz und Muskaten
darein, ſtreicht von dieſen in jedes Häuschen mit einem Meſſer ein wenig,
legt eine Schnecke darauf, gießt einen Kaffeelöffelvoll Fleiſchbrühe dazu,
und ſtreicht den übrigen leeren Raum wieder mit dem Gerührten zu, ſetzt
die Häuschen auf einen Roſt, ſtellt dieſen auf Kohlen, bratet ſie eine Viertelſtunde, und gibt ſie ſo zu Tiſch.

## Nro. 331. Ragout von Auſtern.

Man ſticht, oder löst die Auſtern aus den Schalen, gibt ſie ſammt dem
Saft und einem Stückchen Butter in ein kleines Geſchirr, und läßt ſie auf
Kohlen heiß werden, reinigt ſie alsdann von dem daran ſitzenden ſchwar-
zen Ring, legt ſie wieder in die Sauce, drückt den Saft einer Zitrone dazu, würzt ſie mit Muskaten, und erhält ſie auf glühender Aſche heiß.
Hierauf dämpft man einen Löffelvoll gewiegte Peterſil mit einem Stücken
Butter, beſtäubt dieſe mit ein wenig Mehl, gießt, wenn ſolches gut angezogen hat, ein wenig Schü oder Fleiſchbrühe hinzu, und läßt dieſes gut
verkochen, gibt dann die Auſtern ſammt deren Saft darein, kocht dieſes
zuſammen nur ein paar Minuten, und gibt ſie gleich zu Tiſch. Man kann
die Sauce auch mit ein paar Eyergelb abziehen, und wer die Kappern
liebt, auch einen Eßlöffelvoll an die Auſtern geben.

## Nro. 332. Auſtern in ihren Schalen zu braten.

Die Auſtern werden abgelöst, gereinigt, mit Muskaten gewürzt, und
um Jede etwas fein gewiegte Sardellen gelegt, ſolche alsdann mit einem
dünnen Schnittchen Butter bedeckt, und etwas Zitronenſaft dazu gedrückt,
alsdann ſtellt man die Schalen auf einen Roſt, gibt gute Kohlen darunter, und bratet ſie nur ſo lange, bis ſich der Rand nebenherum zu färben
anfängt, ſetzt ſie dann auf eine Platte, und ſervirt ſie mit ganzen Zitronen.

## Nro. 333. Ragout von Schildkröten.

Um die Schildkröten abſchlachten zu können, hält man ihnen ein glü-
hendes Eiſen auf das Blatt, dadurch ſtrecken ſie den Kopf, Schweif und
Füße heraus, die man alsdann ſchnell abhaut, die Schildkröte aber, damit
ſie ſich gut ausbluten kann, wirft man in lauwarmes Waſſer, ſetzt ſie nach
dieſem mit Waſſer und Salz an das Feuer, und läßt ſie ſo lange dabei
ſtehen, bis man ohne Mühe das Blatt abnehmen kann; hierauf ſchneidet
man die Schildkröte in beliebige Stücke, und legt ſie ſammt Leber und
Eyer zuerſt noch eine Weile in lauwarmes Waſſer, dann zum Ablaufen
auf ein Sieb; nun zerläßt man in einem Tiegel oder Caſſerolle ein etwas
großes Stück Butter, dämpft die Schildkröte mit einigen Chalotten und
etwas Peterſil eine Weile, beſtäubt ſie mit ein wenig Mehl, läßt dieſes
unter öfterem Umwenden damit wohl anziehen, gießt, ſo viel zur Sauce
nöthig iſt, Schü oder ſonſt gute Fleiſchbrühe hinzu, und wenn man Glace
hat, legt man ein Stückchen davon hinzu, ſchärft die Sauce mit Zitronenſaft, und kocht die Schildkröte damit weich, legt ſie alsdann heraus, ſchöpft
die Fette davon, paſſirt die Sauce durch ein Sieb, würzt ſie mit Muska-

ten, gibt verwällte Trüffeln, Morgeln, oder abgedämpfte Champignon sammt der Schildkröte wieder darein, kocht sie nur noch eine kurze Zeit damit, und gibt sie zu Tisch.

### Nro. 334. Fricandellen.

Ein Pfund rein ausgeschabenes Kalbfleisch wird mit ¼ Pf. Speck einigen Chalotten, etwas Basilicum und Peterſil fein gewiegt, nun dämpft man das Innere von einem in Milch durchweichten und wieder feſt ausgedrückten Milchbrob mit 4 Loth Butter gut ab, gibt dieses ſammt dem gewiegten Fleisch in einen Mörſer, und ſtößt ſolches mit etwas Salz, Muskaten und dem Gelben von 4 bis 5 Eyern gut durch, die Farçe muß nicht dünn, ſondern etwas ſtark ſein, man nimmt ſie auf einen hölzernen Teller, macht ſie in beliebige, runde, oder länglichte Form, überfährt ſie mit Eyerklar, brätet ſie in zerlaſſener Butter gelb, und gibt über die Fricandellen eine beliebige recente Sauce.

# Verschiedene Saucen.

### Nro. 335. Trüffel-Sauce.

Man dämpft einige fein zerschnittene Chalotten mit einem Stück Butter, läßt alsdann einen kleinen Kochlöffelvoll feines Mehl gelb damit werden, gießt Schü oder gute Fleischbrühe dazu, und verkocht dieses gut. Nun schneidet man 3 bis 4 Loth gut gereinigte und geſchälte Trüffeln in dünne Blätter, überkocht dieſe mit einem Glas rothen Wein, paſſirt die obige gekochte Sauce, durch ein Haarſieb, an die Trüffeln, drückt den Saft einer halben Zitrone darein, und kocht ſie noch eine Viertelstunde. Man kann auch den wohlgereinigten Abgang von den Trüffeln in einem Mörſer zerstoßen, ſolchen mit ein wenig Wein oder Fleiſchbrühe auskochen, die Flüſſigkeit durch ein reines Tuch preſſen, und an die Sauce geben.

### Nro. 336. Sauce à la Reine.

Man ſetzt ein Stückchen Kalbfleisch, eben ſo viel rohen Schinken, einiges Wurzelwerk, ein abgeriebenes Milchbrob, und das zerdrückte Gelbe von 6 hartgeſottenen Eyern mit guter Fleiſchbrühe an das Feuer, kocht ſolches langſam, bis Fleiſch und Brob weich und gut verkocht iſt, treibt es alsdann durch ein Haarſieb, drückt in die Sauce den Saft einer Zitrone, würzt ſie mit Muskaten, und erhält ſie, ohne ſie länger kochen zu laſſen, auf glühender Aſche bis zum Gebrauch heiß.

Dieſe Sauce eignet ſich gut zu Geflügel.

### Nro. 337. Oliven-Sauce.

Die Oliven werden geſchält, und mit weißem Wein zur Hälfte abgekocht, alsdann zerläßt man ein Stück Butter, läßt einen Kochlöffelvoll Mehl gelb damit werden, gießt etwas Schü (Jus) hinzu, und verkocht damit das Mehl gut, treibt ſolches durch ein Haarſieb an die Oliven, gibt etwas Zitronenſaft hinzu, kocht die Sauce ſo lange bis die Oliven weich ſind, und gibt ſie alsdann zu Enten, Feldhühnern und dergleichen.

7

### Nro. 338. Sauce von Wachholderbeeren.

Zwei Kochlöffelvoll Mehl wird sammt einem Löffelvoll gestoßenen Zucker, mit einem Stück Butter ganz braun geröstet, solches mit einem Gläschen rothen Wein, eben so viel Fleischbrühe und ein paar Eßlöffelvoll Essig aufgefüllt, eine Handvoll zerdrückte Wachholderbeeren sammt etwas Nelken und Pfeffer hinzugethan. Nachdem die Sauce wohl verkocht hat, wird sie durch ein Sieb getrieben, und kann zu schwarz, auch roth Wildpret gegeben werden.

### Nro. 339. Sauce zu Pasteten.

Drei bis vier gereinigte Sardellen, einige Chalotten, Petersil, etwas Zitronenschalen und einen Eßlöffelvoll Kappern schneidet man gröblich, dämpft dieses mit einem Stückchen Butter, rührt einen kleinen Kochlöffelvoll Mehl darein, gießt, wenn dieses angezogen hat, einen Schöpflöffelvoll Schü oder gute Fleischbrühe dazu, treibt solches, nachdem es eine Zeitlang gut verkocht hat, durch ein Haarsieb, würzt die Sauce mit Muskatenblüthe, und erhält sie bis zum Gebrauch heiß. Sie kann ohne oder mit Eyergelb abgezogen gegeben werden.

### Nro. 340. Austern-Sauce.

Man löst 30 bis 40 Austern aus ihren Schalen, gibt sie sammt ihrem Saft und einem halben Glas Wein in ein kleines Geschirr, und läßt sie auf Kohlen heiß werden, indessen zerläßt man ein Stück Butter, läßt einen Kochlöffelvoll Mehl damit anziehen, gießt 2 kleine Schöpflöffelvoll Fleischbrühe hinzu, gibt ferner allerlei Wurzeln, eine in Scheiben geschnittene Zitrone und ein paar Chalotten darein, treibt dieses, nachdem es eine halbe Stunde gut verkocht hat, durch ein Haarsieb, nimmt alsdann die Austern aus dem Wein, reinigt sie gehörig, und gibt sie sammt diesem in die durchgetriebene Sauce, erhält solche bis zum Anrichten heiß, würzt sie mit Muskaten, und zieht sie beim Gebrauch mit 3 bis 4 Eyergelb ab.

### Nro. 341. Orangen-Sauce über wildes Geflügel.

Ein paar zerschnittene Zwiebeln, ein Stückchen Schinken, und was man an Abgang von wildem Geflügel hat, schneidet man zusammen klein, dämpft dieses mit einem Stück Butter ganz gelb, bestreut es mit einem Kochlöffelvoll Mehl, und gießt, wenn auch dieses unter öfterem Umrühren sich gefärbt hat, 2 Schöpflöffelvoll Schü (Jüs), in deren Ermanglung Fleischbrühe hinzu; gibt einige Nelken und Pfefferkörner dazu, und kocht solches eine Stunde langsam. Indessen schält man von 2 Orangen die Schalen ganz fein ab, schneidet diese länglicht, und kocht sie mit einem halben Quart Wasser auf Kohlen weich, treibt alsdann die gekochte Sauce durch ein Haarsieb, gibt die Orangenschalen sammt deren Flüssigkeit und den Saft einer halben Zitrone darein, kocht dieses zusammen noch einmal auf, und erhält sie dann zu weiterem Gebrauch heiß.

### Nro. 342. Orangen-Sauce über gebackenen oder gebratenen Hecht.

Man reibt die Schale von 2 Orangen und einer Zitrone an einem

Stücken Zucker ab, gibt dieses sammt dem Saft, ein Glas Wein, eben so viel Fleischbrühe und der abgeschnittenen Rinde von einem Milchbrod in einem kleinen Tiegel oder Casserolle, kocht solches auf Kohlen ganz langsam, bis die Rinde wohl verkocht ist, treibt es alsdann durch ein Haarsieb, und erhält die Sauce bis zu weiterem Gebrauch heiß.

#### Nro. 343. Sauce von Morgeln über gesalzene Pudings auch Hühner.

Sind die Morgeln frisch, so wäscht man eine Handvoll davon, nachdem sie von den Stielen gereinigt sind, aus lau warmem Wasser, die getrockneten aber verwällt man leicht und schneidet sie in der Runde ein paarmal durch; hierauf zerläßt man ein Stück Butter, dämpft damit einen halben Löffelvoll fein gewiegtes Petersilkraut, gibt alsdann die Morgeln hinzu, bestäubt diese mit ein paar Messerspitzevoll Mehl, gießt, wenn solches angezogen hat, einen Schöpflöffelvoll Fleischbrühe daran, würzt die Sauce mit Muskaten, und verkocht sie eine Viertelstunde; hat man Spargel, so schneidet man eine Handvoll, so weit sie grün sind, in kleine Stückchen, verwällt sie mit gesalzenem Wasser und gibt sie, nachdem sie abgelaufen sind, in die Sauce, und kocht sie darin fertig. Beim Anrichten wird solche mit 3 bis 4 Eyergelb abgezogen.

#### Nro. 344. Sauce à la Hollandaise (holländische Sauce).

Acht Eyergelb werden mit zwei Messerspitzevoll feinem Mehl, dem Saft einer halben Zitrone, ein Glas Wein und einem Quart Fleischbrühe gut abgerührt, ein kleines Stückchen an einer Zitrone abgeriebener Zucker nebst einem Stück frischer Butter darein gegeben, und auf Kohlen so lange gequirlt bis sie ganz heiß und dick zu werden anfängt, zum kochen aber darf sie nicht kommen. Diese Sauce wird vorzüglich zu Fischen verwendet.

#### Nro. 345. Sauce zu gebratenen Zungen.

Ein paar gereinigte Sardellen, etwas Petersilkraut, eine kleine Zwiebel, etwas Zitronenschale und einige verwällte Morgeln wiegt man so fein wie möglich, dämpft dieses alsdann mit einem Ey groß frischer Butter, bestäubt es mit einem kleinen Kochlöffelvoll Mehl, und gießt, wenn solches gut angezogen hat, ein Quart Schü oder Fleischbrühe nebst dem Saft einer Zitrone hinzu, würzt die Sauce mit ein klein wenig Pfeffer, und verkocht sie gut.

#### Nro. 346. Sauce von Kappern.

Man läßt einen Kochlöffelvoll Mehl mit einem Stück Butter gelb werden, gibt ein paar Eßlöffelvoll Kappern darein, füllt dieses mit einem Quart Schü oder Fleischbrühe auf, würzt die Sauce mit Muskaten, und verkocht sie gut. Man kann auch das Mehl mit der Butter blos anziehen lassen, solches alsdann mit Fleischbrühe auffüllen, die Kappern darein geben, und die Sauce, wenn sie gut gekocht hat, mit 2 bis 3 Eyergelb abziehen.

#### Nro. 347. Sauce à l'Espagnole (Espagnole).

Man schneidet ein Stück Schinken, 2 gelbe Rüben, ein paar Sardel-

7 *

len, einige Chalotten und etwas Thimian klein, gibt dieses mit ein paar
Nelken, etwas weißen Pfeffer und ganzer Muskatenblüthe, in eine kleine
Casserolle, gießt ein paar Eßlöffelvoll gutes Provenzeröl nebst einer halben Maaß weißen Elsaßerwein hinzu, verdeckt die Casserolle genau, und
läßt solches auf Kohlen langsam und gut verkochen, zerläßt indessen ein
Stück Butter, läßt einen Kochlöffelvoll Mehl damit braun werden, füllt
es mit einem kleinen Schöpflöffelvoll guter Fleischbrühe oder Schü (Jus)
auf, kocht es gut durch, und vermischt es mit dem Obgenannten, kocht dieses noch eine Zeitlang, und treibt es dann durch ein Sieb, gibt an die
Sauce den Saft einer Zitrone, und erhält sie, ohne sie weiter kochen zu
lassen heiß.

Diese Sauce kann zu gebratenem Fleisch, zahmem und wildem Geflügel verwendet werden.

### Nro. 348. Sardellen-Sauce.

Man wiegt 4 Loth gut gereinigte Sardellen mit einigen Chalotten, etwas Petersil, einem Stückchen Zitronenschalen und dem Mark von einer
halben Zitrone, dämpft dieses mit einem Ey groß Butter, bestreut es mit
ein wenig Mehl, gießt, nachdem solches angezogen hat, Schü oder Fleischbrühe hinzu, würzt die Sauce mit ein wenig Pfeffer und Muskaten, und
verkocht sie gut.

### Nro. 349. Sauce zu Hammelfleisch.

Eine Handvoll geriebenes Roggenbrod röstet man mit einem Eßlöffelvoll Zucker ganz braun, füllt dieses mit einem Glas Wein und einem
Quart Fleischbrühe auf, gibt einige fein gewiegte Chalotten, mit ein paar
Eßlöffelvoll Braten-Sauce und etwas Zitronensaft hinzu, und gibt die Sauce
nachdem sie wohl verkocht ist, mit etwas Nelken gewürzt zu gewärmtem
oder auch frischem Hammelsbraten.

### Nro. 350. Saure Rahm-Sauce zu Wildpret.

Man röstet mit einem Stückchen Butter einen kleinen Kochlöffelvoll
Mehl gelb, zerklopft ein Quart dicken sauren Rahm mit ein paar Eßlöffelvoll Essig und einem Quart Fleischbrühe, füllt mit diesem das Mehl auf,
würzt die Sauce mit etwas Nelken und Pfeffer, und kocht sie eine Viertelstunde, hat man eine Sauce, worin Wildpret gekocht oder gebraten worden ist, so kann etwas davon an die Rahm-Sauce und dann so viel weniger Fleischbrühe genommen werden, auch kann man, wer Kappern liebt,
einen Eßlöffelvoll darein geben und mitkochen lassen.

### Nro. 351. Kalte Sauce zu einem Wildschweinskopf.

Eine Obertassevoll Kappern, die Schale von einer halben Zitrone und
6 bis 8 Chalotten wiegt man so fein wie möglich, stößt 4 bis 6 Wachholderbeere in einem Mörser ganz fein, nimmt diese sammt dem obigen Gewiegten 4 Eßlöffelvoll französischen dicken Senf, einen Kaffeelöffelvoll Zucker,
eine Messerspitzevoll Pfeffer und das nöthige Salz in eine kleine Schüssel, rührt
solches zuerst mit dem Saft einer halben Zitrone, alsdann mit 3 Eßlöffelvoll Provenzeröl, und das Uebrige Essig zu einer dicken Sauce ab.

### Nro. 352. Sauce à la Polonaise (polnische Sauce).

Man läßt mit einem Stückchen Butter einen kleinen Kochlöffelvoll Mehl braun werden, füllt dieses mit einem Glas Wein und etwas Fleischbrühe auf, schneidet eine Handvoll abgezogener Mandeln länglicht ganz fein, eben so eine Handvoll Rosinen, von denen man die Körner herausgenommen hat, sammt einem Stückchen Zitronat und ein ganz kleines Stückchen magern Schinken, gibt genannte Stücke mit einer kleinen Messerspitzevoll weißen Pfeffer in die Sauce, verkocht diese wohl, und gibt sie zu gebratenen Zungen, wildem Geflügel oder Schwarzwildpret.

### Nro. 353. Sauce à la Ravigotte.

Man wiegt eine Handvoll gereinigten Sauerampf, etliche Chalotten, ein wenig Petersil, und was man zwischen 2 Finger fassen kann Körbelkraut ganz fein, stößt dieses mit dem Gelben von 6 hart gesottenen Eyern in einem Mörser gut durch, gibt einen Eßlöffelvoll gestoßenen Zucker, mit ein wenig Salz hinzu, und rührt dieses mit 5 bis 6 Eßlöffelvoll gutem Provenzeröl und Estragon-Essig zu einer dicken Sauce ab.

### Nro. 354. Selleri-Sauce.

Man schneidet 1 oder auch 2 gereinigte Selleriewurzeln in kleine viereckigte Würfel, und kocht diese mit so viel guter Fleischbrühe als man zur Sauce nöthig zu haben glaubt, weich, wiegt das Zarte oder Innere von dem Kraut fein, dämpft dieses mit einem Stückchen Butter, bestäubt es mit ein wenig Mehl, und gibt, wenn dieses angezogen hat, die gekochten Wurzeln sammt der Brühe dazu, verkocht die Sauce damit gut, und würzt sie dann mit Muskaten.

### Nro. 355. Krebs-Sauce.

Dreißig bis vierzig Krebse siedet man ohne Salz, macht die Galle davon, löst die Schweife aus, und stößt die Schalen mit einer Handvoll abgezogenen Mandeln und 4 Loth frischer Butter in einem Mörser klein, verkocht sie alsdann mit einer halben Maaß guter Milch, und preßt sie durch eine Serviette; hierauf zerklopft man 7 bis 8 Eyergelb mit 2 Löffelvoll Zucker, rührt nach und nach die Milch daran, läßt sie auf Kohlen unter stetem Umrühren heiß und dick werden, und gibt alsdann die Schweife darein.

### Nro. 356. Gesalzene Krebs-Sauce.

Man siedet eben so viele Krebse, wie vorher genannt, mit Salzwasser, zieht die Galle davon, löst die Schweife aus, und stößt die Schale im Mörser klein; hierauf zerläßt man ¼ Pf. Butter, dämpft damit die Schale bis die Butter roth ist, füllt sie alsdann mit Fleischbrühe auf, hebt die in die Höhe kommende Butter mit einem Löffel in eine Casserolle ab, rührt einen Kochlöffelvoll Mehl darein, und gießt, wenn dieses mit der Butter zu steigen anfängt, die Krebsbrühe durch ein Sieb hinzu. Nun gibt man die Krebsschweife sammt einer Handvoll verwällter Morgeln darein, würzt die Sauce mit Muskatenblüthe, kocht sie noch ein wenig durch, zieht sie

mit 3 bis 4 Eyergelb ab, und verwendet sie zu Krebs= und Fleisch=
Pudings u. dgl.

### Nro. 357. Sauce mit Estragon.

Eine kleine Handvoll Estragon bestreut man mit ein wenig Salz, brüht
ihn mit kochendem Wasser in einer Schüssel ab, und gießt ihn nach einer
Viertelstunde zum Ablaufen auf ein Sieb, zerläßt alsdann ein Stückchen
Butter, läßt einen kleinen Kochlöffelvoll Mehl damit anziehen, gibt etwas
Schü hinzu, und verkocht dieses wohl, gibt alsdann den abgelaufenen Es=
tragon sammt den Saft einer halben Zitrone darein, würzt die Sauce mit
ein wenig Pfeffer, und kocht sie nur noch einigemal auf.

### Nro. 358. Sauce mit Kastanien.

Man siedet die Kastanien in Wasser weich, und reinigt sie von den
Schalen, alsdann zerläßt man ein Stückchen Butter, läßt einen kleinen
Kochlöffelvoll Mehl und einen Eßlöffelvoll gestoßenen Zucker damit braun
werden, füllt solches mit einem Schöpflöffelvoll Fleischbrühe auf, drückt den
Saft einer Zitrone darein, legt die Kastanien in die Sauce, würzt sie mit
ein wenig Pfeffer, kocht sie noch einigemal durch, und gibt sie zu gebrate=
nen Enten oder Gänsen.

### Nro. 359. Warme Senf=Sauce.

Man dämpft mit einem Stückchen Butter einen Eßlöffelvoll fein ge=
schnittenen Zwiebel, bestäubt diese mit 1 auch 2 Messerspitzvoll Mehl, läßt
solches gut damit anziehen, gibt 3 bis 4 Eßlöffelvoll französischen Senf
mit ein paar Eßlöffelvoll Essig und einen Schöpflöffelvoll Fleischbrühe oder
Schü hinzu, verkocht die Sauce nur ein wenig, und gibt sie unter
Schweins=Coteletts, Bratwürste, auch zu Rindfleisch, gebratenen Hecht,
oder Schweins=Quarré.

### Nro. 360. Petersil=Sauce.

Man wiegt eine Handvoll gereinigtes Petersilkraut mit ein paar Cha=
lotten ganz fein, dämpft dieses mit einem Stückchen Butter, bestäubt es
mit ein wenig Mehl, und gießt, wenn solches angezogen hat, etwas Fleisch=
brühe hinzu, drückt den Saft einer halben Zitrone darein, würzt die Sauce
mit Muskaten, und kocht sie einigemal gut durch, oder man nimmt unter
die Petersile eine kleine Handvoll Chalotten nebst einigen Blättern Estra=
gon, gibt, wenn dieses fein gewiegt ist, etwas Salz und Pfeffer hinzu,
und rührt es mit gutem Oel und Essig zu einer Sauce ab.

### Nro. 361. Gurken Sauce.

Fünf bis sechs kleine Gurken, die noch wenig Kern haben, schält und
schneidet man in kleine viereckigte Stückchen, dämpft sie mit einem Stück
Butter weich, bestäubt sie mit ein wenig Mehl, und gießt, wenn dieses sich
gefärbt hat, einen kleinen Schöpflöffelvoll Schü mit ein paar Eßlöffelvoll
Essig hinzu, würzt die Sauce mit ein wenig Pfeffer, und verkocht sie wohl.
Wenn man keine Schü hat, nimmt man Fleischbrühe, gibt aber ein Stück=
chen Glace, in Ermanglung dieser, ein paar Löffelvoll Bratenbrühe hinzu.

### Nro. 362. Sauce Hachée.

Man wiegt 3 bis 4 Hühnerlebern, etliche Champignon, einige Chalot=
ten, etwas Petersilkraut und ein paar verwällte Morgeln ganz fein, dämpft
dieses mit einem Stück zerlassener Butter, bestäubt es mit ein wenig Mehl,
gießt, wenn dieses wohl angezogen hat, etwas Schü oder Fleischbrühe mit
dem Saft einer Zitrone dazu, würzt die Sauce mit Muskaten und kocht
sie nur einigemal durch.

### Nro. 363. Sauce mit Champignon.

Man nimmt ganz kleine, wohlgereinigte Champignon, dämpft diese mit
etwas gewiegten Chalotten und Petersilkraut in einem Stück zerlassener
Butter bis sich alle Feuchtigkeit eingekocht, und nur noch die Butter daran
zu sehen ist, bestreut sie alsdann mit ein wenig Mehl und gießt, wenn die=
ses wohl angezogen hat, ein halb Glas Wein, etwas Essig und Fleisch=
brühe hinzu, würzt die Sauce mit Muskaten und kocht sie noch eine kleine
Viertelstunde. Um gewiß zu sein, ob man keine giftige Champignons hat,
ist gut, wenn man sie zuvor mit Wasser und ein paar Zwiebel übersiedet
und eine Zeitlang so stehen läßt, bleiben die Zwiebel weiß, so dürfen sie
ohne Anstand genossen werden, haben sich aber diese gefärbt, so ist es ein
Zeichen, daß giftige Champignons darunter sind, und man werfe sie alle,
ohne sich zu bedenken, weg.

### Nro. 364. Kalte Häring-Sauce.

Man wässert von 2 Häringen die Milch gut aus, zieht die Haut da=
von und verrührt sie mit dem Gelben von 2 bis 3 hartgesottenen Eyern,
3 bis 4 Eßlöffelvoll gutes Provenzeröl, Salz, etwas Pfeffer und Essig
fein; die Häringe schneidet man, nachdem sie rein geputzt und ausgegrätet
sind, in ganz kleine Stückchen, vermischt sie mit einem Löffelvoll fein ge=
wiegten Chalotten und Kappern, passirt die abgerührte Sauce durch einen
Seiher darüber, und servirt sie zu Rindfleisch.

### Nro. 365. Kräuter-Sauce mit Senf.

Gut gereinigtes Körbelkraut, Sauerampf und Petersil, zusammen eine
starke Handvoll, wiegt man ganz fein, und rührt solches in einer kleinen
Schüssel mit 2 bis 3 Eßlöffelvoll guten dicken Senf, Salz, etwas Pfeffer,
Essig und gutes Oel zu einer Sauce ab.

### Nro. 366. Zwiebel-Sauce.

Man röstet eine Handvoll geriebenes Weißbrod mit einem Stück But=
ter gelb, dämpft damit eine Handvoll geschnittene Zwiebel ein wenig, füllt
sie alsdann mit guter Fleischbrühe auf, kocht die Zwiebeln damit weich und
treibt sie nach diesem durch einen Seiher oder Sieb, gibt ein paar Eßlöf=
felvoll Essig, etwas Pfeffer und Nelken hinzu und kocht die Sauce noch
ein wenig damit auf.

### Nro. 367. Kalte Sardellen-Sauce.

Vier Loth gut gereinigte Sardellen wiegt man mit einigen Chalotten
und etwas Petersil ganz fein, rührt dann dieses mit dem Gelben von 4

hart gesottenen Eyern zuerst mit 4 Eßlöffelvoll Provenceröl, Salz und etwas Pfeffer, und dann mit gutem Essig zu einer dicken Sauce ab.

### Nro. 368. Meerrettig mit Milch.

Man reibt gereinigten und guten Meerrettig, vermischt ihn nach Belieben mit ganz fein zerstoßenen Mandeln und etwas Zucker, rührt solchen
mit warmer Milch oder Rahm glatt, gibt ein Stückchen frische Butter
hinzu und kocht ihn nur ganz wenig.

### Nro. 369. Meerrettig mit Fleischbrühe.

Man vermischt den geriebenen Meerrettig mit ein klein wenig Semmelmehl, gibt ein Stückchen frische Butter hinzu, rührt ihn mit heißer Fleischbrühe ab, und kocht ihn, damit er seine Schärfe nicht verliert, nur wenig.

### Nro. 370. Meerrettig kalt mit Essig.

Man reibt den gereinigten Meerrettig fein, bestreut ihn mit fein gestoßenem Zucker und rührt ihn mit gutem Essig an.

### Nro. 371. Sauce von Hägen oder Hagenbutten.

Hat man Hägenmark eingekocht, so verdünnt man ein paar Löffelvoll
davon mit einem Glas Wein und etwas Wasser, gibt den noch fehlenden
Zucker und etwas Zimmt darein und kocht die Sauce damit auf, hat man
aber dieses nicht, so wäscht man 2 bis 3 Händevoll dürre Hägen aus warmem Wasser, kocht diese mit halb Wein und halb Wasser auf Kohlen langsam
weich und treibt sie alsbann durch ein Sieb, bis alles Mark davon ist; hierauf zerläßt man ein kleines Stückchen Butter, läßt damit ein paar Messerspitzevoll
Mehl gelb werden, gibt das durchgetriebene Mark hinzu, verdünnt solches
mit Wein zu einer Sauce, gibt etwas Zimmt, ein wenig geschnittene Zitronenschalen und Zucker, bis die Sauce süß genug ist darein, und kocht
sie einigemal damit auf.

### Nro. 372. Sauce von dürren Kirschen.

Die Kirschen werden in einem Mörser grob zerstoßen, mit halb Wasser
und halb Wein weich gekocht, alsbann durch ein Haarsieb getrieben. Will
man die Sauce gut haben, so rührt man ein paar Eßlöffelvoll Hägenmark
mit dem Durchgetriebenen ab, verdünnt solches mit Wein, gibt Zucker, etwas Zimmt und ein paar zerstoßene Nelken darein und kocht die Sauce
damit auf, will man sie aber geringer machen, so läßt man das Hägenmark weg, röstet einen Kochlöffelvoll Mehl mit einem Stückchen Butter
gelb, gibt dies an die durchgetriebene Sauce, verdünnt sie mit Wein, gibt
das übrige Angezeigte dazu und kocht sie noch eine Viertelstunde.

### Nro. 373. Bischoff-Sauce.

Man röstet einen kleinen Kochlöffelvoll Mehl mit einem Stückchen Butter gelb, füllt solches mit einem Quart rothen Wein auf und verkocht dies
gut, indessen bratet man 3 Pomeranzen, die man zuvor eingekerbt hat auf
dem Rost schneidet nach diesem die Schale ganz fein davon ab, und gibt

diese sammt dem Saft derselben, auch den Saft einer Zitrone in die Sauce, gibt den nöthigen Zucker hinzu, kocht sie eine halbe Stunde und paßirt sie beim Gebrauch durch ein Haarsieb. Diese Sauce kann zu allem gebratenen, sowohl zahmen als wilden Geflügel gegeben werden.

### Nro. 374. Zitronen-Sauce.

Man läßt mit einem Stückchen Butter einen kleinen Kochlöffelvoll Mehl gelb werden, gießt ein Quart Wein und halb so viel Wasser dazu, und verkocht dieses gut, indessen reibt man das Gelbe einer Zitrone auf einem Stück Zucker ab, gibt diesen nebst dem Saft an die Sauce, verklopft das Gelbe von 4 Eyern mit ein paar Löffelvoll Wein, rührt solche mit der kochenden Sauce ab, läßt sie auf Kohlen unter beständigem Rühren anziehen und paßirt sie beim Gebrauch durch ein Sieb.

### Nro. 375. Zitronen-Sauce auf andere Art.

Man zerklopft 12 Eyergelb mit dem Saft einer Zitrone und läßt diese eine Weile stehen, gießt alsdann eine halbe Maaß Wein und eine Obertassevoll Wasser hinzu, reibt das Gelbe von 2 Zitronen an einem Stück Zucker ab, gibt diesen zerstoßen in die Sauce und quirlt (sprudelt) diese auf Kohlen bis sie ganz heiß ist und anfängt dick zu werden ab

### Nro. 376. Sauce von süßem Rahm.

Sechs Eyergelb werden mit einem Quart süßem Rahm stark zerklopft, alsdann ein Stückchen Zucker abgerieben, dieses zerstoßen in die Sauce gegeben, und solche unter stetem Umrühren auf Kohlen heiß und dick gemacht. Man kann auch statt der Zitrone der Sauce den Geschmack von Vanille oder Zimmt geben, wenn man ein Stückchen derselben mit Milch ein wenig abkocht und dann diese Milch mit zur Sauce nimmt.

### Nro. 377. Mandel-Sauce.

Vier Loth süße und 1 Loth bittere abgezogene Mandeln stößt man mit ein wenig Milch ganz fein, rührt damit das Gelbe von 6 Eyern ab, gießt eine halbe Maaß süßen Rahm hinzu, gibt ein Stückchen Zucker darein und läßt die Sauce unter beständigem Umrühren heiß und dick werden, aber ja nicht kochen. Man gibt sie zu verschiedenen in diesem Buch angegebenen Reißspeisen.

### Nro. 378. Rosinen-Sauce.

Man röstet einen kleinen Kochlöffelvoll Mehl mit einem Stückchen Butter gelb, füllt dieses mit einem Quart Wein und einer Obertassevoll Wasser auf, gibt ein Viertelpfund gut gereinigte und gewaschene Rosinen, die fein geschnittene Schale einer halben Zitrone, 2 Loth abgezogene und fein zerschnittene Mandeln, Zucker und Zimmt hinzu, kocht die Sauce eine halbe Stunde und gibt sie über Kaiser-Kuchen und dergleichen.

# Fische auf verschiedene Art zuzubereiten.

### Nro. 379. Aal blau abzusieden.

Man schlachtet den Aal ab und nimmt ihn ohne die Haut abzuziehen aus, wäscht ihn rein, durchsticht Kopf und Schweif, und bindet sie mit einem Bindfaden zusammen, macht hie und da in die Haut kleine Schnitte, damit diese im Kochen nicht springt, und reibt ihn von innen und außen gut mit Salz ein; hierauf verfertigt man den Sud, nimmt dazu ein Glas Wein, 2 Gläser Essig, das Uebrige Wasser, ferner ein paar Zwiebel, ein paar Lorbeerblätter, eine Handvoll Petersilkraut, einige Pfefferkörner und eine zu Stücken zerschnittene Zitrone, kocht dieses alles eine Zeitlang, gibt alsdann den Fisch hinzu und kocht ihn langsam damit fertig; er kann auf diese Art warm oder kalt, mit Zitronen garnirt gegeben werden.

### Nro. 380. Aal auf dem Rost zu braten.

Man zieht dem abgeschlachteten Aal die Haut ab, welches am leichtesten geschieht, wenn man durch den Kopf einen Nagel in den Tisch schlägt, die Haut rings um den Kopf ablöst, sie mit einem Tuch faßt und schnell herunter zieht; hierauf nimmt man ihn aus, schneidet ihn in 2 bis 3 Fingerdicke Scheiben, bestreut diese mit Salz und läßt sie eine Zeitlang liegen, schlägt sie alsdann in breite Salbeiblätter ein, bindet diese mit einem Faden fest, zieht den Aal durch zerlassene Butter und bratet ihn auf dem Rost mit Zitronensaft und etwas Butter beträuft gelb, beim Anrichten schneidet man die Fäden weg, gibt ihn auf eine heiße Platte und servirt ihn mit ganzen Zitronen.

### Nro. 381. Aal en Matelote.

Man schneidet einen etwas großen, abgezogenen und gereinigten Aal in 2 Fingerbreite Scheiben, bestreut diese mit Salz und läßt sie eine Stunde stehen; hierauf zerläßt man ein Stück Krebsbutter, läßt damit einen Kochlöffelvoll Mehl gelb werden, gießt ein Glas Wein, einen kleinen Schöpflöffelvoll Schü (Jus) oder Fleischbrühe mit dem Saft einer Zitrone hinzu, und kocht dieses ein paarmal durch, streicht alsdann mit der flachen Hand die man in frisches Wasser taucht, von dem Aal das noch herabhängende Salz ab, legt diesen sammt einer Handvoll verwällten Morgeln, eben so viele Champignon und ausgelöste Krebsschweife in die Sauce, gibt eine Messerspitze Muskatenblüthe hinzu und kocht den Aal langsam damit fertig.

### Nro. 382. Gedämpfter Aal.

Man schneidet den abgezogenen und gereinigten Aal in beliebige Stücke, durchspickt solchen mit Salbei und bestreut ihn mit etwas Salz, belegt eine Casserolle mit Butter, bestreut diese mit ein wenig Semmelmehl, legt auf dieses den Aal und dämpft ihn zugedeckt eine Weile, gießt alsdann ein halbes Glas Wein, ein wenig Schü oder Fleischbrühe mit dem Saft einer Zitrone hinzu, gibt eine Messerspitzevoll Muskaten darein und kocht die Sauce an dem Aal kurz ein.

### Nro. 383. Aal in Marinade.

Der abgezogene und gereinigte Aal wird in gleiche Stücke zerschnitten, mit Salbei durchzogen, alsdann mit gutem Provenzeröl bestrichen, mit etwas Salz bestreut und auf einem Rost gelb gebraten, alsdann zum Erkalten auf einer Platte bei Seite gestellt; hierauf macht man eine Obertassevoll gutes Provenzeröl in einer Casserolle heiß, dämpft damit eine starke Handvoll fein zerschnittene Zwiebeln, gibt nach diesem 2 bis 3 Eßlöffelvoll Kappern, etwas klein zerschnittenen Estragon und Basilikum und eine zu Scheiben zerschnittene Zitrone darein, gießt soviel guten Essig hinzu als man nöthig zu haben glaubt um den Fisch damit bedecken zu können; läßt dieses zusammen gut durchkochen und stellt es sodann bei Seite. Wenn Alles erkaltet ist, gibt man in ein steinernes Geschirr etwas von der Marinade, macht auf diese eine Lage von dem Aal, bedeckt diesen mit Marinade und fährt so fort bis Alles zu Ende ist, der Schluß wird mit Marinade gemacht, diese oben noch mit einigen Scheiben Zitronen und dann mit einem hölzernen Deckel, der in das Geschirr hineinpaßt, bedeckt, ein reiner Stein darauf gelegt und der Aal im Keller zum Gebrauch aufbewahrt.

### Nro. 384. Gespickter Hecht mit Farçe.

Man schlachtet den Hecht ab, schuppt ihn nur auf einer Seite, zieht auf der andern die Haut sammt den Schuppen ab, nimmt ihn durch eine kleine Oeffnung in der Mitte des Bauches aus, wäscht ihn rein und bestreut ihn von innen und auffen mit Salz; hierauf wiegt man die Leber vom Hecht mit einem Stückchen geschabenen Speck, einem Eßlöffelvoll Kappern, 4 Loth gereinigte Sardellen, Petersilkraut, 4 Chalotten oder eine kleine Zwiebel fein, dämpft das Innere von einem halben in Milch durchweichten und wieder fest ausgedrückten Milchbrod mit einem Stück Butter, gibt das Gewiegte darein, wendet es noch ein paarmal auf dem Feuer damit um, stellt solches alsdann bei Seite und rührt es so lange es noch warm ist mit dem Gelben von 4 Eyern, Salz und Muskaten ab, den Hecht spickt man auf der abgezogenen Seite mit fein geschnittenem Speck zierlich, füllt ihn mit der Farçe (Fülle) aus und näht die Oeffnung mit einem Faden gut zu, belegt dann den Rost einer Fischpfanne mit Speck oder Butter, einer zerschnittenen Zwiebel und ein paar Scheiben Zitronen, legt den Fisch darauf, gießt etwas Schü oder Fleischbrühe mit ein paar Eßlöffelvoll Essig hinzu, begießt den Fisch mit zerlassener Butter und bedeckt ihn mit ein paar mit Butter bestrichenen Bogen Papier, stellt ihn sodann in einen Bratofen und macht ihn in einer halben Stunde fertig. Man muß ihn öfters während des Bratens begießen, damit er oben weiß und saftig bleibt, die Sauce daran muß kurz eingebraten sein und wird, durch ein Sieb passirt darüber gegeben. Diese hier angegebene Portion Farçe ist für einen Hecht von 4 bis 5 Pf. berechnet.

### Nro. 385. Gedämpfter Hecht.

Der Hecht wird geschuppt, ausgenommen und in 2 Fingerbreite Scheiben zerschnitten, gewaschen und mit Salz bestreut, nach einer halben Stunde belegt man einen flachen Tiegel oder Casserolle dicht mit frischer Butter, gibt auf diese einen Löffelvoll fein gewiegtes Petersilkraut mit einem Löffelvoll Semmelmehl, legt den Fisch, nachdem man ihn vorher mit frischem Wasser etwas abgestreift hat darauf, bestreut ihn oben mit etwas Muskatenblüthe und fein gewiegter Petersile, bedeckt ihn mit dünnen Schnitten Butter, gießt ein klein wenig Fleischbrühe sammt dem Saft einer Zitrone dazu, bedeckt das Geschirr gut und dämpft den Fisch schnell auf Kohlen, rüttelt ihn einigemal damit er sich nicht anhängt, wendet ihn alsdann um und gibt ihn wenn er fertig ist, auf eine heiße Platte angerichtet sammt der kurzen Sauce zu Tisch.

### Nro. 386. Hecht auf dem Rost zu braten.

Wenn der Hecht geschuppt und rein gewaschen ist, werden in die Haut kleine in die Quer laufende Schnitte gemacht, alsdann derselbe von innen und außen mit Salz eingerieben. Nach einer halben Stunde trocknet man ihn mit einem reinen Tuch ab, gießt zerlassene Butter darüber und in den Hecht hinein und bratet ihn auf beiden Seiten auf dem Rost gelb, indessen wiegt man etwas Petersil und einige Chalotten fein, dämpft dieses mit einem Stückchen Butter, drückt den Saft einer Zitrone hinzu, richtet den Fisch auf eine warme Platte an und gibt die heiße Butter sammt dem Grünen darüber.

### Nro. 387. Hecht mit Zitronen-Sauce.

Der geschuppte und gewaschene Hecht wird mit Salz eingerieben, in die Runde gekrümmt, der Schweif in das Maul gesteckt und befestigt, alsdann mit halb Essig, halb Wasser, einer Zwiebel, ein Lorbeerblatt, einigen Pfefferkörnern und einer Handvoll Petersilkraut abgekocht und wenn er fertig ist mit einem Blatt weißen Papier bedeckt und warm erhalten. Zur Sauce schneidet man die Schale einer halben Zitrone ganz fein, nimmt aus einer ganzen Zitrone das Mark, macht die Haut und Körner davon und wiegt es mit einigen Chalotten klein; zerläßt sodann ein Stück Butter, läßt ein wenig Mehl damit anziehen, dämpft damit das Gewiegte und die geschnittene Zitronenschale ein wenig, gießt soviel gute Fleischbrühe als zur Sauce erforderlich ist mit ein paar Eßlöffelvoll von dem Fischsud hinzu, würzt sie mit Muskaten und kocht sie eine Viertelstunde, richtet den Fisch auf eine gewärmte Platte an, garnirt ihn mit Zitronen und grünem Petersil und gibt die Sauce besonders dazu. Man kann sich auch zu diesem, wie zu den auf dem Rost gebratenen Hechten der warmen Senf-Sauce Nro. 340 bedienen.

### Nro. 388. Grenadins von Hecht.

Man zieht einem großen Hecht die Haut ab, schneidet das Fleisch in länglicht dünne Schnittchen heraus, und spickt solches auf einer Seite mit fein geschnittenem Speck zierlich, bestreicht alsdann Obertassen mit kalter Krebsbutter und legt diese mit dem Fischfleisch so aus, daß die gespickte Seite nach außen kommt, das übrige Fleisch was noch an den Gräten sitzt, schabt man rein ab, wiegt es mit einem Stückchen geschabenen Speck und etwas Peterſil fein, ſtößt es mit einem Stückchen Butter und halb ſo viel in Milch durchweichten und wieder feſt ausgedrücktem Milchbrod, Salz, Muskaten und Eyergelb zu einer etwas dicken Farçe ab, überſtreicht mit dieſer Farçe die ausgeſetzte Taſſen einen kleinen Finger dick, gibt in den übrigen Raum ein kurz eingekochtes Ragout von Krebsſchweifen, Morgeln und Brieſen, bedeckt dieſes wieder mit Farçe, ſtreicht ſolche mit einem Meſſer glatt, und kocht die Grenadins in ein Geſchirr mit kochendem Waſſer geſetzt eine halbe Stunde, gibt aber acht, daß während dem Kochen kein Waſſer über die Taſſen herauf kommt, ſtürzt ſie alsdann auf eine Platte, und gibt eine Krebs- oder Auſtern-Sauce beſonders dazu.

## Nro. 389. Forellen blau abzukochen.

Die abgeſchlachtete Forellen werden ausgenommen, rein ausgewaſchen, gekrümmt und mit einem Speiler durch Kopf und Schweif befeſtigt, alsdann mit kochendem Eſſig übergoſſen oder abgebläut, den Sud verfertigt man halb rothem Wein, halb Waſſer, einer Zwiebel, einer Handvoll Peterſilkraut, etwas Eſtragon, eine in Scheiben zerſchnittene Zitrone einige Nelken, Pfefferkörner und Salz, kocht dieſes eine Zeitlang zuſammen, ſtellt ihn alsdann vom Feuer und gibt erſt, nachdem er ein wenig abgekühlt hat die Forellen, ohne ſelbige mit der Hand zu berühren, ſammt dem Eſſig darein, kocht ſolche damit ſie nicht ſpringen, langſam, ſpitzt, wenn ſie fertig ſind, ein paar Tropfen kaltes Waſſer darauf und bedeckt ſie ſchnell mit ein paar Bogen weißem Papier, ſetzt dann eine zierlich gebrochene Serviette auf eine gewärmte Platte, legt die Forellen aus dem Sud hinein, garnirt ſie mit Zitronen und Peterſil, ſchlägt die Serviette darüber zuſammen und ſervirt ſie mit Eſſig und Oel, auch ganzen Zitronen zu Tiſch.

## Nro. 390. Forellen auf andere Art.

Die Forellen werden, wie ſchon angezeigt iſt gereinigt, gekrümmt und mit kochendem Eſſig abgebläut, zum Sud wird alles wie im Vorhergehenden, nur ſtatt rothem wird ein Glas weißer Wein oder auch Eſſig genommen, im Kochen aber eben ſo verfahren; hierauf wiegt man etwas Peterſilkraut fein, dämpft dieſes mit einem Stück Butter und gibt, wenn dieſer gelb zu werden anfängt den Saft einer Zitrone daran, richtet die Forelle auf eine gewärmte Platte an und ſchmelzt ſie mit der Butter ſammt dem Grünen auf, man kann auch ſtatt dieſer die holländiſche Sauce Nro. 325. dazu geben, wem der Zucker darin nicht beliebt, kann ihn weglaſſen und 1 oder 2 Eßlöffelvoll Fiſchſud dazu nehmen.

## Nro. 391. Forellen zu backen.

Man ſchneidet die gereinigten großen Forellen in beliebige Stücke, die kleinen aber läßt man ganz, krümmt und befeſtigt ſie mit einem kleinen Speiler durch Kopf und Schweif, beſtreut ſie von innen und auſſen mit Salz, läßt ſie damit eine halbe Stunde ſtehen, trocknet ſie nachdem mit einem reinen Tuch ab, vermiſcht Semmelmehl mit etwas gewöhnlichem Mehl, Salz und ein wenig Pfeffer, beſtreut die Forellen damit und backt sie, damit sie saftig bleiben, schnell aus heißem Schmalz, richtet sie alsdann auf eine heiße Platte an, wirft eine Handvoll abgezupftes Petersilkraut in das heiße Schmalz, nimmt es mit dem Schaumlöffel schnell wieder heraus und bestreut damit die Forellen.

## Nro. 392. Forellen zu braten.

Diese werden ausgenommen, gereinigt, in die Haut kleine Schnittchen gemacht und mit Salz bestreut, alsdann bestreicht man einen und wenn man mehrere Fische hat auch 2 Bogen Papier mit Butter, krämpt rings=herum einen Fingerbreiten Rand in die Höhe, belegt damit einen Rost, be=streut die Forellen ein wenig mit Pfeffer, legt sie in die Papierform, gibt gemäßigte Kohlen unter den Rost und bratet die Fische auf beiden Seiten gelb; indessen schneidet man frische zarte Salbeiblätter fein; röstet diese mit einem Stück Butter gelb, richtet die gebratene Forelle auf eine gewärmte Platte an, beträuft sie mit etwas Zitronensaft und gibt die Butter mit Salbei darüber.

## Nro. 393. Karpfen blau abzusieden.

Der Karpfe wird, nachdem er abgeschlachtet ist ohne geschuppt zu sein, in beliebige Stücke zerschnitten, rein gewaschen und mit kochendem Essig abgebläut, den Sud verfertigt man aus einem Glas Wein eben so viel Essig, das Uebrige Wasser, ferner ein paar Zwiebeln, ein Lorbeerblatt, ei=nige Blätter Estragon, eine in Blatten geschnittene Zitrone, Salz und ei=nige Pfefferkörner, kocht dieses zusammen eine Zeitlang, stellt es alsdann ein wenig vom Feuer, gibt den Karpfen sammt Essig in den Sud und kocht ihn langsam fertig, stellt ihn dann vom Feuer, besprengt den Fisch mit et=was frischem Wasser, welches ihn körnig macht und bedeckt ihn mit einem Blat weißen Papier; hierauf schneidet man von einem Milchbrod ganz kleine Würfel, röstet diese im Schmalz gelb, richtet den Fisch auf eine war=me Platte an, begießt ihn mit ein wenig heißem Weinessig, worin etwas Cordemomen mitgekocht haben und bestreut ihn mit dem gerösteten Brod.

Anmerk. Man kann auch den Wein aus dem Sud weglassen, dagegen etwas Essig mehr dazu nehmen.

## Nro. 394. Gefüllter Karpfen.

Der Karpfen wird nachdem er geschuppt ist, am Rücken aufgeschnitten, ausgenommen, gewaschen und mit Salz eingerieben; hierauf wiegt man die Leber und wenn es ein Milchling ist, thut man auch ein Stückchen dazu, ferner ein Stückchen Speck, eine kleine Zwiebel, etwas Petersilkraut, 2 bis 3 Hühner (oder ein Stückchen Kalbsleber) fein, dämpft, das Innere von einem halben in Milch durchweichten und wieder fest ausgedrückten Milch=brod mit einem Stück Butter, gibt das Gewiegte hinzu, läßt es ein wenig damit dämpfen, stellt es sodann vom Feuer und rührt es mit einem Gan=zen und dem Gelben von 3 Eyern, Salz und Muskaten ab, füllt damit den Karpfen aus und näht die Oeffnung gut zu, sodann belegt man ein flaches Geschirr mit Butter, schneidet auf diese ein paar Zwiebeln, legt den

Karpfen darauf und bestreicht ihn mit zerlassener Butter, gibt ein paar Eßlöffelvoll Essig, etwas Fleischbrühe und ein paar Scheiben Zitronen hinzu,
stellt ihn in einen Brat- oder Backofen, und macht ihn fertig. Sollte
die Sauce daran früher eingebraten sein, so wird etwas Essig und Fleischbrühe, damit die Butter daran nicht verbrennt, nachgegossen. Wenn der
Karpfe angerichtet ist, wird der Faden herausgezogen, die überflüßige Fette
davon abgeschöpft, und die Sauce durch ein Sieb passirt, darüber gegeben.

### Nro. 395. Karpfen in brauner Sauce.

Der Karpfe wird nach dem Abschlachten sogleich aufgeschnitten, ausgenommen, mit ein wenig Essig das Blut herausgewaschen, und solches für
die Sauce aufbehalten; hierauf schuppt, wäscht, und schneidet man den
Fisch in beliebige Stücke, bestreut diese mit Salz, und läßt sie eine Zeitlang stehen; indessen röstet man eine Handvoll geriebenes Roggenbrod mit
einem halben Kochlöffelvoll Mehl, und einem Stück Butter braun, füllt
dieses mit einem Glas Wein und einem Schöpflöffelvoll Fleischbrühe auf,
gibt ein Lorbeerblatt, ein paar Scheiben Zitronen, etwas Nelken und ein
wenig Pfeffer dazu, und kocht die Sauce wohl durch, den Karpfen streicht
man alsdann mit etwas frischem Wasser ab, legt ihn in einer Casserolle
neben, nur nicht aufeinander, gießt den Essig, womit der Fisch ausgewaschen worden ist, an die Sauce, passirt diese durch ein Sieb an den Fisch,
und kocht ihn unter öfterem Rütteln, damit er nicht anhängt, darin fertig.

### Nro. 396. Karpfen in weißer Sauce.

Der gereinigte Karpfen wird ohne ihn zu spalten, in 2 bis 3 Fingerdicke Stücke gemacht, und eine Stunde vor dem Kochen mit Salz bestreut,
zur Sauce nimmt man in eine etwas breite Casserolle ein großes Stück
Butter, ein paar geschälte Zwiebeln und einen Kochlöffelvoll feines Mehl,
rührt dieses zusammen auf Kohlen, bis die Butter geschmolzen, sich mit
dem Mehl vermischt hat, und steigen will, gießt alsdann ein Glas guten
Wein und 2 Schöpflöffelvoll Fleischbrühe hinzu, legt etwas ganze Muskatenblüthe darein, und verkocht die Sauce eine Viertelstunde; hierauf streift
man den Fisch mit frischem Wasser aus dem Salz, kocht ihn eine Viertelstunde in der Sauce, und gibt diese, durch ein Sieb passirt, darüber.

### Nro. 397. Karpfen zu backen.

Den gereinigten und in Stücken geschnittenen Karpfen bestreut man
mit Salz, läßt ihn eine halbe Stunde liegen, und trocknet ihn nach diesem
mit einem reinen Tuch ab, vermischt ein paar Händevoll Semmelmehl,
mit einem Kochlöffelvoll gewöhnlichen Mehl, Salz und etwas Pfeffer, wendet den Fisch darin um, und backt ihn aus heißem Schmalz schnell und
rösch aus, legt ihn zum Ablaufen, auf Schnitten von Roggenbrod, wirft
in das heiße Schmalz eine Handvoll abgepflückter Petersil, nimmt solche
aber mit dem Schaumlöffel sogleich wieder heraus, und bestreut den Fisch
beim Anrichten damit. Auch kann folgende Sauce dazu gegeben werden,
man wiegt einen halben, ausgegräteten Häring mit einem Stückchen Knob-

lauch, und einer kleinen Zwiebel fein, dämpft dieses mit einem Stückchen Butter, bestäubt es mit ein paar Messerspitzevoll Mehl, gießt, wenn dieses gut angezogen hat, etwas Fleischbrühe mit dem Saft einer halben Zitrone daran, würzt die Sauce mit ein wenig Pfeffer, kocht sie einigemal auf, und gibt sie besonders zu dem Fisch.

### Nro. 398. Karpfen in Matelote.

Man nimmt zu dem Karpfen hin noch 2 bis 3 Sorten Fische, wäscht und reinigt sie gut, schneidet sie in beliebige Stücke, wirft von den Eingewelden blos die Galle weg, und gibt das Uebrige zu den Fischen, bestreut sie mit Salz, gießt eine halbe Maaß rothen Wein darüber, und läßt sie damit wenigstens eine Stunde stehen; hierauf röstet man 2 Kochlöffelvoll Mehl mit ¼ Pf. Butter braun, füllt dieses mit einem Schöpflöffelvoll Schü (Jus) oder Fleischbrühe auf, gibt eine in Scheiben geschnittene Zitrone, eine Zwiebel, etwas Estragon und Basilicum darein, verkocht dieses gut, und gießt die Sauce alsdann durch ein Haarsieb, stellt sie in einem Tiegel oder Casserolle an das Feuer, schüttet die Fische sammt Wein darein, gibt eine Handvoll verwällter Morgeln, eben so viele Champignons und Krebsschweife hinzu, kocht dieses, ohne das Geschirr zu bedecken, schnell, und richtet die Fische, wenn sie fertig sind, mit dem Uebrigen ordentlich auf eine Platte an.

### Nro. 399. Karpfen mit Haché von Sardellen.

Der gereinigte und zugleich in   tücken gemachte Karpfen wird nur ein wenig mit Salz bestreut, wenn es 2 bis 3 Pfund sind, wiegt man 8 Loth gut gereinigte Sardellen mit 2 Löffelvoll Kappern, 3 bis 4 Hühnerlebern, oder statt diesen das Eingeweide von dem Fisch, einige Chalotten und etwas Zitronenschale fein, bestreicht ein flaches Geschirr dick mit kalter Butter, bestreut diese mit ganz wenig Mehl, gibt die Hälfte von dem Gewiegten darauf, streicht den Fisch mit kaltem Wasser durch die Hand ab, und legt ihn nebeneinander dazu, streut die andere Hälfte Gewiegtes darüber, bestäubt auch dieses mit ein wenig Mehl, und legt dünne Schnittchen Butter darauf, gießt nur wenig Wein, ein paar Chlöffelvoll Essig mit ein wenig Schü (Jus) oder Fleischbrühe hinzu, setzt das Geschirr auf Kohlen, gibt einen Deckel mit heißer Asche darauf, rüttelt zuweilen den Fisch, damit er nicht anhängt, und kocht ihn eine starke Viertelstunde, richtet ihn alsdann in die Mitte einer gewärmten Platte an, würzt das Haché (Gehäck) mit mit Muskatenblüthe, rührt es gut durcheinander, und macht davon um den Fisch einen Kranz.

### Nro. 400. Stockfisch zu kochen.

Man setzt gewässerten Stockfisch mit kaltem Wasser an das Feuer, läßt ihn langsam dabei ziehen, bis das Wasser einen weißen Schaum bekommt, und bald sieden will, gießt ihn alsdann in einen Seiher ab, reinigt ihn von Haut und Gräten, und verzopft ihn klein; hierauf zerläßt man zu 1 Pf. Stockfisch ¼ Pf. Butter, diese darf, wenn der Stockfisch gut sein soll, nicht geschont werden, röstet damit eine Handvoll klein geschnittener Zwiebeln und ein wenig Semmelmehl gelb, bestreut den Stockfisch mit etwas Pfeffer, Ingwer und Salz, gibt die Butter mit den Zwiebeln darüber, macht ihn schnell mit ein paar Gabeln untereinander, und trägt ihn gleich zu Tisch.

### Nro. 401. Stockfisch mit Sardellen oder Häring.

Wenn der Stockfisch, wie im Vorhergehenden gemeldet ist, gut gezogen hat, gießt man ihn zum Ablaufen auf ein Sieb, und verliest ihn rein, wiegt zu 2 Pf. Stockfisch einen gut gereinigten Häring, oder 8 Loth Sardellen mit etwas Peterfil und einer Zwiebel gröblich, dämpft dieses mit einem starken Viertelpfund Butter, gibt den Stockfisch mit etwas Pfeffer und Ingwer dazu, läßt ihn damit noch ein wenig anziehen, gibt das noch fehlende Salz hinzu, und richtet ihn gleich an.

### Nro. 402 Stockfisch mit Sauce.

Dieser wird wie die früher Angezeigten verwällt, und wenn er abgelaufen ist, verlesen; hierauf wiegt man 6 Loth gereinigte Sardellen mit einer Zwiebel und etwas Peterfil klein, röstet mit ¼ Pf. Butter 2 Kochlöffelvoll Semmelmehl gelb, gibt das Gewiegte hinzu, füllt solches mit einem Schöpflöffelvoll Fleischbrühe auf, würzt die Sauce mit etwas Pfeffer und Ingwer, und verkocht sie wohl, gibt alsdann den Stockfisch darein, kocht ihn damit noch ein wenig, gibt das noch nöthige Salz hinzu, und richtet ihn gleich an.

### Nro. 403. Kapuziner-Stockfisch.

Man verwällt und verliest diesen, wie die früher angezeigten, wiegt alsdann eine etwas große Zwiebel fein, dämpft solche mit einem Stück Butter weich, ohne daß sie jedoch gelb werden, rührt einen kleinen Kochlöffelvoll Mehl darein, und gießt, wenn solches zu steigen verlangt, so viel süßen Rahm hinzu, daß die Sauce etwas dick bleibt, würzt sie mit etwas Ingwer und Muskatenblüthe, und verkocht sie wohl, gibt sodann den Stockfisch darein, kocht ihn noch ein wenig damit, gibt das fehlende Salz darein, und richtet ihn gleich an.

### Nro. 404. Gefüllter Stockfisch.

Hiezu wird das ganze Schwanzstück genommen, dasselbe wohl ausgedrückt, am Rücken aufgeschnitten, und die Hälfte vom Fleisch sammt dem Rückgrad herausgenommen, alsdann wiegt man das herausgenommene mit etwas Peterfil und Chalotten fein, zerklopft 3 Eyer mit ein paar Eßlöffelvoll Rahm, und läßt diese mit einem Stück Butter unter beständigem Rühren auf Kohlen zusammengehen, aber nicht hart werden, vermischt dieses mit dem gewiegten Fisch, gibt etwas Salz, Muskaten und Ingwer dazu, und rührt solches mit dem Gelben von ein paar Eyern und ein wenig süßen Rahm ab, füllt damit die gemachte Oeffnung in dem Fisch aus, näht sie gut zusammen, bestreut ihn mit Semmelmehl, worunter etwas Salz gemischt ist, und backt ihn in heißem Schmalz ganz langsam aus. Man kann auch den Stockfisch, statt ihn zu backen, in ein mit Butter be-

8

trichenes Geschirr legen, ein paar Löffelvoll Fleisch- oder Erbsenbrühe dazu gießen, den Fisch oben mit Butter bedecken, und in einem Bratofen backen.

## Nro. 405. Stockfisch zu Sauerkraut.

Man drückt den gewässerten Stockfisch gut aus, schneidet ihn in kleine Stücke, bindet diese mit einem Faden zusammen, und trocknet sie mit einem Tuch wohl ab, zerklopft alsdann Eyer mit etwas Salz, Schnittling und ein wenig süßen Rahm, zieht den Stockfisch einigemal durch, bestreut ihn mit Semmelmehl, und backt ihn in heißem Schmalz langsam und gelb aus.

## Nro. 406. Schellfische.

Man putzt und reinigt die Schellfische gut, kocht sie mit gesalzenem Wasser, ein paar Zwiebeln, Lorbeerblatt, einer zu Scheiben geschnittenen Zitrone und einigen Pfefferkörnern ab, besprengt sie, wenn sie fertig sind, mit ein wenig frischem Wasser, und erhält sie im Sud warm; inzwischen wiegt man ein paar Eßlöffelvoll Kappern und einige Chalotten fein, macht ein großes Stück Butter heiß, und gibt das Gewiegte darein, richtet die Fische auf eine heiße Platte an, garnirt solche mit kleinen, in Butter abgedämpften Erdäpfeln, und gibt die heiße Butter darüber. Man kann auch statt dieser die holländische Sauce Nro. 325. oder die Kappern-Sauce Nro. 327. darüber geben.

## Nro. 407. Huchen oder Rothfische.

Die Huchen werden geschuppt, ausgenommen, rein gewaschen, in beliebige Stücke zerschnitten, oder auch ganz gelassen, alsdann mit Salz bestreut, wenn der Fisch eine, auch zwei Stunden im Salz gelegen hat, kocht man Wein, Wasser und Essig zu gleichen Theilen mit ein paar Zwiebeln, ein paar gelbe Rüben und Petersilwurzeln, eine in Scheiben geschnittene Zitrone, ein paar Lorbeerblätter, etwas Pfefferkörner und einige Nelken eine Zeitlang, läßt dieses ein wenig erkalten, gibt alsdann den Fisch darein, und kocht ihn ganz langsam, wenn er fertig ist, wird er vom Feuer gestellt, im Sud aber noch eine Zeitlang liegen gelassen, weil der Fisch dadurch schmackhafter und das Fleisch fester wird; er kann warm mit der Sauce Nro. 325. oder kalt mit Essig und Oel gegeben werden.

## Nro. 408. Huchen auf andere Art.

Hiebei muß man vorzüglich darauf sehen, großen und fetten Huchen zu bekommen, man schneidet solchen, nachdem er gereinigt und gewaschen ist, in beliebige Stücke, bestreut ihn mit Salz, und läßt ihn damit 2 bis 3 Stunden liegen, trocknet ihn alsdann mit einem reinen Tuch ab, bestreut ihn mit ein wenig Pfeffer, gießt zerlassene Butter darüber, und bratet ihn auf dem Rost langsam auf beiden Seiten, beträuft ihn auch während des Bratens mit Zitronensaft und zerlassener Butter, und servirt ihn, wenn er fertig ist, mit ganzen Zitronen.

Man kann diesen Fisch auch statt auf dem Rost in einem flachen Tiegel braten, im Uebrigen, wie angezeigt ist, verfahren.

## Nro. 409. Laperdan.

Man legt den Laperdan 1 auch 2 Tage in frisches Waffer, und setzt ihn, wenn man ihn kochen will, mit kaltem Waffer an das Feuer, wobei man ihn 2 Stunden blos ziehen, ja nicht kochen läßt, und gießt ihn nach diesem zum Ablaufen auf ein Sieb, wiegt alsdann eine kleine Handvoll Chalotten mit etwas Peterfil fein, schneidet einige gereinigte Sardellen gröblich, dämpft diese sammt dem Gewiegten, mit einem großen Stück Butter, beftäubt es mit ein wenig Mehl, und gießt, wenn solches gut angezogen hat, Fleischbrühe mit dem Saft einer halben Zitrone hinzu, verkocht die Sauce ein wenig, legt den verlesenen Laperdan darein, würzt ihn mit Muskaten und ein wenig Pfeffer, und kocht ihn einigemal mit der Sauce auf.

## Nro. 410. Gratin von Salm.

Man schneidet von einem Stück Salm 2 Fingerbreite und Fingerlange dünne Stückchen aus, eben so schneidet man 1 oder 2 Brüfte von jungen Hühnern, wovon man zuvor die Haut abgezogen hat, klopft das Hühnerfleisch gut durch, und legt es sammt dem Fisch auf eine Platte, wiegt ein paar Chalotten mit etwas Bafilikum und Peterfil ganz fein, und gibt diefes mit etwas Salz und Provenzeröl darüber, den Abgang vom Salm und von den Hühnern wiegt man mit einem Stück Mark, etwas Zitronschalen und ein paar Chalotten zu einer feinen Farçe, ftößt diese in einem Mörser mit Eyergelb und Zitronensaft, auch eines Ey groß durchweichte weiße Brodsamen, Salz und Muskatenblüthe gut ab, mischt ein wenig geschlagenen Schnee darunter, so daß die Farçe ganz leicht ift, beftreicht alsdann eine Platte von gutem Porzellän mit kalter Butter, theilt die Farçe darauf gleich aus, rollt den marinirten Fisch und Hühnerfleisch, sammt den Kräutern und Oel auf, setzt fie nach der Schattirung in die Farçe, so daß in der Mitte eine Oeffnung oder Loch bleibt, bedeckt das Ganze zuerft mit dünn geschnittenen Scheiben Speck, alsdann mit ein paar Bögen von Butter beftrichenem Papier, setzt die Platte auf Sand in einem gemäßigten Ofen, und macht den Gratin fertig. Indeffen verfertigt man ein Salbicon wie in Nro. 89., nimmt, wenn der Gratin aus dem Ofen kommt, Papier und Speck davon, gibt in die leer gelaffene Oeffnung genanntes Salbicon, und servirt ihn gleich zu Tisch.

## Nro. 411. Salm zu kochen.

Man kocht Wein, Waffer und Effig zu gleichen Theilen, mit dem nöthigen Salz, ein paar Lorbeerblätter, einer in Scheiben geschnittenen Zitrone, einer Zwiebel, einigen Pfefferkörnern und Nelken, etwas Eftragon und Bafilikum eine Weile, legt alsdann den Salm in den abgekühlten Sud, kocht ihn wie ein paar harte Eyer, und gibt ihn kalt mit Effig und Oel. Wenn das, was überbleibt, jedesmal wieder in den Sud gelegt wird, kann der Fisch an einem kühlen Ort 8 Tage auch noch länger aufbehalten werden.

## Nro. 412. Salm zu braten.

Man schneidet den Salm zu kleinen Stückchen, macht eben so viele

8 *

Kapseln von weißem Papier, bestreicht jede mit zerlassener Butter, legt ein Stückchen Salm darein, wiegt einige Chalotten mit etwas Basilikum und Peterfil fein, vermischt dieses mit Salz und ein wenig Pfeffer, bestreut damit den Fisch, gibt etwas zerlassene Butter mit ein wenig Zitronensaft darauf, stellt die Kapseln auf einen Rost, gibt gute Kohlen darunter, und bratet den Fisch auf beiden Seiten, setzt ihn, wenn er fertig ist, sammt den Kapseln, auf eine heiße Platte, und servirt ganze Zitronen dazu.

### Nro. 413. Hausen zu kochen.

Ein Stück Hausen wird in kleine Stückchen gemacht, dieselben mit gereinigten Sardellen durchzogen, mit etwas Pfeffer und Salz bestreut, und mit Provenzeröl und Zitronensaft ein paar Stunden marinirt (gebeizt); nun legt man sie auf einen Rost, gibt Kohlen darunter, begießt sie fleißig mit der Marinade, bratet sie auf beiden Seiten saftig, und servirt ganze Zitronen dazu.

### Nro. 414. Geräucherter Lachs.

Man kocht den Lachs mit Salzwasser, einer Zwiebel, ein paar Scheiben Zitronen und ganzem Gewürz eine Viertelstunde langsam, dämpft alsdann mit einem großen Stück Butter ein paar Eßlöffelvoll Kappern und fein gewiegte Chalotten, gibt den Lachs aus dem Sud in die Butter, drückt den Saft einer Zitrone darein, läßt ihn noch ein wenig damit dämpfen, und gibt ihn mit Gemeldetem zu Tisch. Auch kann der Lachs gleich aus dem Sud mit Meerrettig gegeben werden.

Eben so wie der Lachs wird auch der Wels gekocht, nur nimmt man zu diesem in den Sud eine Messerspitzevoll Salpeter.

### Nro. 415. Grundeln blau abzusieden.

Man schüttet die Grundeln auf ein Sieb, durchsucht sie, ob nichts Unreines dabei ist, schüttet sie in eine Schüssel, und übergießt sie mit gutem Weinessig; hierauf kocht man Essig, Wein und Wasser in gleichen Theilen mit einer Handvoll Peterfilkraut, einer Zwiebel, etwas Basilikum, Estragon und Salz eine Zeitlang, nimmt nach diesem Alles mit einem Schaumlöffel heraus, schüttet dagegen die Grundeln sammt dem Essig in den Sud, und kocht sie so lange, bis sie in die Höhe kommen, gießt sie alsdann ab, gibt die Grundeln auf eine Platte, bedeckt sie mit einer Serviette, und gibt sie mit Essig und Oel zu Tisch. Man kann auch die Grundeln sammt dem Sud in einen steinernen Topf schütten, wenn sie erkaltet sind gutes Oel darauf gießen, und an einem kühlen Ort aufbewahren.

### Nro. 416. Grundeln mit Sauce.

Man reinigt und kocht die Grundeln, wie im Vorhergehenden erklärt ist, alsdann zerläßt man ein Stückchen Butter, läßt damit ein paar Messerspitzevoll Mehl anziehen, gibt etwas gewiegte Peterfil mit einem Schöpflöffelvoll von dem Sud hinzu, verkocht die Sauce wohl, und würzt sie mit Muskaten, richtet die Grundeln auf eine gewärmte Platte an, zieht die Sauce mit 2 bis 3 Eyergelb ab, und gibt sie darüber.

## Nro. 417. Grundeln zu backen.

Man läßt die Grundeln auf einem Sieb ablaufen, untersucht sie, ob nichts Unreines dabei ist, und schüttet sie in eine Schüssel; hierauf zerklopft man ein paar Eyer mit Salz, etwas Schnittling und ein wenig süßen Rahm, gießt dieses über die Grundeln, läßt sie eine Weile stehen, und gießt sie alsdann zum Ablaufen in ein Sieb, vermischt Semmelmehl mit ein wenig gewöhnlichem Mehl, Salz und Pfeffer, wendet sie darin um, und backt sie aus heißem Schmalz. Man kann auch die Grundeln, ohne sie zu tränken, blos abtrocknen, in Semmelmehl umwenden, und aus heißem Schmalz backen; auf eben diese Art lassen sich Kreßen, die den Grundeln ähnlich sind, zubereiten, nur wird bei diesen das Eingeweide, weil solches bitter macht, herausgezogen.

## Nro. 418. Häringe mit Sauce.

Man reinigt die Häringe, nimmt sie aus, setzt sie mit halb Milch und halb Wasser an das Feuer, und läßt sie dabei eine Stunde blos ziehen, nicht kochen; hierauf schneidet man eine Zwiebel fein, dämpft diese mit einem Stück Butter, läßt einen Kochlöffelvoll Semmelmehl damit gelb werden, füllt dieses mit einem Schöpflöffelvoll Fleischbrühe auf, drückt den Saft einer halben Zitrone darein, würzt die Sauce mit ein wenig Pfeffer, verkocht sie gut, gibt die Häringe, die man zuvor ablaufen läßt, darein, und kocht sie noch einigemal damit auf.

## Nro. 419. Häringe auf andere Art.

Man wässert die Häringe, welches hiezu Milchen sein müssen, nachdem man sie zuvor gereinigt hat, mit halb Wasser und halb Milch gut aus, wiegt ein paar Zehen Knoblauch mit etwas Petersil und dem Milchen fein, dämpft das Innere von einem halben Milch durchweichten und wieder fest ausgedrückten Milchbrod, mit einem Stückchen Butter, vermischt solches mit dem Gewiegten, und rührt es mit dem Gelben von ein paar Eyern, Salz, ein wenig Pfeffer und Muskaten ab, füllt die Häringe damit aus, näht die Oeffnung zu, legt sie in ein flaches Geschirr, gibt zerlassene Butter mit etwas dicken sauren Rahm darüber, und bratet sie damit gelb.

## Nro. 420. Pöcklinge zu kochen.

Man schneidet den Pöcklingen die Köpfe weg, zieht die Haut davon, spaltet sie in der Mitte durch, und nimmt den Rückgrat heraus, alsdann bestreicht man eine Platte von gutem Porzellän mit kalter Butter, legt die Pöcklinge so darauf, daß zwischen jedem Stückchen etwas Raum bleibt, setzt die Platte auf schwache Kohlen, und läßt die Pöcklinge zugedeckt ein wenig dämpfen, schlägt dann in jeden leergelassenen Raum ein frisches Ey, bestreut das Weiße davon mit Salz, stäubt über das Ganze ein wenig Pfeffer, und läßt sie so lange noch auf Kohlen, bis daß Weiße der Eyer fest ist, das Gelbe aber muß weich bleiben. Man servirt sie, ohne sie länger kochen zu lassen, gleich zu Tisch.

### Nro. 421. Schleien blau zu sieden.

Man begießt die Schleien nach dem Abschlachten mit kochendem Wasser, wascht sie alsdann mit kaltem Wasser ab, nimmt sie aus, und reinigt sie gut; den Sud verfertigt man von gleichen Theilen Essig und Wasser, Salz einigen Pfefferkörnern, ein paar Lorbeerblättern, ein paar Zwiebeln, und eine halbe zu Scheiben zerschnittene Zitrone, und kocht damit die Schleien ab, wenn sie fertig sind, besprengt man sie mit etwas frischem Wasser, bedeckt sie mit einem Blatt weißen Papier, und läßt sie so noch eine Weile stehen, richtet sie alsdann in eine zierlich gebrochene Serviette an, bestreut sie mit grüner Petersil, und gibt sie mit Essig und Oel zu Tisch. Man kann auch die Schleien, nachdem sie gut gereinigt sind, mit Salz und Pfeffer bestreuen, und sie mit Butter und Zitronensaft auf dem Rost braten, oder es kann nach dem Blausieden die holländische Sauce Nro. 325. so wie auch eine Sardellen-Sauce darüber gegeben werden.

### Nro. 422. Bersiche zu kochen.

Diese Fische lassen die Schuppen hart, man halte sie daher nach dem Abschlachten am Kopf, drücke mit dem Messerrücken auf den Schweif, und ziehe den Fisch an sich, so werden die Schuppen losspringen, daß man sie ohne Mühe reinigen kann; alsdann wiegt man einige Chalotten mit etwas Peterfil fein, dämpft dieses mit einem Stück Butter, bestäubt es mit ein wenig Mehl, gießt, wenn es angezogen hat, etwas Wein und Fleischbrühe hinzu, würzt die Sauce mit Muskaten, und verkocht sie wohl, gibt alsdann die Bersiche hinzu, drückt den Saft einer Zitrone darein, und kocht sie damit fertig. Man kann auch die Bersiche blos mit Salzwasser, worin ein großes Stück Butter, eine Zwiebel, ein Lorbeerblatt, eine in Scheiben zerschnittene Zitrone, einige Nelken und Pfefferkörner kommt, abkochen, und sie ganz heiß aus dem Sud mit zerlassener Butter und Erdäpfel zu Tisch geben.

### Nro. 423. Kabeljau oder frischer Stockfisch.

Dieser wird gereinigt, und mit Wasser und ein paar Zwiebeln an das Kochen gebracht, alsdann bei Seite gestellt, und zugedeckt warm erhalten; hierauf zerläßt man ein Stück Butter, dämpft damit einen Eßlöffelvoll fein gewiegte Chalotten, gibt 2 bis 3 Eßlöffelvoll guten dicken Senf mit ein wenig Schü (Jus) oder Fleischbrühe hinzu, legt den Kabeljau auf ein Sieb, gibt solchen wenn er abgelaufen ist, in die Sauce, kocht ihn noch ein wenig damit auf, und gibt ihn dann zu Tisch. Man kann ihn auch mit gesalzenem Wasser einmal überkochen lassen, solchen alsdann auf eine gewärmte Platte anrichten, ihn mit dem Gelben von hartgesottenen und gewiegten Eyern bestreuen, und ein Stück heiß gemachte Butter, worin ein Löffelvoll gewiegte Petersil gedämpft worden ist, darüber geben.

### Nro. 424. Aschen zu kochen.

Diese werden wie die Forellen abgekocht, oder man läßt sie vielmehr, weil sie schneller fertig sind, in dem Sud blos ziehen, man kann Aschen

Sardellen- oder holländische Sauce geben, auch können sie mit brauner Butter und Zitronensaft aufgeschmelzt gegeben werden.

## Nro. 425. Fischotter.

Man schneidet der Fischotter den Kopf ab, und wirft ihn weg, zieht die Haut davon, und reibt sie mit Salz, Pfeffer und etwas Nelken gut ein, schlägt sie in einen mit Butter bestrichenen Bogen Papier ein, und bratet sie an einem Spies langsam saftig, in den Untersatz oder Bratpfanne gibt man eine Tassevoll Essig mit einem Stück Butter, ein paar Scheiben Zitronen und eine Zwiebel, und begießt während dem Braten die Fischotter fleißig damit, kurz vor dem Anrichten röstet man eine Handvoll zerriebenes Roggenbrod mit einen Stückchen Butter braun, gibt die abgeträufte Sauce aus dem Untersatz mit etwas Schü oder Fleischbrühe hinzu, und verkocht dieses gut, schöpft sodann die Fette davon, treibt die Sauce durch ein Sieb, gibt einen Eßlöffelvoll Kappern darein, und erhält sie heiß.

Die Fischotter richtet man, wenn sie fertig ist, auf eine gewärmte Platte an, nimmt das Papier davon, und servirt die Sauce besonders dazu.

## Nro. 426. Fischotter zu dämpfen.

Man schneidet die abgezogene Fischotter in beliebige Stücke, marinirt, beizt sie über Nacht mit etwas Essig, verschiedenen Wurzeln und einigen feinen Kräutern, alsdann belegt man eine Casserolle mit einigen Schnitten Speck und Schinken, bestreut die Fischotter mit Salz, und gibt sie sammt den Kräutern und Wurzeln darein, läßt jedoch den Essig weg, und gießt statt diesem ein Quart rothen Wein hinzu, verdeckt die Casserolle gut, und dämpft die Fischotter auf Kohlen langsam, sodann röstet man einen Kochlöffelvoll Mehl mit einem Stückchen Butter gelb, gibt dieses mit einem Schöpflöffelvoll Schü (Jus) oder Fleischbrühe hinzu, und kocht die Fischotter vollends damit fertig, richtet sie dann auf eine Platte an, schöpft die Fette von der Sauce ab, und gibt das Zurückgebliebene durch ein Sieb passirt darüber.

## Nro. 427. Krebse mit saurem Rahm.

Man bestreicht eine Platte von gutem Porzellän mit kalter Krebsbutter, belegt diese dicht mit großen ausgelösten Krebsschweifen und Scheeren, dämpft einen Eßlöffelvoll fein gewiegte Chalotten und etwas Petersilkraut mit einem Stückchen Butter, gibt dieß über die Krebse, und bestreut sie mit geriebenem Milchbrod, zerklopft alsdann guten sauren Rahm, gibt diesen darüber, stellt die Platte in einen Ofen, läßt die Krebse schnell Farbe nehmen, und gibt sie gleich zu Tisch.

## Nro. 428. Ragout von Krebsen.

Große Krebse werden mit einem Glas Wein, eben so viel Essig, Wasser, Salz einer Zwiebel und etwas Petersilkraut abgekocht, alsdann abgegossen, und Schweif und Scheeren davon ausgemacht; hierauf röstet man mit einem Stückchen Butter einen kleinen Kochlöffelvoll Mehl gelb, gibt etwas gewiegte Chalotten mit ein paar Löffelvoll ganz kleiner und zuvor mit ein wenig Butter abgedämpfter Champignon hinzu, füllt dieses mit einem Glas Wein und etwas Fleischbrühe auf, würzt die Sauce mit Muskaten, und läßt sie kurz einkochen, gibt dann die Krebsschweife und Scheeren darein, läßt diese aber nicht mehr kochen, sondern nur heiß werden, und richtet sie dann an.

### Nro. 429. Gespickte Krebse.

Man kocht große Krebse mit gesalzenem Wasser ab, löst die obere Schale so wie die vom Schweif weg, der Krebs aber muß ganz bleiben; hierauf schneidet man von einem Kalbsschlegel, so groß die Krebse sind, dünne Stückchen ab, klopft sie ein wenig, und spickt sie auf einer Seite mit fein geschnittenem Speck zierlich, schlägt alsdann um jeden Krebs ein solches Stückchen Fleisch, daß die gespickte Seite nach auffen steht, befestigt unten am Krebs das Fleisch mit kleinen Hölzchen, belegt eine Casserolle mit Speckscheiben, Wurzeln, einigen Scheiben Zitronen und einer Zwiebel, setzt die Krebse darein, gibt ein Glas Wein mit so viel guter fetter Fleischbrühe hinzu, daß solches über die Krebse geht, bedeckt sie mit einem Bogen Papier und dann mit einem passenden Deckel, gibt schwache Kohlen darunter, und kocht die Krebse langsam fertig, indessen wiegt man 2 verwällte Briesen, eine Handvoll verwällte Morgeln und etwas Petersil gröblich, dämpft dieses mit einem Stückchen Butter, bestäubt es mit ein wenig Mehl, und gießt, wenn dieses angezogen hat, ein wenig Fleischbrühe, das Uebrige von der Braise, worin die Krebse gekocht haben, hinzu, würzt die Sauce mit Muskaten, kocht sie ein wenig durch, richtet die Krebse auf eine Platte an, und gibt, wenn sie abgelaufen sind, die Sauce darüber.

### Nro. 430. Krebse auf gewöhnliche Art zu kochen.

Man gibt in eine Casserolle ein Glas Wein, eben so viel Essig mit 2 Theilen Wasser, ferner eine Zwiebel, eine Handvoll Petersilkraut, Salz und ein Stückchen Butter, gibt, wenn dieses siedet, die Krebse hinzu, und kocht sie zugedeckt damit fertig (man darf die Krebse, weil sie gern hart werden, nicht zu lange kochen lassen), richtet sie alsdann in eine zierlich gebrochene Serviette auf eine Platte an, garnirt sie mit grüner Petersile, schlägt die Serviette, damit sie heiß bleiben, zusammen, und servirt sie zu Tisch.

Anmerk. Es kann beim Kochen der Krebse der Wein auch weggelassen, und statt diesen etwas mehr Essig, sammt etwas Kümmel dazu genommen werden. Auch dürfen sie vom Sud blos bedeckt seyn, weil zu viel Flüssigkeit sie unkräftig macht.

# Verschiedene Pudings, Aufläufe, Eyer, Milch- und Mehlspeisen.

### Nro. 431. Puding von Spinat.

Man brüht 2 Händevoll gereinigten Spinat in einer Schüssel mit gesalzenem Wasser ab, läßt ihn zugedeckt eine Weile stehen, gießt alsdann das heiße Wasser ab, frisches daran, schüttet ihn dann auf ein Sieb, und drückt ihn gut aus; hierauf wiegt man den Spinat mit einigen Chalotten, etwas Petersil, und einem Stückchen Mark, oder wenn man von einem Nierenbraten etwas Fette übrig hat, fein, dämpft das Innere von einem in Milch durchweichten und wieder fest ausgedrückten Milchbrod, mit einem Viertelpfund Butter, vermischt dieses mit dem gewiegten Spinat, gibt Salz und Muskaten hinzu, und rührt solches mit einem Ganzen und dem gelben von 5 Eyern ab, bestreicht alsdann eine Serviette mit Butter, wiegt ein paar verwällte Morgeln, mit dem gelben von einem hart gesottenen Ey, streut dieses in die Serviette, gibt die gerührte Masse darauf, bindet die Serviette fest jedoch so zu, daß noch ein Fingerbreiter Raum dazwischen bleibt, hängt den Puding in ein hohes Geschirr mit kochendem und gesalzenem Wasser, und kocht ihn Dreiviertelstunden, richtet ihn sodann auf eine Platte an, und gibt eine Krebs- oder Butter-Sauce darüber.

Anmerk. Man kann auch statt den Morgeln und Eyer ein gebackenes Flädlein in fingerbreite Streifen schneiden, dasselbe in Form eines Gitter in die bestrichene Serviette legen, die Masse darauf geben, im Uebrigen, wie angezeigt ist verfahren.

### Nro. 432. Puding von Krebsen.

Von 3 Milchbrod reibt man die Rinde ab, schneidet das Innere in Schnitten, gießt ein Quart süßen Rahm- oder gute Milch darüber, und stellt sie auf Kohlen, bis alle Flüssigkeit verzehrt und das Brod ganz durchweicht ist, und stellt es sodann zum Erkalten bei Seite; hierauf wiegt man die Schweife und Scheeren von 30 bis 40 kleinen Krebsen mit etwas zarter Petersil, gibt diese zu dem abgekühlten Brod in eine Schüssel, gießt 12 Loth zerlassene Butter darüber, und rührt solches mit dem gelben von 7 bis 8 Eyern, Salz und Muskaten bei der Wärme gut ab, schlägt das Weiße von 4 Eyern zu einem Schnee, mischt diesen unter die Masse, bindet sie in eine mit Butter bestrichene Serviette nicht zu fest ein, hängt den Puding in ein hohes Geschirr mit kochendem Wasser, welches bei allen gesalzenen Pudings nach Verhältniß auch gesalzen werden muß, kocht ihn eine Stunde, und gibt eine Krebs-Sauce mit Morgeln beim Anrichten darüber.

### Nro. 433. Puding von Kalbfleisch.

Ein halb Pfund gebratenes Kalbfleisch, wo möglich von Nierenbraten der Fett hat, wiegt man mit etwas Zitronenschäle, einigen Chalotten und etwas Petersilkraut fein; hierauf zerläßt man ¼ Pf. Butter, dämpft damit das Innere von einem in Milch durchweichten und wieder fest ausgedrückten Milchbrod, vermischt dieses in einer Schüssel mit dem gewiegten Fleisch, gibt Salz und Muskaten hinzu und rührt es mit dem Gelben von 7 Eyern ab, schlägt von 5 Eyerklar einen steifen Schnee, mischt diesen leicht in die Masse, bindet solche wie dieses in den 2 vorhergehenden Nummern angezeigt ist, in eine bestrichene Serviette und kocht den Puding nach jener Vorschrift, ¾ Stunden. Man kann hiezu eine Butter-Sauce mit Morgeln, eine Sardellen oder Kappern-Sauce geben.

Wenn man geschlossene Pudingsformen von Blech hat, kann man sich dieser statt der Serviette zu jedem Puding bedienen, man bestreicht sie mit kalter Butter, gibt die Masse darein, setzt sie auf ein Geschirr mit kochendem Wasser und kocht den Puding in einem Bratofen fertig, auf diese Art bleiben sie kräftiger, kochen auch schneller aus.

### Nro. 434. Gebrühter Puding.

Hiezu nimmt man 10 Loth Butter, 8 Loth Zucker, eben so viel Mehl, 10 Eyer und ein Quart süßen Rahm, der Rahm wird mit dem Butter und mit der Hälfte des Zuckers siedend gemacht, das Mehl daran gerührt und auf dem Feuer so lange geschafft, bis der Teig glatt und steif ist, alsdann bei Seite gestellt, wenn nun der Teig ein wenig verkühlt hat, wird er mit dem Rest Zucker und dem Gelben der 10 Eyer leicht abgerührt, das Weiße davon zu einem Schnee geschlagen und unter die Masse gerührt, alsdann in eine bestrichene Serviette oder eine Form gefüllt und eine kleine Stunde nach Vorschrift der Vorhergehenden gekocht.

Wenn der Puding fertig ist und angerichtet werden soll, kocht man ein Quart rothen Wein mit Zucker, ganzem Zimmt, ein paar Nelken und etwas Zitronenschale ab und gibt diesen über den Puding. Man kann sich auch der Bischof-Sauce Nro. 354. hiezu bedienen.

### Nro. 435. Andere Art gebrühter Puding.

Eine Tasse Milch wird mit einer Nuß groß Butter siedend gemacht und so viel feines Mehl hinein gerührt, bis es einen steifen Teig gibt, alsdann wird derselbe vom Feuer gestellt und bis er glatt und etwas abgekühlt ist, mit dem Saft einer Zitrone gerührt; hierauf rührt man ¼ Pf. Butter mit dem Gelben von 12 Eyern leicht, reibt das Gelbe einer Zitrone an einem Stückchen Zucker ab, gibt diesen zerstoßen sammt der Butter an den Teig und rührt solches zusammen wohl ab; nun schlägt man von 8 Eyerklar einen steifen Schnee, mischt diesen leicht unter die Masse, gibt sie in eine bestrichene Form, stellt diese verschlossen in kochendes Wasser und kocht den Puding bei gleicher Hitze eine halbe Stunde, stürzt ihn alsdann auf eine Platte und gibt eine Hägen- oder Zitronen-Sauce darüber.

### Nro. 436. Puding von Fischen.

Man kann hiezu einen pfündigen Karpfen, Hecht oder auch geringere Arten Fische nehmen, man zieht, nachdem sie gereinigt sind, die Haut davon, löst das Fleisch von den Gräten, wäscht es noch einmal rein und wiegt es mit einer Zwiebel oder Chalotte, etwas Petersilkraut, ein paar Sardellen, etwas Zitronenschale und ¼ Pf. Ochsenmark ganz fein, begießt es alsdann in einer Schüssel mit 6 Loth zerlassener Butter, gibt ein abgeriebenes, in Milch durchweichtes und wieder fest ausgedrücktes Milchbrod, Salz und Muskatenblüthe hinzu, rührt dieses mit dem Gelben von 6 Eyern leicht ab, mischt den Schnee von 3 Eyerklar unter die Masse, gibt sie in eine bestrichene Serviette oder Form und kocht den Puding drei Viertelstunden, wie die Vorschrift von Nro. 412. zeigt; es kann beim Anrichten eine Sardellen- oder Butter-Sauce darüber gegeben werden.

### Nro. 437. Puding von Reis.

Man stellt ¼ Pf. wohlgereinigten und gewaschenen Reis mit heißem Wasser auf Kohlen, läßt solchen bis er weich ist quellen und gießt ihn alsdann zum Ablaufen auf ein Sieb, indessen rührt man ¼ Pf. Butter mit dem Gelben von 6 Eyern leicht, gibt den abgekühlten Reis mit ein paar verwällten und mit Petersil gewiegten Briesen, Salz und Muskatenblüthe hinzu, schlägt das Weiße der Eyer zu Schnee, mischt diesen unter die Masse, füllt sie in eine bestrichene Form oder Serviette, kocht den Puding nach früher angezeigter Vorschrift Dreiviertelstunden, und gibt eine Petersil oder Krebs-Sauce darüber.

### Nro. 438. Süßer Puding von Reis.

Man läßt ¼ Pf. Reis mit Milch aufquellen und schüttet ihn dann zum Ablaufen auf ein Sieb, indessen rührt man ¼ Pf. Butter mit dem Gelben von 6 Eyern, 4 Loth fein zerstoßenen Mandeln und 2 Eßlöffelvoll Zucker leicht, reibt von einer Zitrone das Gelbe an einem Stückchen Zucker ab, schabt dieses mit einem Messer an den Reis und gibt solchen, wenn er erkaltet ist, in die gerührte Butter, schlägt das Weiße von 4 Eyer zu Schnee, rührt diesen leicht unter die Masse, legt in die bestrichene Form oder Serviette eine Verzierung von Zitronat, Pistazien oder Rosinen, gibt die Masse hinzu, stellt solche, wenn sie in einer Form ist in kochendes Wasser und kocht den Puding in einem Bratofen ¾ Stunde, wird er aber in eine Serviette gebunden, so hängt man ihn in einen hohen Topf mit kochendem Wasser und kocht ihn Dreiviertelstunden. Es wird die in Nro. 358. angezeigte Mandel-Sauce darüber gegeben.

### Nro. 439. Puding von Mark.

Man schneidet das Innere von 2 Milchbroden zu Schnitten, gießt ein Quart süßen Rahm oder gute Milch daran und kocht das Brod zu einer dicken Crême, indessen reinigt und schneidet man 8 Loth Ochsenmark klein, mischt es mit einer Handvoll rein gewaschenen Weinbeeren, etwas fein geschnittenen Zitronat und der abgeriebenen Schale einer halben Zitrone in die erkaltete Crême, rührt es mit 2 Ganzen und dem Gelben von 5 Eyern gut ab, füllt die Masse in eine mit Butter bestrichene Form, verschließt solche wohl, setzt den Puding eine halbe Stunde in kochendes Wasser in einen Bratofen, stürzt ihn wenn er fertig ist behutsam auf eine Platte und gibt eine beliebige süße Sauce dazu.

### Nro. 440. Puding von Nudeln.

Zu einem mittelgroßen Puding nimmt man die breit geschnittenen Nudeln von 2 Eyer, kocht diese in gesalzenem Wasser ab und gießt sie zum

Ablaufen auf ein Sieb, indessen rührt man ¼ Pf. Butter leicht ab, gibt ein wenig fein gewiegten Kalbs-Braten mit etwas Petersil, Salz und Muskaten, sammt den abgekühlten Nudeln hinzu, rührt dieses gut untereinander, gibt die Masse in eine mit Butter bestrichene Serviette, bindet diese fest zu, hängt den Puding in kochendes Wasser und kocht ihn eine starke halbe Stunde, richtet ihn alsdann auf eine Platte an und gibt eine Butter oder Krebs-Sauce mit gewiegten Morgeln und Briesen darüber.

## Nro. 441. Süßer Puding von Nudeln.

Man macht wie im Vorhergehenden, von 2 Ehern etwas breit geschnittene Nudeln, kocht sie mit Milch ab und bringt sie zum Ablaufen auf ein Sieb, indessen rührt man ¼ Pf. Butter mit dem Gelben von 5 Ehern, eine Handvoll zart gestoßener Mandeln und etwas Zucker ab, gibt die abgekühlte Nudeln hinzu, schlägt das Weiße der Eher zu Schnee und mischt diesen darunter, gibt die Masse in eine bestrichene Form, setzt diese verschlossen in kochendes Wasser in einen Bratofen, kocht den Puding eine halbe Stunde, richtet ihn auf eine Platte an und gibt eine Mandel oder süße Rahm-Sauce darüber.

## Nro. 442. Englischer Puding.

Man weicht das Innere von 2 Milchbroden in lauwarme Milch ein, rührt indessen ¼ Pf. Butter mit ein paar Eßlöffelvoll Zucker und eben so viel fein zerstoßenen Mandeln, mit dem Gelben von 7 bis 8 Ehern leicht ab, preßt das eingeweichte Brod mit einer Serviette fest aus und rührt es in die Butter, schlägt das Weiße von 5 Ehern zu Schnee und mischt solchen in die Masse, bestreicht eine Form oder Serviette mit kalter Butter, legt von schönen Rosinen oder Zitronat eine Verzierung darauf, gibt die Masse hinzu und kocht den Puding Dreiviertelstunden. Es kann eine Hagen- oder Zitronen-Sauce beim Anrichten darüber gegeben werden.

## Nro. 443. Puding von Erdäpfel mit Parmesankäs.

Ein Viertelpfund Butter wird mit eben so viel gewiegtem Schinken, 4 Ganzen und 5 gelben Ehern leicht abgerührt, ¼ Pf. kalt und fein geriebene Erdäpfel mit etwas Salz und Muskatenblüthe darunter gemischt, alsdann bestreicht man eine Serviette mit kalter Butter, bindet die Masse locker hinein, hängt den Puding in gesalzenes und kochendes Wasser und kocht ihn eine Stunde, richtet solchen sodann auf eine Platte an, macht oben mehrere Schnitte hinein, begießt ihn stark mit heißer Butter und streut geriebenen Parmesankäs darauf.

## Nro. 444. Puding von Erdäpfel auf andere Art.

Von ¼ Pf. gebratenem Kalbfleisch, halb so viel geschabenem Speck, ein paar Chalotten und etwas Petersil wiegt man eine feine Farçe (Fülle), stößt diese mit einem Stück Butter und ¼ Pf. gesottenen und kalt geriebenen Erdäpfeln, Salz und Muskaten in einem Mörser gut ab, rührt solches alsdann in einer Schüssel mit dem Gelben von 6 Ehern leicht, schlägt das Weiße der Eher zu Schnee, mischt diesen in die Masse, gibt sie in eine mit Butter bestrichene Form, setzt diese auf kochendes Wasser, kocht den Pudding Dreiviertelstunden, stürzt ihn, wenn er fertig ist, auf eine Platte und gibt Petersil oder Butter-Sauce darüber.

### Nro. 445. Puding von Roggenbrod und Arrac.

Zwölf Loth fein geriebenes Roggenbrod rührt man mit 8 Loth gestoßenem Zucker und dem Gelben von 10 Eyern ganz leicht, schlägt das Weiße der Eyer zu steifem Schnee, mischt diesen mit einer Messerspitzevoll Zimmt, halb so viel Nelken und 4 Löffelvoll Arrac unter die gerührte Masse, gibt sie in eine mit Butter bestrichene Form und backt den Puding in einem guten Ofen, indessen kocht man ½ Maaß rothen Wein mit Zucker, etwas ganzen Zimmt und ein paar Nelken, nimmt dieses wenn der Puding aus dem Ofen kommt, mit einem Schaumlöffel aus dem Wein, legt dagegen den Puding einen Augenblick hinein und servirt ihn dann gleich zu Tisch. Es kann auch die Bischof-Sauce Nro. 354. darüber gegeben werden.

----

# Verschiedene Aufläufe.

### Nro. 446. Auflauf mit Aepfel.

Sechs kleine Kochlöffelvoll feines Mehl und 2 Eßlöffelvoll gestoßenen Zucker rührt man zuerst mit ein wenig Rahm oder Milch und dann mit dem Gelben von 10 Eyern glatt und verdünnt dieses mit einer Tasse Rahm; hierauf bestreicht man eine Blechform mit kalter Butter, belegt den Boden derselben mit trocken gedämpften Borstorfer Aepfeln, schlägt das Weiße von den Eyern zu Schnee, mischt ihn mit einer Messerspitzevoll Zimmt in die Masse, gibt diese in der Form stellt sie in einen gemäßigten Ofen und läßt sie langsam aufziehen.

### Nro. 447. Auflauf von Aepfel auf andere Art.

Man schneidet 2 abgeriebene Milchbrode zu dünnen Schnitten, kocht diese mit Rahm oder Milch zu einer dicken Crême und stellt sie zum Erkalten bei Seite, indessen rührt man ¼ Pf. Butter mit einer Handvoll fein gestoßener Mandeln und ein paar Eßlöffelvoll Zucker leicht, gibt das abgekühlte Brod, 6 Eßlöffelvoll dick eingekochtes Aepfelmark, eine Messerspitzevoll Zimmt und ein wenig abgeriebene Zitronenschale hinzu, rührt dieses mit dem Gelben von 7 Eyern gut ab, schlägt alsdann das Weiße der Eyer zu Schnee, mischt diesen unter die gerührte Masse, gibt solche in eine mit Butter bestrichene Form und läßt sie in einem gelinden Ofen langsam aufziehen.

Anmerk. Hat man kein Aepfelmark vorräthig, so werden gute Aepfel geschält, in Schnitzen gemacht und auf heißer Asche mit Zucker langsam weich gedämpft, alsdann durch einen Seiher getrieben, und nachdem es erkaltet ist nach Vorschrift verwendet.

### Nro. 448. Auflauf von Aepfel mit Arrac.

Man bratet 10 bis 12 große Borstorfer Aepfel weich, zieht die Haut davon und schabt das Mark rein aus; hierauf rührt man ¼ Pf. gestoßenen

Zucker mit dem Gelben von 10 Eyern leicht, gibt die abgeriebene Schale einer Zitrone, deren Saft, 2 kleine Löffelvoll Ayrac mit den abgekühlten Aepfeln hinzu und rührt dieses noch eine Weile, schlägt alsdann das Weiße der Eyer zu Schnee, mischt diesen unter die Masse, gibt solche auf eine mit Butter bestrichene Platte von gutem Porzellän, stellt sie in einen gemäßigten Ofen, damit die Platte nicht springt auf Sand und läßt sie langsam aufziehen.

### Nro. 449. Auflauf von Chocolade.

Man rührt ¼ Pf. fein gestoßenen Zucker mit 2 Eßlöffelvoll fein gestoßenen Mandeln und dem Gelben von 8 Eyern leicht, gibt eines Ey groß zerlassene Butter mit 6 Loth geriebenen Chocolade hinzu, schlägt das Weiße der Eyer zu Schnee und mischt diesen in die Masse, gibt sie auf eine mit Butter bestrichene Platte von Porzellän, stellt sie in einen guten Ofen auf Sand und läßt sie schnell aufziehen.

### Nro. 450. Auflauf von Chocolade auf andere Art.

Man durchweicht 2 abgeriebene Milchbrode mit lau warmer Milch, drückt sie alsdann fest aus, gießt 8 Loth zerlassene Butter darüber, und rührt es mit dem Gelben von 8 Eyern leicht, schlägt alsdann das Weiße der Eyer zu Schnee, mischt diesen mit 4 Loth geriebenen Chocolade und 2 Eßlöffelvoll gestoßenem Zucker ganz leicht und ohne viel darin zu rühren unter die Masse, bestreicht dann eine Platte oder Blechform mit kalter Butter, gibt die Hälfte des Gerührten darein, überstreicht dieses mit eingemachten Johannisbeeren, gibt die andere Hälfte darauf und läßt die Masse in einem guten Ofen aufziehen.

### Nro. 451. Auflauf von kaltem Braten.

Man wiegt ¼ Pf. gebratenes Kalbfleisch mit ¼ Pf. Ochsenmark, ein paar Chalotten, etwas Petersil und ein wenig Zitronenschalen ganz fein, dämpft das Innere von einem in Milch durchweichten und wieder fest ausgedrückten Milchbrod mit 6 Loth zerlassener Butter auf Kohlen ab, gibt dieses sammt dem gewiegten Fleisch in eine Schüssel und rührt es mit dem Gelben von 7 Eyern, Salz, Muskaten und dem Saft einer Zitrone leicht ab, schlägt das Weiße der Eyer zu Schnee, mischt diesen unter die Masse, gibt solche in eine mit Butter bestrichene Form und läßt sie, damit der Auflauf saftig bleibt, in einem guten Ofen schnell aufziehen. Man kann ihn trocken oder mit einer Sardellen=Sauce zu Tisch geben.

### Nro. 452. Auflauf von Parmesankäs.

Man rührt 4 Loth feines Mehl mit ½ Maaß dickem sauren Rahm auf dem Feuer ab, rührt, wenn solches erkaltet ist das Gelbe von 10 Eyern, ¼ Pf. geriebenem Parmesankäs, Salz und Muskaten hinzu, schlägt das Weiße der Eyer zu Schnee, mischt diesen in die Masse, gibt solche in eine mit Butter bestrichene Form und läßt sie langsam in einem gelinden Ofen aufziehen.

### Nro. 453. Auflauf von Käs auf andere Art.

Man übergießt ¼ Pf. geriebenen Edamerkäs mit einem Quart kochendem süßen Rahm, rührt, wenn dieser ganz erkaltet ist, das Gelbe von 6 Eyern, eine Tasse dicken sauren Rahm, Salz und Muskaten hinzu, schlägt alsdann das Weiße der Eyer zu Schnee, mischt diesen unter die Masse, gibt sie in eine mit Butter bestrichene Form und läßt sie in einem gelinden Ofen aufziehen.

## Nro. 454. Auflauf von Reis.

Ein Viertelpfund gut gereinigter Reis wird mit Milch dick und ganz weich gekocht, durch ein Sieb getrieben und zum Erkalten bei Seite gestellt, indessen rührt man 4 Loth Butter mit 6 Loth ganz zart zerstoßener Mandeln, ein paar Eßlöffelvoll Zucker, etwas Zimmt und dem Gelben von 6 bis 7 Eyern leicht, gibt den erkalteten Reis hinzu und rührt ihn damit noch eine Weile, schlägt von dem Weißen der Eyer einen Schnee, mischt diesen darunter, gibt die Masse in eine mit Butter bestrichene Form und läßt sie in einem gelinden Ofen aufziehen.

## Nro. 455. Reisauflauf ohne Butter mit Aepfel.

Der Reis wird, wie in dem Vorhergehenden angezeigt ist, gekocht und durch ein Sieb getrieben, alsdann zum Erkalten bei Seite gestellt, indessen rührt man ¼ Pf. gestoßenen Zucker mit der abgeriebenen Schale einer Zitrone und dem Gelben von 7 Eyern ganz leicht, gibt den erkalteten Reis sammt dem zu Schnee geschlagenen Eyerklar hinzu, bestreicht eine Form mit Butter, gibt auf den Boden Fingerdick trocken eingemachtes und mit etwas Zucker vermischtes Aepfelmark, gießt die Masse darauf und läßt sie schnell in einem guten Ofen aufziehen.

## Nro. 456. Reisauflauf mit Borstorfer Aepfel.

Man kocht ¼ Pf. gut gereinigten Reis mit Milch weich und dick ein, gibt alsdann 4 Loth Butter hinzu und rührt ihn in einer Schüssel bis er kalt ist, schlägt nach und nach 6 Eyer darein und verrührt diese gut damit, sticht mit einem Hohleisen aus guten Borstorfer-Aepfeln den Kern heraus und schält sie alsdann erst; bestreicht eine Blechform mit kalter Butter, gibt die gerührte Masse darein, setzt in diese die ausgehöhlten Aepfel, füllt die Höhlung mit fein gestoßenen Mandeln und gröblich gestoßenem Candis aus; überstreut das Ganze dick mit gestoßenem Zucker und läßt solches langsam in einem gelinden Ofen aufziehen.

## Nro. 457. Auflauf von saurem Rahm.

Sechs Löffelvoll feines Mehl brüht man mit einem Quart kochender Milch oder Rahm ab, rührt solches mit dem Gelben von 6 bis 7 Eyern, 3 Eßlöffel voll Zucker, einer Messerspitze Zimmt und einer halben Maaß dicken sauren Rahm glatt, schlägt das Weiße der Eyer zu Schnee und mischt diesen unter die Masse, alsdann bestreicht man eine Blechform mit kalter Butter, belegt den Boden derselben mit eingemachten oder gedämpften Aprikosen, gibt die Masse darauf und läßt sie in einem gelinden Ofen langsam aufziehen.

## Nro. 458. Auflauf mit saurem Rahm und Weinbeer.

Man schneidet 2 abgeriebene Milchbrode zu feinen Schnitten und kocht diese mit einem Quart sauren Rahm auf Kohlen zu einer dicken Creme, gibt, wenn diese erkaltet ist, 4 Eßlöffelvoll Zucker und eine Messerspitzevoll Zimmt hinzu, rührt es mit dem Gelben von 6 Eyern und einem Quart dicken sauren Rahm ab, schlägt das Weiße der Eyer zu Schnee, mischt diesen mit ¼ Pf. gut gereinigten Weinbeeren in die Masse, gibt solche in eine mit Butter bestrichene Form und läßt sie langsam aufziehen.

### Nro. 459. Auflauf von Erdäpfel mit Häring.

Man rührt ¼ Pf. Butter mit 6 Eyer und ¼ Pf. gesottene und geriebene Erdäpfel leicht, schneidet 2 gut gereinigte Häringe oder ¼ Pf. Sardellen klein, dämpft eine fein gewiegte Zwiebel mit einem Stückchen Butter weich, gibt diese sammt dem Häring oder Sardellen, etwas Salz, Muskaten und einer Tasse dicken sauren Rahm an die Masse, rührt diese noch eine Weile gut durcheinander, gibt sie alsdann in eine bestrichene Form und läßt sie in einem guten Ofen schnell aufziehen. Man kann auch die Häringe oder Sardellen weglassen und statt diesen 4 Loth geriebenen Parmesankäs darein geben.

### Nro. 460. Auflauf von Schnepfen oder Feldhühnern.

Von 2 Schnepfen oder Feldhühnern die noch frisch sein müssen, schneidet man das Brustfleisch heraus, schabt solches von Haut und Fasern rein ab und stößt es mit ¼ Pf. Ochsenmark im Mörser zu einem feinen Teig, das übrige Beinerwerk stößt man ebenfalls klein, setzt es mit einem Stückchen Schinken und einer halben Maaß Schü (Jus) auf Kohlen und kocht es so lange, bis nur noch eine halbe Taßevoll Flüssigkeit daran ist, preßt diese durch eine Serviette und läßt sie erkalten; hierauf dämpft man eine Handvoll fein gewiegter Chalotten mit einem Stück Butter, rührt einen Kochlöffelvoll feines Mehl daran, gießt, wenn solches angezogen hat, eine Tasse süßen Rahm hinzu und verkocht solches wohl, vermischt es mit dem gestoßenen Fleisch, rührt zuerst die erkaltete Brühe, Salz, Muskaten, den Saft einer Zitrone und dann das Gelbe von 7 Eyern hinzu, schlägt von 7 Eyerklar einen steifen Schnee, rührt diesen in die Masse gibt sie in eine bestrichene Form und läßt sie, damit sie saftig bleibt, in einem guten Ofen schnell aufziehen.

### Nro. 461. Auflauf von Quitten.

Von gebratenen Quitten schabt man das Mark rein aus, nimmt auf ¼ Pf. Mark eben so viel gesiebten Zucker und 4 Loth fein gestoßene Mandeln, rührt dieses mit der abgeriebenen Schale und dem Saft einer Zitrone leicht, schlägt von 10 Eyerklar einen steifen Schnee, rührt diesen an die Masse, gibt solche auf eine mit Butter bestrichene Platte von Porzellan, und läßt sie in einem gelinden Ofen aufziehen.

### Nro. 462. Auflauf von Hägenmark.

Ein Viertelpfund ganz fein gesiebter Zucker wird mit eben so viel eingekochtem Hägenmark, die auf Zucker abgeriebene Schale einer Zitrone und deren Saft gut gerührt, alsdann das Weiße von 10 Eyern zu Schnee geschlagen, die Masse auf eine mit Butter bestrichene Platte gegeben und in einem gelinden Ofen aufgezogen.

### Nro. 463. Auflauf von Kaffee.

Ein Viertelpfund leicht gerösteter Kaffee wird grob zerstoßen, mit einer halben Maaß Milch gekocht und diese durch eine Serviette gepreßt, alsdann die Milch wieder heiß gemacht und 4 Kochlöffelvoll feines Mehl damit ab= gebrüht; bis dieses erkaltet ist, rührt man ¼ Pf. gute Butter leicht, gibt 4 Eßlöffelvoll Zucker sammt dem erkalteten Teig hinzu, rührt dieses mit dem Gelben von 8 Eyern gut ab, schlägt das Weiße von 6 Eyern zu einem stei= fen Schnee, mischt diesen unter die Masse, füllt sie in eine mit Butter be= strichene Form und läßt sie im Ofen langsam aufziehen.

### Nro. 464. Vanille-Auflauf.

Man klopft ein Fingerlanges Stückchen Vanille wohl durch, kocht sol= ches mit einem Quart süßen Rahm oder Milch, preßt diesen durch eine Serviette, kocht damit 2 abgeriebene Milchbrode zu einer dicken Crème und stellt sie alsdann zum Erkalten bei Seite; indessen rührt man ¼ Pf. frische Butter mit 3 Loth fein zerstoßener Mandeln und 3 Eßlöffelvoll Zucker, gibt das erkaltete Brod hinzu und rührt das Ganze mit dem Gelben von 8 Eyern gut ab, schlägt das Weiße der Eyer zu steifem Schnee, rührt die= sen unter die Masse, gibt solche in eine mit Butter bestrichene Form und läßt sie in einem gelinden Ofen aufziehen.

### Nro. 465. Auflauf von Zitronen.

Ein halb Pfund fein zerstoßener Raffinad wird durch ein Sieb gelassen, alsdann mit dem Gelben von 15 Eyern, der abgeriebenen Schale und dem Saft von 2 Zitronen zu Schaum gerührt; nun schlägt man von 10 Eyer= klar einen steifen Schnee, mischt diesen unter die gerührte Masse, gibt solche auf eine mit Butter bestrichene Platte und läßt sie im Ofen langsam aufziehen.

### Nro. 466. Auflauf von Johannisbeeren.

Zwei abgeriebene Milchbrode durchweicht man mit ein wenig Rahm, drückt sie fest wieder aus, gießt ¼ Pf. zerlassene Butter darüber und rührt sie mit dem Gelben von 8 Eyern, 2 Löffelvoll Zucker und der abgeriebenen Schale einer Zitrone leicht, schlägt von 5 Eyerklar einen Schnee, rührt zu= erst ¼ Pf. eingemachte Johannisbeere und dann erst den Schnee in die Masse, gibt diese in eine mit Butter bestrichene Form, und läßt sie in ei= nem gelinden Ofen aufziehen.

### Nro. 467. Auflauf von Kirschen.

Zwei abgeriebene Milchbrode kocht man mit süßem Rahm zu einer Crème und läßt solche erkalten, indessen rührt man ¼ Pf. Butter mit 4 Löffelvoll Zucker, 4 Loth zartgestoßenen Mandeln, eine Messerspitzevoll Zimmt und dem Gelben von 7 Eyern leicht, gibt das abgekühlte Brod hinzu, rührt dieses damit gut ab, schlägt das Weiße von 5 Eyern zu einem steifen Schnee, rührt zuerst 1 Pf. ausgesteinte Kirschen, alsdann den Schnee in die Masse, gibt diese in eine bestrichene Form und läßt sie in einem guten Ofen aufziehen.

9

### Nro. 468. Auflauf von Zwetschgen.

Man brühet 4 Kochlöffelvoll feines Mehl mit einer Tassevoll kochender Milch ab; hierauf rührt man ¼ Pf. Butter mit 4 Loth fein gestoßener Mandeln leicht, gibt den abgekühlten Teig hinzu und rührt solches mit 7 bis 8 ganzen Eyern ab, bestreicht alsdann eine Blechform mit kalter Butter, belegt sie mit abgedämpften und abgelaufenen Zwetschgen, bestreut diese wohl mit Zucker und Zimmt, gibt die Masse darüber und läßt sie langsam aufziehen.

### Nro. 469. Auflauf von Fischen.

Von einem pfündigen Karpfen oder auch Weißfischen zieht man die Haut ab, schabt das Fleisch von den Gräten, wäscht es rein und wiegt es mit ein paar gereinigten Sardellen, etwas Zitronenschale und grünen Peterfil fein, dämpft ein in Milch durchweichtes und wieder fest ausgedrücktes Milchbrod mit ¼ Pf. Butter, vermischt dieses mit dem gewiegten Fisch, gibt 4 Loth klein gewiegtes Ochsenmark, Salz, Muskaten und eine Tasse sauren Rahm hinzu, rührt dieses mit dem Gelben von 6 Eyern ab, schlägt von 4 Eyerklar einen steifen Schnee, rührt diesen unter die Masse, gibt sie in eine mit Butter bestrichene Form und läßt sie in einem guten Ofen aufziehen.

### Nro. 470. Auflauf von Krebsen.

Von 30 abgekochten Krebsen zieht man die Galle aus, macht die Schweife davon, stößt die Schalen klein, dämpft diese mit ¼ Pf. Butter, gießt, wenn solche schön roth ist, ein Quart Milch daran, hebt die in die Höhe kommende Butter ab und erhält sie warm, die Milch, wenn sie gekocht hat, gießt man durch ein Tuch und kocht damit 2 abgeriebene Milchbrode zu einer dicken Crême gibt alsdann die Krebsbutter, etwas Salz und Muskaten hinzu und rührt solches, nachdem es abgekühlt ist, mit dem Gelben von 7 Eyern leicht ab, schlägt das Weiße der Eyer zu Schnee und gibt diesen an die Masse; hierauf bestreicht man eine Blechform mit Butter, gibt die Hälfte davon darein, legt in die Mitte desselben ein kurz gekochtes Ragout von Briesen, Hühnerlebern, Krebsschweifen und Morgeln, gießt das übrige Gerührte darauf, stellt die Form in einen guten Ofen und läßt die Masse aufziehen. Man kann auch den Auflauf süß machen, in diesem Fall läßt man das Ragout weg, und gibt statt diesem 4 Loth fein gestoßene Mandeln, ein paar Löffelvoll Zucker und die Krebsschweife gewiegt an die Masse, nimmt statt 7 Eyer 9, verfährt im Uebrigen aber wie angezeigt ist.

### Nro. 471. Auflauf von Kastanien.

Ein halb Pfund gute Kastanien siedet man weich, zieht, so lange sie noch warm sind, die Schale davon und zerdrückt sie fein; hierauf rührt man ¼ Pf. Butter mit dem Gelben von 4 Eyern, den zerdrückten Kastanien, einer Handvoll gestoßenen Zucker und den Saft einer Zitrone ganz leicht ab, schlägt von 8 Eyerklar einen steifen Schnee, mischt diesen an die Masse, gibt solche in eine bestrichene Form und läßt sie in einem guten Ofen aufziehen.

### Nro. 472. Auflauf von Aprikosen.

Ein halb Pfund eingemachte Aprikosen verrührt man mit der auf Zucker abgeriebenen Schale einer Zitrone und deren Saft stark, schlägt von 12 Eyerklar einen steifen Schnee, rührt diesen an die Aprikosen, gibt die Masse auf eine mit Butter bestrichene Platte, bestreut sie dick mit fein gewiegten Mandeln und gestoßenen Candis und läßt sie schnell in einem guten Ofen aufziehen.

### Nro. 473. Grüner Auflauf.

Man stößt 3 Händevoll gut gereinigten und gewaschenen Spinat in einem Mörser fein und preßt den Saft davon durch ein reines Tuch, setzt solchen in einer kleinen messingnen Pfanne auf Kohlen, kocht ihn kurz und preßt ihn abermals durch ein reines Tuch, das im Tuch Zurückgebliebene, welches man Spinattoppen oder Euter nennt, schabt man mit einem Messer heraus, vermischt es mit ¼ Pf. abgezogener Mandeln und stößt diese damit ganz fein; hierauf rührt man ¼ Pf. Butter mit 8 Eyergelb, 2 bis 3 Eßlöffelvoll Zucker und einem mit Rahm verkochten und abgekühlten Milchbrod leicht; gibt die gestoßenen Mandeln hinzu und rührt sie damit noch eine Weile ab, schlägt das Weiße der Eyer zu Schnee, mischt diesen unter die Masse, gibt sie in eine bestrichene Form und zieht sie langsam auf.

## Verschiedene Mus (Brei), Eyer-, Milch- und Mehlspeisen.

### Nro. 474. Pomeranzenmus (Brei).

Drei kleine Kochlöffelvoll feines Mehl rührt man mit dem Gelben von 8 Eyern glatt, reibt das Gelbe von 2 Pomeranzen auf einem Stückchen Zucker ab, gibt diesen sammt dem Saft dazu, verdünnt es mit einem Quart Wein, gibt noch so viel Zucker als nöthig ist hinzu und läßt das Muß unter fleißigem Umrühren auf Kohlen langsam auskochen.

### Nro. 475. Mus von Roggenbrod.

Eine starke Handvoll geriebenes Roggenbrod röstet man mit einem Stück Butter, füllt dieses mit einem Quart Wein auf, reibt eine Zitrone an einem Stückchen Zucker ab, gibt diesen mit 4 Loth gut gereinigten Weinbeeren, eine Messerspitzevoll Zimmt und halb so viel Nelken darein, verkocht das Muß gut, macht es nach Belieben süß und richtet es dann an.

### Nro. 476. Schüsselmus.

Acht Eyergelb zerklopft man mit einem Quart süßen Rahm und einem Eßlöffelvoll Zucker, bestreicht eine etwas tiefe Platte mit Butter, bestreut den Boden mit einer Handvoll gut gereinigten Weinbeeren, gießt die Masse hinzu und stellt sie in einen Ofen oder auf kochendes Wasser bis solche gestanden ist.

### Nro. 477. Zitronenmus mit Milch.

Drei Kochlöffelvoll feines Mehl rührt man mit 8 Eyergelb glatt, ver= dünnt solches mit Rahm oder guter Milch, reibt eine Zitrone auf einem Stück Zucker ab, gibt diesen in das Mus, kocht es unter fleißigem Umrüh= ren gut aus und bestreut es beim Anrichten mit gestoßenem Zucker.

### Nro. 478. Zitronenmus mit Wein.

Man rührt einen kleinen Kochlöffelvoll feines Mehl mit dem Gelben von 6 Eyern und einem Quart Wein ab, reibt eine Zitrone an einem Stück Zucker ab, gibt diesen nebst dem Saft hinzu und kocht das Mus un= ter beständigem Rühren. Wenn es fertig und angerichtet ist, wird es mit grob gestoßenem Zucker bestreut, mit einer glühenden Schippe gebrannt und sogleich aufgetragen.

### Nro. 479. Apfelmus auf gewöhnliche Art.

Nachdem die Aepfel geschält und in kleine Stücke gemacht sind werden sie mit einem Stückchen Butter oder Schmalz weich gedämpft, hierauf rührt man zu einem Tellervoll Aepfel 2 Kochlöffelvoll Mehl mit einer Tasse Milch ab, gibt dieses sammt dem nöthigen Zucker mit einer Messerspitzevoll Zimmt hinzu, verrührt sie gut und läßt sie nur noch kurze Zeit kochen.

### Nro. 480. Aufgezogenes Aepfelmus.

Sechs bis acht mittelgroße gute Aepfel schält und schneidet man klein, dämpft sie mit einem Stück Butter weich und treibt sie durch ein Sieb; hierauf reibt man eine Zitrone an einem Stück Zucker ab, stoßt diesen fein und gibt ihn an die Aepfel, rührt solche mit 3 ganzen und dem Gelben von 3 Eyern eine Viertelstunde, gibt die Masse auf eine mit Butter bestri= chene Platte und läßt sie in einem Ofen aufziehen. Man kann sie auch auf eine schwache Glut stellen und einen Deckel mit heißer Asche darauf geben.

### Nro. 481. Apfelmus auf andere Art.

Man schält und schneidet gute Aepfel in feine Schnitze, dämpft sie mit einem Stückchen Butter und verrührt sie wenn sie weich sind mit einem Glas Wein, röstet einen Eßlöffelvoll Semmelmehl mit ein wenig Butter gelb, gibt dieses mit dem nöthigen Zucker, etwas Zimmt und ein paar Löf= felvoll gut gereinigte Weinbeere an die Aefel, kocht das Mus noch ein we= nig auf und richtet es gleich an.

### Nro. 482. Chocolademus.

Man vermischt 4 Loth geriebene Chocolade mit eben so viel ganz fein zerstoßener Mandeln, rührt dieses mit einer halben Maaß guter Milch glatt und kocht es mit einem Stückchen Zucker ein wenig, zerklopft das Gelbe von 6 Eyern wohl, rührt die gekochte Chocolade darein, gießt sie auf eine mit Butter bestrichene Platte und läßt solches auf kochendem Wasser zu ei= nem Mus bestehen.

### Nro. 483. Eyermus.

Man rührt ¼ Pf. frische Butter mit dem Gelben von 10 Eyern, die man vorher in warmes Wasser legt, leicht ab, gibt ein paar Eßlöffelvoll

Zucker darein, gießt es auf eine bestrichene Platte, und läßt es in einem gelinden Ofen fertig werden.

### 484. Reismus.

Ein Viertelpfund wohl gereinigter Reis wird mit kochendem Wasser abgebrüht, dieses abgegossen, und der Reis mit einer Maaß heißer Milch, ein Stück Butter und etwas Zucker auf Kohlen langsam weich gekocht, wenn es fertig und angerichtet ist, legt man die Kruste, die sich am Boden angesetzt hat, darauf, und bestreut es mit Zucker und Zimmt.

### Nro. 485. Griesmus.

Eine Maaß Milch wird mit einem Stück Butter kochend gemacht, 3 Händevoll Gries darein gerührt, dieses dick eingekocht, und zum Erkalten bei Seite gestellt, alsdann zerklopft man 2 ganze und 6 gelbe Eyer mit 3 Löffelvoll Zucker und etwas Zimmt und rührt dies an das erkaltete Muß, gibt solches auf eine bestrichene Platte, und läßt es im Ofen langsam aufziehen. Man kann auch statt diesem das Muß, wenn es dick gekocht hat, mit heißer Milch verdünnen und ein Stückchen Zucker oder etwas Salz mitkochen lassen.

### Nro. 486. Mus von weißem Mehl.

Vier kleine Kochlöffelvoll Mehl rührt man zuerst mit ein wenig Milch, und dann mit dem Gelben von 4 Eyern glatt, verdünnt es vollends mit Milch, legt ein Stückchen frische Butter hinzu, und rührt es so lange, bis es recht im Kochen ist, wenn es bald fertig ist, und gut verkocht hat, gibt man einen Löffelvoll Zucker darein, legt beim Anrichten die Kruste, die sich am Boden angesetzt hat, oben darauf, und bestreut das Mus mit etwas Zucker und Zimmt.

Anmerk. Es können auch die Eyer, wenn man das Mus geringer haben will, weg bleiben, und statt Zucker Salz dazu gegeben werden, im Uebrigen wird damit wie angezeigt ist verfahren.

### Nro. 487. Aufgezogenes Mus.

Von etwas feinem Mehl und guter Milch kocht man ein dickes Mus, und läßt solches erkalten, indessen rührt man zu 6 Eßlöffelvoll Mus ¼ Pf. Butter leicht, gibt das Mus Löffelvollweis darein, rührt aber mit jedem Löffelvoll ein Eyergelb hinein, reibt alsdann eine Zitrone an einem Stück Zucker ab, und rührt diesen, nachdem man ihn zuvor zerstoßen hat, mit dem zu Schnee geschlagenen Eyerweiß in das Mus, gießt dieses auf eine bestrichene Platte, und läßt es im Ofen aufziehen.

### Nro. 488. Weinmus.

Drei bis vier Kochlöffelvoll Semmelmehl röstet man mit einem Stück Butter gelb, füllt dieses mit einem Glas Wein und etwas Wasser auf, gibt ein Stück Zucker eine Messerspitzevoll Zimmt und ein wenig Muskaten hinzu, und verkocht das Mus gut. Wer es liebt, kann auch etwas Weinbeere mitkochen lassen.

## Nro. 489. Zwetschgenmus.

Man begießt reife Zwetschgen mit heißem Wasser, zieht die Haut davon, nimmt die Steine heraus, und kocht die Zwetschgen mit Wein, ein wenig Wasser, Zucker und etwas Zimmt, bis sie ganz weich sind, röstet alsdann einen Löffelvoll Semmelmehl mit einem Stückchen Butter gelb, verrührt die Zwetschgen wohl, gibt das Semmelmehl hinzu, richtet sie gleich, ohne sie noch kochen zu lassen an, und gibt sie mit Zucker und Zimmt bestreut zu Tisch.

## Nro. 490. Kuchenmichel.

Sechs Kochlöffelvoll feines Mehl wird zuerst mit ein wenig Milch glatt gerührt, sodann 4 Eyer eines nach dem andern hinzu gegeben und der Teig mit Milch verdünnt, bis er wie ein Flädleins Teig ist, es kann nach Belieben etwas Salz oder Zucker daran gegeben werden. Hierauf bestreicht man eine runde oder lange Form von Erden, oder Kupfer, mit kalter Butter, und gibt die Masse hinein, sie darf nur eines starken Fingersbreit im Geschirr herauf gehen. Nun schneidet man dünne Schnittchen Butter darauf und läßt sie in einem guten Ofen aufziehen. Man kann auch den Boden der Form mit abgezopften Kirschen, oder ausgesuchten Himbeeren belegen, dieselbe mit Zucker bestreuen, die Masse darüber geben. Uebrigens wie angezeigt ist, verfahren.

## Nro. 491. Krebsmus.

Von 15 bis 20 kleinen in Wasser abgekochten Krebsen löst man die Schweife aus, stößt die Schalen klein, und macht damit ¼ Pf. Krebsbutter, die Schweife wiegt man mit 2 Loth abgezogener Mandeln ganz fein, nimmt diese sammt der Krebsbutter und 2 Eßlöffelvoll Zucker in eine Schüssel, und rührt es mit dem Gelben von 6 Eyern leicht ab, schlägt das Weiße von 3 Eyern zu einem Schnee, mischt diesen in die Masse, gießt sie auf eine mit Butter bestrichene Platte, und läßt sie auf kochendem Wasser zu einem Muß gestehen.

## Nro. 492. Käs von Hühnerlebern und Mägen.

Von den Mägen der jungen Hühner zieht man die dicke Haut ab, und wiegt das Fleisch sammt den Lebern, wenn solche von 6 Hühnern sind, mit ¼ Pf. gut gereinigten Ochsenmark und etwas Petersil ganz fein, rührt dieses mit 8 ganzen Eyern, einer Maaß Milch, Salz, Muskaten und dem Saft einer Zitrone wohl ab, rührt es in einer Casserolle, worunter gelinde Kohlen sind, bis die Masse zu einem weichen Käs zusammen gegangen ist, gießt sie alsdann auf eine dünne Serviette, preßt das Wasser davon, gibt den Käs auf eine gewärmte Platte, und richtet eine Krebs=Sauce darüber an.

## Nro. 493. Zwieback in einer Sauce.

Vier Kochlöffelvoll feines Mehl und 2 Eßlöffelvoll Zucker rührt man mit dem Gelben von 8 Eyern glatt ab, verdünnt dieses mit einer Tassevoll Milch, so daß der Teig etwas dicker als zu Flädlein ist, gießt ihn auf eine mit Butter bestrichene Platte, und läßt ihn auf einem Geschirr mit kochendem Wasser gestehen; wenn solches geschehen ist, wird sie zum Erkalten bei Seite gestellt, die Masse alsdann in beliebige Stücke gemacht, mit Mehl bestreut, und aus heißem Schmalz gelb gebacken. Man kann eine süße Rahm- oder Mandel-Sauce darüber geben.

### Nro. 494. Gebackene Reisbirnen.

Man kocht ½ Pf. gut gereinigten zuvor mit Wasser abgebrühten Reis in Milch ganz weich und trocken ein, stößt ihn, wenn er kalt ist mit 4 Loth Butter, dem Gelben von 4 Eyern und einem Löffelvoll Semmelmehl in einem Mörser gut ab, nimmt die Masse auf ein Brett, formirt Birnen von beliebiger Größe daraus, bestreicht sie mit Eyerklar, wendet sie alsdann in geriebenem Brod um, und backt sie schnell aus heißem Schmalz; sie können trocken mit Zucker und Zimmt bestreut, oder eine Mandel- auch Rahm-Sauce darüber gegeben werden.

### Nro. 495. Reiskuchen mit Zwetschgen-Compotte.

Man kocht ¼ Pf. gut gereinigten Reis mit einem Stück Zucker in guter Milch weich auch ganz dick ein, und stellt ihn zum Erkalten bei Seite, alsdann begießt man frische Zwetschgen, damit sie sich gerne schälen lassen mit kochendem Wasser, zieht die Haut davon, drückt die Steine heraus, und dämpft die Zwetschgen mit Zucker und etwas Zimmt, ohne etwas hinzu zu gießen, weich, den abgekühlten Reis stößt man in einem Mörser mit ¼ Pf. Butter, und dem Gelben von 4 Eyern wohl ab, schlägt das Weiße der Eyer zu Schnee, und mischt diesen ebenfalls darunter; nun bestreicht man eine glatte Form mit Butter, setzt diese mit weißem Papier aus, bestreicht auch dieses auf der innern Seite, gibt 3 Theile von dem Reis hinzu, und streicht die Form damit fest und in einer Gleichheit aus, in den übrigen Raum gibt man das Compotte, deckt solches mit dem zurückbehaltenen Reis zu; stellt alsdann die Form in einem Bratofen auf kochendes Wasser Dreiviertelstunden, und stürzt den Kuchen sodann behutsam auf eine Platte, nimmt das Papier davon, und gibt ihn, mit Zucker bestreut, heiß zu Tisch. Es kann statt den Zwetschgen jedes andere Compott, wenn es kurz eingekocht ist, darein gegeben werden.

### Nro. 496. Reisschnitten.

Man kocht 4 Loth gut gereinigten Reis mit Milch weich und dick ein, treibt ihn durch ein Sieb, vermischt das Durchgetriebene mit 4 Loth ganz fein gestoßenen Mandeln, ein wenig Zucker, eine Messerspitzevoll Zimmt und einen Eßlöffelvoll Semmelmehl, und rührt solches alsdann mit 2 bis 3 Eyern leicht ab; hierauf schneidet man von Milchbrod dünne runde Schnitten wie zum Bähen, streicht von der Masse gut Fingerdick darauf, überstreicht sie mit Eyerklar, und backt sie, indem man die bestrichene Seite nach unten kehrt, gelb aus heißem Schmalz. Es kann eine heiße Krebs-, Mandel- oder Rahm-Sauce darüber gegeben werden.

### Nro. 497. Mandelschnitten.

Man rührt ¼ Pf. Butter mit eben so viel zart gestoßenen Mandeln und 6 Eyern leicht, reibt eine Zitrone an einem Stückchen Zucker ab, stößt solchen fein, und rührt ihn mit so viel geriebenem Milchbrod hinzu, daß die Masse nicht zu fest ist, aber auch nicht abläuft, alsdann schneidet man von Milchbrod dünne runde Schnitten ab, überstreicht solche von der Masse eines starken Fingerdick, legt sie so, daß die bestrichene Seite unter sich steht, in heißes Schmalz, rüttelt sie fleißig, backt sie schön gelb heraus, und legt sie zum Ablaufen auf Schnitten von Roggenbrod; hierauf schneidet man Mandeln länglicht zart, spickt damit die Schnitten zierlich, und kocht sie dann in einer Hägen- oder Weichsel-Sauce, oder auch blos in Wein mit Zucker und Zimmt auf.

Anmerk. Man muß hier so wie bei allen Schmalzbackereien besorgt sein, so wenig wie möglich Zucker in das, was man zu backen gedenkt, zu thun, weil durch den Zucker das Schmalz matt wird, in die Höhe steigt, und dadurch das Backen sehr erschwert und verzögert.

## Nro. 498. Mandelwürstchen.

Man drückt das Innere von einem mit Milch durchweichten Milchbrod fest aus, dämpft solches mit eines Ey groß Butter, und rührt dasselbe, nachdem es abgekühlt hat, mit 4 Loth fein gestoßenen Mandeln, ein wenig Zimmt und 2 bis 3 Eyern leicht ab, legt davon mit einem Löffel länglichte Würstchen in heißes Schmalz, backt diese schön gelb, kocht sie, nachdem sie abgelaufen sind, mit Wein, Zucker, Zimmt, und etwas Zitronenschale auf, oder gibt eine beliebige süße Sauce darüber; man kann auch statt der Mandeln kleine Weinbeere an das Brod nehmen, im Uebrigen, wie angezeigt ist, verfahren.

## Nro. 499. Krebsschnitten.

Man kocht ein abgeriebenes Milchbrod mit etwas guter Milch zu einer dicken Crême, und läßt solches erkalten, wiegt 25 bis 30 kleine ausgemachte Krebsschweife mit Petersilkraut fein. gibt diese mit Salz und etwas Muskaten an das abgekühlte Brod, gießt 4 Loth zerlassene Krebsbutter darüber, und rührt dieses mit dem Gelben von 3 bis 4 Eyern gut ab; hierauf schneidet man von Milchbrod dünne runde Schnitten, streicht die Masse Fingerdick darauf, backt die Schnitten aus heißem Schmalz, und gibt, wenn sie gut abgelaufen sind, eine Krebs-Sauce darüber.

## Nro. 500. Biscotennudeln.

Von einem Quart warmen süßen Rahm, eines Ey groß zerlassener Butter, 3 Eyergelb, 1 Löffelvoll Hefe, 2 Löffelvoll Zucker und ganz feinem Mehl, das man vorher zur Wärme gestellt hat, macht man einen Teig, wie zu Dämpfnudeln, klopft solchen fein und glatt, bedeckt ihn mit einem reinen Tuch, und läßt ihn bei der Wärme gehen oder reifen; hierauf bestreut man ein Backbrett mit etwas fein geriebenem Semmelmehl, Zucker und Zimmt, macht von dem Teig, wenn dieser reif genug ist, kleine länglichte Nudeln daraus, bedeckt sie wieder, und läßt sie noch ein wenig gehen, indessen macht man in einer Casserolle oder sonst dazu passendem Geschirr ein Stück Butter mit etwas Rahm und Zucker warm, setzt die Nudeln nicht zu nahe neben einander darein; doch ist zu merken, daß der Rahm nicht darüber gehen darf, stellt das Geschirr auf gute Kohlen, verschließt es mit einem passenden Deckel, gibt auf diesen heiße Asche, kocht die Nudeln schnell, richtet solche, wenn sie eine leichte Kruste haben, an, und gibt eine Rahm=Sauce mit Vanille darüber.

### Nro. 501. Dampfnudeln.

Ein Pfund feines Mehl, welches man zur Wärme gestellt hat, wird mit lauwarmer Milch, 4 Loth zerlassener Butter, 1 Eßlöffelvoll guter Hefe, etwas Salz, und 1 bis 2 Eyer zu einem trockenen Teig gemacht, derselbe so lange geklopft, bis er glatt und fein ist, alsdann mit einer Serviette bedeckt, und zum Reifen zur Wärme gestellt; hierauf bestreut man ein Back=brett mit Mehl, sticht von dem Teig, wenn er gut aufgegangen ist, mit einem Löffel kleine Nudeln in der Größe eines 24 kr. Stücks heraus, be=deckt sie wieder, und läßt sie noch ein wenig gehen, indessen bestreicht man eine Casserolle dick mit kalter Butter, bestreut diese mit ein wenig Zucker, setzt die Nudeln darein, gießt nebenherum so viel warme Milch hin=zu, daß diese bis an die Hälfte der Nudeln heraufgeht, verschließt die Cas=serolle mit einem passenden Deckel, damit nicht der geringste Dampf heraus kann, gibt, bis die Nudeln im Kochen sind, starke Kohlen darunter, ver=mindert sie aber, sobald dieß erfolgt ist, so daß sie langsam kochen, und eine schöne Kruste bekommen, wenn sie nicht größer, als hier angezeigt ist, gemacht worden, sind sie in einer kleinen Viertelstunde fertig, sie werden sammt der Kruste herausgehoben, auf eine Platte angerichtet, und mit einer süßen Rahm= oder Zitronen=Sauce servirt; will man sie geringer machen, so kann man die Quantität Mehl verdoppeln, einen Löffelvoll Hefe mehr dazu nehmen, im Uebrigen aber, wie angezeigt ist, damit verfahren.

### Nro. 502. Krebs=Dampfnudeln.

Man nimmt 1 Pf. feines bei der Wärme gestandenes Mehl in eine Schüssel, macht in die Mitte desselben eine Grube, rührt ein wenig davon mit 2 Löffel guter Hefe und lauer Milch an, und läßt dieß bei der Wärme zugedeckt reifen, indessen rührt man 4 Loth Krebsbutter mit dem Gelben von 2 Eyern leicht, gibt diese an den gereisten Vorteig, macht ihn mit ein wenig Salz, 2 Löffelvoll Zucker, und etwas lauer Milch zu einem trocke=nen Teig, klopft ihn fein ab, und stellt selben, mit einem Tuch bedeckt, zur Wärme; hierauf bestreut man ein Backbrett mit Mehl, sticht mit einem Löffel von dem indeß gereisten Teig kleine wie in voriger Nummer beschrie=bene Nudeln heraus, setzt diese, wenn sie noch ein wenig gegangen sind, in eine mit Krebsbutter bestrichene, und mit ein wenig Zucker bestreute Cas=serolle, gießt nebenherum so viel warme Milch hinzu, daß diese bis an die Hälfte der Nudeln herauf geht, verschließt und kocht sie genau so, wie dieß in voriger Nummer angezeigt ist, und gibt beim Anrichten eine süße Krebs=Sauce mit Krebsschweifen besonders dazu.

### Nro. 503. Fingernudeln.

Man macht ½ Maaß Milch mit einer Welschnuß groß Butter siedend, währt so viel feines Mehl darein, daß es einen steifen Teig gibt, arbeitet ihn auf dem Feuer gut durch, und gibt ihn nach diesem in eine Schüssel, wenn der Teig so abgekühlt ist, daß man nicht mehr fürchten darf die Eyer zu verbrennen, rührt man solchen mit etwas Salz und 8 Eyern gut ab, bestreut ein Backbrett mit Mehl, dreht von dem Teig Fingerdicke und Fingerlange Nudeln daraus, macht in einer Casserolle Rahm mit einem großen Stück Butter, einem Stückchen Zimmt, oder einem Stückchen geklopfter Vanille kochend, nimmt das Eine oder Andere, nachdem es gut ausgekocht ist, mit einem Schaumlöffel heraus, legt die Nudeln dagegen doch nicht zu nahe an einander hinein, verschließt die Casserolle gut, und kocht sie, bis sie eine leichte Kruste bekommen, gießt, wenn der Rahm zu frühe eingekocht sein sollte, noch ein wenig, damit die Nudeln saftig bleiben, hinzu, hebt selbe, wenn sie fertig sind sammt der Kruste heraus, richtet sie auf eine warme Platte an, und gibt sie gleich zu Tisch.

## Nro. 504. Doppen oder Käsnudeln.

Acht bis neun Eßlöffelvoll guten süßen Doppen preßt man mit einer Serviette, damit das Wasser davon kommt aus, zerläßt ein paar Loth Butter, gießt diese darauf, rührt ihn mit 2 Ganzen und 3 gelben Eyern und etwas Salz ab, gibt so viel feines Mehl hinzu, bis der Teig etwas leichter als Dampfnudelteig ist, und macht dann Fingerdick- und halb Fingerlange Nudeln auf ein mit Mehl bestreutes Backbrett heraus; hierauf macht man in einer Casserolle ein wenig Milch mit einem großen Stück Butter heiß, legt die Nudeln nicht zu nah aneinander darein, auch darf die Milch nicht darüber sondern blos bis an die Hälfte der Nudeln gehen, verschließt die Casserolle mit einem passenden Deckel, und kocht die Nudeln mit der Milch kurz, und bis sie eine Kruste haben, ein; man kann in den Teig einen und nach Verhältniß auch 2 Löffelvoll Hefe thun, denselben bei der Wärme reifen lassen, die Nudeln daraus verfertigen, und diese, wenn sie noch ein wenig gegangen sind, aus heißem Schmalz backen.

## Nro. 505. Erdäpfel Nudeln.

Ein Tellervoll gesotten, und kalt geriebener Erdäpfel, wird mit der Hälfte Mehl vermischt, etwas Salz hinzu gegeben, und mit ein wenig Milch zu einem Teig gemacht, den man auf das Backbrett genommen, auswirken kann, der Teig wird sodann in Fingerdicke Wargeln gedreht, und mit einem Messer Fingerlange Nudeln abgeschnitten, hierauf bestreicht man ein rundes oder langes Geschirr mit kalter Butter oder Schmalz, legt die Nudeln, die über einander liegen dürfen hinein, gießt kalte Milch hinzu, legt Schnittchen Butter darauf, und läßt sie in einem Brat- oder Bäckerofen, bis sie oben gelb sind backen. Man kann diese Nudeln auch nachdem man etwas mehr Mehl dazu genommen hat, mit gesalzenem Wasser abkochen, hierauf läßt man in einer eiserner Pfanne ein Stück Schmalz heiß werden, röstet damit ein paar Löffelvoll geriebenes Weißbrod gelb, gibt die Nudeln die man in einem Seiher zuvor ablaufen läßt hinzu, wendet sie einigemal um und gibt sie dann zu Tisch.

## Nro. 506. Crème-Nudeln.

Von einem Ganzen und 2 gelben Eyern, ein wenig Butter und feinem Mehl wird ein fester Nudelteig gemacht, derselbe dünn ausgewallt, feine Nudeln daraus geschnitten, und diese aus heißem Schmalz schön gelb gebacken, nun stößt man 6 Loth süße Makaronen, kocht diese mit 10 Eyergelb und einer halben Maaß süßen Rahm zu einer dicken Crème, bestreicht alsdann eine Platte von Porzellan ganz leicht mit Butter, gibt die Hälfte der Nudeln darauf, gießt über diese die Crème, die etwas dick sein muß, bedeckt diese wieder mit den Nudeln, bestreut sie dann mit Zucker und Zimmt, und gibt sie gleich heiß zu Tisch.

## Nro. 507. Gestutzte Nudeln.

Von feinem Mehl und Eyer macht man einen gewöhnlichen Nudelteig, jedoch nicht ganz so fest; wallt ihn auch nicht ganz so fein wie zu Nudeln, die man in die Suppe gibt, aus, und schneidet, wenn die Plätze ein wenig abgetrocknet sind, Fingerbreite und Fingerlange Nudeln davon; hierauf macht man in einer Casserolle oder Pfanne Milch mit einem großen Stück Butter und einem Stückchen Zucker siedend, gibt die Nudeln darein, und kocht sie damit kurz ein; nun zerklopft man ein paar Eyer mit ein wenig Rahm, gießt dieses, wenn die Nudeln anfangen eine Kruste zu bekommen, darüber, macht sie gut damit untereinander, und gibt sie heiß zu Tisch.

Anmerk. Man kann auch diese Nudeln statt mit Milch mit Wasser kochen, sie auf einem Sieb ablaufen lassen, alsdann mit einem Stück Butter rösten, einige Eyer mit Salz, etwas Schnittling und ein paar Löffelvoll Rahm gut zerklopfen, dieses über die Nudeln geben, und wenn sie gut damit untereinander gemacht sind, ein wenig noch damit anziehen lassen.

## Nro. 508. Aufgezogene Nudeln.

Man rührt 4 Loth Butter mit 3 Eyern und einer Tasse dicken sauren Rahm, gibt etwas Salz und so viel feines Mehl darein, daß es einen Teig gibt, der nicht mehr lauft; nun macht man gute Milch siedend, legt mit einem Löffel kleine länglichte Nudeln darein, und läßt sie zugedeckt ein paarmal aufkochen, indessen bestreicht man eine Blechform dick mit kalter Butter, hebt die Nudeln mit dem Schaumlöffel aus der Milch, gibt sie in das bestrichene Blech, bestreut sie stark mit Zucker und Zimmt, und läßt sie in einem guten Ofen Farbe nehmen, indessen zerklopft man 3 bis 4 Eyergelb mit einem Quart süßen Rahm, gibt ein Stückchen Zucker darein, läßt dieses unter beständigem Rühren heiß werden, und gibt es mit den Nudeln, wenn sie fertig sind, zu Tisch.

## Nro. 509. Schinkennudeln.

Man macht von 2 ganzen und 2 gelben Eyern, etwas Salz und feinem Mehl einen gewöhnlichen Nudelteig, wallt solchen dünn aus, und schneidet die Plätze, wenn sie getrocknet sind, in halbe Fingerbreite Nudeln, kocht diese mit einem Stück Butter in gesalzenem Wasser ab, und gießt sie zum Ablaufen auf ein Sieb; hierauf bestreicht man eine Platte mit Butter, gibt eine Lage Nudeln darauf, überstreut diese klein Fingerdick mit gewiegtem Schinken und geriebenem Parmesankäs, gibt auf dieses wieder eine Lage Nudeln, und wiederholt die Abwechselung, bis die Platte voll ist, der Schluß wird aber mit den Nudeln gemacht, diese werden mit Parmesankäs bestreut, und mit dünnen Stückchen Butter belegt, alsdann die Platte in einen gemäßigten Ofen gestellt, und die Nudeln, wenn sie gut durchdämpft haben, zu Tische gegeben.

## Nro. 510. Timbale von Makaroni.

Ein halb Pfund Makaroni= oder Hohlnudeln kocht man mit gesalzenem Wasser weich, und gießt sie alsdann mit kaltem Wasser auf ein Sieb; hierauf zerrührt man 3 ganze und 2 gelbe Eyer mit einer Tassevoll dicken sauren Rahm, Salz und Muskaten, vermischt die abgelaufenen Nudeln mit ¼ Pf. fein gewiegtem Schinken, gießt die Eyer darüber, und macht sie gut damit durcheinander, bestreicht alsdann eine Casserolle dick mit kalter Butter, gibt von den angemachten Makaroni oder Nudeln eine Lage darein, bestreut diese mit geriebenem Parmesankäs, gibt wieder eine Lage Nudeln darauf, und wiederholt dieses bis alles zu Ende ist, oben darauf wird wieder halbe Fingerdick Käs gestreut, derselbe mit frischer Butter bedeckt, der Timbale alsdann eine halbe Stunde in einen guten Ofen gestellt, wenn er fertig ist, auf eine Platte gestürzt, und ganz heiß zu Tisch getragen.

## Nro. 511. Makaroni mit Parmesankäs.

Man kocht die Makaroni mit ziemlich Wasser, wozu etwas Salz kommt, weich, und gießt sie nachdem mit kaltem Wasser zum Ablaufen auf ein Sieb; hierauf bestreicht man eine Casserolle dick mit kalter Butter, bestreut diesen mit geriebenem Parmesankäs, gibt eine Lage Makaroni darauf, bestreut diese wieder mit Käs, und fährt so fort, bis die Nudeln, oder Makaroni zu Ende sind, alsdann gießt man ein paar Eßlöffelvoll starker Schü (Jus) oder Fleischbrühe hinzu, gibt etwas frische Butter darauf, stellt die Casserolle auf Kohlen, durchdämpft die Makaroni gut, und gibt sie auf eine gewärmte Platte angerichtet, ganz heiß zu Tisch. Man kann auch die Makaroni statt mit Wasser mit Milch weich kochen, solche, nachdem sie abgelaufen sind, mit einem großen Stück Butter und ein paar Löffelvoll sauren Rahm gut abdämpfen, mit geriebenem Parmesankäs bestreuen, und wenn dieser damit angezogen hat, heiß zu Tisch geben.

## Nro. 512. Saure Rahmstrudeln.

Von einem ganzen und 2 gelben Eyern, einem Eßlöffelvoll sauren Rahm, einer Nuß groß zerlassene Butter, Salz und feinem Mehl wird ein Teig, etwas leichter als zu gewöhnlichen Nudeln gemacht, dann dünne Plätze in der Größe eines Dessert=Tellers ausgewallt, und diese nur ein klein wenig abgetrocknet, indessen zerklopft man 4 bis 5 Eyergelb, mit 8 Eßlöffelvoll Zucker, einer Messerspitzevoll Zimmt und einem Quart dicken sauren Rahm, gibt auf jeden der Plätze ein paar Löffelvoll davon, rollt sie auf, und legt sie nebeneinander in ein mit Butter bestrichenes Blech, welches einen schmalen Rand hat, gießt so viel Milch oder Rahm hinzu, daß diese etwas über die Hälfte der Strudeln herauf geht, sollte von der Fülle noch etwas übrig sein, so wird diese darüber gegossen, dünne Schnittchen Butter darauf gelegt und die Strudeln in einem gelinden Ofen aufgezogen.

### Nro. 513. Gezogene Strudel mit Aepfel.

Von ¼ Pf. feinem Mehl, einem ganzen und 2 gelben Eyern, einer Welschnuß groß Butter, etwas Salz und warmem Wasser wird ein Teig, leichter als zu geschnittenen Nudeln gemacht, dieser recht fein gearbeitet und eine Viertelstunde mit einem warmen Tuch bedeckt, alsdann wird er auf ein Backbrett genommen, zuerst ein wenig ausgewallt und dann mit den Händen gänz fein und gleich ausgezogen, der Teig muß so dünn wie feines Papier sein; hierauf zerläßt man ein Stück Butter, röstet damit ein klein wenig Semmelmehl und überstreicht damit den ausgezogenen Teig, schält und schneidet gute Aepfel in kleine Würfel, vermischt diese mit einer Handvoll klein zerstoßener Mandeln und kleinen Weinbeeren, ein paar Löffelvoll Zucker und etwas Zimmt, theilt dieses gleich auf dem Teig aus, rollt ihn leicht wie eine Wurst auf, setzt ihn in die Runde, in ein stark mit Butter bestrichenes Blech, gießt an der Seite nebenherum ein wenig Milch hinzu, bedeckt ihn mit frischer Butter und läßt den Strudel in einem gelinden Ofen aufziehen.

### Nro. 514. Reißstrudel.

Es wird hiezu der nämliche Teig, wie in der vorhergehenden Nummer angezeigt ist, gemacht, zuvor aber kocht man 4 Loth gut gereinigten Reis mit Milch ganz dick und weich, läßt ihn erkalten und stößt ihn nach diesem in einem Mörser gut durch, rührt ihn alsdann mit ¼ Pf. guter Butter, 3 bis 4 Löffelvoll Zucker, 2 Löffelvoll fein gestoßenen Mandeln, dem Gelben von 4 Eyern und einer Tasse dicken sauren Rahm wohl ab, schlägt das Weiße von 2 Eyern zu Schnee und mischt diesen mit einer Messerspitzevoll Zimmt in die Masse, breitet diese auf den ausgezogenen Teig ganz gleich aus, rollt ihn wie eine Wurst ganz leicht auf, legt ihn in die Runde in ein mit Butter bestrichenes Blech, gießt etwas Milch hinzu, bedeckt den Strudel mit Butter und läßt ihn in einem gelinden Ofen aufziehen.

### Nro. 515. Andere Art Fleisch- (hier Breet)- Strudeln.

Von 6 Kochlöffelvoll Mehl, 4 Eyer Milch und etwas Salz wird ein dünner Teig gemacht und davon Fläblein eines Teller groß gebacken, hierauf wird 1 Pf. Breet (fein gehacktes Rindfleisch) mit 1 Tasse Milch, 4 Loth zergangener Butter, etwas Salz und 2 bis 3 Eyer leicht abgerührt, alsdann ein paar Löffelvoll geriebenes Weißbrod hinzugegeben. Nachdem solches eine kleine Weile gestanden hat, werden die Fläblein Fingerdick damit überstrichen, aufgerollt und in einer Casserolle oder Tiegel mit guter Fleischbrühe aufgekocht.

### Nro. 516. Krebsstrudeln.

Von 8 zerklopften Eyern, einer Tasse süßen Rahm und einem großen Stück Krebsbutter macht man ein Eingerührtes, gibt aber acht, daß selbiges nicht hart wird, wiegt alsdann 30 bis 40 ausgemachte Krebsschweife ganz fein und rührt diese mit 2 bis 3 Löffelvoll Zucker hinzu; hierauf verfertigt man den Teig Nro. 490., bestreicht die ein wenig abgetrockneten Plätze mit Krebsbutter, überstreicht sie mit ein paar Löffelvoll von genannter Fülle, rollt sie leicht auf, setzt die Strudeln neben einander in ein mit Butter bestrichenes Blech, gießt ein wenig Milch hinzu, bedeckt sie oben mit ein wenig frischer Butter und läßt sie gelinde aufziehen. Sie können ohne oder auch mit einer süßen Krebs-Sauce gegeben werden.

## Nro. 517. Fleischstrudeln.

Von 3 Kochlöffelvoll Mehl, 4 bis 5 Eyern, Milch, Salz und ein wenig Schnittling macht man einen dünnen Teig und backt Fläblein in der Größe eines Dessert-Tellers daraus; hierauf wiegt man ein Stück gebratenes Kalbfleisch mit einem Stückchen Speck, etwas Petersilkraut und ein paar Chalotten ganz fein, dämpft das Innere von einem in Milch durchweichten und wieder fest ausgedrückten Milchbrod mit einem Stück Butter, vermischt dieses mit dem gewiegten Fleisch, gibt Salz und Muskaten dazu und rührt es mit ein paar Ganzen, das Uebrige mit gelben Eyern zu einer leichten Fülle ab, überstreicht jedes Fläblein damit einen kleinen Fingerdick, rollt sie leicht auf, legt sie in eine mit Butter bestrichene Casserolle, gießt etwas gute Fleischbrühe hinzu und läßt sie damit eine Viertelstunde aufkochen.

## Nro. 518. Krebskäs.

Vierzig bis 50 kleine Krebse läßt man nur einmal mit Wasser übersieden, zieht alsdann die Galle davon und stößt das Uebrige in einem Mörser ganz fein, kocht dieses mit 3 Quart süßem Rahm eine Zeitlang und preßt es durch eine Serviette stark aus; hierauf zerklopft man 8 ganze und 4 gelbe Eyer mit ein paar Löffelvoll Zucker und der Hälfte des durchgepreßten Rahms, stellt dieses auf Kohlen, und läßt es unter beständigem Rühren langsam gerinnen, gießt das Geronnene auf eine Serviette, hängt diese in einen Hafen und läßt die Flüssigkeit davon ablaufen, die andere Hälfte des durchgepreßten Rahms macht man mit einem Stück Zucker heiß, zerklopft das Gelbe von 6 Eyern, rührt diese mit dem heißen Rahm ab, gibt den indeß abgelaufenen Käs auf eine gewärmte Platte, läßt die Sauce noch ein wenig anziehen und gießt sie darüber.

## Nro. 519. Reispilav.

Man läßt ¼ Pf. gut gereinigten und zuvor mit Wasser abgebrühten Reis mit guter Fleischbrühe bis er weich ist, ohne darin zu rühren, aufquellen; hierauf schneidet man einem wohlgereinigten jungen Huhn den Kopf, die Hälfte der Flügel und Füße ab, bricht damit es eine schöne Rundung bekommt, das Brustbein heraus, dressirt es gut und überkocht es ein paarmal mit guter Fleischbrühe, alsdann bestreicht man eine etwas tiefe Platte dick mit frischer Butter, legt in die Mitte das Huhn, welches mit ein wenig Salz bestreut wird, gibt um dieses herum den Reis, der aber trocken eingekocht sein muß, bestreut ihn dick mit geriebenem Parmesankäs, bedeckt, diesen mit frischer Butter und gießt einige Löffelvoll Sub. (Jus) oder Fleischbrühe darüber, bedeckt die Platte mit einem passenden Deckel, so daß kein Dampf heraus kann, stellt sie eine halbe Stunde, ohne den Deckel weg zu nehmen, in einen Ofen und gibt dann das Pilav zu Tisch. Es kann geriebener Parmesankäs noch besonders dazu aufgestellt werden.

### Nro. 520. Aufgezogene Flädlein mit Aepfel.

Sechs bis 8 gute Aepfel schält und schneidet man klein, dämpft sie mit einem Stückchen Butter weich und treibt sie durch ein Sieb, vermischt sie mit einer Handvoll recht fein gestoßener Mandeln, eben so viel gut gereinigten kleinen Weinbeeren, einer Messerspitzevoll Zimmt, Zucker und einem Stückchen fein gewiegten Zitronat; hierauf macht man von 3 Kochlöffelvoll feinem Mehl, 6 Eyern, 2 Eßlöffelvoll Zucker, das Uebrige Milch, einen dünnen Teig, und backt daraus Flädlein eines Teller groß; nun bestreicht man eine Blechform stark mit Butter, legt auf den Boden derselben eines von den Flädlein, überstreicht dieses Fingerdick mit der angezeigten Fülle, legt ein Flädlein darauf, überstreicht dieses wieder wie das Erste, und fährt so fort, bis alles auf ist, den Schluß macht ein Flädlein, welches nur auf einer Seite gebacken ist, so daß die weiße Seite nach Aussen kommt, alsdann zerklopft man 4 bis 5 Eyer mit ein paar Eßlöffelvoll Zucker und einem Quart süßen Rahm, gießt dieses darüber, läßt die Flädlein in einem guten Ofen aufziehen und gibt sie, wenn sie fertig sind, mit Zucker und Zimmt bestreut, heiß zu Tisch.

### Nro. 521. Andere Art aufgezogener Flädlein.

Man backt die Flädlein wie sie in voriger Nummer angezeigt sind, kocht das Innere von einem Milchbrod mit süßem Rahm zu einer dicken Crême und läßt diese erkalten, rührt alsdann 4 Loth fein gestoßene Mandeln, 3 Eßlöffelvoll Zucker, die auf Zucker abgeriebene Schale einer Zitrone, zwei ganze und 4 gelbe Eyer darein; nun bestreicht man eine Blechform mit kalter Butter, legt eines von den Flädlein darein, überstreicht dieses mit etwas von der Fülle, legt ein zweites darauf, überstreicht dieses wieder und fährt so fort bis Alles auf ist, den Schluß macht ein Flädlein, welches nur auf einer Seite gebacken ist, und die ungebackene Seite nach oben sieht; hierauf schlägt man von 4 Eyerklar einen Schnee, vermischt diesen mit einer Handvoll gestoßenem Zucker und etwas Zimmt, gibt ihn über die Flädlein, läßt diese in einem gelinden Ofen aufziehen und gibt wenn sie fertig sind, eine beliebige süße Sauce dazu.

### Nro. 522. Flädlein mit Spinat gefüllt.

Von 4 Eyern, 4 Kochlöffelvoll Mehl, etwas Salz und Milch macht man einen dünnen Teig und backt gewöhnliche Flädlein daraus; hierauf wiegt man ein paar Händevoll abgebrühten Spinat mit einer Zwiebel fein, röstet einen Kochlöffelvoll Semmelmehl mit einem Stück Butter gelb, gibt den Spinat dazu und dämpft ihn damit noch eine Weile, stellt ihn alsdann bei Seite, gibt Salz und Muskaten hinzu und rührt ihn, nachdem er ein

wenig abgekühlt hat, mit ein paar Eßlöffelvoll ſauren Rahm und dem Gel=
ben von 3 bis 4 Eyern ab, beſtreicht damit jedes Flädlein fingerdick, rollt
ſie auf und ſchneidet jedes in 3 Theile, beſtreicht alsdann eine Caſſerolle
mit Butter, ſetzt die Flädlein darein, gibt ein wenig Fleiſchbrühe dazu, kocht
dieſe langſam daran kurz ein und richtet ſie alsdann auf eine Platte an.

### Nro. 523. Gebackene Aepfel mit Sauce.

Vier bis 6 ſchöne Borſtorfer-Aepfel ſchält und ſchneidet man in kleine
viereckigte Würfel, reibt eine Zitrone an Zucker ab, vermiſcht dieſe mit 2
Loth fein gewiegtem Zitronat, 3 Eßlöffelvoll Zucker, eine Meſſerſpitzevoll
Zimmt und einer ſtarken Handvoll geriebenem Milchbrod, gibt die Aepfel
hinzu und macht das Ganze mit dem Weißen von 3 Eyern gut unter ein=
ander, alsdann macht man in einer Pfanne Schmalz heiß, legt von der
Maſſe runde Kugeln von der Größe eines Apfels hinein und backt ſie gelb,
legt ſie wenn ſie fertig ſind, zuerſt auf Schnitten von Roggenbrod, und
wenn ſie abgelaufen ſind auf eine Platte, die man zu Tiſch geben kann,
verkocht ein Quart Wein mit Zucker, etwas ganzen Zimmt und Zitronen-
ſchalen, gibt dies unter die Aepfel auf die Platte, läßt ſie auf heißer Aſche
ein wenig damit anziehen und gibt ſie dann gleich zu Tiſch. Man kann
auch den Wein weglaſſen und ſtatt dieſem die Biſchoff-Sauce Nro. 354.
daran geben.

### Nro. 524. Aepfel mit Crême.

Man ſticht von ſchönen Borſtorfer-Aepfeln das Kernhaus mit einem
Hohleiſen heraus, ſchält ſie alsdann erſt und kocht ſie mit einem Glas Wein,
einem Stück Zucker und etwas Zimmt weich und legt ſie wenn ſie fertig
ſind, zum Ablaufen auf ein Sieb. Hierauf zerklopft man das Gelbe von
10 Eyern mit einem Quart ſüßen Rahm, 2 Eßlöffelvoll Zucker und etwas
Zimmt, kocht dieſes auf Kohlen zu einer dicken Crême und rührt ſie in
einer Schüſſel, bis ſie abgekühlt iſt, gibt dann die Hälfte davon auf eine
Platte, ſpickt die Aepfel mit ganz fein geſchnittenem Zitronat, ſetzt ſie auf die
Crême gibt in jeden Apfel ein wenig von eingemachten Johannisbeeren,
gießt die andere Hälfte der Crême darüber, ſtellt die Platte auf heiße Aſche oder
in einen Bratofen, bis alles wieder heiß iſt, beſtreut alsdann die Crême
mit grob geſtoßenem Zucker, hält eine glühende Brennſchippe darauf, brennt
damit die Crême gelb und trägt ſie gleich zu Tiſch.

### Nro. 525. Aepfel à la Suisse.

Nachdem die Portion groß oder klein werden ſoll, backt man von mür=
bem Hefenteig ein langes oder rundes Laiblein Brod, läßt dieſes über Nacht
liegen, ſchneidet alsdann die Rinde davon, das innere aber ſo groß das
Brod iſt, zu dünnen Schnitten. Hierauf beſtreicht man eine glatte Blechform ganz dick mit kalter Butter, belegt den Boden und Rand herauf mit
dem Brod ſo, daß dazwiſchen keine Oeffnung bleibt und drückt ſolches feſt
an die Butter, ſodann ſchält und ſchneidet man gute Aepfel in kleine Wür=
fel, vermiſcht dieſe mit Zucker, nach Belieben große und kleine Weinbeere
und der abgeriebenen Schale einer Zitrone, gibt davon eine Lage in die

Form, drückt diese mit der Hand fest an, schneidet etwas frische Butter darauf, gibt wieder eine gleiche Lage von Aepfeln, dann wieder Butter und wiederholt dieses so oft, bis die Form voll ist, drückt die Aepfel noch einmal ganz fest zusammen, bedeckt sie mit ganz dünn geschnittenem Brod, schneidet etwas Butter darauf und gibt auf dieses noch ein Blatt Papier, das ebenfalls mit Butter bestrichen ist, stellt die Form eine Stunde lang in einen Ofen und läßt die Aepfel langsam backen. Wenn sie fertig sind, löst man mit einem Messer das Brod an der Form herum ab, gießt ein Glas Himbeer- oder Kirschensaft in deren Ermanglung aber ein Glas rothen Wein mit Zucker versüßt, neben herum hinein, stürzt das Ganze behutsam auf eine Platte und gibt es heiß zu Tisch. Eben so kann man statt Aepfeln, Zwetschgen und auch ausgesteinte Kirschen nehmen, nur bleiben dann die Weinbeere weg.

## Nro. 526. Kaiserkuchen.

Von 3 Milchbroden reibt man die Rinde ab und weicht das innere in lauwarmer Milch ein. Indessen rührt man ¼ Pf. Butter leicht, gibt das durchweichte und wieder ausgedrückte Brod, ¼ Pf. zart gestoßene Mandeln, 2 Löffelvoll Zucker und die abgeriebene Schale einer Zitrone hinzu, rührt dieses mit dem Gelben von 10 Eyern gut ab, schlägt das Weiße von 6 Eyern zu einem Schnee, mischt diesen unter die Masse, gibt solche in eine mit Butter bestrichene Form und backt den Kuchen in einem guten Ofen schön; es kann eine Kirschen-, Hägen- oder sonst beliebige süße Sauce darüber gegeben werden.

Anmerk. Der Kaiserkuchen kann auch dadurch geringer gemacht werden, daß man die Mandeln wegläßt, statt 10 werden dann nur 7 Eyergelb hinzu gerührt, im Uebrigen wie angezeigt ist verfahren.

## Nro. 527. Andere Art Kaiserkuchen.

Zwei abgeriebene Milchbrobe schneidet man in feine Schnitten, gießt so viel heißen Rahm darüber, daß sie ganz durchfeuchtet werden, deckt sie alsdann zu und läßt sie eine Zeitlang stehen; indessen rührt man ¼ Pf. Butter mit dem Gelben von 6 Eyern leicht, gibt das abgekühlte Brod, 2 Löffelvoll Zucker, ein Stückchen fein gewiegten Zitronat und etwas abgeriebene Zitronenschalen hinzu, rührt dieses zusammen gut durch, schlägt das Weiße der Eyer zu Schnee, mischt ihn mit ¼ Pf. gut gereinigten Weinbeeren in die Masse, füllt sie in eine mit Butter bestrichene Form, backt den Kuchen schön, und gibt eine Rosinen- oder sonst beliebige süße Sauce darüber.

## Nro. 528. Bienennest.

Von einem Quart sauren Rahm, 2 Löffelvoll gute Hefe, eben so viel Zucker, 3 Eyergelb und feinem Mehl, das man vorher zur Wärme gestellt hat, macht man einen starken Teig, arbeitet ihn gut durch und läßt ihn zugedeckt bei der Wärme reifen; hierauf bestreut man ein Backbrett mit Mehl, wallt den reifen Teig ein wenig aus, schneidet ¼ Pfund ausgewaschene Butter in dünne Schnitten darauf und wallt ihn damit 3 bis 4mal wie einen Butterteig aus, stellt ihn zugedeckt noch einmal zur Wärme, bis er noch ein wenig gereift hat, alsbann wallt man ihn Messerrückendick aus, schneidet mit einem Backräblein 2 starke Fingerbreite und ⅓ Ellen lange Streifen ab, bestreicht diese mit Butter, vermischt gut gereinigte Rosinen und Weinbeere mit etwas gestoßenen Mandeln, Zucker, Zimmt und fein gewiegten Zitronat nach Belieben, bestreut die Streifen dick damit, rollt sie leicht auf, setzt sie in eine mit Butter bestrichene Form und backt sie in einem Ofen; sie können trocken oder mit einer beliebigen süßen Sauce gegeben werden. Wenn die Bienennester auf diese Art zu kostbar sein sollten, kann man sie vom gewöhnlichen mürben Hefteig machen und sich zur Fülle blos der Weinbeeren und Rosinen bedienen.

## Nᵣₒ. 529. Rasiolen.

Von einem ganzen und 3 gelben Eyern, Salz und feinem Mehl wird ein gewöhnlicher Nudelteig gemacht, derselbe nicht ganz so fein wie zu Suppen-Nudeln ausgewallt, alsbann ein wenig getrocknet; indessen wiegt man 2 Händevoll rein gewaschenen Spinat mit einer Handvoll Petersilkraut, grünen Zwiebelröhren oder Schnittling ganz fein, röstet eine Handvoll geriebenes Semmelmehl mit ¼ Pf. Butter gelb, gibt das Gewiegte hinzu, dämpft es noch eine Weile damit und stellt es dann vom Feuer, rührt 3 bis 4 Eßlöffelvoll sauren Rahm, Salz, Muskaten und ein paar Eyergelb darein und überstreicht damit die abgetrockneten Plätze, schlägt diese 3 Fingerbreit zusammen, schneidet mit einem Messer viereckigte Stücke ab, kocht dann die Rasiolen in Fleischbrühe oder gesalzenem Wasser ab, richtet sie trocken auf eine Platte an und schmälzt sie mit in Butter geröstetem Brod auf.

## Nᵣₒ. 530. Rasiolen auf andere Art.

Man macht hiezu den in voriger Nummer beschriebenen Teig, indessen wiegt man ½ Pf. gebratenes Kalbfleisch mit einem Stück Ochsenmark, etwas Petersil und einem Stückchen Zitronenschalen fein, dämpft das Innere von einem halben in Milch durchweichten und wieder fest ausgedrückten Milchbrod, mit 4 Loth Butter, gibt das gewiegte Fleisch hinzu, wendet solches ein paarmal damit um und stellt es dann vom Feuer, rührt 2 Eßlöffelvoll sauren Rahm, ein ganzes und 2 bis 3 gelbe Eyer, Salz und Muskaten hinzu und überstreicht damit die getrockneten Plätze, rollt diese 2 Fingerbreit auf und schneidet mit einem Messer viereckigte Stückchen ab, legt sie in kochende Fleischbrühe ein und gibt, wenn sie fertig und trocken auf eine Platte angerichtet sind, eine Krebs- oder Petersil-Sauce darüber.

## Nᵣₒ. 531. Gebrühte und aufgezogene Schnitten.

Von einem Quart kochender Milch, worin eine Nuß groß Butter zergangen ist und feinem Mehl so viel die Milch annimmt, macht man einen gebrühten Teig, läßt diesen ein wenig erkalten, gibt etwas Salz hinzu und rührt ihn dann mit 8 bis 9 Eyern wohl ab; hierauf schneidet man von Milchbrod runde feine Schnitten, wie zu einer gebähten Suppe, zieht diese durch den Teig, legt sie gleich in kochendes Wasser und wenn sie darin fertig sind, zum Auslaufen auf ein Sieb; indessen bestreicht man eine Blechform mit Butter, legt die Schnitten darein, zerklopft 3 bis 4 Eyer mit süßem Rahm, ein paar Löffelvoll Zucker und einer Messerspitzevoll Zimmt, gießt dies über die Schnitten, gibt ein wenig Butter darauf, und läßt sie in einem guten Ofen aufziehen.

### Nro. 532. Gewöhnliche Wasserschnitten.

8 Kochlöffelvoll Mehl wird zuerst mit Milch und etwas Salz glatt gerührt, alsdann mit 2 bis 3 Eyern abgeklopft, so daß der Teig wie ein dünner Spatzenteig ist, hierauf schneidet man Weißbrod in Messerrücken dicke runde Schnitten, zieht diese durch den Teig, legt sie in kochendes Wasser und läßt sie darin fertig kochen, sie werden alsdann mit dem Schaumlöffel auf eine Platte herausgehoben. Es kann gekochtes Obst darüber gegeben, oder die Schnitten können mit, im Schmalz gerösteten Weißbrod aufgeschmälzt werden.

### Nro. 533. Schwämmlein mit Sauce.

Von 1 oder 2 altgebackenen Milchbroden reibt man die Rinde ab, schneidet das Innere von einem Jeden in 3 bis 4 runde Stücke, zerklopft 3 bis 4 Eyer mit ein wenig süßem Rahm, gießt diese über das Brod, läßt dasselbe ganz damit durchweichen, und backt es in heißem Schmalz hellgelb aus. Man kann sie in einer Hägen-Sauce aufkochen, oder gekochte Kirschen darüber anrichten, auch kann man rothen Wein mit Zucker und Zimmt heiß machen, die Schwämmlein darein legen, und damit aufkochen lassen.

### Nro. 534. Gefülltes Brod.

Man backt von feinem Hefeteig kleine runde Bröbchen, schneidet davon, wenn sie kalt sind, oben einen kleinen Deckel ab, nimmt die Brösamen heraus, feuchtet sie mit ein wenig Wein an, gibt etwas gestoßene Mandeln, Zucker und eine Messerspitzevoll Zimmt dazu, und rührt es mit Eyergelb zu einer leichten Masse, füllt davon die Bröbchen wieder voll, bindet den Deckel mit einem Faden darauf, durchweicht sie mit Wein, und backt sie schnell aus heißem Schmalz, sie können trocken mit Zucker und Zimmt bestreut oder mit einer beliebigen süßen Sauce gegeben werden.

### Nro. 535. Omelette.

Man zerklopft 6 bis 8 Eyer mit etwas Salz, Schnittling und einer halben Tassevoll süßem Rahm, zerläßt frische Butter in einer flachen Pfanne, backt die Omelette in der Größe eines Fläbleins nur etwas dicker, wendet sie aber nicht um, sondern rollt sie, wenn sie auf einer Seite gelb sind, so auf, daß die ungebackene Seite nach innen sieht, und stellt sie auf einen warmen Platz, bis alle beisammen sind, sie können als eine Zwischenplatte gegeben, oder grüne Gemüse damit garnirt werden.

### Nro. 536. Omelette mit Spinat.

Eine Handvoll gebrühten und fest ausgedrückten Spinat wiegt man mit ein paar Chalotten ganz fein, dämpft dies mit einem Stückchen Butter, und gibt etwas Salz und Muskaten daran; hierauf backt man von 6 bis 8 Eyern, etwas Salz und süßem Rahm ganz kleine Omelette, überstreicht die weiße Seite mit Spinat ganz dünne, rollt sie auf, und legt sie auf eine mit Butter bestrichene Platte, gießt ein wenig süßen Rahm hinzu, legt oben darauf kleine Schnittchen Butter, und läßt sie in einem gelinden Ofen aufziehen, sie können auch, auf Kohlen, wenn man einen Deckel mit heißer Asche darauf gibt, fertig gemacht werden.

## Nro. 537. Omelette mit Parmesankäs.

Man zerklopft, nachdem man wenig oder viel machen will, Eyer mit Salz und süßem Rahm, backt davon kleine Omelette, bestreut sie während des Backens mit geriebenem Parmesankäs, wendet sie aber nicht um, sondern schlägt sie, nachdem sie oben angezogen haben, 2 Fingerbreit zusammen, und richtet sie auf einer warmen Platte an.

## Nro. 538 Omelette mit Sardellen.

Man backt die Omelette, wie sie in vorhergehender Nummer angezeigt sind, wiegt ausgegrätete und gut gereinigte Sardellen fein, überstreut die Omeletten, wenn sie halb gebacken sind, damit, schlägt sie, wenn sie ganz angezogen haben, 2 Fingerbreit zusammen, und trägt sie heiß zu Tisch.

## Nro. 539. Aufgezogene Omelette.

Man backt von 6 Eyer, etwas Rahm und ein paar Löffelvoll Zucker 2 bis 3 Omelette, rollt sie auf, und schneidet sie in Fingerbreite Stücke, bestreicht eine kleine Blechform oder eine kleine etwas tiefe Platte mit Butter, setzt die Omelette darauf, zerklopft ein paar Eyergelb mit etwas Zucker, ein wenig Zimmt und einer halben Tasse süßem Rahm, mischt unter dieses den Schnee von 2 Eyerklar, gießt es über die Omelette, und läßt sie im Ofen aufziehen.

## Nro. 540. Pfannenkuchen.

Man rührt 4 Kochlöffelvoll Mehl zuerst mit ein wenig Milch glatt, verdünnt den Teig mit 8 Eyern, die man nach und nach hinein rührt, gibt etwas Salz und einen Eßlöffelvoll Schnittling dazu. Wenn der Teig etwas stärker als zu Flädlein ist, zerläßt man in einer flachen Pfanne Butter, gießt so viel von dem Teig hinzu, daß der Kuchen einen schwachen Messerrückendick wird, wenn er auf der untern Seite gelb gebacken ist, wendet man ihn um, legt ihn alsdann, wenn er fertig ist, auf eine Platte, und fährt mit dem Backen fort, bis der Teig auf ist. Man kann die Pfannenkuchen auch dadurch geringer machen, daß man auf einen Löffelvoll Mehl nur ein Ey nimmt, den Teig übrigens mit Milch verdünnt, beim Backen aber auf gleiche Art verfährt.

## Nro. 541. Pfannenkuchen mit Aepfeln.

Man macht von 2 bis 3 Kochlöffelvoll Mehl, 6 Eyern, einem Eßlöffelvoll Zucker, einer Nuß groß zerlassener Butter und Milch einen Teig, etwas dicker als zu Flädlein, schneidet alsdann gute und geschälte Aepfel in ganz feine Schnitzen, mischt diese in den Teig, macht Schmalz in einer flachen Pfanne heiß, und backt damit kleine Pfannenkuchen auf beiden Seiten gelb, bestreut sie warm mit Zucker und Zimmt, und gibt sie auf eine warme Platte angerichtet gleich zu Tisch.

## Nro. 542. Eyerkuchen von Brod.

Zwei Milchbrod oder Semmel schneidet man in dünne Schnitten, gießt so viel heiße Milch darüber, daß sie davon durchaus angefeuchtet werden, und deckt sie alsdann zu, indessen zerklopft man 6 Eyer mit ein wenig Salz und 1 Löffelvoll Schnittling, gießt diese über die Schnitten, und macht sie damit gut durcheinander; hierauf macht man in einer Pfanne Schmalz heiß, gibt das angerührte Brod darein, backt den Kuchen auf beiden Seiten gelb, und gibt ihn mit Salat oder gekochtem Obst zu Tische.

Anmerk. Will man den Eyerkuchen geringer haben, so wird auf eine Semmel nur 1 Ey genommen. Die Schnitten werden dann stärker mit Milch angefeuchtet, übrigens wie angezeigt ist, verfahren.

### Nro. 543. Andere Art Eyerkuchen.

Zwei abgeriebene Milchbrode schneidet man in dünne Schnitten, gießt ein Quart Milch darüber, und stellt es auf heiße Asche, bis das Brod weich, und die Milch eingetrocknet ist, zerklopft alsdann 6 Eyer mit ein paar Löffelvoll Zucker, gießt diese über das Brod, gibt nach Belieben groß und kleine Weinbeere darein, macht solches gut untereinander, und backt den Kuchen aus heißem Schmalz auf beiden Seiten gelb. Man kann hiezu die beschriebene Rosinen- oder Kirschen-Sauce geben.

### Nro. 544. Hefenkloß (Knödel).

Von einem Pfund feinem Mehl, 2 ganze Eyer, 2 Löffelvoll frischer Hefe, etwas Salz und lauwarmer Milch wird ein trockener Teig gemacht, derselbe tüchtig abgeklopft, und zugedeckt zur Wärme gestellt, wenn der Teig gereift ist, bestreut man ein Backbrett mit Mehl, nimmt ihn darauf, wirkt ihn in die Runde aus, und läßt ihn zugedeckt noch ein wenig gehen, indessen macht man in einem hohen Topf oder großen Pfanne Wasser siedend, gibt das nöthige Salz hinzu, legt den Kloß darein, deckt das Geschirr mit einem passenden Deckel zu, und kocht ihn eine starke halbe Stunde, wendet ihn aber während dieser Zeit um. Um gewiß zu sein, ob er fertig ist, sticht man mit einem ganz feinen Hölzchen mitten durch, kömmt dieß rein heraus, dann ist der Kloß fertig, hängt aber noch Teig daran, so muß er noch eine Zeitlang gekocht werden, alsdann legt man ihn aus dem Wasser auf eine Platte, schneidet den ganzen Kloß mit einem dicken Faden, den man an beiden Enden festhält, in dünne Scheiben, richtet diese auf eine warme Platte an, macht ein großes Stück Butter oder Schmalz heiß, röstet darin einen Löffelvoll fein geschnittenes Petersilkraut, und schmälzt damit den Kloß auf. Man kann ihn bloß so, oder mit gekochtem Obst zu Tisch geben.

### Nro. 545. Gebrühte Klöse (Knödel).

Eine Maaß Milch wird in einer Pfanne kochend gemacht, alsdann die feine Schnitten von 2 Milchbrod und zu gleicher Zeit so viel Mehl auf dem Feuer darein geschafft, bis es ein fester und ganz glatter Teig ist; hierauf zerläßt man in einem breiten Geschirr ein großes Stück Butter, gibt an den Teig etwas Salz, sticht mit einem Löffel kleine runde Klöse aus, legt sie in die Butter, und backt sie auf beiden Seiten gelb, indessen zerklopft man 4 Eyer mit einer Tasse sauren Rahm, gießt dieß über die Klöse, läßt sie darin noch ein wenig prächeln, und gibt sie mit gekochtem Obst zu Tische.

## Nro. 546. Speckklöse.

Drei Kreuzer-Semmel oder Milchbrode, schneidet man zu kleinen Schnitten, und gießt so viel warme Milch daran, daß sie durchaus feucht werden, indessen schneidet man ½ Pf. Speck in kleine Würfel, läßt diese auf dem Feuer gelb werden, und gießt sie über das geweichte Brod, zerklopft alsdann 6 Eyer mit etwas Schnittling und Salz, rührt diese an das Brod, gibt so viel Mehl, daß die Klöse zusammen halten hinzu, rührt aber nicht viel mehr darin, und legt sie in beliebiger Größe in kochende Fleischbrühe oder Wasser ein.

Anmerk. Um sicher zu gehen, ist es bei allen Klösen rathsam, einen zuvor zu probiren, ob sie nicht zu fest oder der Teig zu leicht sei, in beiden Fällen kann durch Eyer oder Milch, Mehl oder Semmelmehl geholfen werden.

## Nro. 547. Schinkenklöse.

Man wiegt 1 Pf. Schinken, der etwas Fett hat mit Petersilkraut und einer Zwiebel klein, gießt ein Stück zerlassene Butter dazu, zerklopft 6 bis 8 Eyer mit ein paar Löffelvoll Rahm oder Milch, rührt mit diesem und etwas Salz den Schinken gut ab, mischt so viel Semmelmehl darein, daß die Masse zusammenhält, bestäubt sie mit ein wenig Mehl, klopft dieses nur leicht hinein, und legt die Klöse in kochende Fleischbrühe oder Wasser von beliebiger Größe ein. Es ist hiebei zu bemerken, daß alle Arten Klöse, die in Wasser abgekocht werden, wenn nicht eine Sauce darüber gegeben wird, aufgeschmälzt werden müssen.

## Nro. 548. Klöse von Kalbfleisch.

Ein Pfund Kalbfleisch vom Schlegel schabt man von Haut und Flechsen rein, und wiegt es mit ¼ Pf. Nierenfett, etwas Petersil und ein paar Chalotten fein. Hierauf zerklopft man 6 Eyer mit einer halben Tasse Fleischbrühe, rührt damit das Fleisch gut ab, gibt etwas Salz, Muskaten und so viel Semmelmehl hinzu, daß die Masse zusammenhält, legt die Klöse in kochende Fleischbrühe ein, richtet sie, wenn sie fertig sind, trocken auf eine Platte an, und gibt eine Butter-Sauce darüber.

## Nro. 549. Leberklöse auf geringere Art.

Man reinigt 1 Pf. Ochsenleber von Haut und Adern, und wiegt dieselbe mit einer Zwiebel und etwas Majoran ganz fein, alsbann zerläßt man eines Ey groß Butter oder Schmalz, gießt solches über die Leber und rührt sie mit einer Tasse Milch, 3 Eyer etwas Salz und Pfeffer gut ab, gibt so viel geriebenes Weißbrod sammt etwas Mehl hinzu, daß der Teig zusammenhält, legt Klöse nach beliebiger Größe in kochendes Wasser ein, und schmelzt sie nachdem sie genug gekocht haben, mit Zwiebeln oder geröstetem Brod, auf. Man kann auch die Semmeln statt sie zu reiben, mit Milch oder Wasser durchweichen, fest ausdrücken und dazu nehmen.

## Nro. 550. Leberklöse.

Eine gut gereinigte Kalbsleber häutet und schabt man rein aus, wiegt sie mit einer Zwiebel, etwas Majoran, Petersil und ¼ Pf. Speck ganz klein, zerläßt alsdann ein Stück Butter oder Abschöpffett, gießt dieses über die

Leber, und rührt sie mit 6 Eyer und etwas Salz gut ab, gibt so viel geriebenes Semmelmehl darein, daß der Teig zusammenhält, bestäubt ihn mit ein wenig Mehl, klopft dieses leicht darein, legt die Klöse in kochendes Wasser oder Fleischbrühe, und schmälzt sie mit in Butter gerösteten Zwiebeln, oder geriebenem Bröd, nachdem sie angerichtet sind, auf.

## Nro. 551. Griesklöse.

Man macht ein Quart Milch siedend, rührt so viel Gries hinein, bis es ein steifer Teig ist, und läßt ihn dann erkalten, indessen rührt man ¼ Pf. Butter mit 4 bis 5 Eyer, die man zuvor in warmes Wasser gelegt hat, ab, gibt dieses an den abgekühlten Teig, rührt ihn damit ganz glatt, gibt etwas Salz und Muskaten darein, und legt, nachdem er noch eine Weile gestanden hat, Klöse von mittlerer Größe in kochende Fleischbrühe, oder hellen Erbsensud ein, und richtet sie, nachdem sie eine Viertelstunde gekocht haben, an.

## Nro. 552. Andere Art Griesklöse.

Man rührt ¼ Pf. Butter mit 7 bis 8 Eyer, etwas Salz und fein gewiegter Petersil leicht ab, rührt so viel Gries hinzu, daß der Teig noch etwas flüßig bleibt, und läßt ihn so eine Stunde stehen, legt alsdann Klöse in kochende Fleischbrühe oder gesalzenes Wasser ein, und kocht sie wohl zubedeckt darin fertig. Sie können aufgeschmälzt oder mit einer Butter-Sauce gegeben werden.

## Nro. 553. Klöse von geröstetem Brod.

Man schneidet 3 Milchbrode oder Semmeln in kleine Würfeln, und röstet diese mit einem Stück Schmalz oder Butter gelb, zerklopft 6 Eyer mit etwas Salz, Schnittling und einer Tassevoll Milch oder Rahm, gießt dieses über das warme Brod, und läßt es zugedeckt eine Zeitlang stehen, klopft alsdann ganz leicht so viel feines Mehl darein als nöthig ist, die Klöse zusammen zu halten, legt sie in kochendes Wasser, und kocht sie zugedeckt eine kleine Viertelstunde. Sie werden trocken auf eine Platte angerichtet, und mit in Butter gerösteten Zwiebeln oder Brod aufgeschmälzt.

## Nro. 554. Andere Art Klöse von Brod.

Man schneidet 3 Milchbrode oder Semmel in dünne Schnitten, gießt so viel heiße Milch darüber, daß diese durchaus angefeuchtet werden, zerklopft 6 bis 7 Eyer mit einem Stück zerlassener Butter, etwas Salz und einen Löffelvoll Schnittling, gießt dies an das Brod, und macht es damit gut durcheinander, klopft, damit der Teig zusammenhält, ein wenig Mehl hinzu, legt die Klöse von beliebiger Größe in kochendes und gesalzenes Wasser ein, kocht sie zugedeckt eine Viertelstunde, und schmälzt sie beim Anrichten wie die vorher Angezeigten auf.

Anmerk. Die Klöse können auch dadurch geringer gemacht werden, daß man zu 6 Kreuzerbrod nur 4—5 Eyer mit, in diesem Fall muß mehr Milch und auch etwas mehr Mehl genommen werden.

## Nro. 555. Klöse von Hecht.

Man nimmt hiezu einen gesottenen oder gebratenen Hecht, zieht die

Haut und Gräten davon, und wiegt das Fleisch, wenn es ein Pfund ist, mit ¼ Pf. Mark, etwas Petersil und Chalotten fein, dämpft alsdann ein abgeriebenes mit Milch durchweichtes und wieder fest ausgedrücktes Milch= brod mit einem großen Stück Butter, gibt das gewiegte Fleisch hinzu, rührt es mit Salz, Muskaten und 4 bis 5 Eyern ab, legt die Klöse in kochende Fleischbrühe ein, richtet solche, wenn sie fertig sind, trocken auf eine Platte an, und gibt eine Krebs=Sauce darüber.

### Nro. 556. Klöse von Erdäpfeln auf andere Art.

Man schneidet 3—4 altgebackene Semmeln in feine Schnitten, begießt dieselbe mit warmer Milch, und läßt sie zugedeckt eine Zeitlang stehen, als= dann macht man ein Stücken Butter oder Schmalz heiß, gießt solches über das durchweichte Brod, zerklopft sodann 3 bis 4 Eyer mit etwas Salz gibt diese sammt einem Tellervoll geriebener Erdäpfel und so viel Mehl hinzu, daß der Teig zusammenhält, legt davon Klöse in kochendes Wasser ein und schmälzt sie nachdem sie genug gekocht haben, mit geröstetem Weißbrod auf.

### Nro. 557. Klöse von Erdäpfel.

Man schneidet 2 Milchbrode in ganz kleine Würfel, und röstet solche in einem Stück Butter oder Schmalz gelb, zerklopft 5 bis 6 Eyer mit et= was Salz, gewiegter Petersil und einer Tasse Milch, gießt dieses über das Brod, gibt einen Tellervoll gesottene und kalt geriebene Erdäpfel dazu, be= stäubt diese mit ein paar Löffelvoll Mehl und macht das Ganze zusammen leicht an, legt alsdann mittelgroße Klöse in kochendes Wasser, das man zuvor gesalzen hat, ein, kocht solche zugedeckt eine Viertelstunde, richtet sie, wenn sie fertig sind auf eine Platte an, und schmälzt sie mit in Butter geröstetem Brod auf.

### Nro. 558. Klöse von gebratenem Fleisch.

Man weicht das Innere von 2 Milchbroden in frisches Wasser, drückt es wieder fest aus, und dämpft es nach diesem mit ¼ Pf. Butter; hierauf wiegt man ein Stück gebratenes Fleisch, welcher Art es sei, mit etwas Nie= renfett und grüner Petersil fein, nimmt Fleisch und Brod in eine Schüssel, und rührt es mit 5 bis 6 Eyer, Salz und etwas Muskaten ab, stäubt eine Handvoll Mehl darauf, schafft dieses leicht darein, macht Klöse von belie= biger Größe, kocht sie mit Fleischbrühe oder gesalzenem Wasser fertig, rich= tet sie trocken auf eine Platte an, und schmälzt sie mit heißer Butter und Zitronensaft auf.

### Nro. 559. Gebrühte Spatzen.

Man macht von einem Quart kochender Milch, 8 Löffelvoll Mehl und etwas Salz einen gebrühten Teig, und rührt diesen, wenn er ein wenig erkaltet ist, mit 4 bis 5 Eyern ab. Hierauf macht man Wasser oder Fleisch= brühe siedend, schlägt durch einen Seiher die Spatzen hinein, läßt sie aber nicht lange kochen, sondern richtet sie mit einem Schaumlöffel, wenn sie ein paarmal aufgewallt haben, an, macht alsdann Schmalz heiß, röstet ein paar Löffelvoll Semmelmehl damit gelb, und schmälzt damit die Spatzen auf. Man kann sie auch statt mit Wasser mit Milch und einem Stück Butter auskochen.

## Nro. 560. Spiegeleyer.

Hiezu nimmt man eine Platte von Blech oder gutem Porzellän, bestreicht diese dick mit kalter Butter, drückt in der Mitte derselben noch ein Stück fest, und schlägt, so viel man Eyer zu gebrauchen gedenkt, die auch ganz frisch sein müssen, der Reihe nach darauf, bestreut das Weiße davon mit ein wenig Pfeffer und Salz, stellt die Platte auf Kohlen, bis das Weiße fest ist, macht indessen eine Brennschippe glühend, hält diese einen Augenblick über die Eyer, und gibt sie gleich zu Tisch.

## Nro. 561. Eyer mit saurem Rahm.

Man siedet 6 bis 8 Eyer hart, und schneidet sie in runde Scheiben, dämpft einen Löffelvoll gewiegter Zwiebel und Petersilkraut mit einem Stück Butter, zerklopft ein Quart dicken sauren Rahm, und gibt diesen hinzu. Hierauf bestreicht man eine Platte mit Butter, legt die zerschnittenen Eyer ordentlich darauf, bestreut sie mit ein wenig Pfeffer und Salz, gießt den Rahm samut den Zwiebeln darüber, stellt die Platte in einen gelinden Ofen, und läßt die Eyer darin fertig werden.

## Nro. 562. Eyer mit Bechemelle.

Man siedet 8 bis 10 Eyer hart, nimmt die Dotter ganz heraus, schneidet das Weiße davon ganz klein, und dämpft es mit einer fein gewiegten Zwiebel und etwas Petersilkraut in einem Stück Butter ein paar Minuten, verfertigt das Nro. 5. angezeigte Bechemelle, gibt die gedämpften Eyer darein, bestreicht alsdann eine Platte mit kalter Butter, schneidet die Eyerdotter in der Mitte entzwei, legt sie in der Ordnung darauf, rührt die Bechemelle mit 3 bis 4 Eyergelb ab, gibt diese oben darauf, und läßt sie in einem gelinden Ofen aufziehen.

## Nro. 563. Verlorne Eyer mit Krebs-Sauce.

Man macht Wasser mit ein paar Löffelvoll Essig und etwas Salz in einer Pfanne siedend, schlägt so viel Eyer als man braucht darein, läßt sie nur so lange in dem Wasser, bis sich das Weiße darüber gezogen hat, das Gelbe muß ganz weich bleiben, und gibt sie alsdann zum Ablaufen auf ein Sieb. Hierauf legt man die Eyer, ordentlich von dem überflüßigen Weißen gereinigt, auf eine Platte, bestreut sie mit gewiegten Krebsschweifen, und gibt eine heiße Krebs-Sauce darüber.

## Nro. 564. Eyer à la Daufin.

Man putzt eine Handvoll Champignon, schneidet sie länglicht, und dämpft sie mit einigen fein gewiegten Chalotten und ein wenig Petersil in einem Stückchen Butter, gießt ein wenig Schü (Jus) hinzu, und läßt sie damit kurz einkochen. Von 6 hart gesottenen Eyern schneidet man das Weiße länglicht, gibt solches zu den gekochten Champignons, rührt 6 bis 8 Löffelvoll dünne Bechemelle darein, gibt die Masse auf eine mit Butter bestrichene Platte, wiegt das Gelbe der Eyer klein, streut es oben darauf, stellt die Platte in einen Ofen oder auf Kohlen, und gibt die Eyer, wenn sie wieder ganz heiß sind, zu Tisch.

## Nro. 565. Eyer mit Parmesankäs.

Man schneidet hart gesottene Eyer in runde Scheiben, und legt sie ordentlich auf eine mit Butter bestrichene Platte, schlägt alsdann von 4 Eyerklar einen Schnee, rührt damit 5 bis 6 Löffelvoll Bechemelle ab, gibt eine Handvoll geriebenen Parmesankäs darein, gießt die Masse über die Eyer, bestreut sie oben wieder mit Käse, und läßt sie in einem gelinden Ofen aufziehen.

## Nro. 566. Eyer in brauner Sauce.

Man röstet einen Kochlöffelvoll Mehl mit einem Stück Butter braun, füllt dieses mit einem kleinen Schöpflöffelvoll Schü oder Fleischbrühe und ein paar Eßlöffelvoll Essig auf, gibt eine zerschnittene Zwiebel mit ein wenig Pfeffer und Ingwer darein, und verkocht die Sauce gut. Hierauf macht man mit Wasser, etwas Salz und Essig verlorne Eyer, legt diese, wenn sie fertig sind auf ein Sieb, putzt das überflüßige Weiße davon, richtet sie alsdann auf eine Platte an, und passirt die Sauce durch ein Sieb darüber. Man kann auch statt der braunen eine Sauerrampf-Sauce darüber geben.

## Nro. 567. Gefüllte Eyer.

Man siedet 8 bis 10 Eyer hart, schält und schneidet sie in der Mitte entzwei, nimmt das Gelbe heraus, und drückt es mit einem Löffel fein. Hierauf dämpft man das Innere von einem halben Milchbrod, das man vorher in Rahm ganz durchfeuchtet hat, mit einem Stück Butter, gibt das Gelbe der Eyer nebst Salz, Muskaten und ein wenig Schnittling darein, rührt dieses mit einem Ganzen und 2 gelben Eyern ab, füllt damit die weißen Eyer aus, legt sie zierlich auf eine mit Butter bestrichene Platte, gießt etwas heißen Rahm daran, doch muß dieser nicht über die Eyer herauf gehen, stellt sie auf gelinde Kohlen oder in einen Ofen, und kocht sie eine Viertelstunde langsam auf.

## Nro. 568. Eingerührte Eyer.

Acht bis 10 Eyer zerklopft man mit einem halben Löffelvoll Schnittling und einer Tasse süßen Rahm, gibt solche mit einem großen Stück Butter in eine Casserolle oder messingne Pfanne, und rührt sie auf Kohlen bis sie dick sind, gibt aber Acht, daß sie nicht hart werden, salzt sie dann erst, und richtet sie auf eine heiße Platte an.

## Nro. 569. Eingerührte Eyer mit Schinken.

Man wiegt ein Stückchen Schinken ganz fein, zerklopft 8 bis 10 Eyer mit einer Tasse süßem Rahm und etwas Schnittling, rührt diese mit einem Stück Butter auf Kohlen, bis sie angefangen haben anzuziehen, gibt alsdann den Schinken hinzu, und macht sie, wie die in voriger Nummer angezeigt sind, fertig. Eben so kann man Eingerührtes mit fein gewiegten Sardellen, klein geschnittenen Möcklingen und abgebrühten Spargelköpfen machen.

## Nro. 570. Gebackene Eyer mit Sauce.

Man siedet so viel man braucht Eyer hart, nimmt das Gelbe oder den Dotter ganz davon heraus, macht einen gebrühten Teig wie zu Strauben, wendet die gelben Eyer darin um, backt sie aus heißem Schmalz, zieht sie noch einmal durch den Teig, backt sie wieder, richtet sie alsdann auf eine warm gehaltene Platte an und gibt, so lange sie noch ganz heiß sind, eine Sauce von Rosinen darüber.

## Nro. 571. Weich gesottene Eyer.

Man nimmt hiezu frisch gelegte Eyer, wäscht solche mit Salz und warmem Wasser rein, legt sie in eine Pfanne, gibt kaltes Wasser darüber, läßt sie nur so lang auf dem Feuer bis sie zu kochen anfangen und gibt sie dann gleich zu Tisch.

## Nro. 572. Gebackene Eyer mit Gurken-Sauce.

Von 2 mittelgroßen Gurken schneidet man das Kernichte heraus, das Uebrige schält und schneidet man in kleine Würfel, bestreut diese mit etwas Salz und Mehl und backt sie aus heißem Schmalz gelb, gibt sie alsdann in eine kleine Casserolle oder Tiegel, gießt ein Quart Schü oder gute Fleischbrühe, eine zerschnittene Zwiebel und ein paar Eßlöffelvoll Essig hinzu und kocht damit die Gurken eine Viertelstunde, indessen macht man so viel man braucht verlorne Eyer, legt sie zum Ablaufen auf ein Sieb, putzt das überflüssige Weiße davon, wendet die Eyer in Mehl um, legt sie nur einen Augenblick in ganz heißes Schmalz, richtet sie gleich mit einem Schaumlöffel auf eine warme Platte an und passirt die Sauce, die kurz eingekocht sein muß, durch ein Sieb darüber.

---

# Verschiedene Braten von Fleisch und Geflügel.

## Nro. 573. Fasanen zu braten.

Man rupft den Fasan bis an den Kopf, schneidet diesen ab und behält ihn bis zum Anrichten auf, den Fasan wäscht man, wenn er ausgenommen ist mit Wein aus, reibt ihn von innen und außen mit Salz, Nelken und ein wenig Pfeffer ein und dressirt ihn gut, steckt in die Oeffnung ein paar Scheiben Zitronen, bindet die Brust zuerst mit Speckscheiben und dann den ganzen Fasan mit einem Bogen Papier der mit Butter bestrichen ist ein, steckt ihn alsdann an einen Spieß und bratet ihn indem man ihn abwechselnd mit Butter und Zitronensaft beträuft saftig. Beim Anrichten wird das Papier und die Fäden weggenommen, der Speck aber auf der Brust gelassen, die im Untersatz sich befindliche Sauce wird durch ein Sieb darüber gegeben, der ungerupfte Kopf an ein kleines Hölzchen gesteckt und dem Fasan wieder angepaßt, mit Zitronen garnirt und zu Tisch gegeben.

### Nro. 574. Fasan mit Austern.

Man rupft, dressirt und behandelt den Fasan wie dieses in vorhergehender Nummer angezeigt ist, löst alsdann 15 bis 20 Austern aus ihren Schalen, reinigt sie gehörig, drückt zu ihrem eigenen Saft den Saft einer Zitrone, würzt sie mit einer Messerspitzevoll Muskaten, gibt die Austern sammt
dem Saft in den Fasan, näht die Oeffnung zu und bindet ihn mit einem
Bogen Papier der mit Butter bestrichen ist ein, steckt ihn an einen Spieß
und bratet ihn unter fleißigem Begießen saftig. Beim Anrichten wird der
Kopf durch ein Hölzchen angepaßt, die Sauce aus dem Untersatz darüber
gegeben und der Fasan mit ganzen Zitronen servirt.

### Nro. 575. Wilde Tauben zu braten.

Man klopft die gerupften und ausgenommenen Tauben wohl, wäscht sie
mit warmem Essig aus, reibt sie mit Salz, Pfeffer und Nelken von innen
und aussen ein, umbindet sie mit Speck und bratet solche an einem Spieß
oder in einer Casserolle mit Butter und Zitronensaft gelb.

### Nro. 576. Feldhühner zu braten.

Die Feldhühner werden bis an den Kopf gerupft, derselbe, so wie auch
die Hälfte der Flügel abgeschnitten, der Kopf aber bis zum Anrichten aufbehalten. Nun wäscht man die Feldhühner mit Wein aus, reibt sie mit
Salz, etwas Pfeffer und Nelken von innen und aussen ein, dressirt sie gut,
belegt die Brust mit Speck, bindet diesen mit einem Faden fest und gibt in
die Oeffnung ein Stückchen Butter mit einer Scheibe Zitrone, steckt die
Feldhühner an einen Spieß und bratet sie mit Butter und Zitronensaft.
Beim Anrichten wird der Kopf wie bei dem Fasan angepaßt, die Sauce
darüber gegeben und ganze Zitronen dazu servirt.

### Nro. 577. Schnepfen zu braten.

Man rupft die Schnepfen bis an den Kopf, zieht über diesen die Haut
sammt den Federn ab, nimmt sie aus, wirft von den Eingeweiden blos den
Magen weg und behält das Uebrige auf; alsdann reibt man die Schnepfen
mit Salz, Pfeffer und Nelken von innen und aussen wohl ein, dressirt sie
wie die Feldhühner, steckt den Schnabel unter den Flügeln quer durch die
Seite, bindet die Brust mit Speck ein und bratet sie an einem Spieß langsam mehr auf Kohlen als am hellen Feuer saftig; indessen wiegt man das
Eingeweide mit ein wenig ausgeschabener Milz, ein paar Chalotten und etwas
Zitronenschalen ganz fein, röstet, wenn es das Eingeweide von 3 Schnepfen
ist, einen Löffelvoll Semmelmehl mit einem Stück Butter gelb, gibt das
Gewiegte hinzu, läßt es noch ein wenig damit anziehen, gießt ein paar Löffelvoll Wein dazu und stellt es vom Feuer. Wenn es ein wenig abgekühlt
hat, rührt man es mit etwas Salz, Muskaten und 2 Eyern ab, schneidet
von Milchbrod runde Schnitten, welche die Dicke eines Messerrücken haben,
zieht diese schnell damit sie nicht erweichen durch ein wenig Wein, streicht
von dem gedämpften Eingeweide fingerdick darauf, legt die Schnitten so,

daß die bestrichene Seite nach unten steht, in heißes Schmalz ein und backt
sie darin, damit sie saftig bleiben schnell gelb, die Schnepfen richtet man,
wenn sie fertig sind, auf eine Platte an und garnirt sie mit den ausgeba-
ckenen Schnitten.

### Nro. 578. Einen Auerhahn zu braten.

Man rupft den Auerhahn bis an den Kopf, schneidet diesen ab und
behält ihn mit Salz bestreut in ein reines Tuch gewickelt auf, den Auerhahn nimmt man aus, kocht halb Essig halb Wein mit einer Zwiebel, ein
Lorbeerblatt, ein paar Pfefferkörner und Nelken, gießt dieses darüber und
läßt ihn über Nacht in der Marinade liegen. Hierauf vermischt man ein
paar zerdrückte Wachholderbeere mit Salz Pfeffer und Nelken, reibt den
Auerhahn wenn er abgelaufen ist, stark damit ein, dressirt ihn gut und
bindet ihn ganz mit Speck ein, steckt ihn alsdann an einen Spieß, bestreicht
ein paar Bogen Papier mit Butter, bindet diese darüber und bratet ihn
auf Kohlen langsam. In den Untersatz gießt man ein paar Tassenvoll
von der Marinade, gibt ein Stück Butter, eine Zwiebel und ein paar Scheiben Zitronen dazu, begießt den Hahn fleißig damit und bratet ihn saftig.
Beim Anrichten wird das Papier weggenommen, den Speck aber, nachdem
man die Fäden davon gezogen hat, darauf gelassen, der Kopf mit einem
Hölzchen angesteckt und die Sauce, die ganz kurz eingekocht sein muß, darüber gegeben.

### Nro. 579. Haselhühner zu braten.

Man rupft diese wie die Feldhühner bis an den Kopf, schneidet ihn ab
und behält ihn bis zum Anrichten auf, die Hühner wäscht man nach dem
Ausnehmen mit Wein aus, reibt sie von innen und auffen mit Salz, Pfeffer und Nelken ein, steckt in die Oeffnung ein Stück Butter und ein paar
Scheiben Zitronen, dressirt sie gut, belegt die Brust mit Speck, bindet diesen fest und bratet die Hühner an einem Spieß fleißig mit Butter beträuft
saftig. Beim Anrichten werden die Fäden weggenommen, der Speck aber
darauf gelassen, der Kopf alsdann mit einem Hölzchen daran gesteckt, die
Sauce aus dem Untersatz darüber gegeben und ganze Zitronen dazu servirt.

### Nro. 580. Blassen zu braten.

Man senkt die Blassen nachdem sie gerupft sind, über dem Feuer damit
die Haare wegkommen, nimmt sie aus und wascht sie mit Essig rein. Hierauf vermischt man etwas Salz mit Pfeffer und Nelken, reibt sie damit von
innen und auffen ein, biegt die Füße um, gibt den Kopf unter die Flügel,
bindet sie mit Speck ein und bratet sie an einem Spieß saftig. Anfangs
begießt man sie fleißig mit Butter; wenn sie halb fertig sind, zerklopft man
eine Tasse sauren Rahm mit ein paar Löffelvoll Essig, gießt dieses zu der
abgeträuften Sauce in den Untersatz und beträuft nun damit die Blassen
bis sie fertig sind. Beim Anrichten werden sie mit Zitronen garnirt und
die Sauce, die kurz eingebraten sein muß, durch ein Sieb darüber gegeben.
Eben so werden auch Schneehühner behandelt.

## Nro. 581. Krametsvögel zu braten.

Man rupft dieselben bis an den Kopf, zieht die Haut sammt den Federn davon ab, biegt die Füße um, bricht das erste Glied an den Flügeln weg und steckt den Kopf an der Seite ein. Hierauf wäscht man sie ohne sie auszunehmen in frischem Wasser, bestreut die Vögel mit Salz und Pfeffer, läßt sie damit eine halbe Stunde liegen, steckt sie alsdann an einen Spieß und bratet solche, indem man sie fleißig mit Butter begießt, auf Kohlen saftig. Wenn sie fertig sind, begießt man sie noch einmal mit zerlassener Butter, bestreut sie mit geriebenem Roggenbrod, läßt dieses schnell Farbe nehmen, richtet alsdann die Vögel an und garnirt sie mit grüner Petersil.

Anmerk. Ganze Kramets- oder Großvögel werden ebenso zugerichtet; nur müssen diese zuvor ausgenommen und gewaschen werden.

## Nro. 582. Wachteln zu braten.

Diese werden gerupft, ausgenommen, Kopf, Füße und Flügel davon geschnitten, rein gewaschen und nach diesem mit Salz und Pfeffer bestreut. Nachdem sie eine halbe Stunde im Salz gelegen haben, werden sie an einen kleinen Spieß gesteckt und mit Butter und Zitronensaft beträuft, gelb gebraten; sie können zu saurem oder auch blauen Kraut gegeben werden.

## Nro. 583. Lerchen zu braten.

Man bricht den Lerchen nach dem Rupfen Kopf und Flügel weg, biegt die Füße um, bestreut sie nach dem Waschen mit Salz und Pfeffer, läßt sie so eine Viertelstunde liegen und bratet sie hernach an einen kleinen Spieß gesteckt auf Kohlen mit Butter beträuft schnell und saftig. Wenn sie fertig und auf einer warmen Platte angerichtet sind, röstet man geriebenes Semmelmehl mit einem Stück Butter gelb, gibt dieses auf die Lerchen, garnirt sie mit Petersil und gibt sie gleich zu Tisch.

## Nro. 584. Wilde oder Schneegans zu braten.

Man legt die Gans, nachdem sie gerupft, ausgenommen und gut geklopft ist, ein paar Tage in guten Essig, worein eine Zwiebel, eine Handvoll Kräuter und ein paar Lorbeerblätter gegeben werden. Wenn sie gebraten werden soll, läßt man sie wohl ablaufen, reibt sie mit Salz und Pfeffer ein und bratet sie langsam an einem Spieß. In den Untersatz oder Bratpfanne gibt man ein paar Tassenvoll von der Beize oder Marinade; ferner ein paar Scheiben Zitronen, eine Zwiebel und ein Lorbeerblatt, beträuft die Gans Anfangs stark mit Butter und später erst mit der Sauce, wenn sie weich und bald fertig ist, nimmt man den Untersatz weg und läßt die Sauce kurz einkochen, die Gans beträuft man neuerdings mit Butter, damit sie Farbe bekommt und gibt beim Anrichten die Sauce durch ein Sieb passirt besonders dazu.

## Nro. 585. Wilde Enten zu braten.

Die gerupften Enten werden ausgenommen, gut gereinigt, mit Salz, Nelken und Pfeffer eingerieben, wohl bressirt und am Spieß mit Butter und Zitronen saftig gebraten. Wenn die Ente bald fertig ist, wiegt man ein paar Chalotten mit einem Löffelvoll Kappern und ein paar Wachholderbeeren fein, gibt dieses mit ein paar Eßlöffelvoll Essig in den Untersatz zu der abgeträuften Sauce, läßt solches noch ein wenig damit aufkochen, schöpft alsdann die Fette davon, richtet die Sauce ohne sie zu passiren auf eine warme Platte an und gibt die Ente, nachdem sie gelbe Farbe hat, darein. Man kann sie auch statt am Spieß eben so in einer Casserolle oder Tiegel braten.

### Nro. 586. Zahme Enten mit Häring zu braten.

Man schneidet der gereinigten Ente Hals, Flügel und Füße ab, reibt sie mit Salz und ein wenig Pfeffer von innen und auffen ein und läßt sie eine Stunde damit liegen. Indessen schneidet man einen ausgegräteten und gut gereinigten Häring in kleine Stücke, dämpft eine fein zerschnittene Zwiebel mit einem Stückchen Butter, vermischt diese mit dem Häring, füllt damit die Ente aus, näht die Oeffnung zu und bratet sie in einer Casserolle oder an einem Spieß saftig. Wenn sie am Spieß gebraten wird, gibt man in den Untersatz ein Stück Butter mit ein paar Eßlöffelvoll Wasser, beträuft damit die Ente, gießt aber nichts hinzu, bis dieses ganz eingebraten ist und sich in der Bratpfanne ein brauner Satz angesetzt hat, auf dieses gießt man erst wieder etwas Wasser oder Fleischbrühe, wodurch die Sauce Farbe bekommt, legt ein Stückchen Butter dazu und begleßt damit die Ente bis sie fertig ist, beim Anrichten kann die Sauce entweder darüber oder besonders dazu gegeben werden.

### Nro. 587. Zahme Enten zu braten.

Der Ente wird nachdem sie rein geputzt ist Hals, Flügel und Füße abgeschnitten, dieselbe mit Salz und Pfeffer von innen und auffen eingerieben, und entweder an einem Spieß mit Butter beträuft oder in einem Bratofen gebraten. Ebenso werden auch Gänse gebraten.

### Nro. 588. Gefüllte Gans.

Man schneidet der Gans Hals, Füße und Flügel weg, wascht sie rein, reibt sie mit Salz und etwas Pfeffer von innen und auffen ein und läßt sie damit eine Stunde liegen. Indessen schneidet man den Magen, von dem man das Harte wegnimmt, die Leber, ein Stückchen Speck und etwas Petersilkraut klein, schält $\frac{1}{4}$ Pf. abgesottene Kastanien und schneidet diese, so wie auch ein paar Erdäpfel in Stücke, macht Gemeldetes mit Salz und Muskaten und 3 bis 4 Eyern unter einander, füllt dieses in die Gans, näht die Oeffnung zu und bratet sie an einem Spieß oder im Ofen langsam, man kann auch statt dieser Fülle die Gans mit geschälten Erdäpfeln oder Kastanien ausfüllen. Beim Anrichten wird die Fette rein davon geschöpft und die Sauce durch ein Sieb passirt, besonders dazu gegeben.

Anmerk. Bei allem Fleisch- und Geflügelbraten muß man vorzüglich darauf sehen, daß man solche immer 1 auch 2 Stunden ehe sie gebraten werden mit Salz einreibt, weil dadurch nicht nur das Fleisch viel schmackhafter, sondern auch die Sauce weniger rauh und salzig schmecken wird.

### Nro. 589. Junge Hühner zu braten.

Wenn die Hühner einen Tag zuvor abgethan, trocken gerupft und ausgenommen worden sind, wäscht man sie aus warmem Wasser rein, bricht, damit sie eine schöne Rundung bekommen, das Brustbein aus, schneidet die Füße halb Fingergliedlang unter dem Knie weg, dressirt das Huhn gehörig, reibt es mit Salz und von innen auch mit ein wenig Pfeffer ein und läßt es eine halbe Stunde liegen, alsdann steckt man in das Huhn ein Stück frische Butter, ein Sträuschen grüner Petersil und wer es liebt eine Scheibe Zitrone, steckt es an einen Spieß und bratet es unter fleißigem Begießen mit Butter gelb und saftig. Wer es liebt, kann die Hühner, wenn sie ganz fertig sind, noch einmal mit frisch zerlassener Butter begießen, sie mit geriebenem weißem Brod bestreuen, dieses auf starker Gluth schnell Farbe nehmen lassen und dann die Hühner mit grüner Petersil garnirt zu Tisch geben.

### Nro. 590. Gefüllte Hühner zu braten.

Die Hühner werden abgenommen, trocken gerupft, alsdann ausgenommen gut gereinigt und so lang sie noch warm sind, wird die Haut von der Brust sorgfältig abgelöst; hierauf wiegt man die Leber, das Fleischige vom Magen, einige Krebsschweife, etwas Petersil und ein paar Chalotten fein, feuchtet das Innere von einem halben Milchbrode mit ein wenig Rahm gut durch, dämpft dieses mit einem Stück Krebsbutter, gibt das Gewiegte nebst Salz und Muskaten dazu, rührt es mit dem Gelben von ein paar Eyer ab, füllt damit die aufgelöste Haut aus, gibt aber Acht, daß nicht zuviel hineinkommt, wodurch die Haut platzen würde, reibt dann die Hühner von innen und außen mit Salz ein, dressirt sie gut, belegt die Brust mit Speck, bindet diesen mit einem Faden fest und bratet die Hühner mit Butter beträuft an einem Spieß saftig. Wenn sie fertig und angerichtet sind, wird der Speck weggenommen und die Hühner mit grüner Petersil garnirt.

### Nro. 591. Junge Hühner im Netz zu braten.

Man nimmt hiezu weiße und fette Hühner, dressirt sie nach Nro. 562. und reibt sie von innen und außen mit Salz ein. So viel man nun Hühner braten will, so viele Kalbsnetz legt man in frisches Wasser, breitet sie nach diesem auf einem reinen Brett oder Tisch aus, steckt in das Huhn ein Stück Butter, ein Sträuschen Petersil und eine Scheibe Zitrone, legt auf die Brust desselben eine Scheibe Speck, schlägt das Netz gut über dem Huhn zusammen, bindet es mit einem Faden fest, steckt sie alsdann an einen Spieß und bratet sie unter fleißigem Begießen mit Butter saftig. Man muß sich aber sehr in Acht nehmen, daß die Flamme nicht daran schlägt, damit die Hühner ganz weiß bleiben. Wenn sie fertig sind wird das Netz und der Speck weggenommen, die Hühner auf eine warme Platte angerichtet und mit Petersil und Zitronen garnirt zu Tisch gegeben.

### Nro. 592. Gefüllte Tauben zu braten.

Man rupft die Tauben gleich nach dem Abnehmen, schneidet Kopf und Füße weg, nimmt sie aus und löst so lange sie noch warm sind, die Haut

von der Brust ab, wäscht sie rein und reibt sie von innen und auffen mit
Salz ein, läßt sie eine Weile damit liegen und macht folgende Fülle: Man
wiegt die Lebern und von dem Magen das Fleischige, ein Stückchen Speck,
etwas Petersil und einige Chalotten oder eine kleine Zwiebel fein, durchweicht zu 4 Tauben das Innere von einem Kreuzerbrode mit Milch, drückt
dieses wieder fest aus und dämpft es mit 4 Loth Butter, gibt das Gewiegte hinzu, wendet es noch ein paarmal auf Kohlen damit um und rührt
es dann mit einem ganzen und dem Gelben von 3 Eyern, Salz und Muskaten ab, füllt die Tauben damit aus, näht oder bindet die Oeffnung mit
einem Faden zu, überkocht sie zuerst ein wenig mit Fleischbrühe und bratet
sie alsdann in einer Cafferolle mit zerlaffener Butter zugedeckt langsam auf
allen Seiten gelb. Man kann die Tauben auch ohne sie zu füllen zierlich
spicken und an einen Spieß gesteckt mit Butter saftig braten.

## Nro. 593. Kapaunen zu braten.

Man verfährt mit dem Abschlachten, Rupfen und Dreffiren der Kapaunen nach Vorschrift der Hühner Nro. 562., reibt die Kapaunen, nachdem
sie noch einmal aus warmem Wasser gewaschen worden sind von innen mit
Salz und etwas Pfeffer, von auffen aber blos mit Salz ein, spickt die
Brust und Schenkel zierlich, steckt in die Oeffnung ein Stück Butter, ein
Sträußchen Petersil und ein paar Scheiben Zitronen, näht die Oeffnung
mit einem Faden zu, steckt die Kapaunen an einen Spieß und bratet sie mit
der herabträufenden Sauce, wozu noch ein Stück Butter gethan wird, auf
Kohlen langsam und saftig.

## Nro. 594. Kapaunen mit Auftern zu braten.

Man löst zu einem Kapaun 15 bis 20 Auftern aus ihren Schalen,
reinigt sie gehörig, drückt zu ihrem eigenen Saft den Saft einer halben Zitrone, würzt sie mit Muskaten, füllt die Auftern sammt Saft in den dref-
firten und eine Stunde zuvor gesalzenen Kapaun ein, näht die Oeffnung
zu und bratet ihn an einem Spieß mit Butter und der herabgeträufelten
Sauce langsam saftig. Wenn der Kapaun fertig ist, richtet man ihn auf
eine Platte an, zieht den Faden heraus, drückt in den Untersatz zu der abgeträuften Sauce den Saft einer halben Zitrone und gibt diese darüber.

## Nro. 595. Indian zu braten.

Man schlägt dem Indian gleich nach dem Abnehmen, so lang solcher
noch warm ist, das Brustbein ein, rupft ihn trocken, nimmt ihn alsdann
aus, haut die Hälfte der Flügel und auch die Füße eines halben Fingergliedlang unter dem Knie ab, wäscht ihn mit kaltem Wasser rein aus und
läßt ihn wenigstens 1, in einer kühlen Jahreszeit aber auch 2 bis 3 Tage
liegen. Wenn er nun gebraten werden soll, wäscht man ihn mit warmem
Wasser noch einmal gut aus, reibt ihn von innen mit Salz und Pfeffer,
von auffen blos mit Salz ein. Hierauf verfertigt man von einem Stückchen rein ausgeschabenem Kalbfleisch, halb so viel Speck, der Leber von dem
Indian, ein paar Chalotten und etwas Petersil und 1 oder 2 geschälten

11

Trüffel wenn man deren gerade hat, eine feine Farçe, stößt diese mit einem Stück Butter, Salz, Muskaten und dem Gelben von 4 bis 5 Eyern in einem Mörser gut ab, löst die Haut rund um die Brust herum ab, füllt sie mit der Farçe aus, macht die Oeffnung zu, dressirt den Indian gehörig, spickt ihn schön oder belegt ihn mit Speckscheiben, steckt ihn alsdann an einen Spieß, bindet ein paar mit Butter bestrichene Bogen Papier darüber und bratet ihn, indem man ihn fleißig mit Butter beträuft, saftig. Ein großer starker Indian darf 2½ bis 3 Stunden langsam braten. Will man ihn in einem Backofen braten, so wird er eben so zugerichtet. Man legt alsdann in eine Bratpfanne einen Rost von Holz, legt den Indian so, daß die Brust nach unten steht, darauf. Hat man übrige Fleischbrühe, so wird diese, im Gegentheil Wasser hinzugegossen, ein Stück Butter darein gegeben, der Indian mit ein paar Bögen Papier, die mit Butter bestrichen werden, bedeckt und in einen guten Ofen gestellt. Wenn der Rücken Farbe hat, wird der Indian umgewendet, oben mit zerlassener Butter begossen, mit dem nämlichen Papier wieder bedeckt und bis er zart ist und Farbe hat, auch die Sauce daran kurz eingebraten ist, im Ofen gelassen.

## Nro. 596. Einen jungen Pfau zu braten.

Dieser muß noch jung und erst halb gewachsen sein, er wird bis an den Hals gerupft, derselbe sammt dem Kopf abgeschnitten und bis zum Anrichten aufbewahrt. Der Pfau wird ausgenommen und mit Wein ausgewaschen. Hierauf vermischt man Salz mit ein wenig Pfeffer, Nelken und Cardomomen, reibt ihn damit von innen und auffen ein, gibt in die Oeffnung ein Stück Butter und ein paar Scheiben Zitronen, dressirt ihn gehörig, bindet ihn mit Speck ein und steckt den Pfau alsdann an einen Spieß, bindet ein paar Bögen mit Butter bestrichenes Papier darüber, und bratet ihn unter fleißigem Begießen mit Butter auf Kohlen langsam. Wenn er fertig ist, richtet man ihn auf eine Platte an, nimmt die Fäden davon, läßt den Speck aber darauf liegen, steckt den Kopf mit einem kleinen Hölzchen wieder an, garnirt ihn mit Zitronen und servirt ein Compote von Aepfel dazu.

## Nro. 597. Kalbsschlegel à la Dop.

Man haut von einem Kalbsschlegel den Knochen ab, klopft ihn wohl durch und häutet ihn rein, spickt ihn auf beiden Seiten zierlich, reibt ihn mit Salz ein und läßt ihn eine Stunde liegen. Hierauf belegt man eine Casserolle oder Tiegel mit ½ Pf. klein geschnittenem Nierenfett, einer großen zu Scheiben zerschnittenen Zwiebel, ein paar gelbe Rüben, einige Pfefferkörner, Nelken, ein Lorbeerblatt, von einer halben Zitrone die Schale und von 2 Zitronen das Mark, legt auf dieses den Schlegel, gießt eine halbe Maaß rothen Wein dazu, verschließt das Geschirr mit einem passenden Deckel, verklebt neben herum den Rand, damit kein Dampf heraus kann, mit Papier, stellt es auf gelinde Kohlen und läßt den Schlegel 2 Stunden langsam dämpfen, alsdann macht man den Deckel weg, legt den Schlegel wenn er weich genug ist auf eine Platte, schöpft von der Sauce die Fette rein ab, passirt das Uebrige durch ein Sieb, stellt es wieder auf Kohlen und kocht es langsam zu einer dicken Glace ein, überzieht damit den Schlegel, richtet ihn auf eine reine Platte an servirt ihn kalt.

## Nro. 598. Kalbsschlegel mit Provenceröl.

Man richtet einen schönen Kalbsschlegel, wie solches in vorhergehender Nummer angezeigt ist her, vermischt Salz mit einer Messerspitzevoll Pfeffer und Nelken, zerreibt etwas Estragon, Basilikum und Peterstl, vermischt dieses mit dem Salz und Gewürz, reibt dann den Schlegel gut ein, gießt feines Provenceröl darüber und läßt ihn einen Tag stehen. Hierauf belegt man eine Casserolle mit klein geschnittenem Nierenfett, legt den Schlegel sammt dem Oel darein, gießt eine halbe Maaß weißen Wein mit einem halben Schöpflöffelvoll Fleischbrühe hinzu, gibt eine große Zwiebel und eine halbe zu Scheiben zerschnittene Zitrone darein, verschließt die Casserolle mit einem passenden Deckel, verklebt den Rand damit kein Dampf heraus kann, mit Papier und dämpft den Schlegel 2 bis 2½ Stunden langsam auf Kohlen, legt ihn alsdann heraus, schöpft die Fette davon, treibt die Sauce durch ein Sieb, legt den Schlegel wieder darein und erhält ihn bis zum Anrichten warm. Sollte die Sauce nach dem Durchtreiben zu dünne sein, so wird diese zuerst kurz eingekocht und erst dann der Schlegel wieder darein gelegt.

## Nro. 599. Kalbsschlegel mit Parmesankäs.

Man klopft, häutet und spickt einen Kalbsschlegel gut, bestreut ihn mit Salz und läßt ihn ein paar Stunden liegen. Hierauf belegt man ein dazu passendes Geschirr auf dem Boden mit Speck, ein paar gelben Rüben, Petersilwurzeln eine Zwiebel, das Mark einer Zitrone, einige Blätter Estragon und Basilikum, legt den Schlegel darauf, gießt eine halbe Maaß Wein und einen Schöpflöffelvoll Fleischbrühe dazu, verschließt das Geschirr mit einem passenden Deckel, verklebt den Rand mit Papier und dämpft den Schlegel 2 bis 3 Stunden auf Kohlen langsam fort, legt ihn wenn er fertig ist, aus der Sauce in ein flaches Geschirr, überstreicht ihn dick mit saurem Rahm, streut auf diesen Fingerdick geriebenen Parmesankäs, gibt dünne Schnittchen Butter darauf, und läßt den Schlegel in einem guten Ofen schnell Farbe nehmen; indessen dämpft man einen Löffelvoll ganz fein gewiegte Chalotten mit einem kleinen Stückchen Butter, läßt damit 2 Messerspitzen Mehl anziehen, schöpft von der Sauce die Fette ab, treibt das Uebrige durch ein Sieb, gibt die gedämpften Chalotten darein und kocht die Sauce gut durch. Wenn der Schlegel Farbe hat, wird er auf eine Platte angerichtet und die Sauce besonders aufgestellt.

## Nro. 600. Kalbsschlegel mit saurem Rahm.

Dieser wird, wie die früher angezeigten, hergerichtet, mit Salz, Pfeffer und Nelken angerieben, und nachdem er ein paar Stunden so gelegen hat, an einen Spieß gesteckt und gebraten. Anfangs begießt man ihn fleißig mit Butter, alsdann zerklopft man ein Quart sauren Rahm mit ein paar Löffelvoll Essig und etwas Fleischbrühe, gießt dieses in den Untersatz zu der abgeträuften Butter, legt eine Zwiebel und ein paar Scheiben Zitronen darein, gibt um den Untersatz Kohlen, damit die Sauce langsam kocht, und begießt damit fleißig den Braten, wenn der Schlegel fertig und die Sauce kurz eingebraten ist, wird sie auf die Platte, worauf er angerichtet wird, passirt und dieser dann darauf gegeben. Man kann ihn auch in einer Casserolle oder Tiegel, wozu ein Stück Butter, ein paar Zwiebel, ein Lorberblatt und ein paar Eßlöffelvoll Essig kommt, auf beiden Seiten langsam gelb braten, dann sauren Rahm mit ein wenig Fleischbrühe zerklopfen, diesen darüber gießen und kurz damit einkochen lassen. Wenn der Schlegel fertig ist, legt man ihn heraus, passirt die Sauce durch ein Sieb, gibt einen Löffelvoll Cappern darein, und läßt sie sammt dem Schlegel noch ein wenig aufkochen.

## Nro. 601. Kälber-Nierenbraten.

Man läßt den Nierenbraten, nachdem er gewaschen und mit Salz eingerieben ist, eine Stunde liegen, wickelt den Lappen auf, und befestigt ihn mit einem Speiler, steckt ihn an einen Spieß, und bratet ihn, indem man ihn fleißig mit Butter begießt, saftig, in den Untersatz gibt man ein paar Löffelvoll Wasser mit einer Zwiebel, läßt dieses mit der herabträufenden Butter, damit die Sauce Farbe bekommt, braun einbraten, gießt dann erst wieder etwas Wasser oder Fleischbrühe hinzu, und gibt die Sauce beim Anrichten darunter.

Anmerk. Will man den Nierenbraten in einem Brat-Ofen fertig machen, so wird derselbe in eine Bratpfanne, auf ein hölzernes Röstchen, so daß die Niere nach unten sieht, gelegt, etwas Wasser hinzugegossen und während dem Braten fleißig mit Butter bestrichen, wenn er Farbe hat wird er umgewendet, so daß auch die untere Seite gelb gebraten wird, beim Anrichten ist darauf zu sehen, daß die Niere nach Oben sieht.

## Nro. 602. Gefüllte Kalbsbrust zu braten.

Man bricht die Brust am dünnen Theil durch, reibt sie, nachdem sie gewaschen ist, mit Salz ein, und läßt sie damit eine halbe Stunde liegen; indessen feuchtet man eine Handvoll Semmelmehl mit ein wenig Rahm oder Milch an, dämpft einen Löffelvoll fein gewiegte Petersil mit einem Stück Butter, vermischt dieses mit Semmelmehl, auch ein wenig Salz und Muskaten, und rührt es mit 4 bis 5 Eyern ab, füllt die Brust damit ein, näht die Oeffnung zu, und bratet sie an einem Spieß oder im Ofen. Man kann auch statt dieser Semmelfülle von einigen Eyern, etwas Rahm und einem Stück Butter ein Eingerührtes machen, einen oder 2 Löffelvoll Semmelmehl, etwas Salz und Schnittling daran geben, dieses mit ein paar Eyer abrühren, in die Brust füllen, dieselbe schön spicken, und wie angezeigt ist, braten.

## Nro. 603. Hammelschlegel mit Gurken zu braten.

Man nimmt einen Hammelschlegel, der schon einen oder 2 Tage gelegen hat, klopft ihn recht stark, reibt ihn nach dem Waschen mit Salz und Pfeffer ein, und läßt ihn damit eine auch 2 Stunden liegen, legt ihn alsdann in eine Bratpfanne, gießt Wasser hinzu, daß solches bis an die Hälfte des Schlegels herauf geht, bedeckt ihn mit einem passenden Deckel, und bratet ihn in einem guten Ofen langsam. Hierauf schält man 3 bis 4 große

Gurken, schneidet das Kernichte heraus, das Uebrige in kleine Stücke, bestreut diese mit Mehl, und backt sie aus heißem Schmalz gelb. Wenn der Schlegel auf einer Seite Farbe hat, legt man ihn heraus, schöpft die Fette davon, gibt die gebackene nebst 2 frischen geschälten Gurken in die Sauce, legt den Schlegel wieder darein, und bratet ihn fertig. Beim Anrichten passirt man die Sauce durch ein Sieb, und stellt sie besonders zu dem Schlegel auf. Wer die Sauce rezent liebt, kann auch während dem Braten ein paar Löffelvoll Essig dazu thun.

### Nro. 604. Hammelschlegel auf andere Art.

Man häutet den Schlegel, wenn er recht stark geklopft ist, ab, wäscht ihn rein, und spickt ihn dicht, reibt ihn alsdann mit Salz, Pfeffer und Nelken ein, und läßt ihn damit ein paar Stunden liegen. Hierauf belegt man eine Casserolle oder Tiegel mit Speck und ein paar zerschnittenen Zwiebeln, legt auf dieses den Schlegel, gibt eine halbe Maaß rothen Wein, eben so viel Wasser, einiges Wurzelwerk, ein paar Scheiben Zitronen und ein wenig Knoblauch dazu, verschließt das Geschirr mit einem passenden Deckel, verklebt den Rand, damit kein Dampf heraus kann, mit Papier, gibt gelinde Kohlen darunter, und dämpft den Schlegel langsam 3 bis 4 Stunden, nach dieser Zeit nimmt man den Deckel davon, legt den Schlegel heraus, schöpft von der Sauce die Fette ab, treibt das Uebrige durch ein Sieb, und macht sie sammt dem Schlegel wieder heiß.

### Nro. 605. Hammel-Quarré mit Gurken.

Dies ist das Rippenstück, wovon die Coteletts gemacht werden. Man kann es hiezu nicht weiter als die Rippen gehen, gebrauchen, man klopft es gut durch, hackt unten am Rückgrate die stärksten Beine weg, wäscht es rein, und kocht es in einer Braise langsam weich, indessen schneidet man 2 bis 3 Gurken, die man zuvor geschält hat, in Würfeln, bestreut sie mit ein wenig Salz, dämpft eine fein zerschnittene Zwiebel mit etwas Petersilkraut und einem Stück Butter weich, gibt die Gurken hinzu, bestäubt sie mit ein paar Messerspitzevoll Mehl, und gießt, wenn solches angezogen hat, einen Schöpflöffelvoll Fleischbrühe daran, schneidet alsdann ein Stückchen Schinken fein, gibt auch diesen mit etwas Muskaten darein, und verkocht es zusammen gut. Wenn das Quarré weich ist, legt man es zum Ablaufen aus der Braise auf ein Sieb, bestreicht es dann mit Butter, wendet es in geriebenem Semmelmehl um, bratet solches auf einen Rost mit Kohlen gelb, und gibt die Sauce, ohne sie zu passiren, dazu.

### Nro. 606. Hammelschlegel auf gewöhnliche Art.

Wenn der Schlegel stark geklopft und gewaschen ist, wird er mit Salz und etwas Pfeffer eingerieben, mit Salbei und Knoblauch durchspickt, alsdann in eine Bratpfanne gelegt; wenn er 1 oder 2 Stunden so gelegen hat, gießt man so viel Wasser hinzu, daß es an die Hälfte des Schlegels geht, gibt einen passenden Deckel darauf, und bratet den Schlegel im Ofen 3 Stunden langsam. Wenn er auf einer Seite gelb ist, und umgewendet wird, schöpft man die Fette davon ab, legt in die Sauce geschälte und rein gewaschene Erdäpfel, läßt diese mit dem Schlegel fertig werden, und legt sie beim Anrichten um dieselbe herum.

## Nro. 607. Hasen zu braten:

Man hackt von den Hasen, nachdem er abgezogen ist, das Vordere oder Junge weg, hackt das Schlußbein, damit er gut gereinigt werden kann, auf, wäscht ihn rein, häutet und spickt ihn wohl, bestreut alsdann den Hasen mit Salz, Pfeffer und Nelken, bindet die Läufe mit einem nassen Tuch oder Papier ein, damit sie während dem Braten nicht verbrennen, steckt durch das Schlußbein einen Sprießer von Eisen oder Holz, schiebt durch diesen den Spieß, befestigt den Hasen oben und an den Läufen mit einem Spagat daran, und bratet ihn unter fleißigem Begießen mit Butter saftig. In den Untersatz gibt man, wenn der Hase halb fertig ist, ein Quart mit etwas Essig und Fleischbrühe zerklopften sauren Rahm, eine Zwiebel, ein Lorbeerblatt und ein paar Scheiben Zitronen, läßt dieses mit der abgeträuften Butter gut verkochen, begießt damit den Hasen bis er fertig ist öfters, und gibt dann beim Anrichten die Sauce durch ein Sieb passirt darunter. Wer das Rezente liebt, kann den Hasen so wie überhaupt jedes Wildpret 1 oder 2 Tage in Essig legen, übrigens beim Kochen, wie angezeigt ist, damit verfahren.

## Nro. 608. Hasen zu braten andere Art.

Man legt den Hasen nachdem er gespickt mit Pfeffer, Salz und etwas Nelken eingerieben ist, in eine Bratpfanne, gibt eine geschälte Zwiebel, ein Lorbeerblatt, eine Scheibe Zitrone und ein Stück Schwarzbrod-Rinde hinzu, gießt das nöthige Wasser und wenn der Hase gebeizt worden, von der Beize, außerdem etwas Essig hinzu, legt Schnittchen Butter darauf und bratet ihn bis er mürb ist. Alsdann wendet man ihn um, begießt den Rücken mit zerlassener Butter, bestreut ihn Fingerdick mit geriebenen Roggenbrod, zerklopft dicken sauren Rahm, gibt diesen mit einem Löffel auf das Brod, legt Schnittchen Butter darauf, gibt ein paar Löffelvoll Rahm in die Sauce läßt den Hasen Farbe nehmen, passirt die Sauce durch ein Sieb und gibt sie besonders dazu.

## Nro. 609. Schlegel von Hasen mit Trüffeln zu braten.

Man haut von dem Hasen die Schlegel ab, wäscht, häutet und spickt sie wohl, bestreut sie mit Salz und Gewürz, und läßt sie damit eine Stunde liegen. Hierauf belegt man eine Casserolle mit Speck und ein wenig Schinken, gibt die Schlegel darauf, begießt sie mit zerlassener Butter und bratet sie zugedeckt auf beiden Seiten gelb, legt sie alsdann heraus, stäubt in die zurückgebliebene Butter ein paar Messerspitzevoll Mehl, läßt dieses damit gut anziehen, gießt ein wenig Schü hinzu, und kocht es eine Zeitlang, schöpft sodann die Fette davon, passirt die Sauce durch ein Sieb, gibt sie mit geschälten Trüffeln in eine Casserolle, gießt etwas rothen Wein hinzu, und kocht diese damit weich, legt kurz vor dem Anrichten die Schlegel, damit sie wieder ganz heiß werden, hinein, und gibt sie mit den Trüffeln garnirt zu Tische.

## Nro. 610. Rehschlegel zu braten.

Man wäscht, häutet und spickt den Schlegel auf beiden Seiten, reibt ihn mit Salz, Pfeffer und Nelken ein, läßt ihn eine Weile liegen, steckt ihn alsdann an einen Spieß, und bratet ihn wie den Hasen, indem man ihn Anfangs mit Butter, und wenn er halb fertig ist, mit der daselbst angezeigten Sauce begießt. Man kann den Schlegel auch im Ofen braten: man legt in die Bratpfanne einen hölzernen Rost, gibt den Schlegel darauf, begießt ihn mit zerlassener Butter, legt eine Zwiebel, ein Lorbeerblatt und ein paar Scheiben Zitronen darein, gießt einen Schöpflöffelvoll Fleischbrühe, in Ermanglung derer, Wasser und etwas Essig hinzu, bedeckt ihn mit einem Bogen Papier, und bratet ihn langsam. Wenn er auf einer Seite fertig ist, wendet man ihn um, bestreicht die obere Seite mit zerlassener Butter, bestreut sie mit geriebenem Roggenbrod, zerklopft sodann ein Quart dicken sauren Rahm, gibt die Hälfte davon auf den Schlegel, den übrigen in die Sauce, läßt ihn Farbe nehmen, und die Sauce daran kurz einbraten. Beim Anrichten wird der Schlegel mit Zitronen garnirt, und die Sauce besonders dazu aufgestellt.

## Nro. 611. Schweins-Quarré mit Häring.

Man nimmt das Quarré sammt der Haut, ritzt in diese mit einem scharfen Messer viereckige Würfel, wäscht es rein, und reibt es nach diesem mit Salz und ein wenig Pfeffer ein. Hierauf schneidet man 1 oder 2 wohlgereinigte Häringe in länglichte Stücke, durchzieht das Quarré damit, steckt es an einen Spieß, und beträuft es, damit die Haut rösch wird, bloß mit Butter. Indessen dämpft man eine klein geschnittene Zwiebel mit einem Stückchen Butter, gibt ein paar Eßlöffelvoll Senf mit ein wenig Fleischbrühe und ein paar Löffelvoll Essig oder Zitronensaft dazu, richtet dieses, wenn es ein paarmal aufgekocht hat, auf eine warme Platte an, und gibt das Quarré, wenn es fertig ist, darauf.

## Nro. 612. Spanferkel zu braten.

Man wäscht das Ferkel, ohne es im Wasser liegen zu lassen, rein aus, reibt es stark von aussen mit Salz von innen mit Salz und Pfeffer ein, und läßt es 1 oder 2 Stunden so liegen, biegt dann die Füße zurück, macht unten am Bauch in die Haut Schnitte, und schiebt diese dadurch, so daß es eine sitzende Stellung erhält, füllt dann das Ferkel von innen mit reinen Tüchern aus, damit es ansehnlich bleibt, und im Braten nicht zusammenfallen kann, sperrt in das Maul, damit es nicht zufallen kann, ein Hölzchen, legt das Ferkel auf einem hölzernen Rost in eine Bratpfanne, sticht es durchaus mit einer Spicknadel, und bindet die Ohren, damit sie nicht zusammen schrumpfen, mit einem Stückchen Papier, das man zuvor mit Butter bestreicht, ein. In die Bratpfanne gießt man nur ganz wenig Wasser, stellt das Ferkel, bis es warm ist, in einen nicht zu heißen Ofen, und überfährt es dann mit Speck. Es muß sehr oft darnach gesehen, und eben so oft, besonders wenn sich Blasen zeigen wollen, mit Speck überfahren werden. Wenn es fertig, ganz rösch und gelb ist, wird es auf ein hölzernes

Brett gelegt, mit einem scharfen Messer schnell in das Genick ein Schnitt gemacht, damit der Dampf heraus kann, und dadurch das Weichwerden verhindert wird, alsdann werden die Tücher schnell herausgenommen, dem Ferkel statt dem Holz ein Apfel in das Maul gesteckt, solches auf eine Platte angerichtet, mit Eichenlaub garnirt, und gleich zu Tisch gegeben. Man kann es auch an einem Spieß braten, nur hat man sich da mehr in Acht zu nehmen, weil es leichter als im Ofen Blasen bekommt.

### Nro. 613. Schlegel von einem Wildschwein zu braten.

Dieser wird stark geklopft, die Haut davon abgezogen, und der Schlegel rein gewaschen, alsdann vermischt man einige zerdrückte Wachholderbeere mit Salz, Pfeffer und Nelken, reibt ihn damit stark ein, legt ihn auf einem hölzernen Rost in eine Bratpfanne, und läßt ihn ein paar Stunden so liegen. Nun gießt man ein Glas Wein, eben so viel Essig und einen Schöpflöffelvoll Fleischbrühe oder Wasser hinzu, gibt eine Zwiebel, ein paar Scheiben Zitronen und ein paar Lorbeerblätter darein, und bratet damit den Schlegel zugedeckt in einem Ofen langsam. Wenn er auf einer Seite gelb und umgewendet ist, röstet man eine Handvoll geriebenes Roggenbrod mit einem Eßlöffelvoll Zucker in einem Stück Butter ganz braun, thut dieses an die Sauce, läßt solche mit dem Schlegel kurz einbraten, und passirt sie durch ein Sieb beim Anrichten darunter.

### Nro. 614. Lammsviertel zu braten.

Dieses reibt man nach dem Waschen mit Salz wohl ein, durchspickt es mit Salbei, Peterstl, ein wenig Knoblauch, und bratet solches, nachdem es eine Stunde so gelegen hat, an einem Spieß mit Butter gelb.

### Nro. 615. Lenden = oder Lummelbraten.

Man macht von der Lende oder Lummel alles fette, häutige und ungleiche weg, reibt sie mit Salz und Gewürz ein, und spickt sie alsdann zierlich, bestreicht nach einer Stunde ein paar Bogen Papier mit Butter, steckt die Lummel oder Lende an einen Spieß, bindet sie damit ein, und bratet sie unter fleißigem Begießen mit Butter saftig. Indessen verfertiget man folgende Sauce: Man schneidet 6 bis 8 eingemachte Essiggurken in runde Platten, dämpft eine fein zerschnittene Zwiebel mit einem Stück Butter, bestäubt diese mit ein wenig Mehl, gibt, wenn es angezogen hat, die Gurken mit ein wenig klein geschnittenem Schinken dazu, füllt dieses einem Schöpflöffelvoll Schü, in deren Ermanglung Fleischbrühe auf, gibt das Abgeträufte aus dem Untersatz dazu, verkocht die Sauce wohl, schärft sie mit ein wenig Zitronensaft, und stellt sie beim Anrichten besonders zu dem Braten auf.

## Verschiedene Salate und Compots.

### Nro. 616. Compots von Quitten.

Man nimmt hiezu gute Quitten, schält und schneidet sie in 4 auch mehr Theile, nimmt das Steinige davon, und überkocht sie ein paarmal, damit sie ihre Rauhe verlieren, mit siedendem Wasser. Hierauf macht man in einem flachen Tiegel oder in einer Casserolle rothen Wein mit Zucker, ganzen Zimmt und ein paar Nelken siedend, legt die abgelaufene Quitten sammt deren Körnern darein, und kocht sie zugedeckt, bis sie weich sind, legt sie zuerst auf eine Platte, bis sie abgelaufen sind, und dann in das dazu bestimmte Salatiere; kocht die zurückgebliebene Sauce mit noch einem Stück Zucker zu einer kurzen Gelée, und gibt dieses durch ein Sieb über die Quitten.

### Nro. 617. Compots von Aepfel.

Man sticht aus Borstorfer-Aepfeln mit einem Hohleisen das Kernhaus heraus, schält sie alsdann erst, setzt sie in eine Casserolle, gibt ein Glas Wein, Zucker, ein Stückchen ganzen Zimmt mit etwas Zitronenschalen hinzu, und kocht die Aepfel zugedeckt auf gelinden Kohlen weich. Wenn sie fertig sind, stellt man sie vom Feuer, läßt aber den Deckel darauf, bis der Dampf die Aepfel, im Fall sie zersprungen wären, wieder zusammen gezogen hat. Wenn sie ein wenig abgekühlt sind, legt man sie zum Ablaufen auf eine Platte, und dann in das Salatiere. In die zurückgebliebene Sauce gibt man noch ein Stück Zucker mit ein wenig Zitronensaft, kocht diese zu einer kurzen Gelée ein, gibt solches mit einem silbernen Löffel über die Aepfel, und läßt sie dann erkalten.

### Nro. 618. Compots von Birnen.

Man sticht aus den geschälten Birnen den Putzen heraus, und steckt statt diesem eine ganze Nelke hinein, kocht sie in einer Casserolle mit Zucker, Wein, einem Stückchen ganzen Zimmt und ein paar in ein Tüchlein gebundene Cochenille weich, richtet sie alsdann in eine Salatiere, so daß die Stiele nach Unten sehen, an, kocht die Sauce mit einem Stück Zucker kurz ein, und gibt sie durch ein Sieb darüber. Sollten die Birnen, die man zu Compots verwenden will, groß sein, so werden sie in der Mitte entzwei geschnitten, die Nelken bleiben dann weg, und man legt nur ein paar mit in die Sauce.

### Nro. 619. Compots von Zwetschgen.

Man begießt die frischen Zwetschgen, damit sie sich lieber schälen lassen, mit heißem Wasser, zieht alsdann die Haut davon, drückt die Steine heraus, und kocht die Zwetschgen in einer Casserolle mit einem Glas Wein, einem Stück Zucker und einem Stückchen Zimmt eine Viertelstunde, legt sie nach diesem zum Ablaufen auf ein Sieb, und dann in eine Salatiere. Den abgelaufenen Saft gießt man zu den andern in die Casserolle, gibt noch ein Stück Zucker dazu, kocht ihn zu einer kurzen Gelée ein, und gibt dieses über die Zwetschgen.

### Nro. 620. Compots von Aprikosen.

Man begießt diese wie die Zwetschgen mit heißem Wasser, zieht die Haut davon, und drückt die Steine heraus. Hierauf läutert man ¼ Pf. Zucker mit einem Glas Wein, legt, wenn er rein verschäumt ist, die Aprikosen darein, überkocht sie mit ein paar Wall, und gibt sie mit dem Schaumlöffel in eine Salatiere, drückt alsdann in den Zucker den Saft einer halben Zitrone, läßt solchen dick einkochen, und gibt ihn über das Compots. Die herausgenommene Steine schlägt man auf, schält die Kerne, schneidet diese klein, und streut sie darüber. Eben so macht man auch die Compots von Pferstch.

### Nro. 621. Gestürztes Compot von Aepfel.

Man durchsticht schöne und gleiche Vorstorfer-Aepfel, schält sie alsdann, kocht sie mit einem Glas Wein, Zucker und Zimmt weich, und legt sie zum Ablaufen auf ein Sieb. Indessen löst man 2 Loth feinste Hausenblase mit einer halben Maaß Wein auf Kohlen auf, passirt diese mit der Sauce von den Aepfeln, die viel Zucker haben muß, durch ein reines dünnes Tuch, gießt davon eines Messerrückendick in eine glatte Form, die keinen gar hohen Rand hat, und läßt dieses gestehen, gibt, wenn es fest ist, die Aepfel weit auseinander gelegt, darauf, macht in die Zwischenräume eine Verzierung von abgeschälten Mandeln, Zitronenschalen und Zitronat, tropft von dem Gelée darauf, damit es fest hält, legt die übrigen Aepfel in der Ordnung vollends darein, gibt den Rest Gelée, nachdem es ganz abgekühlt ist darüber, und läßt solches an einem kühlen Ort oder in einem Keller fest werden, stürzt es alsdann auf eine Platte, taucht ein reines Tuch in ganz heißes Wasser, drückt es wieder aus, und schlägt es, damit sich das Gelée ablöst, um die Form; sollte es das erstemal nicht gehen, so wird dieses noch einmal wiederholt. Man behält es sodann bis zum Gebrauch an einem kühlen Ort auf.

### Nro. 622. Salat von Bohnen.

Junge abgezogene Bohnen schneidet man länglicht fein, kocht sie mit gesalzenem Wasser in einer messingnen Pfanne schnell weich, gießt das heiße Wasser davon ab und kaltes hinzu, schüttet sie alsdann zum Ablaufen auf ein Sieb, gibt sie nachdem in eine Serviette, schwingt sie darin gut aus, und macht sie dann mit fein geschnittenen Zwiebeln, Essig, Oel, Salz und Pfeffer in einer Schüssel gut an.

### Nro. 623. Italienischer Salat.

Man belegt eine Salatiere mit in ganz feine Blatten geschnittene Salami, schneidet Bricken und gepuhte Sardellen länglicht, legt diese nebst Olliven und eine zu feinen Scheiben geschnittene Zitrone abwechselnd auf die Salami, streut ein paar Löffelvoll kleine Cappern darauf, vermischt 5 bis 6 Löffelvoll gutes Provenzeröl mit ein paar Löffelvoll Essig, Salz und Pfeffer, klopft dieses zusammen gut ab, und gibt es darüber.

### Nro. 624. Polnischer Salat.

Man kocht 1 auch 2 gereinigte junge Hühner in einer Braise weich, legt sie, wenn sie fertig sind heraus, läßt sie erkalten und schneidet sie in kleine zierliche Stückchen; hierauf puht man von schönem Kopfsalat blos die Herzen heraus, wäscht sie rein, und schwingt sie in einer Serviette trocken, verrührt alsdann das Gelbe von 8 hartgesottenen Eyern mit einem Löffelvoll

fein gewiegten Sauerrampf, Kressen und Peterfil, gibt Salz und Pfeffer
dazu, und rührt dieses mit gutem Provenzeröl und Essig zu einer dicken
Sauce ab, richtet alsdann die Hühner in die Mitte einer Platte an, taucht
den Salat in die genannte Sauce, und setzt ihn um und zwischen die Hühner ein, gibt die übrige Sauce sowohl über die Hühner als den Salat,
und läßt ihn an einem kühlen Ort ganz kalt werden.

### Nro. 625. Kopffalat.

Hievon putzt man das Gelbe heraus, wäscht ihn rein, und schwingt ihn
durch eine Serviette oder einen Seiher gut aus, streut etwas Salz, Pfeffer
und ein wenig fein geschnittenen Estragon oder Schnittling darauf, gibt
etwas mehr Oel als Essig darüber, und macht ihn damit gut durcheinander.

### Nro. 626. Spargelfalat.

Man schabt die Spargeln rein, schneidet unten das Weiße ein wenig
ab, kocht sie mit gesalzenem Wasser weich, und legt sie zum Ablaufen auf
ein Sieb. Hierauf sprudelt man 6 Löffelvoll Oel mit 4 Löffelvoll Essig,
Salz und Pfeffer gut ab, legt die Spargeln auf eine Platte oder eine Salatiere, so daß die Köpfe nach innen sehen, und gießt das Gemeldete darüber.

### Nro. 627. Welscher Salat.

Man reinigt ¼ Pf. große schöne Sardellen, krätet sie aus, macht jede
in 2 Theile, und rollt sie auf, legt auf einer Platte an dem Rand herum
einen Ring von Oliven, reiht an diese die aufgerollten Sardellen an, macht
an solche einen Ring von eingemachten Champignon, und füllt den übrigen Raum mit Bricken, die man zu Stückchen geschnitten hat, aus. Hierauf wiegt man Cappern, einige Chalotten und etwas Peterfil ganz fein,
füllt damit die aufgerollten Sardellen aus, sprudelt Oel und Essig, mit
Salz und Pfeffer gut ab, und gibt dieses darüber.

### Nro. 628. Salat von Schnecken.

Die Schnecken werden mit gesalzenem Wasser nur so lange gekocht, bis
sich die Deckel ablösen, alsdann werden sie aus ihren Häuschen gezogen,
wohl gereinigt, mit Salz und warmen Wasser ein paarmal gewaschen, und
und zum Ablaufen auf ein Sieb gelegt. Nun sprudelt man Essig, Oel,
Salz und Pfeffer gut zusammen ab, legt die Schnecken in ein Salatiere,
bestreut sie mit etwas fein geschnittenen Schnittlauch und einer fein geschnittenen Zwiebel, und gießt das Gemeldete darüber.

### Nro. 629. Salat von Hopfen.

Man putzt die Hopfenkeime unten ein wenig ab, verwällt sie mit gesalzenem Wasser, und legt sie nach diesem zum Abtrocknen auf ein reines
Tuch, sprudelt Essig, Oel, Pfeffer und Salz mit einer Handvoll Schnittlauch ab, gibt den Hopfen in eine Salatiere und dann genannten Essig darüber.

### Nro. 630. Salat von Karfiol.

Man reinigt und schneidet den Karfiol in beliebige Stücke, kocht ihn
in gesalzenem Wasser weich, und legt ihn nach diesem zum Ablaufen auf

ein Sieb. Hierauf verrührt man 3 bis 4 hartgesottene Eyergelb mit Salz, Essig, Oel und Schnittlauch, macht damit die Hälfte von Karfiol an, von der andern Hälfte taucht man oben den Käs in Essig von rothen Rüben, setzt diesen rothen und weißen Karfiol nach der Schatirung in eine Salatiere, gießt die abgerührte Sauce neben hinein, und servirt ihn gleich zu Tisch.

### Nro. 631. Häring-Salat.

Man wässert und putzt die Häringe rein, reißt sie der Länge nach von einander, macht den Rückgrat heraus, und schneidet sie in beliebige Stücke. Die Milch der Häringe verrührt man mit dem Gelben von einigen hartgesottenen Eyern, mit etwas Salz, Pfeffer, Essig und Oel zu einer dicken Sauce, schneidet eine Zwiebel klein, gibt diese an die Häringe, gießt Gemeldetes darüber, und macht sie damit gut durcheinander. Man kann auch 1 oder 2 geschälte Borstorfer-Aepfel in Würfel schneiden, und diese unter die Häringe mischen. Will man aber den Salat zierlich machen, so schneidet man den ausgelösten Häring in 4 Theile, rollt jedes davon hohl auf, setzt sie auf eine Platte, und füllt sie nach der Schatirung mit gewiegten Aepfeln, dem Gelben von hart gesottenen Eyern, Cappern und rothen Rüben voll, sprudelt alsdann Oel mit Essig, Pfeffer, Salz und fein gewiegte Zwiebel ab, und gibt dieses darüber.

### Nro. 632. Salat von Selleri.

Man reinigt den Selleri, und brühet ihn jedoch nicht zu weich ab, schabt ihn alsdann mit einem Messer weiß, legt ihn eine Zeitlang in kaltes Wasser, schneidet ihn nach diesem in dünne Scheiben, und macht ihn, wenn er abgelaufen ist, mit Essig, Oel, Salz und etwas Pfeffer an.

### Nro. 633. Kraut-Salat.

Man schneidet ein festes und gut gereinigtes Krauthaupt wie zu Sauerkraut jedoch so fein wie möglich, salzt es stark, und läßt es 2 bis 3 Stunden stark beschwert stehen, drückt alsdann das Wasser davon, und schüttelt es leicht auf. Hierauf schneidet man ein Stück geräucherten Speck in kleine Würfel, läßt diesen auf dem Feuer, bis er gelb ist, ausbraten, gießt, nachdem man ihn zuvor vom Feuer genommen hat, den nöthigen Essig darein, macht dieses zusammen noch einmal heiß, bestreut den Salat mit etwas Pfeffer, gießt den heißen Essig mit Speck darüber, und macht ihn gut damit an

### Nro. 634. Antivien-Salat.

Man putzt die gelben Blätter von den Dorschen ab, legt sie aufeinander, schneidet sie fein, wäscht sie aus frischem Wasser, und schwingt sie durch eine Serviette aus. Zerreibt alsdann ein wenig Knoblauch recht fein, gibt diesen an den Salat, und macht ihn mit Essig, Oel, Pfeffer und Salz gut an.

### Nro. 635. Zitronen-Salat.

Man schneidet von schönen saftigen Zitronen die gelbe Schale recht fein ab, zieht die weiße Haut von dem Mark, schneidet solches in feine Scheiben, legt sie in eine Salatiere, und bestreut sie dick mit Zucker, die Schale, an der nichts Weißes sein darf, schneidet man in ganz feine Streife, kocht diese mit einem Stück Zucker, den Saft einer Zitrone und ein paar Löffelvoll Wein weich, ziert damit den Salat, und gibt den Saft darüber.

## Nro. 636. Orangen-Salat.

Gute saftige Orangen werden abgeschält, zu Scheiben geschnitten, in eine Salatiere gelegt, solche dick mit Zucker bestreut, alsdann rother Wein darüber gegeben. Beide Arten Salat können zu allem gebratenen Geflügel gegeben werden.

---

# Verschiedene Sulzen und Gelées.

## Nro. 637. Kalbskopf zu sulzen.

Der Kopf, welcher nicht zu kurz abgeschnitten sein darf, wird sammt der Haut gebrüht, rein geputzt, und damit er weiß wird, eine Zeitlang in frisches Wasser gelegt. Indessen zieht man von einer schönen fetten Kalbsbrust alle Beiner und Knorpeln aus, reibt sie mit einem Tuch rein ab, und bestreut sie mit ein wenig Salz. Hierauf legt man den Kopf aus dem Wasser, und trocknet ihn mit einem reinen Tuch wohl ab, schneidet unten die Kinnlade mit einem scharfen Messer der Länge nach in der Mitte durch, und fängt damit an, den ganzen Schädel dadurch, daß man mit einem Messer das Fleisch davon losmacht, auszulösen. Hierauf breitet man die Haut mit dem daran befindlichen Fleisch auf ein reines Tuch aus, bestreut sie von innen mit Salz, füllt sie mit der ausgebeinten Brust statt dem Schädel aus, gibt dem Kopf so viel möglich die alte Form wieder, und näht die unten aufgeschnittene Haut so wie das Maul an beiden Seiten zu; alsdann bindet man den Kopf in eine reine Serviette, damit er durch das Kochen die Form nicht verliert, fest ein, gibt aber auf die Ohren Acht, daß diese nicht zerdrückt werden, setzt ihn in einen hohen Topf, worin er Platz genug hat, so daß das dicke Theil nach unten kommt, gibt einen halben verhauenen Ochsenfuß, 4 Kalbsfüße und 1 oder 2 Kalbsknochen dazu, gießt, Wein, Essig und Wasser zu gleichen Theilen daran, gibt das nöthige Salz hinzu, und läßt den Kopf damit langsam an das Kochen kommen; gibt wenn er ganz rein abgeschäumt ist, ein paar Zwiebel, ein Lorbeerblatt, eine in Scheiben zerschnittene Zitrone, einige Petersilwurzeln, gelbe Rüben, 10 bis 12 Pfefferkörner und so viel Nelken dazu. Wenn nun der Kopf 3 Stunden damit langsam gekocht hat, nimmt man ihn behutsam heraus, schneidet die Schnüre auf, läßt ihn aber, bis er abgekühlt hat, in die Serviette eingeschlagen, die Sulz versucht man, ob sie kräftig und stark genug ist, sollte Salz oder sonst etwas fehlen daran, so wird solches zugesetzt, und damit noch einmal aufgekocht, sodann durch ein Sieb abgegossen. Wenn sie fest gestanden ist, nimmt man die Fette rein davon ab, gibt die Sulz in eine Casserolle oder sonst passendes Geschirr, nimmt sich aber in Acht, daß der Satz, der sich am Boden gesetzt hat, zurück bleibt, und läßt sie an dem Feuer wieder bis an das Kochen kommen, zerklopft alsdann das Weiße von 6 bis 8 Eyern zu Schnee, brennt ein kleines Stückchen Zucker ganz braun, gibt dieses sammt dem Schnee in die Sulz, läßt sie aber ja nicht damit kochen, sondern nur so lange in der Ferne am Feuer stehen, bis der Schnee darinnen zusammengeronnen ist. Nun spannt man ein dünnes Tuch über die 4 Füße eines umgekehrten Stuhls, stellt ein reines Geschirr darunter und gießt die Sulz darauf, das, was Anfangs trüb läuft wird weggenommen, ein anderes Geschirr daruntergestellt, das Trübe aber oben ganz langsam wieder darauf gegossen, nun legt man den Kopf auf die dazu bestimmte Platte, gießt von der abgekühlten Sulz wenn sie beinahe am Gestehen ist so viel darauf, bis die Sulz dem Rand der Platte gleich ist, läßt die übrige, während dem sie gesteht, in großen Tropfen auf den Kopf fallen, die dann auch darauf liegen bleiben wird und wiederholt dieses, bis der Kopf ganz damit bedeckt ist, verziert ihn dann mit Laubwerk und Zitronen und läßt ihn an einem kalten Ort fest werden.

**Anmerk.** Im Sommer, wo es warm ist, muß das Sulzen und Aufträufen in einem Keller vorgenommen werden.

## Nro. 638. Wilden Schweinskopf zu sulzen.

Man reibt den Kopf zuerst trocken ab, wäscht ihn alsdann rein, und löst ihn wie den Kalbskopf in vorhergehender Nummer aus. Zum Ausfüllen desselben nimmt man ein Stück Fleisch von dem Schlegel, zieht die Haut davon ab, reibt es mit Salz ein und verfährt ganz damit wie solches in vorhergehender Nummer angezeigt ist. Wenn der Kopf in eine Serviette eingebunden ist setzt man ihn so, daß das dicke Theil nach unten steht in einen Topf worin er Platz hat, gibt einen verhauenen Ochsenfuß und 6 Kalbsfüße dazu, gießt Wein, Wasser und Essig zu gleichen Theilen daran, gibt das nöthige Salz hinzu und läßt den Kopf zugedeckt langsam zum Kochen kommen. Wenn er rein verschäumt ist, gibt man ein paar Zwiebel, Lorbeerblätter, einige Blätter Estrggon, eine halbe Handvoll Wachholderbeeren, eine zerschnittene Zitrone, 12 Pfefferkörner und Nelken dazu und kocht den Kopf, je nachdem er groß oder klein ist, 2 bis 3 Stunden ganz langsam, hebt ihn sodann ganz behutsam aus der Sulz, schneidet die Schnüren los, läßt ihn aber bis er abgekühlt hat, in der Serviette eingeschlagen liegen; mit Läuterung der Sulz und Aufsulzen des Kopfs verfährt man genau wie dies in vorhergehender Nummer bei dem Kalbskopf angezeigt ist, nur daß man den gebrannten Zucker daran wegläßt, weil diese Sulz ohnehin Farbe genug hat. Will man den Kopf aber ohne Sulz geben, so bleiben beim Kochen desselben die Füße und auch der Essig weg. Man nimmt alsdann halb Wein und halb Wasser, das übrige Angezeigte aber alles, und gibt, wenn er fertig und kalt geworden ist, die Sauce Nro. 351. dazu. Man kann auch den Kopf, wenn man ihn nicht auslösen will, so wie er ist kochen, nur muß alsdann der viereckigte Knochen, der an den Hirnkasten stößt, herausgelöst werden. Der Kopf kann übrigens auf jede Art gekocht, im Sud mit Schweineschmalz übergossen, so daß keine Luft dazu kann, an einem kühlen Ort lange aufbewahrt werden.

### Nro. 639. Gepreßter Wildschweinskopf.

Man wäscht und reinigt den Kopf wohl, löst ihn wie den Kalbskopf aus und näht das Maul an beiden Seiten zu, breitet ihn alsdann auf einem reinen Brett aus, bestreut das Innere mit Salz, schneidet von einem gehäuteten Kalbsschlegel dünne Scheiben ab und belegt damit den Kopf, bedeckt das Fleisch mit Speckscheiben, überstreicht diese Fingerdick mit der angezeigten Farçe Nro. 6., legt auf diese zu dünnen Scheiben geschnittenen Schinken, und macht dann den Schluß mit Speck, welcher auch ganz dünn geschnitten sein muß. Nun rollt man den Kopf ganz fest wie eine Wurst auf und umbindet ihn stark mit Bindfaden, kocht ihn mit gleichen Theilen Wein, Wasser und Essig, gibt eine Zwiebel, Zitrone, Gewürz, Kräuter und einige Wachholderbeeren darein. Wenn der Kopf weich und durchaus fertig ist, nimmt man ihn aus dem Sud, schlägt ihn in eine reine Serviette, legt ihn zwischen zwei Bretter und beschwert ihn über Nacht mit einem großen Stein, macht alsdann den Bindfaden davon, schneidet den Kopf in runde Blatten und servirt ihn mit der bei Nro. 372 angezeigten Sauce; man kann aber auch statt dieser in eine glatte Form ein wenig Sulz gießen, wenn diese fest gestanden ist, den in Scheiben zerschnittenen Kopf der Ordnung nach darauf legen, die Form mit Sulz voll machen und solche wenn sie fest gestanden ist, auf eine Platte stürzen.

### Nro. 640. Gepreßter Kalbskopf.

Der sammt der Haut gebrühte und gut gereinigte Kalbskopf wird genau nach Vorschrift der Nro. 609. ausgelöst, alsdann abgetrocknet, das Innere mit Salz bestreut und auf ein reines Brett ausgebreitet. Nun schneidet man Speck in dünne Scheiben, belegt damit von innen den ganzen Kopf, überstreicht diesen Fingerdick mit der Nro. 6. beschriebenen Farçe von Kalbsfleisch, bedeckt diese mit Trüffeln, die man vorher ein wenig mit Wein verwällt und zu Scheiben geschnitten hat, gibt auf diese eine Lage Schinken, überstreicht diesen wieder mit Farçe und bedeckt sie mit zu dünnen Scheiben geschnittenem Speck. Hierauf rollt man den Kopf fest auf, bindet ihn mit Bindfaden stark, schlägt ihn in eine Serviette ein und legt ihn in ein dazu passendes Geschirr, gibt 4 verhauene Kalbsfüße, Wein und Wasser zu gleichen Theilen darein und läßt ihn langsam an das Kochen kommen. Wenn er gut abgeschäumt ist, gibt man das nöthige Salz, eine zu Scheiben zerschnittene Zitrone, etwas Basilikum und Thimian, ein paar gelbe Rüben und Petersilwurzeln und einige Pfefferkörner und Nelken darein, kocht den Kopf langsam, bis er weich ist, nimmt ihn alsdann heraus, legt ihn zwischen 2 reine Bretter, gibt einen schweren Stein darauf und läßt ihn so über Nacht stehen. Die Sulz worin der Kopf gekocht hat, behandelt und läutert man genau wie Nro. 609. angezeigt ist und gießt sie wenn sie rein abgelaufen ist, in gleiche kleine Förmchen, den gepreßten Kopf schneidet man nachdem er fest geworden ist in Scheiben, richtet ihn schön auf eine Platte an und garnirt ihn mit der gestandenen Sulz, die man auf den Rand herum ausstürzt.

## Nro. 641. Schwarz Wildpret zu sulzen.

Hiezu nimmt man den Schlegel oder ein Stück von den Rippen, reibt den Ruß davon und wäscht es rein, legt das Fleisch in einen hohen Topf, gibt 6 zerhauene Kalbs= und 1 Ochsenfuß, etwas Salz, Wasser, Wein und Essig zu gleichen Theilen dazu, läßt es langsam an dem Feuer zum Kochen kommen und gibt nachdem es rein verschämt ist, eine halbe Handvoll Wachholderbeeren, 1 zerschnittene Zitrone, ein paar Zwiebel, ein Lorbeerblatt, 10 bis 12 Pfefferkörner und Nelken dazu und kocht damit das Fleisch weich, legt es alsbann heraus und untersucht die Füße ob sie genug ausgekocht, die Sulz stark genug und im Geschmack gut ist, fehlt noch eines oder das andere, so wird solches zugesetzt und damit noch einmal aufgekocht, was durchaus bei allen Sulzen zu beobachten ist, alsbann wird sie durch ein Sieb passirt, wenn sie gestanden ist die Fette davon abgenommen und die Sulz nach der Vorschrift Nro. 609. geläutert und filtrirt, das Fleisch schneidet man in kleine Stücke, gießt von der hellabgelaufenen Sulz ein wenig in eine Form, läßt dieses gestehen und verziert es, wenn es fest ist mit ausgeschnittenen Zitronen, abgezogenen Mandeln, Krebsschweifen und Laubwerk, spritzt ein wenig von der Sulz darüber, damit dieses fest darauf hält, legt dann erst das Fleisch darauf, macht die Form mit Sulz, die ganz abgekühlt sein muß voll, und läßt sie an einem kalten Ort oder noch besser auf Eis, wenn man dieses hat, fest gestehen. Wenn man die Sulz serviren will stürzt man sie auf eine Platte, schlägt über die ganze Form, damit sie sich ablöst, ein in recht heißes Wasser getauchtes und wieder ausgedrücktes Tuch, wodurch sie sich schnell ohne abzulaufen ablösen wird. Man kann aber auch das Wildpret besonders den Schlegel ganz lassen, denselben auf eine Platte legen, ihn mit dem Angezeigten verzieren und die Sulz darüber geben.

Anmerk. Will man das Wildpret lang aufbehalten, so wird es mit all dem obigen zugesetzt, rein verschäumt und nur mit ein paar Wall überkocht, das Fleisch alsbann zum Erkalten herausgelegt, das übrige kocht man noch eine Zeitlang, und stellt es hernach bei Seite. Hierauf bestreut man einen steinernen hohen Topf mit Wachholderbeeren, legt das Fleisch aus dem Sud zieht die stärksten Beiner heraus gießt den indeß ganz kalt gewordenen Sud darüber, läßt Hammels= oder Schweinsfett schmelzen, gießt dieses 2 bis 3 Fingerhoch darauf, und behält das Fleisch an einem kühlen Ort auf. Man muß immer, wenn davon gebraucht wird, das Fett frisch schmelzen und wieder darüber gießen.

## Nro. 642. Kalbsbrust mit Farçe zu sulzen.

Von einer schönen Kalbsbrust löst man alle Beine und Knorpeln aus und durchbricht sie so weit wie möglich, wäscht sie alsbann rein, bestreut sie ein wenig mit Salz und läßt sie so liegen. Hierauf wiegt man ½ Pf. rein ausgeschabenes Kalbfleisch vom Schlegel mit halb so viel Speck, einer kleinen Handvoll Petersilkraut, einigen Chalotten und etwas Zitronenschale ganz fein, weicht ein halb abgeriebenes Milchbrod in Milch ein, drückt solches wieder fest aus und dämpft es mit 4 Loth Butter, stößt alsbann das Fleisch

mit dem Brod, Salz, Muskaten und dem Gelben von 4 Eyern in einem
Mörser gut ab, schlägt von 2 Eyerklar einen Schnee und rührt diesen in
die Farçe, füllt damit die Brust aus, näht die Oeffnung zu, rollt sie wie
eine Wurst auf, unwickelt sie fest mit einem Bindfaden und legt sie in ein
dazu passendes Geschirr, gibt 4 zerhauene Kalbsfüße, einen halben Ochsenfuß, Essig, Wasser und Wein zu gleichen Theilen daran, läßt sie zugedeckt
langsam an das Kochen kommen und gibt, wenn sie rein verschäumt ist,
das nöthige Salz, eine Zwiebel, etwas Basilikum, eine zerschnittene Zitrone,
einige gelbe Rüben und Petersilwurzeln, 10 bis 12 Pfefferkörner und Nelken dazu und kocht damit die Brust langsam bis sie weich ist, legt sie alsdann heraus und läßt sie erkalten. Die Sulz gießt man, wenn man sie
vorher versucht hat, durch ein Sieb, nimmt wenn sie fest ist, die Fette davon und läutert und filtrirt sie nach Vorschrift Nro. 637. Hierauf schneidet man die erkaltete Brust, nachdem man den Bindfaden davon gemacht
hat in runde Scheiben, gießt von der hellabgelaufenen Sulz ein wenig in
eine Form, verziert dieses, wenn es fest gestanden ist, mit Laubwerk, Krebsschweif,
ausgeschnittenen Zitronen, gelb und weißen Rüben nach Belieben, spritzt,
damit es fest liegen bleibt ein wenig Sulz darüber, gibt auf dieses eine
Lage von der Brust, übergießt sie mit Sulz und gibt erst, nachdem solches
gestanden ist, den Rest der Brust mit Sulz darauf, läßt sie an einem kalten Ort oder auf Eis fest werden und stürzt sie, wenn man sie serviren
will, indem man ein heißes Tuch um die Form schlägt, auf eine Platte.

### Nro. 643. Farcirten Indian zu sulzen.

Dem wohlgereinigten Indian haut man die Füße eines halben Fingergliedlang unter dem Knie ab, näht die Oeffnung, wodurch er ausgenommen worden ist mit einem Faden zu, macht alsdann am Rückgrate herunter in der Mitte der Länge nach einen Schnitt und löst mit einem guten
Messer die Haut sammt dem Fleisch behutsam von dem Gerippe ab, auch
Flügel und Schenkel so wie der Hals werden aus den Gelenken gelöst, so
daß diese an der Haut bleiben, der übrige Körper aber herausgenommen
werden kann. Hierauf verfertigt man die in vorhergehender Nummer beschriebene Farçe, jedoch in doppelter Portion, bestreut den Indian von innen mit Salz, füllt ihn mit der Farçe aus, sucht ihn so viel wie möglich
in die alte Form zu bringen, näht die Haut am Rücken herauf gut zusammen, bindet ihn in eine Serviette ein und legt ihn in einen dazu passenden hohen Topf, gibt 4 zerhauene Kalbsfüße und einen Ochsenfuß
dazu, gießt 2 Theile Wein, 1 Theil Wasser und nur 1 Glas Essig
dazu, gibt das nöthige Salz darein, läßt ihn langsam an das Kochen kommen und verschäumt ihn rein, legt alsdann eine zerschnittene
Zitrone, ein Lorbeerblatt, ein paar Zwiebel, ein paar gelbe Rüben und
Petersilwurzeln, ein wenig Basilikum, Thimian und ganzes Gewürz darein und kocht damit den Indian 2 bis 2½ Stunden langsam. Nach dieser
Zeit legt man ihn wenn er weich genug ist heraus, nimmt die Serviette
davon, läßt ihn erkalten und zieht, wenn er ganz fest ist, den Faden, mit
dem er zusammen gemacht worden ist heraus. Mit der Sulz verfährt man

pünktlich nach Vorschrift von Nro. 637. Den Indian legt man alsdann auf die bestimmte Platte, gießt die hell abgelaufene und abgekühlte Sulz bis an den Rand der Platte herauf, läßt die übrige Sulz während dem sie gestehen will in großen Tropfen auf den Indian, so daß sie darauf liegen bleiben, fallen, garnirt ihn mit Zitronen und Laubwerk und läßt ihn an einem kühlen Ort fest gestehen.

## Nro. 644. Junge Hühner zu sulzen.

Man legt die gut gereinigten und dressirten Hühner mit Speck eingebunden in eine Braise, kocht sie darin weich und legt sie nach diesem zum Erkalten heraus, setzt 4 zerhauene Kalbsfüße mit 2 Kalbsknochen, einen Theil Wein und eben so viel Wasser, einer Zwiebel, Lorbeerblatt, ein paar Scheiben Zitronen, etwas Basilikum, Thimian, Salz, ein paar Nelken und wenn man Abfälle von Geflügel hat zu. Kocht dieses zusammen, bis die Füße weich und die Sulz stark genug ist, gießt alsdann 1 oder 2 Schöpflöffelvoll Braise, worin die Hühner fertig gemacht worden sind dazu, kocht dieses zusammen noch ein wenig auf, gießt die Sulz durch ein Sieb ab und verfährt damit nach Vorschrift Nro. 637. Man schneidet nun die Hühner in 4 Theile oder läßt sie auch ganz, gießt etwas von derselben Sulz in eine Form, verziert diese wenn sie gestanden ist, wie solches schon mehrmals angezeigt worden, legt alsdann die Hühner so daß die Haut nach unten steht darauf, macht die Form mit der übrigen abgekühlten Sulz voll, stellt sie an einen kalten Ort oder auf Eis und stürzt sie, wenn man sie serviren will, indem man ein heißgemachtes Tuch um die Form schlägt auf eine Platte.

Anmerk. In Ermanglung einer Braise können die Hühner mit guter Fleischbrühe, wozu etwas Wein, ein Paar Schnitten Zitrone und einiges Wurzelwerk gegeben wird, langsam abgekocht werden. Verfährt im Uebrigen aber wie oben.

## Nro. 645. Rehschlegel zu sulzen.

Man klopft, häutet und spickt den Schlegel schön, be.... und Gewürz und läßt ihn damit eine Zeitlang liegen, be.... al.. Casserolle mit Speckscheiben, gibt den Schlegel darauf, übergi.. zerlassener Butter, gießt ein Glas Essig mit eben soviel Fleischbr.... verdeckt das Geschirr mit einem passenden Deckel und dämpft.... Schlegel auf Kohlen langsam weich. Zur Sulz setzt man .... Kalbsfüße und wenn man Abgang oder Knochenwerk von .... Wildpret hat, mit gleichen Theilen Wein, Essig und Wasser zu.... dieses verschäumt ist, eine zerschnittene Zitrone, ein paar Zwi.... Estragon, ein paar Lorbeerblätter, Salz, einige Pfefferkörner.... darein, kocht solches, bis die Füße weich und die Sulz stark genu.... sie dann ab, nimmt, wenn sie gestanden ist, die Fette davon .... damit nach Vorschrift von Nro. 637. Den Schlegel legt.... kalt ist auf die bestimmte Platte, gibt die helle und ab.... über, garnirt ihn mit Zitronen und läßt ihn an einem ....

## Nro. 646. Aspick.

Hiezu nimmt man 6 zerhauene Kalbsfüße, ein Stück Kalbfleisch, eine alte Henne, ein Stückchen rohen Schinken, eine halbe Zitrone, ein Lorbeerblatt, einige Pfefferkörner, Nelken und eine Zwiebel, setzt dieses mit 1½ Maaß Wein, 3 Maaß Wasser und 2 Schöpflöffelvoll guter Sühe (Jus) zu, kocht es langsam bis alles weich ist, gießt alsdann das Aspick durch ein Sieb, läßt es gestehen und nimmt dann die Fette davon, stellt es wieder an das Feuer, läutert es mit zerklopftem Eyerklar und filtrirt es nach Vorschrift von Nro. 637., gießt davon, wenn es hell abgelaufen ist, ein wenig in eine glatte Form, belegt es, wenn es fest ist, mit in kleine Schnitten gemachte geräucherte Zunge, Oliven, Krebsschweife und abgekochter und klein geschnittenen Schweinsfüßen, gießt auf dieses so viel Aspick, daß es davon bedeckt ist und läßt es gestehen, gibt von gemeldeten Stücken wieder eine Lage darauf, fährt damit so fort bis die Form voll ist, stellt es an einen kühlen Ort und stürzt es, wenn es fest gestanden ist, auf eine Platte.

## Nro. 647. Aspick mit Schinken.

Man kocht, läutert und filtrirt das Aspick wie in dem Vorhergehenden gemeldet ist, gießt davon ein wenig in eine Form und läßt es gestehen, ziert solches alsdann mit zu Scheiben geschnittenen hart gesottenen Eyern und ausgelösten Krebsschweifen, legt dazwischen und darauf fein geschnittenen Schinken, gießt so viel Aspick darauf, bis dieser davon bedeckt ist, läßt solches gestehen und wiederholt dieses so oft, bis die Form voll ist, läßt es wie alle übrigen Sulzen an einem kühlen Ort gestehen und stürzt es wenn es fest ist, auf eine Platte.

## Nro. 648. Aspick mit Rosinen.

Acht gut gereinigte und zerhauene Kalbsfüße übergießt man mit kochendem Wasser und läßt sie eine Weile darin liegen, setzt sie alsdann erst mit frischem Wasser an das Feuer, kocht sie weich, bis die Flüssigkeit bis auf eine Maaß eingekocht ist und gießt diese dann durch ein Sieb ab, wenn solches fest ist nimmt man die Fette davon, hebt den übrigen Stand in eine Casserolle mit einem Löffel ab, gibt aber acht, daß der Satz zurück bleibt. Hierauf reibt man das Gelbe von 2 Zitronen an einem Viertelpfund Zucker ab, gibt diesen nebst dem Saft der Zitronen, einer halben Maaß Wein, ein Stückchen Zimmt und ein paar Nelken darein und kocht dieses zusammen ¼ Stunde, brennt indessen ein kleines Stückchen Zucker braun, gibt diesen und ein paar zu Schnee zerklopfte Eyerklar dazu, läßt es damit nicht mehr kochen, sondern filtrirt das Aspick sogleich durch eine Serviette, gießt von dem hell Abgelaufenen ein wenig in eine Salatiere, belegt es wenn es fest gestanden ist mit großen, rein gewaschenen Rosinen, besprizt sie mit ein wenig Aspick, gießt das Uebrige, wenn die Rosinen fest geworden sind darauf, und läßt es an einem kühlen Ort gestehen.

## Nro. 649. Forellen zu sulzen.

Man kocht 6 zerhauene Kalbsfüße mit einem alten Huhn oder sonstigen Abfällen von Geflügel, einen Kalbsknochen, ein paar Zwiebel, ein Lorbeerblatt, eine halbe Zitrone, einige feine Kräuter, Salz, ganzes Gewürz und gleiche Theile Wein, Wasser und Essig bis alles weich ist, versucht es ob nichts daran fehlt und gießt die Sulz, wenn sie stark genug ist, durch ein Sieb ab, nimmt, wenn sie gestanden ist, die Fette davon, läutert und filtrirt sie nach Vorschrift von Nro. 637., läßt aber den gebrannten Zucker dabei weg, die Forellen bläut man, nachdem sie gut gereinigt sind mit heißem Essig ab, kocht sie mit Wasser, den dritten Theil Wein, einer Zwiebel, Zitronen, Salz und Petersil ganz langsam, damit sie nicht springen ab, legt sie alsdann aus dem Sud zum Ablaufen und Erkalten auf eine Serviette und nach diesem auf die dazu bestimmte Platte, gießt ein wenig von der hell abgelaufenen Sulz darüber, läßt diese gestehen, verziert sie mit Krebsschweifen, ausgestochenen Zitronen und grüner Petersil, spritzt ein wenig von der hell abgelaufenen Sulz darüber, läßt diese gestehen, verziert sie mit Krebsschweifen, ausgestochenen Zitronen und grüner Petersil, spritzt ein wenig Sulz darüber und gießt, nachdem dieses fest geworden ist die übrige Sulz, die ganz abgekühlt sein muß darauf, stellt sie dann an einen kalten Ort und läßt sie fest werden.

> Anmerk. Man kann wenn man die Sulz geringer machen will die Hühner weglassen und dafür ein paar Kalbsfüße mehr nehmen, auch kann man, nachdem die Forellen abgekocht und erkaltet sind, mit einem feinen Messer oben am Rücken den Rückgrat behutsam herausziehen, die Fische sind dadurch leichter zu zerlegen. Im Uebrigen wird wie angezeigt ist, damit verfahren.

> Eben so können Rothfische oder Huchen, Rheinsalm und Aalruppen gesulzt werden.

## Nro. 650. Blanc Manger mit Vanille.

Sechs Loth süße und 1 Loth bittere abgezogene Mandeln stößt man so fein wie möglich, kocht eine Maaß süßen Rahm mit einem Stückchen geklopfter Vanille und Zucker. Nimmt die Vanille wenn sie gut ausgekocht ist mit einem Schaumlöffel heraus, gibt dagegen die Mandeln in den Rahm rührt sie so lange auf Kohlen bis sie an das Kochen kommen wollen und preßt sie alsdann gleich durch eine Serviette. Zwei Loth ganz feine Hausenblase, die man mit einem halben Quart Wasser auf Kohlen aufgelöst hat, preßt man ebenfalls durch ein Tuch, vermischt diese mit dem durchgepreßten Rahm, rührt solches mit einem silbernen Löffel gut durcheinander, gießt es dann in eine Salatiere und läßt das Blanc Manger an einem kühlen Ort gestehen.

## Nro. 651. Gestreiftes Blanc Manger.

Hiezu nimmt man die Mandeln, Zucker und Hausenblase, wie in vorhergehender Nummer angezeigt ist, kocht und preßt beides durch, läßt aber die Vanille weg, vermischt den durchgepreßten Rahm mit der Hausenblase und theilt das Ganze in 2 Theile, vermischt die eine Hälfte mit 2 Loth ganz fein geriebener Chocolade und läßt solches auf Kohlen, ohne es kochen zu lassen blos ein wenig anziehen, gießt von dem

Blanc Manger einen Zoll tief in eine naß gemachte glatte Form, läßt dieses fest gestehen, gibt dann von dem Braunen, welches ganz abgekühlt sein muß eben so viel darauf und wiederholt dieses abwechselnd, nachdem man es immer zuvor hat gestehen lassen, bis die Form voll ist. Man kann das Blanc Manger auch auf eine Platte gießen und solches ganz fest gestehen lassen; alsdann schneidet man es in ganz gleiche viereckigte Würfel oder sonst beliebige Figuren, hebt nach der Ordnung immer eins davon heraus, und läßt das andere liegen. Nun zerläßt man das Herausgehobene, vermischt es mit Chocolade, läßt solches auf dem Feuer anziehen und nach diesem wieder ganz erkalten, füllt das Herausgenommene damit wieder aus und läßt die Platte, ohne sie zu verrücken, an einem kühlen Ort bis es fest gestanden ist, stehen.

## Nro. 652. Blanc Manger à la Hamans.

Man kocht ½ Maaß süßen Rahm mit ¼ Pf. Zucker, zerklopft 6 Eyergelb und rührt diese mit dem etwas abgekühlten Rahm ab, passirt sie durch ein Sieb in eine Casserolle und läßt sie auf Kohlen unter beständigem Umrühren dick werden. Hierauf giebt man die Masse in einen hohen glasirten Hafen und klopft sie mit einem Schlagbesen bis sie kalt und schäumig ist, schlagt alsdann von 6 Eyerklar einen steifen Schnee, mischt diesen mit einem Loth feinster, in einer Tasse Wasser aufgelöster und ausgepreßter Hausenblase und einer Tasse Maraschino darein, gießt die Masse in eine glatte Form, stellt sie an einen kalten Ort oder auf Eis und stürzt das Blanc Manger wenn es servirt werden soll auf eine Platte.

## Nro. 653. Englischer Wivs.

Zwei Loth feinster Hausenblase kocht man mit einem Quart Wasser zur Hälfte ein und preßt sie durch ein Tuch, alsdann reibt man 2 Orangen und 2 Zitronen an ½ Pf. Zucker ab, gibt diesen mit ½ Maaß guten Wein und dem Saft der Orangen und Zitronen in eine Casserolle, kocht es so lange, bis der Zucker aufgelöst ist und passirt es durch eine Fläche in einen hohen Hafen, gibt die Hausenblase dazu und klopft die Masse mit einem Schlagbesen, bis sie ganz kalt und schäumig ist, mischt alsdann den steifen Schnee von 6 Eyerklar und ½ Tasse Arak darein, gießt sie in eine Form, läßt sie an einem kalten Ort gestehen und stürzt sie wenn sie servirt werden soll auf eine Platte.

## Nro. 654. Punsch-Gelée.

Man löst 3 Loth feinste Hausenblase mit einem Quart Wasser auf und preßt diese durch ein Tuch, reibt an einem Pfund Zucker 3 Zitronen und 3 Orangen ab, läutert den Zucker mit einer halben Maaß Wasser ganz rein und stellt ihn vom Feuer. Hierauf preßt man den Saft von 10 Orangen und 5 Zitronen durch eine Serviette, gibt diesen sammt der durchgepreßten Hausenblase und 6 Eßlöffelvoll guten Arak an den Zucker, macht das Ganze mit einem silbernen Löffel gut unter einander, filtrirt es durch ein ganz dünnes Tuch, gießt es in eine beliebige Form und läßt es an einem kühlen Ort fest gestehen. Wenn es servirt werden soll, stürzt man die Form auf eine Platte, schlägt ein Tuch, das man in heißes Wasser getaucht hat darüber, wornach sich denn das Gelée ablösen und aus der Form gehen wird.

## Nro. 655. Gelée von Hirschhorn.

Ein und ein halb Pfund braun geraspelt Hirschhorn setzt man mit 3 Maaß Wasser an das Feuer und kocht solches 3 bis 4 Stunden, so daß das Wasser daran bis auf ein Quart eingekocht hat. Dieses preßt man durch ein Tuch und läßt es gestehen um zu sehen, ob es fest genug ist und das, was man zusetzen will, verträgt. Alsdann gibt man es in eine Casserolle, gießt eine Bouteille guten Wein dazu, reibt 3 Zitronen auf einem Pfund Zucker ab, gibt diesen sammt dem Saft der Zitronen, 1 Loth Zimmt und ¼ Loth Nelken darein, setzt die Casserolle auf Kohlen und läßt Gemeldetes kochen, indessen stößt man 2 Händevoll reine gedörrte Kirschen oder Weichseln sammt den Steinen in einem Mörser, gibt diese ebenfalls in die Casserolle und läßt sie noch ein paarmal damit aufwallen, schlägt von 4 Eyerklar einen Schnee, gibt diesen darein und läßt ihn ohne das Gelée mehr kochen zu lassen gerinnen; nun spannt man eine naßgemachte Serviette über die 4 Füße eines umgekehrten Stuhls und gießt solches darauf, die 2 bis 3 ersten Tassenvoll werden trüb laufen und werden deswegen oben ganz langsam wieder hineingegossen, das Helle, wenn es ganz durchgelaufen ist, gießt man in Gelée-Gläser oder in eine Form, stürzt letztere wenn servirt werden soll auf eine Platte, schlägt über die Form ein heißes Tuch, wodurch sich das Gelée von der Form ablösen wird.

## Nro. 656. Gelée von Kälberstand mit Schnee.

Sechs Kalbsfüße, von denen wie überhaupt zu jeder Sulz die obern Beine ausgelöst sein müssen, begießt man mit kochendem Wasser, gießt solches, nachdem sie eine Weile darin gelegen sind ab, setzt sie mit kaltem Wasser zu, kocht sie bis sie weich sind und nur noch ein Quart Flüssigkeit daran ist, diese gießt man ab und läßt sie gestehen. Hierauf zerklopft man das Weiße von 6 Eyern mit einer Handvoll gestoßenem Zucker, einer Messerspitzevoll Zimmt und einem Quart dicken süßen Rahm, gibt dieses sammt dem Kälberstand, von dem man zuvor die Fette abgenommen hat in eine Casserolle, läßt solches unter beständigem Rühren auf Kohlen kochheiß werden, stellt es sodann vom Feuer, schlägt es in einer Schüssel bis es kalt ist, gießt die Masse nach diesem in eine glatte Form, läßt sie an einem kalten Orte gestehen und stürzt es dann auf eine Platte. Nun reibt man eine Zitrone an einem Stück Zucker ab, schabt das Gelbe mit einem Messer in eine Schüssel, gibt noch ein paar Löffelvoll gestoßenen Zucker mit einem Quart dicken süßen Rahm dazu, schlägt dieses mit einem Schlagbesen zu Schnee, hebt solchen mit einem Löffel ab, setzt ihn auf das Gelée und servirt es dann gleich zu Tisch.

## Nro. 657. Gelée von Orangen.

Man löst 3 Loth feinste Hausenblase mit einem Quart Wein auf und preßt sie durch ein Tuch, von 4 Orangen reibt man das Gelbe an ½ Pf.

Zucker ab und läutert diesen mit einem Glas Wasser, alsdann preßt man den Saft von 10 Orangen durch eine Serviette an den Zucker, gibt ½ Maaß guten Wein sammt der Hausenblase dazu, rührt das Ganze mit einem silbernen Löffel gut durcheinander, filtrirt es durch ein dünnes Tuch und gießt dann das Gelée in eine beliebige Form oder in Gelée-Gläser. Bei allen Sulzen welcher Art sie auch sein mögen, muß man vorzüglich darauf sehen, daß die Formen ganz voll gemacht werden, weil, wenn man dieses unterläßt, die Sulzen oder Gelée durch den Fall auf die Platte beim Stürzen springen würden. Man kann das Orangen-Gelée auch in ihre eigne Schalen gießen und gestehen lassen. Man schneidet nämlich die Orangen in der Mitte ganz gleich entzwei, nimmt das Mark heraus, zieht die weiße Haut so an der Schale sitzt, damit diese kein Loch bekommt, ganz vorsichtig heraus, zackelt sie am Rand herum mit einer Scheere aus, setzt sie auf eine Platte, gießt das Gelée hinein und läßt es an einem kühlen Ort gestehen. Eben so läßt es sich auch mit Zitronen machen.

### Nro. 658. Rothes Gelée.

Ein Pf. Kirschen oder Weichseln stößt man sammt den Steinen in einem Mörser klein, gießt ½ Maaß Wein darüber, läßt sie damit ein paar Stunden stehen und gießt alsdann den Wein durch ein dünnes Tuch in eine Casserolle ab, legt ein Stück Zucker, ½ Loth Zimmt, halb so viel Nelken, die Schale und den Saft einer Zitrone darein und läßt es nur so lange kochen bis der Zucker aufgelöst ist, gibt alsdann den Schnee von 2 bis 3 Eyerklar darein, läßt diesen gerinnen und filtrirt es alsdann durch ein dünnes Tuch. Zwei Loth feinste Hausenblase, die man mit einem Quart Wasser auf Kohlen gut aufgelöst hat, preßt man ebenfalls durch ein Tuch, vermischt sie mit dem filtrirten Wein, rührt das Gelée mit einem silbernen Löffel gut unter einander, gießt solches in Gläser oder in eine glatte Form und läßt es an einem kalten Ort gestehen.

### Nro. 659. Gelée von Johannisbeeren.

Die ganz reifen Johannisbeeren zerdrückt man mit einem Löffel, läßt sie nach diesem 1 auch 2 Tage stehen und preßt alsdann den Saft davon durch eine Serviette. Hierauf läutert man ¾ Pf. Zucker mit einem Glas Wasser, kocht ihn ein wenig dick und gibt dann ½ Maaß Wein mit einem Quart durchgepreßten Saft darein, läßt dieses zusammen noch einmal heiß werden und filtrirt es durch ein dünnes Tuch. Zwei Loth feinste Hausenblase, die man mit ½ Quart Wasser auf Kohlen aufgelöst hat, preßt man ebenfalls durch ein reines Tuch, mischt diesen mit einem silbernen Löffel unter das Gelée, füllt solches in Gläser, Salatiere oder in eine Form und läßt es an einem kalten Ort gestehen.

### Nro. 660. Wein-Gelée mit Erdbeeren.

Man löst 3 Loth feinste Hausenblase mit einem Quart Wein auf Kohlen auf und preßt sie durch ein Tuch. Hierauf kocht man 3 Quart Wein mit ½ Zucker, ein Stück Zimmt, einige Nelken, der Schale und dem Saft einer Zitrone nur so lang, bis der Zucker ganz aufgelöst ist, filtrirt ihn alsdann durch ein dünnes Tuch, und mischt die Hausenblase mit einem silbernen Löffel darunter. Nun gießt man eine Salatiere davon halb voll, läßt dieses fest gestehen, setzt schöne Gartenerdbeere, indem man jede in das Gelée taucht, in mehreren Reihen darauf, und gießt, wenn diese fest gestanden sind, das übrige Gelée, das ganz abgekühlt sein muß, darauf; man kann auch in eine glatte Blechform ein wenig von dem Gelée gießen, wenn dieses fest gestanden ist, die Erdbeere, wie gemeldet, in Reihen darauf setzen, wenn solche fest sind, so viel abgekühlte Gelée darauf geben, daß solches über die Erdbeeren geht, auch wenn dieses fest gestanden ist, wieder mit Einsetzen der Erdbeere fortfahren, und dieses, bis die Form voll ist, wiederholen. Man läßt es alsdann an einem kühlen Ort fest werden, und stürzt es, wenn es servirt werden soll, auf eine Platte.

### Nro. 661. Gelée mit Aprikosen.

Zwölf reife Aprikosen überkocht man mit 3 Quart Wein nur ein paarmal, legt sie mit einem Schaumlöffel heraus, zieht die Haut davon ab, schneidet sie entzwei, und nimmt die Steine davon. Hierauf läutert man ½ Pf. Zucker mit einem Glas Wein, verschäumt ihn wohl, kocht ihn ein wenig dick, gießt den Wein, worin die Aprikosen gekocht haben, dazu, und kocht sie damit noch einen Augenblick, legt sie alsdann auf eine Platte heraus, und preßt den zurückgebliebenen Saft durch eine Serviette; 2 Loth feinste Hausenblase, die man mit ½ Quart Wasser auf Kohlen aufgelöst hat, preßt man ebenfalls durch, mischt diese mit einem silbernen Löffel an das Gelée, gießt davon ein wenig in eine glatte Form, und läßt solches fest werden. Indessen klopft man die Steine von den Aprikosen auf, schält die Kerne, schneidet sie länglich, und spickt die Aprikosen damit. Wenn nun das Gelée in der Form fest ist, legt man die Aprikosen so, daß die gespickte Seite nach unten steht, darauf spritzt man ein wenig Gelée darüber, und gibt, wenn sie fest geworden sind, das übrige ganz abgekühlte Gelée darauf, läßt solches an einem kühlen Ort gestehen, und stürzt es, wenn es fest ist, auf eine Platte.

### Nro. 662. Gelée von Quitten.

Man reibt 10 bis 12 geschälte Quitten bis auf den Putzen ab, gießt an das Abgeriebene ein Quart guten Wein, läßt es so ein paar Stunden stehen, und preßt den Saft davon so fest wie möglich durch eine Serviette aus. So schwer der durchgepreßte Saft ist, so schwer läutert man Zucker mit einem Glas Wasser, kocht ihn ein wenig dick, und gibt alsdann den Saft sammt den Kernen der Quitten, die man in ein reines Tüchlein gebunden hat, darein, kocht ihn eine Viertelstunde, und verschäumt ihn während dem fleißig. Nach dieser Zeit probirt man einen Tropfen davon, indem man ihn auf einen Teller fallen läßt, wenn dieser gesteht, ist das Gelée fertig, und kann, wenn es abgekühlt hat, in Gelée=Gläser oder Salatiere gegossen werden. Man kann auch Quitten in Schnitze oder Viertel schneiden, sie mit Wein und Zucker weich kochen, und solche in das Gelée legen.

### Nro. 663. Gelée von Himbeeren.

Ganz reife Himbeeren werden mit einem Löffel zerdrückt, und wenn sie einen Tag im Keller gestanden haben, durch ein Tuch gepreßt, diesen Saft läßt man wieder ein paar Stunden oder auch über Nacht stehen, gießt das hell gewordene davon ab, gibt zu ½ Maaß Saft ½ Pf. feinen Zucker, stellt ihn auf gelinde Kohlen, schäumt ihn während dem Kochen fleißig ab, und läßt ihn so lange auf dem Feuer, bis ein Tropfen davon, den man auf einen Teller fallen läßt, gesteht. Man füllt das Gelée, nachdem es abgekühlt hat, in Gläser, legt auf jedes ein Blättchen Papier, das man, nach der Größe des Glases geschnitten und in Arak getaucht hat, bindet ein anderes Papier darüber, stupft dieses mit einer Stecknadel ein wenig, und hebt sie an einem kühlen Ort zum Gebrauch auf.

### Nro. 664. Mandel-Gelée.

Vier Kalbsfüße brühet man zuerst, nachdem sie gut gereinigt sind mit kochendem Wasser ab, setzt sie alsdann mit kaltem Wasser an das Feuer, und kocht sie so lang, bis sie weich sind, und nur noch ein Quart Flüssigkeit daran ist, gießt diese ab, und läßt sie gestehen; hierauf stößt man ½ Pf. abgezogene Mandeln mit ½ Maaß Milch ganz fein, und preßt sie durch eine Serviette fest aus, nimmt von dem festgewordenen Kälberstand die Fette ab, gibt diesen sammt der durchgepreßten Milch ein paar Löffelvoll Orangenblüthe, Wasser und nach Belieben Zucker in eine Casserolle, setzt diese auf Kohlen, und rührt das Gelée, bis es kochheiß ist, stellt es sodann vom Feuer, rührt es aber noch so lange, bis es abgekühlt hat, gießt es auf eine Platte oder Salatiere, und läßt es an einem kühlen Ort gestehen.

## Verschiedene Crêmes.

### Nro. 665. Crème von Zitronen.

Man verrührt in einer Casserolle 12 Eyergelb mit dem Saft von 3 Zitronen und ½ Quart guten Wein, reibt von 2 Zitronen das Gelbe an ¼ Pf. Zucker ab, und gibt diesen zerstoßen darein, rührt solches auf gelinden Kohlen zu einer dicken Crème, versucht diese, ob sie süß genug ist, und rührt sie alsdann in einer Schüssel mit 2 Eßlöffelvoll Arak, bis sie ganz kalt ist, treibt sie durch ein Haarsieb, in eine andere Schüssel, schlägt von 6 Eyerklar einen steifen Schnee, rührt diesen darunter, und gibt die Crème in ein beliebiges Geschirr. Ehe sie zu Tisch gegeben wird, besprengt man sie oben mit ein wenig Arak, bestreut sie dick mit grob zerstoßenem Zucker, und brennt sie mit einer glühenden Brennschippe. Mann kann den Arak, wer ihn nicht liebt, weglassen, mit Zubereitung der Crème aber, wie angezeigt ist, verfahren.

### Nro. 666. Crème von Zitronen auf andere Art.

Drei Kochlöffelvoll feinstes Mehl, und 3 Loth recht fein zerstoßene Mandeln werden mit ½ Maaß süßem Rahm glatt abgerührt, auf Kohlen gut ausgekocht, alsdann vom Feuer gestellt. Hierauf zerklopft man das Gelbe von 18 Eyer recht stark, rührt diese an das Gekochte, reibt 2 Zitronen an einem Stück Zucker ab, gibt diesen zerstoßen ebenfalls darein, setzt die Crème in einer Casserolle wieder auf das Feuer, und läßt sie unter beständigem Umrühren heiß werden, aber nicht kochen, stellt sie alsdann bei Seite, rührt sie in einer Schüssel, bis sie ganz abgekühlt ist, und gibt sie auf die dazu bestimmte Platte. Nun schlägt man von 12 Eyerklar einen steifen Schnee, setzt diesen, so hoch man kann, auf die Crème, die zuvor fest gestanden sein muß, besteckt ihn mit länglich zerschnittenen Mandeln, bestreut ihn mit dick zerstoßenem Zucker, stellt die Platte auf ein Geschirr mit ganz kaltem Wasser, damit die Crème kalt und fest bleibt, und stellt sie sammt diesen in einen heißen Ofen, läßt den Schnee schnell Farbe nehmen und servirt die Crème, ohne sie länger stehen zu lassen, gleich zu Tisch.

## Nro. 667. Gestürzte Crème mit Chocolade.

Acht Eyergelb werden mit 1 Quart süßem Rahm und 2 Löffelvoll Zucker wohl zerklopft, auf Kohlen, ohne sie kochen zu lassen, zu einer dicken Crème gerührt, alsdann bei Seite gestellt. Hierauf schlägt man von 6 Eyerklar einen steifen Schnee, preßt 1½ Loth feinste in einer Tassevoll Wasser auf Kohlen aufgelöste Hausenblase durch ein Tuch, rührt diese mit 4 Loth fein geriebener Chocolade sammt dem Schnee in die Crème, gießt sie in eine beliebige Form, und stürzt sie, wenn sie an einem kalten Ort fest gestanden ist, auf eine Platte.

## Nro. 668. Gestürzte Crème mit Sauce.

Acht Ganze und 12 gelbe Eyer werden mit 4 Eßlöffelvoll Zucker und einer Maaß dicken süßem Rahm recht stark zerklopft, alsdann durch ein Sieb passirt. Hierauf bestreicht man eine beliebige Form mit Butter, gießt das Passirte darein, setzt die Form auf kochendes Wasser in einen Bratofen, und läßt die Crème gestehen. Indessen verrührt man 6 Eyergelb mit ½ Quart Wein, den Saft von ½ Zitrone und 2 Löffelvoll Arak, gibt die auf einem Stück Zucker abgeriebene Schale einer Zitrone darein, sprudelt dieses zusammen, ohne es kochen zu lassen, auf dem Feuer zu einer dicken Sauce ab, stürzt die Crème, wenn sie gestanden ist, auf eine Platte, gibt die Sauce darüber, und servirt sie nach Belieben warm oder kalt.

## Nro. 669. Russische Crème.

Zwanzig Eyergelb zerklopft man mit ¼ Pf. zerstoßenem Zucker und ½ Maaß Champagner in einem hohen glassirten Topf, setzt solchen auf Kohlen, und sprudelt die Masse, bis sie dick und ganz Schaum ist, hebt den Schaum mit einem Löffel in bereit gehaltene Becher ab, und servirt sie gleich warm zu Tisch.

## Nro. 670. Crème mit Vanille.

Ein Fingerlanges Stück Vanille, das man zuvor geklopft hat, kocht man mit ½ Maaß Rahm und einem Stück Zucker ein wenig, und preßt alsdann den Rahm durch eine Serviette. Hierauf zerklopft man 15 Eyergelb mit einem Quart kalten Rahm, rührt den durchgepreßten dazu, passirt das Ganze durch ein Sieb in eine Casserolle, und rührt es auf Kohlen, ohne es kochen zu lassen, zu einer dicken Crème, rührt sie alsdann in einer Schüssel, bis sie kalt geworden ist, gibt sie in Becher oder auf eine Platte, und läßt sie an einem kühlen Ort gestehen. Eben so kann man auch der Crème statt der Vanille den Geschmack von Zitronen geben.

### Nro. 671. Crème von Orangen.

Vier schöne Orangen reibt man an Zucker ab, zerklopft 18 Eyergelb mit dem abgeriebenen Zucker, und einem Glas guten Wein, drückt den Saft der 4 Orangen durch einen Seiher daran, setzt den noch fehlenden Zucker dazu, und rührt die Masse, ohne sie kochen zu lassen, auf Kohlen zu einer dicken Crème ab, rührt sie in einer Schüssel, bis sie ganz erkaltet ist, füllt sie in Becher, und läßt sie an einem kühlen Ort gestehen.

### Nro. 672. Gebackene Crème.

Zwei Eßlöffelvoll feines Mehl brühet man mit einer Maaß heißem Rahm ab, rührt solches glatt, und läßt es erkalten. Indessen stoßt man 3 Loth Biscuit mit 3 Loth bitteren Makaronen gröblich, rührt dieses mit 2 Loth feingewiegtem Zitronat und dem Gelben von 8 Eyern an den abgekühlten Teig, reibt eine Zitrone auf Zucker ab, gibt diese mit 2 Löffelvoll gestoßenem Zucker dazu, schlägt von dem Weißen der Eyer einen steifen Schnee, mischt ihn leicht in die Masse, gießt sie auf eine mit Butter bestrichene Platte, läßt sie in einem gelinden Ofen backen, und servirt die Crème warm zu Tisch.

### Nro. 673. Geschlagener Rahm mit Biscuit.

Man schlägt eine Maaß dicken süßen Rahm, unter den man etwas Zucker und ein paar Löffelvoll Orangenblüthewasser mischt, in einer großen Schüssel mit einem Schlagbesen, hebt den in die Höhe kommenden Schaum mit einem Löffel ab, und setzt ihn auf ein Zuckersieb, unter das man ein Gefäß stellt, damit das, was abläuft, nicht verloren geht, und immer wieder dazu genommen werden kann, bis alles auf ist. Hierauf belegt man eine Platte groß oder klein, wie man sie eben braucht, mit frisch gebackenem Biscuit, besprengt dieses mit Maraschino, bis es durchaus feucht ist, bedeckt es mit Schnee, gibt darauf wieder eine Lage durchfeuchtetes Biscuit, dann wieder den Schnee, und fährt damit so fort, bis alles auf ist, den Schluß aber muß der Schnee machen, den man ganz zierlich in die Höhe setzt, und sogleich auch servirt.

### Nro. 674. Chocolade-Crème.

Acht Loth geriebene feine Chocolade kocht man mit einer halben Maaß Milch und einem Stückchen Zucker nur ein wenig, und läßt sie erkalten, indessen zerklopft man 6 Eyergelb mit ein paar Löffelvoll Milch, rührt diese an die Chocolade, passirt sie durch ein Sieb, und füllt sie in Becher, oder gießt sie auf eine Platte, stellt diese in ein Geschirr mit kochendem Wasser in einen Bratofen, und kocht die Crème, bis sie fest gestanden ist. Man kann sie auch auf Kohlen stellen, und einen Deckel mit heißer Asche darauf geben. Sobald die Créme gestanden ist, nimmt man sie gleich, weil sie gern Wasser zieht, aus dem Geschirr, sie kann warm oder kalt servirt werden.

## Nro. 675. Créme von Himbeermark.

Ein Viertelpfund eingesottenes Himbeermark treibt man mit 1 Quart süßen Rahm, den man so dick wie möglich abnimmt, durch ein Haarsieb, reibt alsdann von einer Zitrone das Gelbe auf Zucker ab, gibt dieses darein und rührt die Créme ¼ Stunde, füllt sie in Becher, und stellt diese über Nacht auf Eis oder an einen sonst kalten Ort. Diese Créme schmeckt sehr gut, nur muß man sich in Acht nehmen, daß nicht zu viel Rahm daran genommen wird, sie darf nicht flüssig sein, sondern muß, wenn sie ganz abgerührt ist, kurz vom Löffel fallen.

## Nro. 676. Crème von Macaronen.

Ein Viertelpfund gestoßene Macaronen werden mit ½ Maaß Rahm und einem Stückchen Zucker nur ein wenig gekocht, alsdann bei Seite gestellt. Hierauf verrührt man das Gelbe von 8 bis 10 Eyer, rührt diese an die etwas abgekühlten Macaronen, setzt sie wieder auf Kohlen, und läßt sie unter beständigem Rühren dick werden, nun gießt man die Créme auf eine Platte, und läßt sie gestehen, bestreut sie, wenn sie fest ist, mit grob gestoßenem Candis, und brennt sie vor dem Auftragen mit einer glühenden Schippe. Man kann aber auch die Créme, damit sie keine Haut bekömmt, bis sie erkaltet ist, rühren, solche in Becher oder Tassen füllen, und an einem kühlen Ort gestehen lassen.

## Nro. 677. Eyer-Schnee oder Schneeballen.

Man schlägt von 10 Eyerklar einen steifen Schnee, macht Milch in einer Casserolle oder messingnen Pfanne mit einem Stückchen geklopfter Vanille oder Zitronenschale und einem Stück Zucker kochend, nimmt dieses, wenn es eine Weile gekocht hat, heraus, und legt dagegen mit einem Löffel von dem Schnee runde Ballen hinein, wendet sie, nachdem sie einmal aufgekocht haben, um, läßt sie nur noch ein wenig kochen, und legt sie mit einem Schaumlöffel auf eine Platte. Alsdann zerklopft man das Gelbe von den Eyern wohl, rührt solches mit der zurückgebliebenen Milch ab, bringt sie wieder auf das Feuer, läßt sie unter beständigem Rühren dick werden, aber nicht kochen, und gibt dann die Sauce durch ein Sieb über den Schnee. Man kann diesen hie und da mit grob zerstoßenem Zucker bestreuen, und mit einer glühenden Schippe brennen.

## Nro. 678. Crème Brouille.

Vier Löffelvoll feinstes Mehl rührt man mit dem Gelben von 10 Eyern und ½ Maaß süßem Rahm glatt, reibt eine Zitrone auf einem Stückchen Zucker ab, gibt diesem mit einem Ey groß frischer Butter darein, und kocht es auf Kohlen unter beständigem Rühren langsam zu einer Créme. Hierauf kocht man ¼ Pf. Zucker zu Caramehl, das heißt, man nimmt den Zucker mit etwas Wasser in eine kupferne Pfanne, setzt diese auf das Feuer,

nimmt den Schaum rein ab, und kocht ihn so lang, bis alles Wasser auf=
gezehrt und der Zucker schön Kastanienbraun ist, man muß sich aber wohl
in Acht nehmen, daß er nicht verbrennt; alsdann gießt man die gekochte
Crême auf eine Platte, zieht den Zucker ohne in der Crême zu rühren in
verschiedenen Zügen und Krümmungen darein, und läßt sie erkalten, be=
streut sie, wenn sie servirt werden soll mit grob gestoßenem Zucker, und
brennt sie mit einer glühenden Schippe. Man kann aber auch diese Crême,
nachdem sie kalt geworden und fest gestanden ist, in beliebige Stückchen
schneiden, diese in zerklopften Eyern und geriebenem Milchbrod umwenden,
sie aus heißem Schmalz backen, und warm mit Zucker und Zimmt be=
streut serviren.

### Nro. 679. Gesulzte Crême.

Man verrührt 12 Eyergelb mit dem Saft einer Zitrone und ein Quart
guten Wein, reibt das Gelbe von einer Zitrone auf ¼ Pf. Zucker ab, gibt die=
sen zerstoßen darein, und kocht die Masse auf Kohlen zu einer dicken Crême.
Hierauf schlägt man von 6 Eyerklar einen steifen Schnee, löst 1 Loth
feinste Hausenblase mit einer Tasse Wasser auf Kohlen auf, preßt diese durch
ein Tuch, mischt solche sammt dem Schnee unter die Crême, rührt sie in
einer Schüssel bis sie erkaltet' ist, gießt sie dann in eine beliebige Form,
stellt sie an einen kalten Ort, und stürzt sie, wenn sie fest gestanden ist,
auf eine Platte.

### Nro. 680. Flomeri von Sago mit rothem Wein.

Ein halb Pfund verlesener weißer Sago wird aus mehreren warmen
Wassern gewaschen, alsdann zum Ablaufen auf ein Sieb geschüttet. In=
dessen läßt man in einer Casserolle ½ Maaß Wein mit einem Stück Zu=
cker, einem Stückchen Zimmt und ein paar zerstoßenen Cardemumen kochend
werden, nimmt das Gewürz wieder heraus, gibt den abgelaufenen Sago
darein, verschließt die Casserolle mit einem Deckel, rührt ihn aber öfters
um, und kocht ihn weich und kurz ein, sollte er zu dick werden, so wird
noch etwas Wein mit Zucker versüßt nachgegossen. Alsdann macht man
obere Tassen oder Becher von innen mit Wein naß, füllt diese etwas über
halb von dem gekochten Sago voll, und stellt sie an einen kalten Ort, bis
sie fest gestanden sind, stürzt dann das Flomeri auf eine Platte, sprudelt
ein Quart rothen Wein mit gestoßenem Zucker, Zimmt und der auf Zu=
cker abgeriebenen Schale einer Zitrone kalt ab, gießt solches darüber, und
servirt es zu Tische.

### Nro. 681. Flomeri von Sago mit Rahm.

Man reinigt und wäscht den Sago, wie dies in vorhergehender
Nummer beschrieben ist, kocht eine Maaß Rahm mit einem Fingerlangen
Stückchen geklopfter Vanille, nimmt diese, wenn sie gut ausgekocht ist,
heraus, gibt dagegen den Sago mit einem Stück Zucker darein, und
kocht ihn damit weich und kurz ein. Hierauf benetzt man eine Form mit
süßem Rahm, bestreut diese mit zerstoßenem Zucker, gibt den Sago darein,
und läßt ihn an einem kalten Ort gestehen, alsdann zerklopft man 6 Eyer=

gelb mit einem Quart Rahm und ein paar Löffelvoll Zucker, sprudelt diese
auf dem Feuer ab, und läßt es ebenfalls erkalten, stürzt das Flomeri, wenn
es fest ist, auf eine Platte, und gibt die kalte Sauce darüber.

### Nro. 682. Flomeri von Reis.

Ein halb Pfund schöner Reis wird rein verlesen, ein wenig zerstoßen,
aus heißem Wasser ein paarmal gewaschen, und mit Milch weich und dick
auf Kohlen eingekocht. Hierauf stoßt man 3 Loth süße und eben so viel
bittere abgezogene Mandeln ganz fein, rührt diese mit einer Handvoll gestoßenem Zucker, der auf Zucker abgeriebenen Schale einer Zitrone und ein
paar Messerspitzevoll Zimmt in die Masse. Nun benetzt man obere Tassen
oder Becher mit rothem Wein, füllt sie von dem Reis etwas über halb
voll, und läßt sie an einem kalten Ort gestehen, sprudelt dann rothen Wein
mit Zucker und der auf Zucker abgeriebenen Schale einer Zitrone kalt ab,
stürzt das gestandene Flomerie auf eine Platte, und gibt den Wein darüber.

### Nro. 683. Crème mit Arak und Schnee.

Man zerklopft 10 Eyergelb mit ½ Maaß süßem Rahm, reibt auf ¼ Pf.
Zucker das Gelbe einer Zitrone ab, und gibt diesen zerstoßen darein, stellt
dieses in einer Casserolle auf Kohlen, und läßt es unter beständigem Rühren, ohne es jedoch kochen zu lassen, zu einer dicken Crème werden, gibt
sie alsdann mit 2 Eßlöffelvoll Arak in eine Schüssel, und rührt die Crème,
bis sie ganz kalt ist, belegt eine Platte mit leichten Macaronen, gibt die
Crème darauf, und stellt sie an einen kühlen Ort. Indessen schlägt man
von ½ Maaß dicken süßen Rahm einen Schnee, wie solches Nro. 645. beschrieben ist, setzt diesen, nachdem er abgelaufen ist, zierlich hoch auf die
Crème, besteckt ihn in mehreren Reihen mit kleinen Vanillen-Biscuit, und
servirt sie sogleich zu Tisch.

### Nro. 684. Crème von Kaffee.

Man brennt ¼ Pf. guten Kaffee hellgelb, stoßt ihn so lang er noch
warm ist gröblich in einem Mörser, kocht ½ Maaß Milch mit einem Stück
Zucker und einem Stückchen geklopfter Vanille, gießt diese über den Kaffee, läßt ihn zugedeckt bis er erkaltet ist, stehen, und preßt alsdann die
Milch durch eine Serviette. Hierauf zerklopft man 12 Eyergelb wohl, rührt
sie mit der Milch ab, passirt solches durch ein Sieb in eine Casserolle, und
läßt es unter beständigem Rühren, ohne daß es jedoch kocht, zu einer dicken
Crème werden, rührt sie nachdem in einer Schüssel, damit sie keine Haut
bekömmt, bis sie kalt ist, füllt die Crème in Becher, und stellt sie zum Gestehen an einen kühlen Ort.

### Nro. 685. Crème von Marmelade.

Man kocht ¼ Pf. Zucker mit ein wenig Wasser, bis er dick ist und
braun zu werden anfängt, gibt ½ Pf. Marmelade, es sei von Kirschen, Aepfel, Quitten oder Aprikosen darein, rührt dieses in einer Schüssel eine
Zeitlang, schlägt sodann das Weiße von 12 Eyern zu einem Schnee, und
rührt mit diesem die Masse noch ¼ Stunde, bestreicht eine Platte leicht mit

schlägt
mit diesem

frischer Butter, gibt das Gerührte darauf, läßt sie in einem gelinden Ofen aufziehen, und gibt die Crême warm zu Tisch.

### Nro. 686. Crême von Thee.

Man brühet ein 1 Loth guten Thee mit ½ Maaß kochender Milch ab, deckt ihn zu, und läßt ihn eine Zeitlang stehen. Hierauf zerklopft man 10 Eyergelb wohl, passirt die Milch durch ein Sieb dazu, gibt dieses in eine Casserolle mit ¼ Pf. Zucker, an dem man eine Zitrone abgerieben hat, und kocht es langsam auf Kohlen zu einer dicken Crême. Will man sie warm serviren, so wird sie gleich in Becher oder Tassen gefüllt, im Gegentheil aber so lange gerührt, bis sie kalt ist, und dann zum Gestehen an einen kühlen Ort gebracht.

### Nro. 687. Eyer-Käs.

Man zerklopft 12 Eyer mit einem Quart sauren Rahm, macht 1 Maaß Milch mit einem Stück Zucker siedend, rührt die Eyer langsam darein, läßt sie aber nicht kochen, sondern nur langsam zusammen gehen. Hierauf spannt man über einen hohen Topf eine Serviette aus, gießt den Käs darauf, und läßt ihn so ablaufen und erkalten. Indessen verrührt man 6 Eyergelb mit einem Quart süßen Rahm, gibt 3 Löffelvoll Zucker und die auf Zucker abgeriebene Schale einer Zitrone darein, sprudelt dieses auf dem Feuer, bis es dick ist, und läßt es ebenfalls erkalten. Wenn servirt werden soll, gibt man den abgelaufenen Käs auf eine Platte und die kalt gewordene Sauce darüber.

### Nro. 688. Schaum von Himbeeren.

Man rührt 6 Löffelvoll eingesottenes Himbeermark mit 3 Löffelvoll Zucker und der auf Zucker abgeriebenen Schale einer Zitrone ganz leicht, schlägt von 6 Eyerklar einen steifen Schnee, rührt diesen nach und nach an das Mark, setzt dann die Masse auf eine Platte so viel wie möglich in die Höhe, und streicht sie mit einem Messer glatt. Hierauf röstet man abgezogene und länglicht geschnittene Mandeln mit gestoßenem Zucker und etwas Wasser kraus, bestreut damit den Schaum, und gibt ihn gleich zu Tisch.

### Nro. 689. Schaum von Aprikosen.

Man treibt ½ Pf. eingekochte Aprikosen durch ein Sieb, und rührt dieses mit ein paar Löffelvoll Zucker und einer auf Zucker abgeriebenen Zitrone leicht. Hierauf schlägt man das Weiße von 6 Eyer zu einem steifen Schnee, rührt diesen nach und nach an das Mark, setzt dann die Masse auf eine Platte, bestreut sie mit grob gestoßenem Zucker, läßt sie in einem heißen Ofen schnell Farbe nehmen, und servirt sie gleich zu Tisch.

### Nro. 690. Champagner-Schaum mit Orangen.

Acht ganze Eyer zerklopft man in einem hohen Topf mit ½ Bouteille Champagner ganz stark, reibt 3 Orangen auf ¼ Pf. Zucker ab, gibt diesen, nachdem er zuvor ein wenig zerstoßen worden, mit dem Saft der 3 Orangen und dem einer halben Zitrone darein, stellt den Topf auf Kohlen, und sprudelt die Masse so lange, bis sie Schaum gibt, hebt diesen immer mit einem silbernen Löffel in Becher oder Tassen ab, sprudelt so lange, bis alles zu Schaum geworden ist, und servirt dann den Schaum nach Belieben warm oder kalt.

### Nro. 691. Schaum von Hägenmark mit Aepfeln.

Vier Löffelvoll Hägenmark rührt man mit dem Saft einer halben Zitrone, 4 Löffelvoll Zucker und der auf Zucker abgeriebenen Schale einer Zitrone ab, schlägt alsdann von 6 Eyerklar einen steifen Schnee, und rührt diesen darein, setzt dann auf eine Platte weichgedämpfte Borstorfer-Aepfel, die auf einem Sieb abgelaufen und kalt sein müssen, gibt den Schaum darüber, so daß die Aepfel ganz davon bedeckt sind, bestreut ihn stark mit grob gestoßenem Zucker, läßt ihn in einem heißen Ofen schnell Farbe nehmen, und servirt ihn gleich zu Tisch.

### Nro. 692. Kalte Schale von Erdbeeren mit Rahm.

Man verliest und wäscht die Erdbeeren rein, und bringt sie zum Ablaufen auf ein Sieb, gibt solche, wenn sie abgetrocknet sind, in das dazu bestimmte Geschirr, bestreut sie mit gestoßenem Zucker und Zimmt, und gibt guten süßen Rahm darüber. Man kann statt Rahm auch Wein nehmen, im übrigen aber gleich verfahren.

### Nro. 693. Kalte Schale mit Erdbeeren und rothem Wein.

Zwei Händevoll geriebenes Milchbrod röstet man gelb, jedoch so trocken wie möglich mit ein wenig Butter, gießt, so lange dieses noch warm ist, ½ Maaß Burgunder oder sonst guten Wein darein, reibt eine Zitrone an Zucker ab, gibt diese mit, so viel nöthig ist, gestoßenem Zucker und etwas Zimmt darein, reinigt einen Tellervoll schöne Erdbeeren, mischt diese darunter, läßt sie eine Weile damit an einem kühlen Ort stehen, und gibt sie dann zu Tisch.

### Nro. 694. Durchgetriebene Erdbeeren.

Zwei Maaß rein gewaschene und verlesene Erdbeeren zerdrückt und treibt man mit gutem Weine durch ein Sieb, vermischt das Durchgetriebene mit zerstoßenem Zucker und etwas Zimmt. Alsdann belegt man eine Salatiere mit frischem Biscuit, gibt die durchgetriebenen Erdbeeren darauf, und läßt sie an einem kühlen Ort frisch werden. Die Erdbeeren können auch statt Wein mit Rahm durchgetrieben werden, mit der übrigen Zubereitung aber wird gleich verfahren.

### Nro. 695. Kalte Schale mit Rosinen.

Vier Händevoll geriebenes Roggenbrod röstet man ganz trocken mit einem Stückchen Butter, gießt, so lang solches noch warm ist, ½ Maaß guten Wein daran, alsdann reibt man eine Zitrone an einem Stück Zucker ab, gibt diese sammt dem Saft, ein paar Messerspitzevoll Zimmt und ¼ Pf. gut gereinigte Weinbeeren und Rosinen darein, streut soviel Zucker darauf, bis es süß genug ist, macht das Ganze wohl durcheinander, und läßt es an einem kühlen Ort frisch werden.

# Verschiedene Torten.

### Nro. 696. Kraft-Torte.

Man schneidet ½ Pf. abgezogene Mandeln, trocknet solche auf einem Sieb am Ofen und stößt sie nach diesem mit ein wenig Zucker ganz fein. Hierauf zerklopft man in einer großen Schüssel 8 ganze und 8 gelbe Eyer, gibt ½ Pf. gestoßenen Zucker, die Mandeln, 1 Loth Zimmt, ½ Loth Nelken, 1 Quint Cardemomen, dieses alles fein zerstoßen, 2 Loth fein gewiegten Zitronat, eben so viel Pomeranzenschalen und die auf Zucker abgeriebene Schale einer Zitrone darein, rührt dieses zusammen eine Stunde auf eine Seite, füllt die Masse in eine mit Butter bestrichene und mit geriebenem Brod bestreute Form und läßt sie ¾ Stunden in einem gemäßigten Ofen backen.

### Nro. 697. Biscuit-Torte.

Man rührt ½ Pf. fein gestebten Zucker mit 9 ganzen und 4 gelben Eyern so lange bis die Masse ganz dick ist, schlägt alsdann 14 Loth Stärkemehl durch ein Sieb dazu, rührt dieses mit der abgeriebenen Schale einer Zitrone leicht darein, füllt sogleich die Masse in eine mit Butter bestrichene und mit geriebenem Brod bestreute Form, gibt sie ohne sie stehen zu lassen gleich in einen gemäßigten Ofen und backt sie ¾ Stunden. Man muß bei dieser wie bei allen gerührten Torten vorzüglich darauf sehen, daß, während die Torte im Aufziehen ist, der Ofen geschlossen bleibt, und sie überhaupt nicht viel hin und her gestoßen werden, weil sie dadurch gern zusammensitzen und schwer werden.

### Nro. 698. Gefüllte Biscuit-Torten.

Man rührt die in vorhergehender Nummer angezeigte Quantität Zucker und Eyer zu einer dicken Masse, schlägt 14 Loth Stärkemehl durch ein Sieb, zieht dieses leicht darein, und füllt sie in 3 gleiche mit Butter bestrichene und mit geriebenem Brod bestreute Formen, setzt diese auf ein Blech, backt sie in einem gelinden Ofen schön. Wenn sie fertig und abgekühlt sind, überstreicht man sie mit eingemachten Johannisbeeren, setzt die 3 Theile auf einander, schneidet sie neben herum am Rande gleich, überzieht sie mit der Chocoladen-Glace Nro. 849., läßt solches bei der Wärme trocknen, und gibt dann um die Torte einen Rand von ausgeschnittenem Papier.

### Nro. 699. Schwarzbrod-Torte.

Vier Loth geriebene Roggenbrodrinde feuchtet man mit ein paar Löffelvoll Wein an, und läßt solches, damit der Wein das Brod recht durchziehe, eine Weile zugedeckt stehen. Indessen rührt man ½ Pf. ganz fein geriebene oder gestoßene Mandeln, mit eben so viel gestebtem Zucker und dem Gelben von 12 Eyern eine Stunde, gibt alsdann das Brod, ½ Loth Zimmt, halb so viel Nelken, 1 Quint Muskatnuß, so viel Cardemomen und die Schale einer Zitrone auf dem Reibeisen abgerieben darein, rührt die Masse noch eine Weile gut damit, mischt alsdann den Schnee von 9 Eyern darunter, füllt sie in eine mit Butter bestrichene und mit geriebenem Brod bestreute Form und backt sie eine kleine Stunde in einem guten Ofen.

### Nro. 700. Carmeliter-Torte.

Ein halb Pf. abgezogene Mandeln, die man zuvor in frisches Wasser gelegt hat, schneidet man quer so dünn wie Papier, legt sie auf ein Sieb und läßt sie abtrocknen, bestreicht eine Form mit Butter, bestreut diese zuerst mit geriebenem Brod und dann mit einer Handvoll von gemeldeten Mandeln. Hierauf rührt man ½ Pf. gesiebten Zucker mit 8 ganzen und 4 gelben Eyern eine Stunde, gibt nach diesem die noch übrigen Mandeln, die Schale einer Zitrone, ½ Loth Zimmt, halb so viel Nelken und wenn dieses gut hineingerührt ist, 9 Loth Stärkemehl durch ein Sieb dazu, zieht dieses ganz leicht unter die Masse, füllt sie in die bestreute Form, stellt die Torte ¾ Stund in einen gemäßigten Ofen und backt sie schön. Sie kann alsdann mit einer beliebigen Glace überzogen oder blos mit Zucker bestreut und mit Devisen verziert werden.

### Nro. 701. Punsch-Torte.

Man rührt 1 Pf. gute frische Butter mit 8 ganzen und 10 gelben Eyern eine Stunde, schlägt 1 Pf. feinstes Mehl und eben so viel gestoßenen Zucker durch ein Sieb und rührt dieses nach und nach an die Butter, schlägt das Weiße der 10 Eyer zu einem steifen Schnee und mischt diesen sammt dem Saft einer Zitrone in die Masse. Nun bestreicht man 3 glatte ganz gleiche Formen, sie mögen von Papier oder Blech sein, mit Butter, bestreut sie mit geriebenem Brod und theilt die Masse ganz gleich, damit keine Torte dicker als die andere wird darein aus, und backt sie in einem guten Ofen schön, wenn sie fertig und erkaltet sind, schneidet man jede Torte mit einem scharfen Messer in der Mitte durch, benetzt sie mit Arak, überstreicht das Benetzte einen starken Messerrückendick mit eingemachten Johannisbeeren, setzt alle 6 Theile aufeinander, schneidet die Torte am Rand herum gleich, bestreicht den obern Theil, der nicht mit Johannisbeeren belegt sein darf, mit Arak, überzieht ihn mit der Punsch-Glace Nro. 824, trocknet die Torte bei gelinder Wärme und gibt einen Reif von ausgeschnittenem Papier darum.

### Nro. 702. Chocolade-Torte.

Ein halb Pfund geschälte Mandeln schneidet man fein, trocknet sie auf einem Sieb und stoßt sie gröblich. Hierauf läutert man ½ Pf. Zucker mit einem Glas Wasser, kocht ihn dick, gießt ihn über die Mandeln und rührt solche bis sie wieder abgekühlt sind, zerklopft alsdann 6 ganze und 6 gelbe Eyer, gibt diese an die Mandeln und rührt die Masse ½ Stunde, reibt dann eine Zitrone auf Zucker ab und gibt diese mit 6 Loth geriebenem Vanille-Chocolade darein, füllt sie in eine mit Butter bestrichene und mit Brod bestreute Form und backt die Torte in einem guten Ofen eine kleine Stunde.

### Nro. 703 Chocolade-Torte anderer Art.

Man rührt ½ Pf. gesiebten Zucker mit 9 ganzen und 4 gelben Eyern eine Stunde, gibt 8 Loth Stärkemehl mit 6 Loth geriebener Chocolade vermischt durch ein Sieb in die Masse, zieht dieses leicht darunter, füllt sie in eine mit Butter bestrichene und geriebenem Brode bestreute Form und backt die Torte ¾ Stunden in einem gemäßigten Ofen.

### Nro. 704. Erdäpfel-Torte.

Man siedet gute gelbe Erdäpfel nicht zu weich, läßt solche nachdem sie geschält sind, ganz erkalten und reibt sie hernach auf einem Reibeisen fein, rührt ½ Pf. fein gesiebten Zucker mit 2 Loth gestoßenen bittern Mandeln, 2 Loth Zitronat und eben so viel Pomeranzenschalen, beides fein gewiegt mit der auf Zucker abgeriebenen Schale einer Zitrone sammt deren Saft, ¾ Pf. Erdäpfel, 6 ganze und 8 gelbe Eyer eine Stunde, füllt die Masse in eine mit Butter bestrichene und mit geriebenem Brod bestreute Form, stellt sie schnell in einen guten Ofen und backt sie eine kleine Stunde.

### Nro. 705. Mandel-Torte.

Ein halb Pfund abgezogene Mandeln schneidet man fein, trocknet sie in einem Sieb am Ofen und stoßt sie dann mit ein wenig Zucker ganz fein. Hierauf rührt man ½ Pfund fein gesiebten Zucker mit gemeldeten Mandeln, einen Kaffeelöffelvoll Zimmt, der abgeriebenen Schale einer Zitrone, 7 ganzen und 7 gelben Eyern eine Stunde, gibt die Masse in eine mit Butter bestrichene und mit weißem Brod bestreute Form und läßt sie eine kleine Stunde in einem gemäßigten Ofen backen.

### Nro. 706. Gelbe Rüben-Torte.

Sechs bis 8 gute mittelgroße gelbe Rüben schabt und wäscht man rein, schneidet das Innere oder den Kern heraus und wirft ihn weg, das Uebrige aber schneidet man zu Fingergliedlangen und einer Stricknadel dicken gleiche Stückchen, setzt diese mit kaltem Wasser in einer messingnen Pfanne über das Feuer, gießt solches, wenn es zu sieden anfangen will ab, wieder kaltes daran und wiederholt dieses 5 bis 6mal, bis die Rüben so weich sind, daß sie sich drücken lassen und gießt sie alsdann auf ein Sieb. Hierauf schält man von einer Zitrone die Schale ganz fein ab, übersiedet diese ein paarmal mit kochendem Wasser und schneidet sie, nachdem sie ein wenig abgekühlt sind, mit 2 Loth Zitronat und so viel Pomeranzenschalen länglicht ganz fein. Nun läutert man ½ Pf. Zucker mit einem Glas Wein, gibt, wenn dieser rein ist, die Rüben und das übrige Geschnittene darein, kocht damit den Zucker kurz ein, drückt den Saft von 2 Zitronen dazu und gibt sie zum Abkühlen auf eine Platte. Alsdann belegt man ein Blech das einen schmalen Rand hat, mit gutem dünn ausgewallten Butterteig bis an den Rand heraus, breitet die abgekühlten Rüben in einer Gleichheit darauf aus und gießt den noch vorhandenen Saft darauf herum. Nun rührt man ¼ Pf. fein geriebene oder gestoßene Mandeln mit eben so viel gesiebten Zucker, ein wenig Zimmt, 3 ganzen und 3 gelben Eyern ganz leicht, gibt dieses auf die Fülle, stellt die Torte in einen guten Ofen und backt sie schön.

### Nro. 707. Rahm-Torte.

Man kocht ein fingerlanges Stückchen Vanille mit ½ Maaß guten Rahm, läßt diesen erkalten und preßt ihn durch eine Serviette. Hierauf bestreut man eine Blechform, von der man den Rand wegnehmen kann mit geriebenem Brod, legt sie nach diesem mit gutem, eines Messerrückendick ausgewallten Butterteig aus, zerklopft 10 Eyergelb mit 4 Löffelvoll gestoßenem Zucker, rührt den abgekühlten Rahm nach und nach darein, gießt dieses in die mit Teig ausgelegte Form, gibt die Torte in einen guten Ofen und backt sie schön. Wenn sie fertig ist macht man den Rand von der Form ab, setzt die Torte sammt dem Blechboden auf eine Platte und servirt sie nach Belieben warm oder kalt, man kann auch statt der Vanille gestoßenen Zimmt in den Rahm thun, dann wird er aber zuvor nicht abgekocht sondern frisch an die Eyer gerührt, auch kann man den Boden der Torte mit kleinen reingewaschenen Weinbeeren bestreuen.

### Nro. 708. Mandel-Torte mit Pistazien.

Ein halb Pfund abgezogene geschnittene und auf einem Sieb getrocknete Mandeln stoßt man fein, rührt diese mit ½ Pf. gesiebtem Zucker, 8 ganze und 9 gelbe Eyer eine Stunde, schneidet 8 Loth abgezogene Pistazien mit 3 Loth Pomeranzenschalen fein, mischt diese in die Masse, füllt sie in eine mit Butter bestrichene und mit geriebenem Brod ausgestreute Form und backt die Torte eine kleine Stunde in einem guten Ofen.

### Nro. 709. Orangen-Torte.

Man läutert ½ Pf. Zucker mit einem Glas Wasser, gießt, nachdem er rein ist, ein paar Löffelvoll Orangenblüthewasser mit dem Saft von 2 süßen Orangen dazu, kocht ihn damit dick und stellt ihn alsdann bei Seite. Indessen stoßt oder reibt man ½ Pf. Mandeln ganz fein, gibt den Zucker darüber, schlägt 5 ganze und 5 gelbe Eyer dazu und rührt dieses zusammen eine Stunde, mischt dann die abgeriebene Schale von 2 frischen Orangen darein, gibt die Masse in eine bestrichene mit geriebenem Brod bestreute Form und backt die Torte in einem guten Ofen.

### Nro. 710. Torte von Johannisbeeren.

Man nimmt auf ein Backbrett 12 Loth feines Mehl, 6 Loth gestoßenen Zucker, einer Nuß groß frische Butter und die abgeriebene Schale einer Zitrone, zerklopft das Weiße von 2 Eyern, drückt etwas Zitronensaft hinzu und und macht damit einen Teig, wallt solchen schwachen Messerrückendick aus, belegt damit ein mit Butter bestrichenes und mit geriebenem Brod ausgestreutes Blech, so einen schmalen Rand hat und überstreicht den Boden mit eingemachten Johannisbeeren einen kleinen Fingerdick, rührt alsdann ¼ Pf. gesiebten Zucker mit eben so viel fein gestoßenen Mandeln, 2 Loth geschnittenem Zitronat, eben so viel Pomeranzenschalen und der abgeriebenen Schale einer halben Zitrone, 3 ganzen und 4 gelben Eyern ¼ Stunde, gibt die gerührte Masse auf die Fülle, stellt die Torte in einen guten Ofen und läßt sie schön backen. Man kann sie wenn sie fertig und abgekühlt ist mit einer beliebigen Glace überziehen und sie mit glasirten Johannisbeeren garniren.

### Nro. 711. Compot-Torte.

Man schält schöne Borstorfer-Aepfel, höhlt solche aus, schneidet sie in der Mitte entzwei, dämpft sie mit ein wenig Wein, Zucker und einem Stück-

entzwei,

chen ganzen Zimmt **nicht** ganz weich und legt sie dann zum Ablaufen auf ein Sieb. Hierauf belegt man ein mit Butter bestrichenes und mit weißem Brod bestreutes Blech, so einen schmalen Rand hat, mit fein ausgewalltem Butterteig, belegt den Boden desselben mit den Aepfeln so, daß immer ein Raum von Fingerbreite dazwischen bleibt und streicht in den leer gelassenen Raum einen kleinen Fingerdick eingemachte Johannisbeere. Alsdann rührt man 4 Loth fein gestoßene Mandeln mit eben so viel gesiebtem Zucker und dem Gelben von 4 Eyern leicht, schlägt das Weiße der Eyer zu Schnee, mischt diesen unter die Masse, gibt sie über das Compot und backt die Torte in einem guten Ofen.

### Nro. 712. Zitronen-Torte.

Auf ½ Pf. Zucker werden 3 Zitronen abgerieben, das Mark davon herausgenommen, dasselbe von der weißen Haut gereinigt und dann klein zerschnitten, alsdann zerstößt man ¼ Pf. Mandeln ganz fein, gibt den Zucker woran die Zitronen abgerieben worden sind, sammt dem Mark, 4 Loth fein gewiegten Zitronat und den Saft von 2 Zitronen dazu, macht dieses mit einem silbernen Löffel gut untereinander und läßt es 3 bis 4 Stunden stehen oder beizen. Hierauf belegt man ein mit geriebenem Brod bestreutes Blech, das einen schmalen Rand hat, mit feinem Butterteig, breitet die gebeizte Fülle darauf aus, wallt von dem nämlichen Teig einen Deckel, sticht ihn zierlich mit Figuren oder Laubwerk aus und legt diesen auf die Torte, bestreicht sie mit zerklopften Eyern und backt sie in einem frischen Ofen. Wenn sie fertig und abgekühlt ist, kann man sie mit einer weißen Glace überziehen oder sie blos mit Zucker bestreuen. Man kann auch statt diesem Deckel von 4 bis 6 Eyerklar einen steifen Schnee schlagen, solchen über die Torte ausbreiten, sie mit grob gestoßenem Candis bestreuen und so fertig machen.

### Nro. 713. Reis-Torte.

Ein halb Pfund schönen Reis verliest und wäscht man aus ein paar heißen Wassern rein, gießt kochendes Wasser daran und läßt ihn, ohne darin zu rühren, auf Kohlen aufquellen und weich werden und bringt ihn, wenn dies erfolgt ist, zum Ablaufen auf ein reines Sieb, gibt den Reis sodann wenn er trocken ist auf eine Platte, streut ¼ Pf. gestoßenen Zucker darauf und drückt auf diesen den Saft von 3 Zitronen. Hierauf belegt man eine Blechform, die man zuvor mit geriebenem Brod bestreut hat und der man den Rand abnehmen kann, mit feinem Butterteig, so daß dieser einen Fingerbreit an dem Rand herauf geht, breitet die Reismasse darauf aus, reibt 1 oder 2 Zitronen an einem Stück Zucker ab, stoßt diesen fein, bestreut damit die Torte und backt sie schnell damit sie nicht trocken wird in einem guten Ofen. Indessen kocht man von dem Saft von 2 Zitronen und einem Stück Zucker ein dickes Gelée, überzieht damit die Torte, wenn sie aus dem Ofen kommt und servirt sie dann nach Belieben warm oder kalt.

### Nro. 714. Mandel-Croquant.

Man schneidet ½ Pf. schön abgezogene Mandeln quer so fein wie möglich, reibt von 2 Orangen die Schale auf ½ Pf. Zucker ab, stoßt diesen fein, gibt ihn mit den Mandeln in eine meſſingne Pfanne, beſpritzt dieſes mit ein wenig Waſſer und läßt es unter ſtetem Umrühren gelb werden, zuvor aber beſtreicht man eine runde Form von innen mit ſüßem Mandelöl, gibt die gelb gewordene Maſſe darein, drückt ſolche ſo lange ſie noch warm iſt, nach der Form ſchön gleich aus und ſtürzt ſie wenn ſie abgekühlt und hart iſt, auf eine Platte.

### Nro. 715. Torte mit Caramehl.

Man nimmt auf ein Backbrett ½ Pf. geſtoßenen Zucker, eben ſo viel feines Mehl, ein Ey groß friſche Butter, die auf Zucker abgeriebene Schale einer Zitrone, eine Meſſerspitzevoll Zimmt, einen Löffelvoll Zitronenſaft und ſo viel Eyerklar, daß dieſes einen Teig gibt, den man gut arbeiten und dann ſchwachen Meſſerrückendick auswallen kann. So groß nun die Torte werden ſoll, ſchneidet man nach einer Schüſſel den Boden, legt ihn auf ein beſtrichen und mit Brod beſtreutes Blech, beſtreicht den Rand einen Fingerbreit mit einem zerklopften Ey, legt von dem Teig ein eben ſo breites Band herum, ſtupft den Boden ſtark damit er keine Blattern bekommt und backt ihn leer in einem gemäßigten Ofen. Alsdann erſt, wenn er fertig iſt, beſtreicht man ihn fingerdick mit eingeſottenem Obſt welcher Art es ſei; hierauf kocht man ½ Pf. Zucker zu Caramehl. Um gewiß zu ſein, ob er ſtark genug iſt, taucht man einen Kochlöffelſtiel in kaltes Waſſer, fährt damit in den Zucker und dann ſchnell wieder in das Waſſer, ſpringt der Caramehl, der ſich angehängt hat wenn man darauf drückt ſchnell ab, ſo iſt er fertig, läßt er ſich aber noch weich und zäh fühlen, ſo muß er noch ſo lange gekocht werden, bis er die angezeigte Beſchaffenheit hat. Nun beſtreicht man von einer Platte oder Caſſerolle, welche die Größe der Torte hat den Boden von Auſſen mit ſüßem Mandelöl, taucht eine 4zinkigte Gabel, oder was beſſer iſt, einen kleinen Schlagbeſen in den Caramehl und überſpinnt damit das Beſtrichene. Wenn der Caramehl auf iſt, hebt man den Boden mit Vorſicht ab und legt ihn ſtatt einem Deckel auf die Torte.

### Nro. 716. Gewürz-Torte.

Ein halb Pfund ſüße und 4 Loth bittere abgezogene Mandeln reibt oder ſtoßt man mit 4 Eyerklar ganz fein, vermiſcht dieſe mit ¾ Pfund geſiebtem Zucker, 1 Loth Zimmt, ½ Loth Nelken, ſo viel Cardemomen, einer geriebenen Muskatnuß, die auf Zucker abgeriebene Schale einer Zitrone, 1 Loth feingewiegten Zitronat und ſo viel Pomeranzenſchalen. Alsdann ſchlägt man das Weiße von 8 Eyer zu einem ſteifen Schnee, gibt dieſen an das Gemeldete und rührt es zuſammen ½ Stunde. Hierauf klebt man Backoblaten mit ein wenig Eyerklar zuſammen, ſchneidet davon ſo groß die Torte werden ſoll nach einer Platte einen Boden, legt dieſen mit einem Blatt weißen Papier auf ein Blech, ſtreicht die gerührte Maſſe 2 Fingerdick darauf und backt die Torte in einem gelinden Ofen ſchön. Wenn ſie fertig und kalt geworden iſt, kocht man ¼ Pf. Zucker mit ein wenig Orangenblüthewaſſer zu Caramehl und überzieht damit die Torte.

## Nro. 717. Linzer-Torten.

Man nimmt auf ein Backbrett ½ Pf. feinstes Mehl, eben so viel frische Butter, ¼ Pf. fein gestoßene Mandeln, so viel gesiebten Zucker und die auf einem Reibeisen abgeriebene Schale einer Zitrone, reibt dieses zusammen gut durcheinander und macht es mit einem Löffelvoll Zitronensaft und Eyergelb zu einem nicht zu festen Teig, arbeitet solchen leicht durch und wallt ihn Messerrückendick aus. So groß nun die Torte werden soll, schneidet man nach einer Platte den Boden, legt ihn auf ein bestrichenes Blech und bestreicht den Rand einen kleinen Fingerbreit mit einem zerklopften Ey, wargelt von dem nämlichen Teig eine kleine Fingerdicke Schnur und legt diese darauf herum, den noch übrigen Teig wargelt man ebenfalls so aus, legt davon ein Gitter darauf, bestreicht dieses mit ein wenig Wasser, bestreut es mit grob gestoßenem Zucker, macht um die Torte herum einen Ring von steifem Papier, befestigt diesen damit sie nicht auseinander laufen und aus der Form kommen kann mit einer Stecknadel und backt die Torte ohne was darein zu füllen, in einem gelinden Ofen. Wenn sie fertig ist, füllt man erst das Gitter mit eingekochten Him- oder Johannisbeeren aus und läßt dann die Torte erkalten.

## Nro. 718. Torte von harten Eyern.

Man nimmt auf ein Backbrett ¼ Butter, eben so viel gesiebten Zucker, ¼ Pf. Mehl, 4 Loth fein gestoßene Mandeln und das Gelbe von 6 hartgesottenen Eyern, reibt dieses zusammen gut ab, macht es mit Eyergelb zu einem Teig ohne denselben viel zu wirken. Hierauf bestreicht man ein Blech mit Butter, bestreut es mit Semmelmehl, wallt den Teig einen Messerrückendick aus und schneidet so groß die Torte werden soll, nach einer Platte den Boden heraus, bestreicht den Rand neben herum einen kleinen Fingerbreit mit einem zerklopften Ey, legt von dem Teig ein schmales Bändchen darauf herum und bestreicht auch dieses. Alsdann belegt man den Boden einen kleinen Fingerdick mit eingekochten Johannisbeeren, schneidet den übrigen Teig in schmale Streifen und legt davon über die Torte ein Gitter, befestigt um dieselbe einen Ring von steifem Papier, damit sie nicht auseinander laufen kann, und backt sie schnell in einem guten Ofen. Man kann sie, wenn sie fertig ist, mit Caramehl überziehen, oder sie blos mit Zucker bestreuen, auch eine Zitronen-Glace darauf geben.

## Nro. 719. Mark-Torte.

Von 3 Milchbroden reibt man die Rinde ab, schneidet das Innere zu dünnen Schnitten, gießt ein Quart kochenden Rahm darauf und deckt das Brod zu. Indessen rührt man 6 Loth Butter mit dem Gelben von 6 Eyern leicht, schneidet ¼ Pf. gut ausgewässertes Rindsmark ganz klein, rührt dieses mit einer Handvoll Zucker, 2 Messerspitzevoll Zimmt und dem erkalteten Brod an die Butter, schlägt das Weiße der Eyer zu Schnee und rührt diesen in die Masse. Nun belegt man ein mit weißem Brod bestreutes Blech, das einen schmalen Rand hat, mit gutem feist ausgewalltem Butterteig, füll die Masse darein, bestreut sie oben ein wenig mit geriebenem Milchbrod, welches man mit einem Löffelvoll Zucker vermischt hat und backt die Torte in einem guten Ofen.

### Nro. 720. Quitten-Torte.

Man belegt eine Blechform, von der man den Rand abnehmen kann, mit gutem fein ausgewalltem Butterteig und läßt diesen einen starken Fingerbreit am Rand herauf gehen, kocht 2 bis 3 geschälte und zu Schnitzen gemachte Quitten mit Wein und Zucker weich, läßt sie erkalten und belegt damit den Boden. Hierauf rührt man ¼ Pf. Quittenmark mit 4 Loth fein gestoßenen Mandeln, ¼ Pf. gestebten Zucker, der abgeriebenen Schale einer Zitrone sammt deren Saft und dem Gelben von 5 Eyern ganz leicht, schlägt das Weiße der Eyer zu Schnee, rührt ihn in die Masse und gibt diese über das Compot in die Torte, vermischt alsdann eine Handvoll geriebenes Milchbrod mit einem Löffelvoll gestoßenen Mandeln, Zucker und Zimmt, bestreut damit die Torte und backt sie in einem frischen Ofen.

### Nro. 721. Aepfel-Torte mit Zitronenguß.

Man sticht gute Borstorfer-Aepfel aus, schält und schneidet sie entzwei, und dämpft sie mit etwas Wein, Zucker, der Schale einer halben Zitrone und deren Saft kurz ein und legt sie dann zum Erkalten auf eine Platte. Alsdann belegt man eine Blechform, der man den Rand abnehmen kann, mit feinem Butterteig, läßt diesen einen starken Fingerbreit heraufgehen und belegt den Boden derselben mit den kalt gewordenen Aepfeln. Nun rührt man 4 Loth fein gestebten Zucker mit dem Gelben von 3 Eyern, reibt eine Zitrone auf Zucker ab und gibt diese darein, schlägt sodann das Weiße der Eyer zu Schnee, rührt ihn mit dem Saft einer Zitrone unter die Masse, gießt diese an die Torte und backt sie in einem frischen Ofen schön.

### Nro. 722. Sauerkraut-Torte.

Gutes Sauerkraut, das nicht zu alt sein darf wässert man 3 bis 4 Tage, gießt alle Tage ein paarmal das Wasser ab, frisches daran und drückt es nach dieser Zeit fest aus, setzt es in einer messingnen Pfanne mit Wasser auf das Feuer, gießt so oft es kochen will, das Wasser ab, wieder frisches daran und wiederholt dieses 5 bis 6mal, schüttet es dann auf ein Sieb und trocknet das Kraut wenn es abgelaufen ist zwischen reinen Tüchern. Hierauf läutert man ½ Pf. Zucker mit einem Glas Wein, gibt die Schalen von 3 Zitronen so fein wie möglich geschnitten, sammt dem Kraut darein. Das Mark von den 3 Zitronen schneidet man, nachdem man es von der weißen Haut gereinigt hat in kleine Würfel, gibt es ebenfalls dazu und kocht dieses zusammen so lange, bis nur noch wenig Saft daran zu sehen ist und stellt es dann zum Erkalten bei Seite. Indessen macht man folgenden Teig: Man nimmt 14 Loth feinstes Mehl, 8 Loth Butter, 6 Loth gestoßenen Zucker und so viel fein gestoßene Mandeln, ein paar Löffelvoll Zitronensaft, ein Ganzes, das Uebrige gelbe Eyer, reibt dieses zusammen ab und macht es zu einem Teig an, so groß nun die Torte werden soll wallt man den

Teig einen schwachen Messerrückendick aus, schneidet ihn nach einer Platte rund und legt ihn auf ein mit Papier belegtes Blech, bestreicht den Rand neben herum einen Fingerbreit mit einem zerklopften Ey, legt auf dieses ein eben so breites Band von dem Teig und bestreicht es ebenfalls. Nun breitet man die abgekühlte Fülle auf den innern Raum aus, wallt von dem übrigen Teig einen dünnen Deckel, sticht ihn mit Blumenwerk aus, legt ihn auf die Torte, schneidet den Rand aussen herum mit einem Messer damit er zackig wird ein, macht einen Ring von steifem Papier darum und backt die Torte in einem frischen Ofen. Man kann sie auch vor dem Backen ein wenig mit Wasser überfahren und mit gestoßenem Candis bestreuen, oder sie nach dem Backen mit einer Zitronen-Glace überziehen und wieder trocknen lassen.

## Nro. 723. Sand-Torte.

Man zerläßt ½ Pf. frische Butter und gießt solche damit sich das Saure darin setzt in eine Schüssel. Wenn die Butter gestanden ist, nimmt man sie in eine Schüssel ab, rührt sie mit dem Gelben von 10 Eyern und ½ Pf. auf einem Reibeisen geriebenen Zucker ganz leicht, das Weiße der Eyer schlägt man zu Schnee, rührt diesen mit der abgeriebenen Schale einer Zitrone, einen Kaffeelöffelvoll Zimmt und halb so viel Muskatblüthe darein, zieht ½ Pf. feines Mehl leicht darunter, gibt die Masse in eine mit Butter bestrichene und mit geriebenem Brod ausgestreute Form und backt die Torte in einem frischen Ofen.

## Nro. 724. Glas-Torte.

Man wallt feinen Butterteig schwachen Messerrückendick aus, schneidet nach einer Platte einen Boden, legt diesen auf ein bestreutes Blech, stupft ihn stark damit er keine Blattern bekommt, legt übers Kreuz ein aus dem nämlichen Teig geschnittenes Fingerbreites Band, unterlegt solches damit es in der Höhe bleibt mit ein wenig zusammengeballtem Papier, bestreicht den Teig mit einem zerklopften Ey und backt ihn ohne etwas darein zu füllen schnell in einem guten Ofen. Wenn er fertig und abgekühlt ist, gibt man in die 4 Ecken die durch das Kreuz hergestellt sind viererlei eingesottene Früchte, als z. B. Aprikosen, Johannisbeere, Hägenmark, Kirschen oder was man sonst für Abwechslungen hat. Dieses muß aber so hoch aufgetragen werden, daß es dem Band oder Kreuz gleich steht. In die Mitte der Torte legt man einen Stern von schönen abgezogenen in der Mitte gespalteten Mandeln. Hierauf kocht man ein Caramehl nach Vorschrift von Nro. 678., überzieht die Torte schön glatt damit, gibt einen zierlich geschnittenen Rand von Papier darum und servirt sie gleich zu Tische.

## Nro. 725. Torte mit Aprikosen.

Man läutert ¼ Pf. Zucker mit einem halben Glas Wein, kocht ihn ein wenig dick und gibt dann den Saft einer halben Zitrone darein, schneidet 12 bis 15 Aprikosen entzwei, begießt sie mit ein wenig heißem Wasser, zieht die Haut davon, kocht sie nachdem sie wieder abgelaufen sind mit dem Zucker kurz und stellt sie alsdann zum Erkalten bei Seite. Hierauf wallt man guten Butterteig ganz dünn aus, schneidet so groß die Torte werden soll nach einer Platte den Boden, bestreicht den Rand neben herum einen Fingerbreit mit zerklopften Eyern, legt ein eben so breites Band darauf herum und bestreicht dieses ebenfalls. Nun legt man den innern Raum mit den abgekühlten Aprikosen aus, schlägt die Steine davon auf, schält die Kerne und wiegt sie mit einigen abgezogenen Mandeln ganz fein, vermischt diese mit einer Handvoll gröblich zerstoßenem Candis, behält davon ein paar Löffelvoll zurück und streut das Uebrige über die Aprikosen. Von dem noch übrigen Teig schneidet man mit einem Messer schmale Bänder ab, legt damit ein Gitter auf die Torte, bestreicht solches mit Eyer, streut den übrigen Zucker und Mandeln darauf und backt die Torte in einem frischen Ofen schnell aus.

### Nro. 726. Krach-Torte.

Man läutert 1 Pf. feinen Zucker und kocht selben zu Caramehl, zuvor schneidet man ¾ Pf. abgezogene Mandeln quer so fein wie Papier, ferner 4 Loth Zitronat, 8 Loth Quitten-Confect und ein par eingemachte Nüsse. Letztere 3 Stücke schneidet man klein gewürfelt, mischt sie sammt den Mandeln in den Zucker und rührt dieses in einer Schüssel bis die Masse anfängt kühl zu werden. Zuvor schneidet man von zusammengeklebten Backoblaten, so groß die Torte werden soll nach einer Platte einen runden Boden aus, legt diesen auf ein mit Papier belegtes Blech, streicht die Masse ganz gleich darauf und läßt die Torte blos trocknen.

### Nro. 727. Torte von Pflaumen.

Ein Pfund Pflaumen kocht man mit einem Glas Wein und einem Stück Zucker weich und kurz ein und stellt sie alsdann zum Erkalten bei Seite. Hierauf belegt man eine Blechform, der man den Rand abnehmen kann, mit fein ausgewalltem Butterteig, so daß dieser 2 Fingerbreit am Rand herauf geht und bedeckt den Boden desselben mit den abgekühlten Pflaumen. Nun vermischt man eine Handvoll gestoßene Mandeln mit eben so viel gestoßenem Zucker, einer Handvoll geriebenem Milchbrod, einer Messerspitzevoll Zimmt und der abgeriebenen Schale einer Zitrone, rührt dieses mit einer Tasse guten Rahm ab, gibt es über die Pflaumen, so daß diese davon bedeckt sind, schneidet frische Butter in dünnen Schnittchen darauf und backt die Torte in einem frischen Ofen. Wenn sie fertig ist, wird der Blechrand davon gemacht und die Torte mit dem Blechboden auf eine Platte gegeben.

### Nro. 728. Weichsel- oder Kirschen-Torte.

Man steint 3 Pf. frische Kirschen oder Weichseln aus, legt sie auf ein Sieb und bestreut sie stark mit Zucker, gibt aber ein Gefäß unter das Sieb, das den herabträufelnden Saft aufnimmt, alsdann belegt man ein Blech mit feinem Butterteig, läßt diesen einen Fingerbreit am Rand herauf gehen und gibt die Kirschen darein, den abgeträuften Saft zerklopft man mit 3 Eyern und einigen Löffelvoll süßen Rahm, gibt eine Handvoll fein gestoßene Mandeln mit so viel gestoßenem Zucker und der abgeriebenen Schale einer

Zitrone darein, gießt dieses über die Kirschen, bestreut sie stark mit geriebenem Biscuit, und backt die Torte in einem frischen Ofen.

# Verschiedene Kuchen.

## Nro. 729. Wiener-Kuchen.

Man rührt ½ Pf. frische Butter mit 9 Eyern zu Schaum, gibt 2 starke Löffelvoll gute Hefe, eine Tasse lauwarme Milch, etwas Salz und 1 Pf. feinstes Mehl, welches man zuvor zur Wärme gestellt hat, darein, macht dieses zu einem Teig, und klopft ihn bis er glatt und fein ist, gibt ferner ½ Pf. große und kleine Rosinen, die man nach dem Waschen wohl abgetrocknet hat, mit 3 Loth fein geschnittenem Zitronat darein, klopft dieses leicht in den Teig, füllt ihn in eine mit Butter bestrichene Blechform, und läßt ihn zugedeckt bei der Wärme gehen oder reifen, bestreicht ihn alsdann mit einem zerklopften Ey, streut fein geschnittene Mandeln mit ein wenig Zucker darauf, und backt den Kuchen in einem frischen Ofen.

## Nro. 730. Zitronen-Kuchen.

Man nimmt auf ein Backbrett ¾ Pf. Mehl, schneidet 12 Loth frische Butter darein, gibt eben so viel gestoßenen Zucker, eine Messerspitzevoll Muskatenblüthe und die auf Zucker abgeriebene Schale von 2 Zitronen dazu, und macht dieß alles mit 3 bis 4 Eyergelb zu einem leichten Teig. Nun bestreicht man einen Bogen weißes Papier mit Butter, legt dieses auf ein Blech, gibt den Teig darauf und drückt ihn fingerdick zu einem runden Kuchen aus, bestreicht ihn alsdann mit Eyergelb, streut eine Handvoll fein gewiegte Mandeln worunter ein paar Löffelvoll gestoßener Candis gemischt wird, und backt ihn in einem frischen Ofen.

## Nro. 731. Gerührter Kirschen-Kuchen.

Ein Viertelpfund Zucker wird mit dem Gelben von 6 Eyern leicht gerührt, alsdann reibt man 2 altgebackene Milchbrode auf dem Reibeisen fein, und rührt dieses mit einem Kaffeelöffelvoll Zimmt in den Zucker, schlägt das Weiße der Eyer zu Schnee, mischt ihn mit 1 Pf. abgezopften Kirschen in die Masse, füllt sie in eine mit Butter bestrichene Form, und backt den Kuchen, ohne ihn stehen zu lassen, in einem guten Ofen.

## Nro. 732. Kuchen von Roggenbrod mit Kirschen.

Sechs Loth schwarze geriebene Brodrinde feuchtet man mit 3 Löffelvoll rothen Wein an und läßt dieses damit gut durchziehen. Indessen rührt man ½ Pf. gesiebten Zucker mit dem Gelben von 6 Eyern und 4 Loth fein gestoßenen Mandeln leicht, gibt einen Kaffeelöffelvoll Zimmt, die Schale von einer halben Zitrone klein geschnitten mit dem angefeuchteten Brod darein, und verrührt es gut damit, schlägt alsdann das Weiße der Eyer zu Schnee, gibt diesen mit 1 Pf. abgezopften Kirschen in die Masse, füllt sie in eine mit Butter bestrichene Form, und backt sie gleich ohne sie länger stehen zu lassen, in einem frischen Ofen.

### Nro. 733. Kirschen-Kuchen von mürbem Teig.

Man nimmt auf ein Backbrett ½ Pf. feines Mehl, 12 Loth Butter, das Gelbe von 2 Eyern, etwas Salz und 2 Löffelvoll Zucker, macht dieses mit saurem Rahm zu einem Teig, wirkt ihn nur ein wenig und wallt ihn zweimal wie einen Butterteig aus. So groß nun der Kuchen werden soll, wallt man von dem Teig ein Messerrückendickes Blatt, schneidet es nach einer Platte aus, bestreicht den Rand nebenherum einen Fingerbreit mit Eyer, legt darauf ein eben so breites Band um den Teig herum, und bestreicht dieses auch. Den innern Raum des Bodens belegt man mit abgezupften Kirschen oder Weichseln, vermischt eine Handvoll fein gewiegte Mandeln mit so viel gestoßenem Zucker, etwas Zimmt, ein paar Loth Pomeranzenschalen und Zitronat, beides fein gewiegt, bestreut damit die Kirschen dick, wallt dann den übrigen Teig zu einem Deckel aus, legt ihn auf den Kuchen, drückt die Ende gut an, legt auf den Rand noch ein Fingerbreites Band von Teig, schneidet den Rand rund herum mit einem heiß gemachten Messer damit solcher zackicht wird, bestreicht den Kuchen mit Eyer, und backt ihn in einem guten Ofen.

### Nro. 734. Gerührter Kirschen-Kuchen von eingeweichtem Brod.

Zwei abgeriebene Milchbrode schneidet man in feine Schnitten, gießt ein Quart Milch darüber, stellt solches auf heiße Asche bis das Brod weich und von der Milch nichts mehr zu sehen ist und setzt es sodann zum Erkalten bei Seite. Indessen rührt man ¼ Pf. Butter mit eben so viel fein gestoßenen Mandeln, 4 Loth gestoßenen Zucker und 7 Eyern leicht, gibt das erkaltete Brod, einen Kaffeelöffelvoll Zimmt, ein Stückchen fein geschnittene Zitronenschale, etwas Zitronat und Pomeranzenschale dazu. Wenn dieses zusammen gut verrührt ist, mischt man unter die Masse 1¼ Pf. abgezupfte Kirschen, gibt sie in eine bestrichene und mit Brod ausgestreute Form, und backt den Kuchen sogleich in einem guten Ofen.

### Nro. 725. Anis-Kuchen mit Hefe.

Man stellt 1 Pf. feines Mehl zur Wärme, zerläßt ¼ Pf. gute Butter, zerklopft damit das Gelbe von 8 Eyern, gibt 2 Löffelvoll gute Hefe mit ein wenig warmen Rahm daran, streut auf das Mehl ¼ Pf. gestoßenen Zucker, macht solches mit Gemeldetem zu einem leichten Teig an, klopft ihn bis er glatt ist, und gibt zuletzt einen Löffelvoll gewaschenen und wieder getrockneten Anis darein, und stellt den Teig zugedeckt, bis er reif oder gegangen ist, zur Wärme. Alsdann bestreicht man einen Bogen weißes Papier mit Butter, legt ihn auf ein Blech, gibt den Teig darauf, und drückt ihn mit der Hand zu einem Fingerdicken Kuchen aus. Nun zerklopft man ein Eyergelb mit einem Stückchen zerlassener Butter, bestreicht ihn damit, streut eine Handvoll zerstoßene Makaronen darüber, und backt ihn in einem guten Ofen.

### Nro. 736. Apfel-Kuchen mit Hefenteig.

Man dämpft 8 bis 10 gute geschälte und zu Schnitzen gemachte Aepfel mit einem Stück Butter weich, und stellt sie zum Erkalten bei Seite. Hierauf macht man 1 Pfund bei der Wärme gestandenes feines Mehl mit 4 Eyergelb, ¼ Pf. zerlassener Butter, 2 Löffelvoll gute Hefe, Salz und lauwarme Milch zu einem Teig an, klopft solchen bis er glatt und fein ist, bedeckt ihn mit einem Tuch, und läßt ihn bei der Wärme gehen oder reisen, wallt dann von etwas über die Hälfte ein dünnes Blatt aus, belegt damit ein mit Butter bestrichenes Kuchenblech, mischt unter die erkalteten Aepfel 12 Loth Weinbeer und Rosinen, die man zuvor mit ein wenig Wein auf Kohlen hat angehen lassen, ferner ein paar Loth klein zerschnittenen Zitronat und Pomeranzenschale, eine Handvoll fein gewiegte Mandeln, 3 bis 4 Löffelvoll Zucker und einen Kaffeelöffelvoll Zimmt, breitet dieses, wenn es gut untereinander gerührt ist, auf den Teig aus, wallt den übrigen Teig zu einem dünnen Blatt, schneidet solches mit dem Backrädlein in Fingerbreite Streifen, legt davon ein Gitter über den Kuchen, schlägt den Teig, der am Rand herauf geht, an der Seite herein, bestreicht ihn mit Eyer und backt ihn in einem guten Ofen.

Anmerk. Der Kuchen kann auch dadurch geringer gemacht werden, daß man nur ¼ Pf. Butter und 1 bis 2 Eyer an den Teig nimmt. Auch können die Aepfel ohne sie vorher zu kochen, nachdem sie fein geschnitten sind, auf den Teig gelegt, und dieselben mit etwas Zucker und Zimmt, auch wenn man will mit einer Handvoll Weinbeeren bestreut werden, im Uebrigen wird damit wie angezeigt ist, verfahren.

### Nro. 737. Apfel-Kuchen anderer Art.

Man schält Borstorfer-Aepfel, schneidet sie entzwei, sticht das Kernhaus heraus, und kerbt jeden Theil 3 bis 4mal der Länge nach ein, legt die Aepfel auf eine Platte, und bestreut sie stark mit Zucker und Zimmt. Hierauf schneidet man von gutem Butterteig, den man einen Messerrückendick ausgewallt hat, nach einer Platte den Boden, legt ihn auf ein bestreutes Blech, bestreicht den Rand nebenherum Fingerbreit mit einem Ey, legt von Teig, ein Band darauf herum und in den innern Raum die Aepfel so dicht wie möglich, vermischt eine Handvoll fein gewiegte Mandeln mit der abgeriebenen Schale einer Zitrone und ein paar Löffelvoll grob gestoßenen Candis, bestreut damit die Aepfel so wie auch den bestrichenen Rand des Kuchens, stellt ihn in einen frischen Ofen und backt ihn schön. Man kann statt des Butterteigs auch Hefenteig zu den Kuchen nehmen, im Uebrigen aber, wie angezeigt ist, verfahren.

### Nro. 738. Apfel-Kuchen mit Gelée.

Man schält und schneidet Borstorfer-Aepfel entzwei, sticht das Kernhaus heraus, kocht sie mit Wein und Zucker halb weich und legt sie zum Ablaufen auf ein Sieb. Von gutem Butterteig verfertigt man einen Kuchen, wie dies in vorhergehender Nummer angezeigt ist, vermischt eine Handvoll gewiegte Mandeln mit Zucker und einem Kaffeelöffelvoll Zimmt, bestreut damit den Boden des Kuchens, legt die Aepfel dicht aneinander darauf, und backt ihn in einem guten Ofen. Indessen gibt man in die Sauce worin die Aepfel gekocht worden sind noch ein Stück Zucker mit dem Saft einer Zitrone, legt ein Stückchen Zimmt und etwas Zitronenschale darein, und kocht dieses zu einer kurzen Gelée, überstreicht damit die Aepfel, wenn der Kuchen fertig ist und aus dem Ofen kommt, und gibt ihn gleich zu Tisch.

## Nro. 739. Doppen= oder Käse=Kuchen.

Man preßt 1½ Pf. zarten Doppen oder Käs, der nicht sauer sein muß, durch eine Serviette aus, daß er ganz trocken wird, gibt ihn mit ½ Pf. gestoßenem Zucker und 4 Loth zerlassener Butter in eine Schüssel, schlägt 8 Eyer dazu, und rührt dieses ganz leicht. Hierauf schneidet man 8 Loth abgezogene Mandeln ganz fein, eben so 2 Loth Zitronat und Pommeranzenschalen, rührt solches mit 8 Loth Mehl in die Masse, gibt ½ Pf. Weinbeeren und Rosinen darein, füllt sie in eine mit Butter bestrichene Form, und backt den Kuchen in einem guten Ofen.

## Nro. 740. Doppen oder Käse=Kuchen auf andere Art.

Ein Pfund zarter Käsedoppen wird durch eine Serviette ausgepreßt, derselbe mit einer Tasse sauren Rahm, eines Ey groß zerlassene Butter, eine Handvoll feine gewiegte Mandeln, 2 ganzen und 2 gelben Eyern abgerührt. Wenn die Masse leicht ist, gibt man eine Handvoll gestoßenen Zucker, einen Kaffeelöffelvoll Zimmt, ½ Pf. Weinbeeren und Rosinen, die man zuvor gut gereinigt und wieder abgetrocknet hat, und 2 Löffelvoll feines Mehl darein. Nun legt man ein bestreutes Kuchenblech mit ganz dünn ausgewalltem Butterteig aus, gibt die gerührte Masse darein, legt frische Schnittchen Butter darauf, und backt den Kuchen in frischer Hitze.

## Nro. 741. Gerührter Kuchen.

Man zerklopft das Gelbe von 10 Eyer in einer Schüssel, gießt ½ Pf. zerlassene Butter darauf, und rührt dieses zu Schaum, gibt alsdann 2 Löffelvoll Hefe, 2 Löffelvoll Zucker, 3 Loth süße und 1 Loth bittere fein gewiegte Mandeln, 2 Loth fein gewiegten Zitronat, etwas Muskatenblüthe, eine Tasse lauwarmen Rahm und 1 Pf. feinstes Mehl, welches man vorher zur Wärme gestellt hat, darein, macht damit einen leichten Teig und schlägt ihn glatt und fein ab, mischt das Weiße von 5 Eyern zu Schnee geschlagen ebenfalls gut darein, läßt ihn zugedeckt bei der Wärme gehen oder reisen, gibt dann den Teig in ein bestrichenes Kuchenblech, und backt ihn in einem guten Ofen.

## Nro. 742. Zwiebel=Kuchen.

Von 1 Pf. Mehl, 2 Eyern, ¼ Pf. zerlassener Butter, 2 Löffelvoll Hefe, Salz und lauwarmer Milch macht man einen starken Teig, klopft ihn tüchtig ab, und läßt ihn zugedeckt bei der Wärme gehen. Indessen schneidet man einen Tellervoll Zwiebel in feine Scheiben, dämpft sie mit ¼ Pf. Butter weich, und erhält sie warm. Den reifen Teig breitet man auf einem bestrichenen Blech zu einem dünnen Kuchen aus, rührt an die Zwiebel eine starke Tassevoll sauren Rahm, 4 Eyer, Salz und einen Löffelvoll fein geschnittene grüne Zwiebeln, breitet dieses über den ganzen Kuchen aus,

starke
geschnitten

stupft ihn, daß er keine Blattern bekommt, und backt ihn schnell in einem heißen Ofen.

## Nro. 743. Zwiebel-Kuchen auf andere Art.

Man schneidet 4 Loth frischen Speck in feine Würfel, läßt diese mit ¼ Pf. Butter auf Kohlen dämpfen, bis sie hellgelb sind, und nimmt sie dann mit einem Schaumlöffel heraus, gibt alsdann in die Butter einen Tellervoll zu feinen Scheiben geschnittenen Zwiebeln, und läßt dieselbe gleichfalls weich dämpfen, doch dürfen die Zwiebeln nicht gelb werden. Hierauf belegt man ein Kuchenblech mit gutem, Messerrückendick ausgewällten Butterteig, so daß dieser 2 Fingerhoch an den Rand herauf geht. Hierauf zerklopft man 1 Quart dicken sauren Rahm mit 6 Eyern, gibt den gedämpften Speck sammt den Zwiebeln und Butter hinzu, gibt das nöthige Salz daran, breitet die Masse auf den Teig aus, legt kleine Schnittchen Butter darauf, und backt den Kuchen in gutem frischen Ofen. Er wird warm servirt.

## Nro. 744. Speck-Kuchen.

Hiezu macht man den letztgemeldeten Teig, und läßt ihn bei der Wärme reifen, breitet ihn nach diesem auf einem bestrichenen Blech zu einem dünnen Kuchen aus. Indessen wiegt man ¼ Pf. frischen Speck fein, zerklopft ein Ey mit ein wenig zerlassener Butter und 2 Löffelvoll saurem Rahm, bestreicht damit den Kuchen, streut den Speck mit etwas Kimmel und Salz vermischt darauf, und backt ihn in einem guten Ofen.

## Nro. 745. Süßer Speck-Kuchen.

Man rührt ¼ Pf. gestoßene Mandeln mit eben so viel gesiebtem Zucker 4 Loth gewiegten Zitronat, 2 Loth Pommeranzenschalen, die Schale von einer halben Zitrone, deren Saft und 3 Eyer, bis die Masse dick ist. Von feinem Butterteig wallt man alsdann ein dünnes Blatt, schneidet nach einer Platte 2 gleiche Böden heraus, bestreicht den einen am Rand herum einen Fingerbreit mit einem Ey, und legt ihn auf ein bestreutes Blech, gibt auf den Rand ein Fingerbreites Band, und bestreicht dieses ebenfalls, gibt in den innern Raum des Bodens die gerührte Fülle, streicht sie mit einem Löffel gleich auseinander, legt den Deckel darauf, schneidet den Rand mit einem heißen Messer ein, bestreicht den Kuchen mit Eyer, streut grob gestoßenen weißen Candis darauf und backt ihn in einem guten Ofen.

## Nro. 746. Oesterreicher Speck-Kuchen.

Man rührt 12 Loth Butter mit 2 ganzen und 4 gelben Eyern ganz leicht, gibt 4 Loth gestoßenen Zucker, 2 Löffelvoll Hefe und 1 Pf. feines Mehl, das man zuvor zur Wärme gestellt hat, darein, und macht es mit lauwarmer Milch zu einem leichten Teig, klopft ihn glatt und fein, füllt ihn in eine mit Butter bestrichene Form, und läßt ihn zugedeckt reifen. Alsdann zerklopft man ein Eyergelb mit etwas zerlassener Butter, bestreicht damit den Kuchen, bestreut ihn dick mit gewiegten Mandeln und grob gestoßenem Candis und backt ihn in einem frischen Ofen.

### Nro. 747. Mandel-Kuchen.

Man wallt feinen Butterteig zu einem dünnen Blatt aus, schneidet nach einer Platte den Boden, legt ihn auf ein mit Brod bestreutes Blech, bestreicht den Rand mit einem Ey und legt ein Fingerbreites Band darauf herum. Hierauf stößt man ½ Pf. Mandeln mit dem Saft einer halben Zitrone ganz fein, vermischt diese mit eben so viel gestoßenem Zucker, ein paar Loth gewiegten Pomeranzenschalen, Zitronat und die auf Zucker abgeriebene Schale einer Zitrone, rührt dieses mit 3 ganzen und 3 gelben Eyern zu einer dicken Masse, breitet sie auf den innern Raum des Bodens aus, schneidet den übrigen Teig mit einem heißen Messer in schmale Bänder, legt davon über den Kuchen ein Gitter, bestreicht dieses mit Eyer, legt auf den Rand wieder ein Fingerbreites Band, bestreicht auch dieses, schneidet mit einem heißen Messer in den Rand, damit er zackig wird, bestreut den Kuchen oben mit ein wenig gewiegten Mandeln und Zucker, und backt ihn in einem frischen Ofen.

### Nro. 748. Hefen-Kranz.

Man nimmt 2 Pf. feines Mehl in eine Schüssel, schneidet, nachdem man in die Mitte desselben eine Grube gemacht hat, neben herum ¼ Pf. gute Butter, das Innere macht man mit 2 Löffelvoll guter Hefe und lauwarmer Milch zu einem Vorteig, nachdem dieser sich gehoben hat, wird das Ganze mit 2 Eyern, das nöthige Salz und lauwarmer Milch zu einem etwas starken Teig gemacht, tüchtig abgeklopft, alsdann mit einem Tuch bedeckt und zur Wärme gestellt, nachdem er die gehörige Reife hat, wird der Teig auf einem Backbrett in 3 gleiche Theile gemacht, diese werden in lange Wargeln gedreht, und wie ein Zopf geflochten, in ein mit Butter bestrichenes Kuchenblech gelegt und nachdem der Kranz noch einmal etwas aufgegangen ist mit Eyergelb bestrichen, mit geschnittenen oder gewiegten Mandeln bestreut und in einem guten Ofen gebacken. Man kann den Kranz auch dadurch besser machen, daß man ¼ Pf. Butter, 4 Loth Zucker, etwas gut gereinigten Anis oder Weinbeeren in den Teig nimmt. Uebrigens wird damit wie angezeigt ist, verfahren.

### Nro. 749. Trauben-Kuchen.

Ein Blech, dem man den Rand abnehmen kann, legt man mit gutem Butterteig aus, so daß derselbe 2 Fingerbreit an dem Rand herauf geht, belegt den Boden dicht mit abgezupften Trauben, zerklopft alsdann 5 Eyer mit einer Tasse dicken Rahm, gibt 4 Loth gestoßenen Zucker, so viel fein gewiegte Mandeln und ein wenig Zimmt darein, gießt dieses auf den Kuchen herum, vermischt eine Handvoll Milchbrod mit ein paar Löffelvoll Zucker, bestreut ihn dicht damit, legt feine Schnittchen Butter darauf, und backt ihn in einem guten Ofen.

### Nro. 750. Quitten-Kuchen.

Man siedet 4 bis 5 große Quitten mit Wasser halb weich, schält sie alsdann erst, macht das Steinige davon, und schneidet sie in feine Schnitten, kocht sie mit Wein und einem Stück Zucker weich und kurz ein, und läßt sie erkalten. Hierauf belegt man ein mit geriebenem Brod bestreutes Kuchenblech mit gutem Butterteig, mischt unter die erkaltete Quitten ¼ Pf. gut gereinigte Weinbeere und Rosinen, eine Handvoll gestoßene Mandeln und die klein gewiegte Schale einer halben Zitrone, breitet dieses auf den Kuchen aus, schneidet den übrigen Teig mit einem heißen Messer zu schmalen Bändern, legt davon ein Gitter auf den Kuchen, schlägt den Rand an der Seite ringsherum ein, bestreicht ihn mit Eyer, und backt ihn in einem guten Ofen.

### Nro. 751. Zwetschgen-Kuchen.

Man macht hiezu den Nro. 708. beschriebenen Hefenteig, und läßt ihn bei der Wärme gehen oder reifen. Indessen schneidet man die Zwetschgen auf einer Seite der Länge nach auf, und nimmt die Steine heraus, den reifen Teig wallt man einen schwachen Messerrückendick aus, legt ihn in ein mit Butter bestrichenes Kuchenblech, reiht die Zwetschgen eine an die andere halb stehend darauf, vermischt eine Handvoll Zucker mit ein wenig gewiegten Mandeln, bestreut damit den Kuchen, schneidet ein wenig frische Butter darauf, und backt ihn in einem guten Ofen.

### Nro. 752. Zwetschgen-Kuchen von Butterteig.

Man übergießt die Zwetschgen, damit sie sich gern schälen lassen, mit heißem Wasser, gießt sie alsdann ab, zieht die Haut davon, drückt die Steine heraus, und steckt statt diesen eine abgezogene Mandel in die Oeffnung. Alsdann belegt man ein mit Semmelmehl bestreutes Kuchenblech mit dünn ausgewalltem Butterteig, setzt die Zwetschgen dicht halb stehend darauf herum, bestreut den Kuchen stark mit Zucker und Zimmt, und backt ihn in einem frischen Ofen.

### Nro. 753. Schwarzbrod-Kuchen.

Man feuchtet einen Tellervoll geriebenes Roggenbrod mit gutem Wein an, deckt solches zu, und läßt es gut durchziehen. Indessen belegt man ein bestreutes Kuchenblech mit ganz dünnem Butterteig, gibt das Brod mit 6 Loth gestoßenen Mandeln, eben so viel gesiebtem Zucker, ein Kaffeelöffelvoll Zimmt, halb so viel Nelken und die auf Zucker abgeriebene Schale einer Zitrone in eine Schüssel, rührt dieses mit dem Gelben von 6 Eyern zu einer leichten Masse, schlägt das Weiße der Eyer zu Schnee, mischt diesen mit einer Handvoll kleinen Weinbeeren darein, füllt damit den Kuchen aus, und backt ihn in einem frischen Ofen.

### Nro. 754. Kuchen von Johannisbeeren.

Man zupft 2 Pf. Johannisbeeren ab, bestreut sie dick mit Zucker und läßt sie ein paar Stunden stehen. Hierauf belegt man ein bestreutes Kuchenblech mit gutem Butterteig, gibt die Beeren darein, läßt aber den Saft davon zurück, rührt alsdann ¼ Pf. gestoßenen Zucker, eben so viel fein gestoßene Mandeln und der abgeriebenen Schale einer halben Zitrone mit 3 gelben und 2 ganzen Eyern und den Saft der Beeren zu einer dicken

14

Waffen gibt dieß über den Kuchen, und backt ihn bei einem guten Ofen. Man kann auch statt dem Guß einen Deckel oder Gitter von Teig darüber machen, den Saft aber sammt den Beeren in den Kuchen geben.

# Schmalz-, Hefen= und andere kleine Backereien.

## Nro. 755. Anis-Küchlein.

Man macht 1 Pf. feines Mehl, welches man vorher zur Wärme gestellt hat mit 12 Loth zerlassener Butter, 4 Loth Zucker, 2 Löffelvoll guter Hefe, dem Gelben von 6 Eyern und ein wenig lauwarmer Milch zu einem leichten Teig, klopft ihn bis er fein ist, gibt dann für 2 kr. rein gewaschenen Anis darein, und läßt ihn zugedeckt bei der Wärme gehen oder reifen. Hierauf bestreut man ein Backbrett mit Zucker, wallt den reifen Teig einen starken Fingerdick aus, sticht mit einem Weinglas Küchlein aus, bedeckt sie mit einem Tuch, und läßt sie wieder ein wenig gehen. Indessen belegt man ein gewärmtes Blech mit weißem Papier, bestreicht dieses mit Butter, setzt die Küchlein darauf, zerklopft ein paar Eyergelb mit ein wenig zerlassener Butter, und bestreicht sie damit, vermischt dann Zucker mit Anis, streut diesen darauf, und backt die Küchlein in einem frischen Ofen.

## Nro. 756. Kaffee-Küchlein.

Man kocht ein Quart Wasser mit 8 Loth frischer Butter und 2 Loth Zucker. Wenn der Zucker sich aufgelöst hat, rührt man 10 Loth feinstes Mehl darein, klopft den Teig auf dem Feuer glatt und gibt ihn nach diesem in eine Schüssel, rührt, wenn er so viel abgekühlt ist, daß die Eyer nicht mehr verbrennen, 5 ganze und 3 bis 4 gelbe Eyer darein; alsdann bestreut man ein Blech ganz leicht mit Mehl, setzt mit einem Löffel kleine Küchlein darauf, bestreicht sie mit einem Ey, bestreut sie mit zerstoßenem Zucker, und backt sie in einem gelinden Ofen.

## Nro. 757. Butter-Küchlein.

Man rührt ½ Pf. Butter mit 5 ganzen und eben so viel gelben Eyern zu Schaum, gibt ¾ Pf. feinstes Mehl, etwas Salz und eine Tasse süßen Rahm darein, rührt den Teig bis er ganz leicht ist, und läßt ihn dann ein wenig stehen. Indessen belegt man ein Blech mit weißem Papier, bestreicht solches mit Butter, setzt mit einem Löffel kleine Küchlein darauf, zerklopft ein paar Eyergelb mit ein wenig zerlassener Butter, und bestreicht sie damit, streut gestoßenen Zucker und Zimmt darauf und backt sie in einem guten Ofen.

## Nro. 758. Spanische Kolatschen.

Man rühret ¼ Butter mit 3 ganzen und 6 gelben Eyern zu Schaum, gibt eine Tasse lauwarmer Rahm, 2 Löffelvoll gute Hefe, Salz und so viel feines Mehl darein, daß es einen leichten Teig gibt, den man rühren kann, klopft ihn fein ab, bedeckt ihn und läßt ihn bei der Wärme reifen, alsdann bestreut man ein Backbrett mit ein wenig Mehl, wallt den Teig einen Messerrückendick aus, sticht davon Küchlein in der Größe eines Kronenthalers aus, und backt sie aus heißem Schmalz, wenn sie alle gebacken und fertig sind, bestreicht man sie ein wenig mit Pomeranzenblüthewasser, streut Zucker und fein gewiegte Mandeln darauf, setzt die Kolatschen auf ein Blech, und trocknet sie in einem ausgekühlten Ofen.

### Nro. 759. Zitronen-Küchlein.

Man reibt 2 Zitronen an ½ Pf. Zucker ab, stößt diesen fein, vermischt ihn mit ½ Pf. feinem Mehl, schneidet 8 Loth frische Butter darein, und macht dieses mit 2 ganzen und 2 gelben Eyern zu einem leichten Teig, wallt ihn alsdann Messerrückendick aus, sticht mit einem kleinen Trinkglas Küchlein davon aus, belegt ein Blech mit weißem Papier, bestreicht solches mit Butter und legt die Küchlein darauf, zerklopft ein paar Eyergelb mit dem Saft einer halben Zitrone, bestreicht sie damit, streut grobgestoßenen Candis darauf, und backt sie in einem guten Ofen.

### Nro. 760. Windbeutel.

Man macht ein Quart Milch mit 8 Loth Butter und einem Stückchen Zucker siedend, rührt so viel feines Mehl darein, daß es einen steifen Teig gibt, klopft ihn auf dem Feuer glatt, und läßt ihn nach diesem in einer Schüssel ein wenig auskühlen, rührt ihn dann mit 5 ganzen und 4 gelben Eyern leicht ab, und gibt eine Handvoll gut gereinigte Weinbeere darein. Nun betäubt man ein Blech mit Mehl, setzt von dem Teig kleine Häufchen darauf, bestreicht sie mit Eyer, überstreut sie mit grob zerstoßenen Zucker, und backt sie in einem gelinden Ofen.

### Nro. 761. Speck-Küchlein.

Ein Pfund feines Mehl, das man zur Wärme gestellt hat, macht man mit 12 Loth zerlassener Butter, einem ganzen und 3 gelben Eyern, 2 Löffelvoll Hefe, etwas Salz und lauwarmen Rahm oder Milch zu einem leichten Teig, klopft ihn fein ab, und läßt ihn zugedeckt bei der Wärme reifen. Wenn dieß erfolgt ist bestreut man ein Backbrett mit Mehl, wallt den Teig Fingerdick aus, sticht mit einem Trinkglas kleine Küchlein aus, legt sie auf ein mit Butter bestrichenes Blech, und läßt sie noch ein wenig bei der Wärme stehen. Indessen zerklopft man ein paar Eyergelb mit etwas zerlassener Butter, bestreicht damit die Küchlein, gibt fein gewiegten Speck, Salz und Kümmel darauf, und backt sie in einem frischen Ofen.

### Nro. 762. Hefen-Schnitten.

Von 2 Pf. feinem Mehl, ¼ Pf. Butter, eben so viel gesiebtem Zucker, 4 Löffelvoll guter Hefe, der abgeriebenen Schale einer Zitrone, einen Löffelvoll rein gewaschenen Anis und lauwarmer Milch macht man einen starken Teig, klopft ihn ganz fein, bedeckt ihn mit einem Tuch und läßt ihn bei der Wärme reifen. Hierauf bestreicht man ein Blech mit Mehl, macht von dem Teig 2 lange Wecken, legt sie auf das Blech, macht in die Mitte der Länge nach einen Schnitt, und backt sie in einem gelinden Ofen.

Wenn sie fertig und geknetet sind schneidet man sie zu dünnen Schnitten, läßt diese auf einem Rost oder im Ofen auf einem Blech gelb, und hebt sie an einem trockenen Ort zum Gebrauch auf.

## Nro. 763. Wiener-Schnitten.

Man macht von 1 Pf. feinstem Mehl, ⅛ Pf. fein gestoßene Mandeln, eben so viel zerlassener Butter, ⅛ Pf. gesiebten Zucker, 3 Löffelvoll Hefe, das Gelbe von 4 Eyern und lauwarmer Milch, einen starken Teig, klopft ihn wohl ab, und läßt ihn zugedeckt bei der Wärme gehen. Alsdann bestreut man ein Blech mit Mehl, setzt davon 2 lange schmale Wecken darauf, läßt sie noch ein wenig stehen, macht der Länge nach in die Mitte einen Schnitt, und backt sie in einem guten Ofen. Wenn sie fertig und erkaltet sind, schneidet man sie zu dünnen Schnitten, bäht diese auf dem Rost gelb, und bestreut sie warm mit Zucker und Zimmt.

## Nro. 764. Fastnachtsküchlein.

Von 1 Pf. Mehl, ⅛ Pf. zerlassener Butter, 2 ganze und einem gelben Ey, 2 Löffelvoll Hefe, Salz und lauer Milch macht man einen trockenen Teig, klopft ihn ganz glatt, und gibt nach diesem ⅛ Pf. gut gereinigte Weinbeeren darein, deckt den Teig zu, und läßt ihn bei der Wärme reifen. Hierauf bestreut man ein Backbrett mit Mehl, setzt von dem Teig kleine Küchlein darauf, läßt diese noch ein wenig in der Wärme stehen, und macht indessen in einer eisernen Pfanne Schmalz heiß, taucht alsdann die Finger in ein wenig zerlassenes Schmalz, oder auch in Mehl, zieht die Küchlein in die Runde aus, so daß sie in der Mitte ganz dünn werden, legt sie in das heiße Schmalz ein, und backt sie, indem man sie fleißig rüttelt, schnell und schön gelb heraus. Sie werden, wenn sie fertig sind, warm mit Zucker und Zimmt bestreut.

## Nro. 765. Fastnachtküchlein auf andere Art.

Man nimmt ⅜ Pf. feines Mehl auf ein Backbrett, zupft ⅛ Pf. Butter darein, zerklopft 2 Eyer mit einer Tasse dicken sauren Rahm und etwas Salz, und macht damit einen Teig, wirkt ihn nur ein wenig, wallt ihn wie einen Butterteig aus, wiederholt dieses ein paarmal, und läßt ihn eine Weile stehen. Hierauf wallt man den Teig Messerrückendick aus, schneidet mit den Backrädlein kleine viereckigte Stückchen ab, backt diese aus heißem Schmalz, und bestreut sie warm mit Zucker und Zimmt. Man kann die Stückchen auch mit Eyergelb nebenherum bestreichen, in die Mitte etwas eingesottenes Obst geben, solches mit Teig bedecken, den Rand gut zusammen drücken, sie auch aus heißem Schmalz backen und alsdann mit Zucker und Zimmt bestreuen.

## Nro. 766. Wein-Küchlein.

Man macht ein Quart Wein mit einem Stückchen Butter, und ein wenig Zucker siedend, rührt so viel Mehl darein, daß es einen steifen Teig gibt, klopft ihn auf dem Feuer glatt, und gibt ihn zum Auskühlen in eine

Schüssel, rührt alsdann 4 ganze und so viel gelbe Eyer darein, so daß der
Teig noch etwas steif bleibt und vom Löffel nicht abläuft, macht Schmalz
in eine eiserne Pfanne heiß, legt von dem Teig eine welsche Nuß groß
Küchlein darein, rüttelt sie ein Weile ohne sie auf das Feuer zu bringen
bis sie ein wenig aufgelaufen sind, und backt sie dann erst langsam auf dem
Feuer aus, bestreut sie, wenn sie fertig und abgelaufen sind, mit Zucker
und Zimmt, und gibt sie warm zu Tisch. Man kann die Küchlein auch
etwas größer machen, in die Mitte ein wenig eingesottene Johannisbeere
streichen, und sie auf beschriebene Art ausbacken.

### Nro. 767. Gebrühte Küchlein mit Milch.

Man verfertigt einen Teig, wie solches in vorhergehender Nummer angezeigt ist, läßt aber den Zucker weg, und nimmt statt Wein, Milch, rührt
ihn nachdem er in einer Schüssel ausgekühlt hat, mit ein wenig Salz und
Eyer zu der Dicke eines starken Spatzenteigs ab, legt davon Nußgroße
Küchlein in nicht ganz heißes Schmalz, und backt sie langsam unter stet-
tigem Rütteln gelb, bestreut sie, wenn sie fertig sind mit Zucker und Zimmt,
und gibt sie warm zu Tisch.

### Nro. 768. Küchlein von Hägenmark.

Man legt 2 Tafeln Backoblatten aufeinander, und schneidet davon gleiche
viereckigte Stückchen ab, streicht in die Mitte des einen einen kleinen Löffelvoll eingesottenes Hägenmark, legt das andere Stückchen darauf, taucht den
Rand ringsherum in dünnen gebrühten Teig, backt die Küchlein aus heißem Schmalz, und bestreut sie warm mit Zucker und Zimmt.

### Nro. 769. Löffel-Küchlein.

Man rührt 4 Eßlöffelvoll feines Mehl mit 2 Löffelvoll Zucker und 5
Eyern glatt, verdünnt dieses mit Wein, daß es einen Teig etwas stärker
als zu Fädlein gibt, macht alsdann Schmalz in einer Pfanne heiß, taucht
einen kleinen runden eisernen Löffel mit der äußern Seite in das Schmalz,
alsdann in den Teig, und hält dieses, was daran hängen geblieben ist, in
das heiße Schmalz bis es gelb gebacken ist, klopft es dann von dem Löffel
ab, läßt die Küchlein gar ausbacken, setzt sie, wenn sie alle fertig sind, auf
eine Platte, und bestreut sie mit Zucker und Zimmt. Man kann auch,
wenn man will, in jedes ein wenig Schnee von geschlagenem Rahm geben.

### Nro. 770. Schneeballen.

Von 3 Eyern, ½ Tasse süßen Rahm, 4 Loth Butter, Salz und feinem
Mehl, macht man einen festen Teig, wirkt ihn fein und wallt davon Plätze
in der Größe eines kleinen Dessertellers aus, schneidet diese in feine Streifen bis halbe Fingerbreite an den Rand, faßt mit dem Kochlöffel den Teig
so, daß immer ein Streifen zwischen den Aufgefaßten liegen bleibt, legt
den Teig in heißes Schmalz ein, wendet ihn, wenn er auf einer Seite gelb
gebacken ist um, backt ihn vollends aus, und bestreut die Schneeballen,
wenn sie fertig sind dick mit Zucker und Zimmt.

### Nro. 771. Gebackene Zwetschgen.

Man begießt frische Zwetschgen mit heißem Wasser, zieht die Haut
von, drückt die Steine heraus, und legt sie zum Ablaufen auf ein Sieb.
Hierauf macht man ein wenig Wein warm, rührt damit 4 bis 5 Löffelvoll
feines Mehl glatt, gießt in den Teig eine Nuß groß heißes Schmalz und
verdünnt ihn mit den Weißen von 3 bis 4 Eyern. In die abgetrocknete
Zwetschgen steckt man statt dem Stein eine abgezogene Mandel, wendet sie
in dem Teig um, backt sie in heißem Schmalz gelb, und gibt sie warm mit
Zucker und Zimmt bestreut zu Tisch.

### Nro. 772. Hirschhörnchen.

Von 2 ganzen und 2 gelben Eyern, einem Löffelvoll Kirschenwasser,
einem Löffelvoll fein gewiegtem Zitronat, einem Kaffeelöffelvoll Zimmt, der
abgeriebenen Schale von einer halben Zitrone, ¼ Pf. gesiebten Zucker und
feinem Mehl macht man einen festen Teig, bricht davon kleine Stückchen
ab, wargelt sie zu einer Fingerdicken, Viertelelle langen Schnur, faßt diese
in der Mitte, drückt sie ein wenig zusammen, und legt sie so, daß beide
Enden auswärts stehen, zwickt hie und da mit einer Scheer dazein, backt
dann die Hörnchen aus heißem Schmalz gelb, und bestreut sie nach diesem
mit Zucker und Zimmt.

### Nro. 773. Tannenzapfen.

Von ½ Pf. feinem Mehl, ¼ Pf. Butter, ein paar Löffelvoll Zucker, eben
so viel fein gestoßenen Mandeln, ein wenig Zimmt, 1 ganzes und 3 gelben Eyern und etwas saurem Rahm macht man einen Teig, der die Stärke
wie Butterteig hat an, wallt ihn ein paarmal aus, läßt ihn ein wenig ruhen, und wallt ihn dann zum drittenmal Messerrückendick aus, schneidet
Stückchen nach Länge und Breite der Tannenzapfenhölzer ab, umwickelt
jedes Holz mit einem Stück Teig, so daß beide Enden über einander gehen,
umwickelt sie mit einem Faden damit der Teig sich nicht abrollen kann,
zwickt mit einer Scheer Schuppen in den Teig, legt ihn sammt dem Holz
in heißes Schmalz, und backt die Tannenzapfen schön gelb, wenn sie fertig
sind, werden die Hölzer behutsam herausgezogen, die Oeffnung mit eingesottenen Früchten ausgestrichen, alsdann Zucker und Zimmt darauf gestreut.

### Nro. 774. Tabakrollen.

So groß die Hölzer sind, über die sie gemacht werden sollen, so lang
und breit schneidet man von gutem Messerrückendick ausgewallten Butterteig Stücke ab, bindet diese, so daß beide Enden übereinander gehen mit
einem Faden über das Holz, und backt sie damit in heißem Schmalz gelb,
wenn sie fertig sind, zieht man die Hölzer behutsam heraus, und streicht
die Oeffnung mit eingemachten Johannisbeeren aus. Man kann den Teig
statt diesem auch vor dem Aufwickeln und Ausbacken mit folgender Fülle
bestreichen: Man wiegt ¼ Pf. gereinigte Weinbeeren und Rosinen, die man
zuvor ein wenig mit Wein hat angehen lassen gröblich, vermischt diese mit
einer Handvoll fein gestoßenen Mandeln und einem Stückchen fein gewieg-

ten Zitronat und Pomeranzenschalen, reibt eine Zitrone an Zucker ab, gibt diese mit dem Saft einer halben Zitrone und ein paar Löffelvoll gestoßenen Zucker darein, rührt es mit 2 Eyern gut ab, bestreicht den Teig einen schwachen Messerrückendick damit, wickelt ihn so, daß die Fülle nach Innen sieht auf die Hölzer und bindet sie mit einem Faden, backt die Tabakrollen in heißem Schmalz, zieht wenn sie fertig sind, die Hölzer heraus und bestreut sie mit Zucker und Zimmt.

### Nro. 775. Zimmtröllchen.

Man macht hiezu den Teig Nro. 743., wallt ihn aber dünner aus, als dort angezeigt ist und bestreut ihn dick mit gestoßenem Zimmt, schneidet den Teig in kleine Stückchen und wickelt diese auch nur einfach auf Fingerlange und eben so dicke Hölzchen, umwickelt sie mit einem Faden und backt sie in heißem Schmalz gelb, zieht wenn die Röllchen fertig sind, die Hölzchen heraus und bestreut sie mit Zucker.

### Nro. 776. Apfel-Küchlein.

Man sticht gute Aepfel mit einem Hohleisen aus, schält sie alsdann erst, und schneidet sie in runde Scheiben, verfertigt alsdann den Teig Nro. 741. wie solcher beschrieben ist, zieht die Aepfel durch und backt sie in heißem Schmalz gelb, legt sie wenn sie fertig sind zum Ablaufen auf einen heißen Rost und gibt sie warm mit Zucker und Zimmt bestreut zu Tisch.

### Nro. 777. Hefen-Ringeln.

Ein Pfund zur Wärme gestelltes feinstes Mehl macht man mit ½ Pf. abgerührter Butter, ¼ Pf. gestebten Zucker, 2 Löffelvoll guter Hefe, 2 ganzen und 2 gelben Eyern, für 2 kr. gewaschenen und getrockneten Anis und ein wenig lauwarmem Rahm zu einem leichten Teig, klopft ihn, bis er ganz glatt und fein ist und stellt ihn zugedeckt zur Wärme. Hierauf bestreut man ein Backbrett mit Zucker und Zimmt, nimmt den reifen Teig darauf, bricht davon kleine Stückchen ab, wargelt sie rund und macht davon Ringeln, bestreicht alsdann weißes Papier mit Butter, legt dieses auf ein gewärmtes Blech, setzt die Ringeln darauf, bestreicht sie mit dem Gelben vom Ey, worunter ein wenig zerlassene Butter kommt, gibt Zucker und fein gewiegte Mandeln darauf und backt sie in einem guten Ofen.

### Nro. 778. Hasenohren.

Man zerklopft 2 ganze und 2 gelbe Eyer mit einer Tasse sauren Rahm, 3 Löffelvoll Zucker und einem Stück zerlassener Butter, gibt so viel feines Mehl darein daß es einen leichten Teig gibt, den man wirken kann und wallt ihn wenn er fein ist, zweimal wie einen Butterteig aus. Alsdann schneidet man mit einem Backrädlein Stückchen ab, die etwas länger als breit sind, faßt 2 Ecke zusammen, legt sie in heißes Schmalz und bestreut sie, wenn sie fertig und abgelaufen sind mit Zucker und Zimmt.

### Nro. 779. Zuckerstrauben.

Man rührt 10 Löffelvoll feinstes Mehl und 8 Löffelvoll gestebten Zucker mit dem Weißen von 8 Eyern fein und glatt ab. Alsdann macht man

ir einer Pfanne Schmalz heiß, gibt einen starken Löffelvoll Teig
durch einen kleinen Trichter, der 3 feine Röhrchen hat darein, läßt den
Teig schön rund herum laufen, wendet die Straube schnell um, hebt sie,
wenn sie fertig ist mit einem durchlöcherten Löffel heraus, läßt sie gut ablaufen und krümmt sie so lange sie noch warm ist über ein Wallholz.

### Nro. 780. Strauben von gebrühtem Teig.

Man macht ½ Maaß Milch mit einem Ey groß Butter siedend, rührt
so viel feines Mehl darein bis es ein steifer Teig ist, arbeitet ihn auf dem
Feuer glatt und gibt ihn zum Auskühlen in eine Schüssel, verdünnt ihn
alsdann mit Eyer so, daß er durch einen Trichter laufen kann und gibt
das nöthige Salz darein. Nachdem man nun die Straube groß oder klein
zu machen gedenkt, nimmt man eine eiserne Pfanne, macht Schmalz darin
heiß, läßt von dem Teig durch einen Trichter darein laufen, backt sie
auf beiden Seiten gelb und bestreut die Strauben, wenn sie abgelaufen sind,
mit Zucker.

### Nro. 781. Spritzgebackenes.

Man macht hiezu den in voriger Nummer beschriebenen Teig, gibt ihn
wenn er auf dem Feuer gut abgerührt ist zum Auskühlen in eine Schüssel,
sucht ihn mit reinen Händen durch, ob keine Mehlknollen darinnen sind,
gibt das nöthige Salz darein und rührt ihn mit 7 bis 8 Eyern gut ab,
dieser Teig darf aber nicht laufen, sondern muß steif bleiben. Alsdann
macht man in einer Pfanne, die die Größe eines Tellers hat, Schmalz nicht
ganz heiß, füllt das Spritzenrohr von dem Teig voll, drückt ihn mit dem
Holz in der Rundung in das Schmalz, rüttelt während dem Backen die
Pfanne fleißig, wendet die Spritze, wenn sie auf einer Seite gelb gebacken ist um und legt sie, wenn sie fertig ist, zum Ablaufen auf Schnitten
von Roggenbrod, sie werden beim Auftragen mit Zucker und Zimmt bestreut.

### Nro. 782. Gebackene Mandeln.

Man vermischt ½ Pf. gesiebten Zucker mit eben so viel zartgestoßenen
Mandeln, 3 Eyern und 2 Löffelvoll Zimmtwasser, gibt so viel feines Mehl
darein, daß es einen etwas starken Teig gibt, arbeitet ihn fein durch und
wallt ihn starken Messerrückendick aus. Nun drückt man den Mandelmodel
ein wenig ins Mehl, sticht damit den Teig aus, backt die ausgestochenen
Mandeln in heißem Schmalz dunkelgelb und bestreut sie wenn sie alle fertig und noch warm sind mit Zucker und Zimmt.

### Nro. 783. Wienerbrödchen.

Man rührt ½ Pf. Zucker mit 4 Eyern, ¼ Stunde, gibt ½ Pf. feines
Mehl, die abgeriebene Schale einer halben Zitrone, eine Messerspitzevoll
Muskatenblüthe und für 2 kr. gewaschenen und getrockneten Anis darein
und läßt den Teig wenn er gut gerührt ist eine Weile stehen, alsdann bestreut man ein Backbrett mit Mehl, wallt den Teig Messerrückendick aus,
sticht mit einem Ausstecher kleine Brödchen in der Größe eines 24 kr. Stück

aus und backt sie in heißem Schmalz. Man kann sie aber auch statt aus Schmalz zu backen, auf ein bestrichenes Blech setzen und in einem gelinden Ofen backen.

## Nro. 784. Schneekräpfchen.

Man nimmt auf ein Backbrett ½ Pf. feines Mehl, eben so viel Butter, ein wenig Salz, einen Löffelvoll sauren Rahm und 2 Eyer, reibt dieses zusammen zu einem Teig ab und wallt ihn zweimal wie den Butterteig aus, das drittemal wallt man ihn Messerrückendick ganz gleich, schneidet ihn in lange Handbreite Streifen, setzt von eingesottenen Früchten, was es auch sei, kleine Häufchen in eine Reihe der Länge nach auf die Hälfte des Teigs, bestreicht den Rand davon mit einem Ey, schlägt die andere Hälfte des Teigs darüber, drückt den Rand gut an und schneidet mit einem Backräblein die Kräpfchen aus, backt sie alsdann ganz hellgelb schnell in heißem Schmalz und bestreut sie, wenn sie abgelaufen sind mit Zucker.

## Nro. 785. Hefen-Biscuit.

Ein halb Pfund frische Butter rührt man mit ¼ Pf. gestoßenem Zucker und dem Gelben von 7 Eyern zu Schaum, gibt ½ Pf. bei der Wärme gestandenes Mehl mit 2 Löffelvoll frischer Hefe und ein paar Löffelvoll warmen Rahm darein, arbeitet den Teig fein und glatt ab und stellt ihn zugedeckt zur Wärme. Hierauf bestreut man ein Backbrett mit ein wenig Mehl, Zucker und Zimmt, gibt den gereiften Teig darauf, wallt ihn einen kleinen Fingerdick aus und sticht ihn mit einem Model der wie Zuckerbiscuit geformt ist aus, bestreicht weißes Papier mit Butter, legt dieses auf ein warmes Blech, gibt die Biscuit nicht zu nah aneinander darauf, bestreicht sie mit Eyergelb worunter ein wenig zerlassene Butter kommt, streut Zucker und Zimmt darauf und backt sie schnell in einem guten Ofen.

## Nro. 786. Gerührte Waffeln.

Man rührt ½ Pf. frische Butter zu Schaum, rührt nach und nach 7 Eyergelb mit eben so viel Löffelvoll feinstes Mehl, ½ Tassevoll sauren Rahm und etwas Salz darein, schlägt das Weiße der Eyer zu Schnee und mischt diesen in die Masse. Alsdann legt man das Waffeleisen in das Feuer, bis es heiß ist, wischt es mit weichem Papier gut aus, überfährt das Innere mit einer Speckschwarte, gibt einen starken Löffelvoll von dem Teig darein, streicht ihn mit dem Löffel auseinander, macht das Eisen Anfangs nicht ganz fest und erst wenn der Teig ein wenig angezogen hat fest zu und backt die Waffeln auf einem gelinden Feuer auf beiden Seiten gelb. Sie werden, wenn sie fertig sind, nicht auf, sondern neben einander gelegt und mit Zucker und Zimmt bestreut.

## Nro. 787. Waffeln mit Hefe.

Man rührt ½ Pf. gute Butter ganz leicht, gibt nach und nach 6 Eyer, die man zuvor in warmes Wasser gelegt hat, mit ½ Pf. Mehl, einem starken Löffelvoll Hefe, Salz und ein wenig lauwarme Milch dazu, rührt den Teig damit ganz glatt, stellt ihn zugedeckt zur Wärme und backt wenn er reif ist die Waffeln, wie sie in vorhergehender Nummer angezeigt sind.

### Nro. 788. Ulmer-Brod.

Man zerklopft in einer Schüssel 3 Eyer mit 4 Loth zergangener Butter und 4 Löffelvoll guter Hefe, gibt ½ Pf. gesiebten Zucker, 2 Loth gewaschenen Anis und ¼ Maaß lauwarme Milch darein, arbeitet so viel feines Mehl darunter, bis es einen ganz festen Teig gibt, nimmt ihn alsdann auf ein Backbrett wirkt ihn bis er ganz glatt und fein ist, deckt ihn dann zu, und läßt ihn bei der Wärme stehen. Wenn der Teig gegangen oder reif ist, macht man 2 lange Wecken daraus, legt sie auf ein mit Mehl bestreutes Blech, macht der Länge nach in der Mitte einen Schnitt und backt sie langsam in einem gelinden Ofen. Wenn die Wecken fertig und abgekühlt sind, schneidet man sie in feine Schnitten, bäht diese auf einem Rost oder im Ofen auf einem Blech gelb und hebt sie an einem trockenen Ort zum Gebrauch auf. Wer es liebt, kann in den Teig auch ein paar Loth fein gewiegten Zitronat und Pomeranzenschale nehmen.

### Nro. 789 Abgerührter Gugelhopf.

Man rührt ½ Pf. frische Butter mit 7 ganzen und 3 gelben Eyern, die man zuvor in warmes Wasser gelegt hat zu Schaum, gibt 4 Loth fein gestoßene Mandeln, die abgeriebene Schale einer Zitrone, 2 Löffelvoll gute Hefe, eine Obertassevoll lauwarmen Rahm oder Milch, 2 bis 3 Löffelvoll Zucker, ein wenig Salz und so viel feines bei der Wärme gestandenes Mehl darein, bis der Teig wie ein leichter Spatzenteig ist. Wenn er fein abgeklopft ist, deckt man ihn zu und läßt ihn bei der Wärme reifen, bestreicht eine Schneckenform mit Butter, bestreut sie mit Semmelmehl, gibt den reifen Teig darein, läßt ihn noch ein wenig gehen und backt den Gugelhopf in einem frischen Ofen.

### Nro. 790. Krebsgugelhopf.

Man rührt ½ Pf. Krebsbutter mit 6 ganzen und 6 gelben Eyern ganz licht, wiegt 15 bis 20 ausgelöste Krebsschweife mit einer kleinen Handvoll abgezogenen Mandeln ganz fein, gibt diese mit 3 Löffelvoll Hefe, 4 Loth gesiebten Zucker und einer Tassevoll lauwarmen Rahm mit ¾ Pf. Mehl an die Butter, klopft den Teig bis er glatt und leicht ist, füllt ihn in eine mit Butter bestrichene Schneckenform, läßt ihn zugedeckt bei der Wärme reifen, backt ihn in einem frischen Ofen und gibt ihn warm mit Zucker und Zimmt bestreut zu Tische.

### Nro. 791. Tortulette von Reis.

Ein Viertelpfund Reis wäscht man ein paarmal aus heißem Wasser, kocht ihn mit Milch weich, jedoch nicht zu dick ein und treibt ihn nach diesem durch ein Sieb. Hierauf rührt man ¼ Pf. Zucker mit dem Gelben von 7 Eyern, gibt die abgeriebene Schale einer Zitrone, eine kleine Handvoll fein gestoßene Mandeln sammt dem abgekühlten Reis darein, rührt dieses zusammen leicht, schlägt das Weiße der Eyer zu Schnee und gibt ihn in die Masse. Alsdann legt man kleine Förmchen mit gutem dünn ausgewallten Butterteig aus, füllt sie mit der Masse voll und backt sie schnell in einem guten Ofen.

## Nro. 792. Tortulette von Butterteig.

Man wallt guten Butterteig starken Messerrückendick aus, drückt mit einem Ausstecher von Blech runde Blättchen aus, bestreicht die Hälfte davon am Rand herum mit dem Gelben vom Ey, die andere Hälfte oder Deckel sticht man in der Mitte mit einem kleinern Ausstecher, der die Größe eines 12 kr. Stücks hat aus, legt die ausgestochenen Theile auf die bestrichene, bestreicht auch diese, setzt sie auf ein Blech und bäckt sie in frischer Hitze, sie können wenn sie aus dem Ofen kommen mit Ragout oder Hasché ausgefüllt und als eine Zwischenplatte oder mit eingesottenen Früchten gefüllt, als Dessert gegeben werden.

## Nro. 793. Tortulette mit saurem Rahm.

Man belegt kleine Blechförmchen mit Butterteig, schlägt alsdann ein Quart dicken sauren Rahm mit 6 Eyer und so viel Löffelvoll Zucker gut ab, kocht ein Stückchen geklopfte Vanille mit ¼ Tasse süßen Rahm, preßt diesen durch ein Tuch und rührt ihn, wenn er abgekühlt hat, unter die Masse, füllt davon die Förmchen halbvoll und bäckt sie in einem frischen Ofen.

## Nro. 794. Tortulette mit Erdäpfel.

Man rührt ½ Pf. Butter mit dem Gelben von 15 Eyern und ¼ Pf. gesiebten Zucker zu Schaum, gibt ¼ Pf. ganz fein gestoßene Mandeln, die abgeriebene Schale einer Zitrone, deren Saft und ½ Pf. kalt und fein geriebene Erdäpfel, die man zuvor halb weich gesotten hat darein, rührt dieses zusammen ganz leicht und mischt alsdann den Schnee von 8 Eyerklar darein, belegt kleine Förmchen mit gutem Butterteig, füllt sie von der Masse etwas über halb voll und bäckt die Tortulette in einem frischen Ofen.

## Nro. 795. Tortulette mit Kirschen.

Man gibt einen Tellervoll ausgesteinte Kirschen oder Weichseln auf ein Sieb, bestreut sie stark mit Zucker, gibt aber unter das Sieb ein Gefäß in das der abträufende Saft laufen kann, alsdann zerklopft man 2 ganze und 4 gelbe Eyer mit einer Handvoll gestoßenem Zucker, einem Quart ganz dicken süßen Rahm und den abgeträuften Saft der Kirschen, belegt kleine Förmchen mit gutem Butterteig, gibt in jedes einen Löffelvoll Kirschen, bestreut diese mit Zimmt, gießt von den zerklopften Eyern und Rahm darüber, stellt sie auf ein Blech und bäckt die Tortulette in einem frischen Ofen.

## Nro. 796. Crème-Tortulettes.

Man wallt feinen Butterteig Messerrückendick aus, bestreicht kleine Förmchen mit Butter, bestreut sie mit geriebenem Brod, legt sie mit dem Teig aus, gibt in den leeren Raum zusammengeballtes Papier und bäckt sie schnell in einem guten Ofen. Wenn sie fertig sind stürzt man die Förmchen um, nimmt das Papier heraus und setzt die Tortulette auf eine Platte. Hierauf kocht man von 4 Loth zerstoßenen Macaronen, dem Gelben von 5 Eyern und einem Quart süßen Rahm eine Crème, schlägt das Weiße der Eyer

zu Schnee, übersiedet ihn ein paarmal mit Milch, hebt ihn mit einem Schaum=
löffel heraus und rührt ihn in die Crême, füllt damit die Tortulette voll,
bestreut sie oben stark mit gestoßenem Zucker, brennt sie mit einer glühen=
den Schippe und gibt sie warm oder kalt zu Tische. Man kann sie auch
ehe man die Crême darein gibt mit eingesottenen Früchten bestreichen, im
Uebrigen aber wie angezeigt ist damit verfahren.

### Nro. 797. Tortulette von süßem Rahm.

Man belegt kleine Förmchen mit gutem Butterteig, zerklopft 8 Eyer=
gelb mit einem Kaffeelöffelvoll Zimmt, 4 Löffelvoll Zucker und einem Quart
guten süßen Rahm, füllt damit die Förmchen etwas über halb voll, setzt sie
auf ein Blech und backt sie in einem guten Ofen.

### Nro. 798. Zucker=Rosen.

Von ½ Pf. feinem Mehl, 4 Loth Zucker, eben so viel frischer Butter,
der abgeriebenen Schale einer halben Zitrone, einem ganzen und einem gel=
ben Ey und ein wenig Milch macht man einen festen Teig und wallt ihn
zweimal wie einen Butterteig aus. Wenn er eine Weile geruht hat, wallt
man ihn zu der Dicke eines schwachen Messerrücken aus, sticht ihn in runde
Platten in der Größe eines Kronenthalers aus, legt 5 bis 6 davon auf
einander, jedes aber muß, indem es auf das andere gelegt wird, in der
Mitte mit einem zerklopften Ey gebupst und fest aufeinander gedrückt wer=
den, alsdann schneidet man ringsum in den Teig kleine Schuppen und legt
sie in heißes Schmalz ein. Wenn die Rosen gelb gebacken und fertig sind,
können sie zwischen den Blättern mit etwas Eingesottenem bestrichen oder
stark mit Zucker und Zimmt bestreut werden.

### Nro. 799. Champignon oder Schwämmchen.

Fünf Löffelvoll feines Mehl, 4 Löffelvoll Zucker, ein wenig Zimmt und
4 Eyerklar rührt man fein ab, macht die Form, die wie ein Champignon
geformt, von Eisenblech und mit einem langen dicken Drath versehen ist,
von Außen mit ein wenig zerlassener Butter fett, taucht sie alsdann in den
Teig und hält das was daran hängen geblieben ist in heißes Schmalz,
läßt den Champignon wenn er halb gebacken ist am Rand herum mit ei=
nem Messer ab, schüttelt ihn von der Form und hebt ihn, wenn er fertig
ist mit einem durchlöcherten Löffel auf eine Platte, streicht sie wenn sie alle
fertig und beisammen sind mit eingesottenem Hägenmark oder Johannisbee=
ren aus, oder gibt statt diesem, Schnee von geschlagenem Rahm darein und
servirt sie damit gleich zu Tische.

---

# Verschiedenes Zuckerbackwerk.

## Nro. 800. Pistazien=Biscuit.

Man siedet 4 Loth Pistazien, zieht die Haut davon und schneidet sie
länglicht fein. Hierauf rührt man ½ Pf. feinsten gesiebten Zucker mit dem
Gelben von 6 Eyern ¼ Stunde, schlägt das Weiße der Eyer zu steifem

Schnee und rührt diesen mit den Pistazien in die Masse, schlägt ½ Pf. feinstes Mehl durch ein Sieb, und zieht dieses ganz leicht darunter. Alsdann belegt man ein Blech mit Papier, bestreut es mit Zucker, setzt von der Masse kleine Häufchen darauf, überstäubt sie mit ein wenig Zucker durch das Sieb und backt sie in einem gelinden Ofen.

### Nro. 801. Französische Biscuit.

Man rührt ½ Pf. vom feinsten gesiebten Zucker mit dem Gelben von 8 Eyern, bis die Masse ganz dick und steif ist, schlägt das Weiße der Eyer zu einem steifen Schnee, rührt diesen mit einem Fingerlangen Stück gestoßener und durch ein Sieb gelassener Vanille darein, schlägt 6 Loth Stärkemehl durch ein Sieb, zieht dieses ganz leicht in die Masse, füllt sie in viereckigte mit Butter bestrichene Kapseln von Papier und backt sie in einem gelinden Ofen.

### Nro. 802. Zitronen-Biscuit.

Man reibt 3 Zitronen an Zucker ab, schabt diese davon ab, läßt sie trocknen und stößt sie fein, vermischt dieses mit ½ Pf. feinem gesiebten Zucker, gibt das Gelbe von 8 Eyern dazu und rührt es ½ Stunde. Indessen schlägt man von dem Weißen der Eyer einen steifen Schnee, mischt ihn mit einigen Tropfen Zitronensaft in die Masse, schlägt 10 Loth feinstes Mehl durch ein Sieb, zieht dieses leicht darunter, macht kleine viereckigte Kapseln von Papier, bestreicht sie mit Butter, gibt die Masse darein und backt sie in einem gemäßigten Ofen.

### Nro. 803. Ausgestochene Biscuit mit Vanille.

Man stößt ein Fingerlanges Stück Vanille und reibt sie durch ein feines Sieb. Hierauf schlägt man das Weiße von 10 Eyern zu steifem Schnee, gibt so viel feinen gesiebten Zucker mit der durchgesiebten Vanille hinzu, bis es eine feste Masse ist, bestreut alsdann ein Backbrett mit Zucker, wallt die Masse einen starken Messerrückendick aus, sticht sie mit einem kleinen blechernen Ausstecher in der Größe eines 12 kr. Stücks aus, belegt alsdann ein Blech mit Papier, bestreut es mit Zucker, legt die Plätzchen darauf, fährt mit dem Zuckersieb darüber und backt sie in einem gelinden Ofen.

### Nro. 804. Leichte Biscuit.

Man schlägt 8 große oder 10 kleine Eyer aus, nimmt die darin sitzende Vögel davon und schlägt sie zu Schaum, gibt alsdann ½ Pf. Zucker darein, rührt dieses eine Weile, stellt die Masse auf Kohlen, schlägt sie, bis sie ziemlich heiß ist und stellt sie dann bei Seite, schlägt aber darin so lange fort, bis sie abgekühlt ist, gibt durch ein Sieb ¼ Pf. Stärkemehl darein und zieht dieses leicht darunter. Hierauf belegt man ein Blech mit Papier, bestreut dieses mit Zucker, gibt die Masse durch einen Biscuit-Trichter darauf und überfährt sie oben wieder mit Zucker durch das Sieb. Hierauf probirt man den Ofen mit einer Handvoll Mehl, das man darein wirft, wenn dieses schnell braun wird ist der Ofen zu heiß und muß ein wenig ausgefüllt werden, alsdann backt man die Biscuit schön und hebt sie, wenn sie fertig sind von dem Papier mit einem Messer ab.

## Nro. 805. Mandel-Biscuit.

Ein Viertelpfund frische Butter, eben so viel gesiebter Zucker und ¼ Pf. ganz fein geriebene Mandeln werden mit dem Gelben von 7 Eyern zu Schaum gerührt. Hierauf schlägt man das Weiße der Eyer zu Schnee, mischt diesen mit der abgeriebenen Schale einer Zitrone in die Masse, gibt 4 Loth feines Mehl durch ein Sieb dazu, zieht dieses leicht darunter, bestreicht alsdann kleine längliche Kapseln von Papier mit Butter, gibt die Masse darein, und backt sie in einem guten Ofen.

## Nro. 806. Butter-Biscuit.

Man zerläßt ein ¼ Pf. frische Butter, gießt das Reine davon in eine Schüssel, und läßt das Saure oder den Satz weg, gibt ½ Pf. gesiebten Zucker mit dem Gelben von 8 Eyern daran, und rührt es zu Schaum. Hierauf schlägt man das Weiße der Eyer zu Schnee, gibt diesen mit einer Messerspitzevoll Muskatblüthe und ½ Pf. feinem Mehl, das man zuvor durch einen Seyer schlägt, darein, belegt alsdann ein Blech mit Papier, bestreicht es mit Butter, setzt von der Masse Fingerlange und 2 Fingerbreite Stückchen darauf, überfährt diese mit dem Zuckersieb, und backt sie in einem guten Ofen.

## Nro. 807. Quitten-Holippen.

Man siedet gute Quitten in Wasser weich, zieht die Haut davon, schabt das Mark ab, und treibt es durch ein feines Sieb, gibt auf 1 Pf. durchgetriebenes Mark 1 Pf. vom feinsten gesiebten Zucker, das Gelbe von zwei Zitronen auf Zucker abgerieben, sammt deren Saft, und rührt dieses zusammen zu Schaum, alsdann bestreicht man die äußern Böden von Zinntellern mit süßem Mandelöl, streicht von der Masse dünn und gleich darauf, stellt die Teller um einen warmen Ofen, damit das Aufgestrichene trockne. Kleben sie nicht mehr wenn man mit dem Finger darauf tupft, so sind sie fertig. Nun hält man die Teller über Kohlen bis sie heiß sind, zieht die Holippen mit einem Messer herunter, wickelt sie warm über ein dünnes Holz, läßt sie darauf steif werden, schiebt sie dann behutsam herab und behält sie in einem warmen Zimmer auf. Eben so können Holippen von Borstorfer-Aepfeln gemacht werden.

## Nro. 808. Zitronen-Holippen.

Man nimmt 3 Eyer, wiegt, so schwer diese sind, gesiebten Zucker und eben so viel feines durchgesiebtes Mehl, reibt 2 Zitronen an einem Stück Zucker ab, schabt das Gelbe davon und vermischt es mit dem Zucker, schlägt die 3 Eyer aus und rührt damit gemeldete Stücke ganz leicht, das Weiße von 2 Eyern schlägt man zu einem steifen Schnee und mischt ihn in die Masse. Alsdann bestreicht man ein warmes Blech mit weißem Wachs, gibt von der Masse kleine Häufchen darauf, streicht diese dünn und auch aus, backt sie in einem gelinden Ofen gelb und wickelt sie wenn sie fertig und noch warm sind über ein dünnes Holz.

## Nro. 809. Andere Art Holippen.

Ein halb Pfund feines Mehl vermischt man mit 8 Loth gesiebten Zucker und einem Kaffeelöffelvoll Zimmt, rührt dieses mit ein wenig lauwarmem Wein und 3 Eyern glatt, zerläßt 4 Loth gute Butter, rührt diesen in den Teig und verdünnt ihn dann mit warmem Wein, bis er etwas dicker als ein Flädleinteig ist, alsdann legt man das Holippeneisen in das Feuer, wischt es wenn es heiß ist, mit einem weichen Papier aus, überfährt es mit einer Speckschwarte, gibt in die Mitte desselben einen Löffelvoll Teig, streicht ihn gleich aus und backt die Holippe auf beiden Seiten gelb. Ehe man sie heraus nimmt, fährt man mit einem Messer am Rand des Eisens herum, damit das, was darüber hinausgeht und schwarz geworden ist, wegkommt, hebt dann die Holippe heraus und wickelt sie gleich warm über ein dünnes Holz.

## Nro. 810. Mandel-Holippen.

Man vermischt 10 Loth ganz sein geriebene Mandeln mit 6 Loth gesiebtem Zucker, 3 Loth feinem Mehl, das Gelbe einer Zitrone auf Zucker abgerieben und einen Kaffeelöffelvoll Zimmt, zerklopft das Weiße von 6 Eyern und rührt Gemeldetes wohl ab. Hierauf bestreicht man ein warmes Blech mit weißem Wachs, streicht von der Masse dünne Plätze in der Größe einer untern Tasse darauf, gibt aber Acht, daß sie nicht zu nah aneinander kommen, backt sie in einem gelinden Ofen gelb und krümmt sie, wenn sie fertig und noch warm sind über ein rundes Holz.

## Nro. 811. Vanille-Hippchen.

Man zerläßt ¼ Pf. frische Butter, gießt das Klare davon über 8 Loth gestoßenen Zucker, läßt aber das Saure oder den Satz davon zurück, schlägt 2 Eyer, die man zuvor in warmes Wasser gelegt hat dazu, und rührt dieses leicht, alsdann stößt man ein Fingerlanges Stück Vanille, reibt diese durch ein Sieb in die gerührte Masse und gibt so viel feines Mehl darein, daß es einen trockenen Teig gibt, diesen wallt man auf einem mit Zucker bestreuten Backbret starken Messerrückendick aus, sticht mit einem kleinen Glas oder Ausstecher Plätzchen in der Größe eines Kronenthalers aus, legt eins in das heiße und mit Wachs bestrichene Holippeneisen, drückt dieses Anfangs ganz leicht und dann nach und nach fest zu, backt die Holippe auf beiden Seiten gelb, und wickelt sie, wenn sie fertig ist, warm über ein dünnes Holz.

## Nro. 812. Coffern.

Man rührt ¼ Pf. gesiebten Zucker mit dem Saft einer Zitrone, schneidet ¼ Pf. abgezogene Mandeln ganz fein und mischt diese mit dem Schnee von 5 Eyern darein. Hierauf rührt man von 2 Löffelvoll feinem Mehl, dem Weißen eines Eyes und etwas Zitronensaft einen dünnen Teig, bestreicht ein warmes Blech mit weißem Wachs, streicht von der Mandelmasse nicht zu nah an einander einer Untertasse groß dünne Plätze, überstreicht diese damit es zusammenhält, mit ein wenig von erwähntem Teig, backt die Coffern schön gelb und krümmt sie so lang sie noch warm sind, sobald sie aus dem Ofen kommen, über ein Wallholz.

## Nro. 813. Langes Anisbrod.

Man rührt 1 Pf. gesiebten Zucker mit 10 Eyern ½ Stunde, gibt 2 Loth fein gewiegten Zitronat, eben so viel Pomeranzenschale und 2 Loth gewaschenen und wieder getrockneten Anis darein, schlägt 1 Pf. feines Mehl durch ein Sieb und rührt dieses darein. Alsdann bestreicht man 2 lange Blechformen in Ermanglung deren Kapseln von Papier mit Butter, bestreut sie mit geriebenem Brod, gibt die Masse einen Fingerdick darein und backt sie in einem guten Ofen. Wenn das Brod fertig und noch warm ist, schneidet man es quer in dünne Schnitten, röstet diese auf einem Rost oder Blech im Ofen gelb und hebt es an einem trockenen Ort zum Gebrauch auf. Die Ursache, warum man das Brod warm schneiden muß, ist diese: weil es wenn es kalt geworden ist, sich nicht mehr schneiden läßt, sondern in kleine Stücke zerspringt.

## Nro. 814. Bauren-Krapfen.

Man vermischt ½ Pf. gesiebten Zucker mit eben so viel fein geriebenen Mandeln, gibt den Saft einer halben Zitrone, 2 gelbe und 3 ganze Eyer daran und rührt dieses leicht, schneidet 2 Loth Pomeranzenschalen und eben so viel Zitronat fein, gibt dieses mit einer Messerspitzevoll Zimmt, ein wenig Muskatenblüthe, der auf Zucker abgeriebenen Schale einer Zitrone und ¼ Pf. feines Mehl in die Masse, belegt alsdann ein Blech mit Oblaten, setzt davon kleine runde Häufchen darauf und backt sie in einem gelinden Ofen. (Sollte der Teig zu leicht sein und laufen, so wird dieser mit etwas Mehl noch verstärkt.)

## Nro. 815. Mandel-Laiblein.

Man stößt ½ Pf. abgezogene Mandeln mit dem Weißen von 3 Eyern ganz fein, vermischt sie mit ¼ Pf. gesiebten Zucker, gibt die abgeriebene Schale einer halben Zitrone, 2 Loth fein geschnittene Pomeranzenschalen, eben so viel Zitronat und so viel zerklopftes Eyerklar dazu, daß sich die Masse, ohne daß sie auseinander läuft, rühren läßt. Alsdann belegt man ein Blech mit Oblaten, setzt nach Belieben große oder kleine Laiblein darauf und backt sie in einem gelinden Ofen.

## Nro. 816. Orangen-Schnitten.

Man reibt 4 Orangen an ½ Pf. feinem Zucker ab, kratzt das Gelbe herunter, trocknet es am Ofen und stößt es mit dem übrigen Zucker fein, vermischt ihn mit 2 Loth feinstem Mehl, gibt den Schnee von 4 Eyerklar daran und rührt dieses ¼ Stunde, alsdann schneidet man Oblaten in Fingerlange und 2 Fingerbreite Stücke, legt diese auf ein Blech, streicht die Masse etwas dick darauf und backt sie in einem gelinden Ofen.

### Nro. 817. Zucker-Ringeln.

Man gibt auf ein Backbrett 6 Loth Zucker, eben so viel frische Butter, zerklopft 2 Eyer mit einer halben Tassevoll Muskatwein, gibt feines Mehl hinzu und macht gemeldete Stücke zu einem etwas festen Teig, formirt daraus kleine runde Ringeln, setzt diese auf ein mit Wachs bestrichenes Blech, überstreicht sie mit ein wenig Wasser, fährt mit dem Zuckersieb darüber und backt sie in einem guten Ofen.

### Nro. 818. Marzipan-Springerlein.

Man reibt das Gelbe einer Zitrone an ⅜ Pf. Zucker ab, schabt dieses herunter, trocknet es an einem Ofen, stößt es sammt dem Zucker fein und läßt es durch ein Sieb in eine große Schüssel, schlägt 4 Eyer dazu und rührt dieses eine Stunde; alsdann schlägt man ⅜ Pf. feines Mehl durch ein Sieb und rührt dieses gut hinein. Nun nimmt man den Teig auf ein Backbrett, bricht ein Stück davon ab, wallt es schwachen Messerrückendick aus, bestäubt die Springerleinsmödel fein mit Mehl drückt den Teig ganz leicht hinein, schneidet das was darüber hinausgeht mit einem Messer ab und nimmt dieses immer wieder zu dem frischen Stück, bis der Teig gar ist, alsdann bestreicht man ein Blech mit Butter, bestreut es mit rein gewaschenem und wieder abgetrockneten Anis, legt die Springerlein darauf, läßt sie ein paar Stunden oder auch über Nacht an einem kühlen Orte stehen und backt sie in einem abgekühlten Ofen so, daß sie ganz weiß bleiben aus.

### Nro. 819. Nonnen-Kräpslein.

Von 8 Loth Mehl, 4 Loth Zucker und dem Weißen von 2 Eyern macht man einen festen Teig wie zu Nudeln und wallt ihn auch ganz dünn aus, den Tag zuvor aber läutert man ein Quart guten Honig, kocht ihn bis er dick ist, gibt 3 bis 4 Händevoll geriebenen Lebkuchen der keine Mandeln hat, ¼ Loth Zimmt, eben so viel Nelken, die klein geschnittene Schale einer Zitrone mit deren Saft in den Honig, rührt dieses zusammen gut ab und läßt es über Nacht zugedeckt stehen. Nun schneidet man aus dem Teig lange einer Handbreite Streifen, bricht von dem gekochten Honigteig kleine runde Kugeln aus, legt sie auf die Hälfte des abgeschnittenen Teiges, schlägt die andere Hälfte darüber her, schneidet die Kräpslein mit einem Backrädlein ab, drückt den Teig fest zusammen, setzt sie auf ein mit Mehl bestreutes Blech und backt sie in einem kühlen Ofen so, daß sie ganz weiß bleiben, aus.

### Nro. 820. Quitten-Schnitten.

Man läutert 1 Pf. feinen Zucker mit 1 Quart Wasser, gibt, wenn er ein wenig dick gekocht hat, 1 Pf. durch ein Sieb getriebenes Quittenmark, die Schale von 2 Zitronen fein geschnitten, deren Saft und 4 Loth fein gewiegte Mandeln darein, kocht dieses noch eine Weile, bestreut alsdann eine Platte mit Zucker, gibt die Masse darauf und läßt sie auskühlen. Wenn dies erfolgt ist, bestreut man auch ein Backbrett mit Zucker, nimmt die Masse darauf, wallt sie einen Finger dick aus, schneidet sie in beliebige Stücke, und trocknet sie auf einem Sieb in einem warmen Zimmer.

### Nro. 821. Quitten-Confect.

Ein halb Pfund durchgetriebenes Quittenmark rührt man mit dem Saft einer halben Zitrone leicht, schlägt das Weiße von 6 Eyern zu Schnee und rührt ihn nach und nach mit ⅓ Pf. feinem gestebten Zucker in das Mark, belegt ein Blech mit Papier, bestreut es mit Zucker, setzt von der Masse kleine Häuschen darauf und trocknet sie in einem ganz ausgekühlten Ofen.

### Nro. 822. Spanische Wind.

Man schlägt das Weiße von 3 frischgelegten Eyern zu einem ganz steifen Schnee und mischt ⅓ Pf. feinsten gestebten Zucker darunter, belegt ein Blech mit Oblaten, setzt von dem Schnee runde Ballen darauf, stellt sie in einen ausgekühlten Ofen und läßt sie trocknen. Indessen schlägt man von ⅓ Maaß dicken süßen Rahm einen Schnee, nimmt die Wind wenn sie getrocknet sind von dem Blech ab, macht die Oblate davon, füllt immer einen mit Schnee aus, setzt einen andern darauf, fährt so fort, bis alle gefüllt sind und gibt sie dann gleich zu Tische. (Dem Rahmschnee kann man den Geschmack von Vanille oder Orangen, während dem er geschlagen wird, nach Vorschrift von Nro. 673. geben.)

### Nro. 823. Savoyer-Bröbchen.

Man nimmt auf ein Backbrett 14 Loth feinstes Mehl, ⅓ Pf. ungeschälte mit einem Tuch abgeriebene und ganz fein gestoßene Mandeln, 8 Loth gestebten Zucker, eben so viel frische Butter und einen Kaffeelöffelvoll Zimmt, reibt dieses alles zusammen gut ab, zerklopft 4 Eyer, und macht es mit diesem zu einem etwas festen Teig, wallt ihn zur Dicke eines Messerrücken und sticht ihn mit einem kleinen blechernen Ausstecher zu runden Bröbchen aus. Nun belegt man ein Blech mit Papier, setzt sie darauf, verdünnt Eyergelb mit ein wenig Zitronensaft, bestreicht sie damit, streut gestoßenen Candis darauf und backt sie in einem guten Ofen.

### Nro. 824. Chocolade-Bröbchen.

Man schlägt 3 Eyerklar zu Schnee, vermischt 2 Loth geriebene gute Chocolade mit 8 Loth gestebten Zucker und 1 Loth feinstes Mehl, rührt dieses mit dem Schnee glatt, belegt ein Blech mit Oblaten, setzt kleine Bröbchen darauf und backt sie in einem gelinden Ofen.

### Nro. 825. Chocolade-Busserl.

Man schlägt das Weiße von 2 frischgelegten Eyern zu steifem Schnee, vermischt 8 Loth feinen gestebten Zucker mit 2 Loth durchgesiebter Chocolade und rührt dieses nach und nach an den Schnee, belegt alsdann ein Blech mit Oblaten, setzt von der Masse eines Zwölfers große Häuschen darauf und backt sie in einem gelinden Ofen.

### Nro. 826. Zitronen-Busserl.

Man reibt 2 Zitronen an einem Stück Zucker ab, stößt das Stück davon, trocknet es am Ofen und stößt es fein. Alsdann schlägt man von 2 kleinen frischgelegten Eyern das Weiße zu steifem Schnee, rührt 8 Loth feinen gesiebten Zucker, so wie das Abgeriebene der Zitrone mit ein paar Tropfen Saft darein, belegt ein Blech mit Oblaten oder Papier, setzt von der Masse kleine Häuschen darauf und backt sie in einem gelinden Ofen. (Wenn man die Busserl roth haben will, darf man nur statt den Zitronen ein paar Tropfen Erbselensaft in die Masse thun, im Uebrigen aber wie angezeigt ist verfahren.)

### Nro. 827. Pfeffernüsse.

Ein halb Pfund gesiebten Zucker rührt man mit 3 Eyern ¼ Stunde, schneidet die Schale einer Zitrone fein, mischt diese mit ½ Loth Zimmt, halb so viel Nelken, eine kleine Messerspitzevoll Pfeffer, eine halbe geriebene Muskatnuß, 12 Loth Mund- und 6 Loth Stärkemehl in den Zucker, nimmt den Teig, nachdem er gut gerührt ist, auf ein Backbrett, wirkt und wallt ihn kleinen Fingerdick aus, sticht ihn mit dem Pfeffernußmodel aus, legt sie auf ein mit Butter bestrichenes Blech, stellt sie über Nacht an einen kühlen Ort und backt sie den andern Tag so, daß sie ganz weiß bleiben, in einem ausgekühlten Ofen.

### Nro. 828. Zitronen-Bögen.

Man reibt eine Zitrone am Zucker ab, schabt das Gelbe herunter, trocknet es am Ofen und stößt es fein, vermischt es mit 12 Loth vom feinsten gesiebten Zucker, drückt den Saft einer Zitrone darein und rührt dieses leicht. Hierauf schneidet man von Oblaten Fingerlange und zwei Fingerbreite Stücke, überstreicht sie von der Masse, legt sie auf ein Blech, stellt dieses in einen ausgekühlten Ofen und krümmt die Bögen während des Trocknens.

### Nro. 829. Zimmt-Brödchen.

Von 4 Eyerklar schlägt man einen steifen Schnee, vermischt ½ Pf. gesiebten Zucker mit eben so viel fein geriebenen Mandeln, 1½ Loth Zimmt und 3 Loth feinstes Mehl, rührt dieses zusammen mit dem Schnee gut ab, belegt ein Blech mit Oblaten, setzt Brödchen in der Größe eines 12 kr. Stücks darauf, stellt sie in einen guten Ofen und backt sie schön.

### Nro. 830. Cardemomen-Brödchen.

Man schlägt das Weiße von 5 Eyern zu Schnee und rührt damit ½ Pf. gesiebten Zucker ¼ Stunde. Nun schlägt man ½ Pf. feines Mehl durch ein Sieb, gibt ½ Loth fein gestoßene Cardemomen und eine Messerspitzevoll Muskatenblüthe dazu, rührt dieses gut in die Masse, belegt ein Blech mit Papier, bestreicht es mit Butter, setzt kleine Brödchen darauf und backt sie in einem gelinden Ofen.

### Nro. 831. Zimmt-Schnitten.

Man rührt ¼ Pf. gesiebten Zucker mit 5 Eyern ¼ Stunde, mischt, nachdem die Masse dick ist ½ Pf. in Würfel geschnittene Mandeln, 1 Loth Zimmt, die fein geschnittene Schale einer Zitrone, eine halbe geriebene Muskatnuß und ½ Pf. feines Mehl darein, bestreut alsdann ein Blech mit Mehl, gibt von dem Teig 2 lange schmale Stritzel darauf und backt sie in einem guten Ofen. Wenn sie fertig sind, schneidet man sie zu Schnitten, bäht diese auf einem Rost oder auf einem Blech im Ofen gelb und hebt sie an einem trockenen Ort zum Gebrauch auf.

### Nro. 832. Zucker-Kolatschen.

Man zerläßt ¼ Pf. frische Butter, gießt das Klare davon über ½ Pf. gesiebten Zucker und rührt diesen mit 3 ganzen und 4 gelben Eyern zu Schaum. Nun reibt man eine schöne Orange an einem Stückchen Zucker ab, kratzt das Gelbe davon mit einem Messer in die Masse und rührt ½ Pf. feines Mehl darein, belegt alsdann ein Blech mit Papier, setzt davon kleine Häufchen darauf und backt sie in einem frischen Ofen.

### Nro. 833. Orangen-Brödchen.

Man rührt ½ Pf. gesiebten Zucker mit 5 Eyern zu einer dicken Masse, schält von 2 frischen Orangen die gelbe Schale ganz fein ab, schneidet diese so fein wie möglich und gibt sie mit 6 Loth fein geriebener Mandeln in die Masse, schlägt so viel feines Mehl durch ein Sieb darein bis dieselbe nicht mehr auseinander läuft, setzt davon kleine Häufchen auf ein mit Papier belegtes und mit Butter bestrichenes Blech, überfährt sie oben mit dem Zuckersieb und backt sie in einem guten Ofen.

### Nro. 834. Zimmt-Ringeln.

Man nimmt auf ein Backbrett ½ Pf. feines Mehl, ¼ Pf. gesiebten Zucker, eben so viel frische Butter und 1 Loth Zimmt, reibt dieses zusammen gut ab, zerklopft 1 ganzes und 2 gelbe Eyer mit einem Löffelvoll dicken sauren Rahm und macht damit Gemeldetes zu einem Teig, bricht davon kleine Stückchen ab, wargelt sie in die Länge und formirt Ringeln davon. Nun bestreicht man ein Papier ganz leicht mit Butter, legt dieses auf ein Blech, setzt die Ringeln darauf, überfährt sie ganz leicht mit einem Pinsel den man in Wasser getaucht hat, bestreut sie stark mit gestoßenem Candis und backt sie in einem gelinden Ofen.

### Nro. 835. Muskat-Zienen.

Man stößt ½ Pf. Mandeln die man blos abreibt, nicht schält, ganz fein, rührt ½ Pf. gesiebten Zucker mit 2 ganzen und dem Weißen von 2 Eyern und 2 Löffelvoll Zitronensaft eine Zeitlang, mischt ½ Loth Zimmt, 1 Quint Nelken, eben so viel Muskatenblüthe, 2 Loth fein gewiegten Zitronat, eben so viel Pomeranzenschalen, die abgeriebene Schale einer Zitrone und die gestoßenen Mandeln darein und rührt dieses alles gut durcheinander. Hierauf bestreut man ein Backbrett mit Mehl und Zucker, wallt die Masse ein wenig aus, sticht sie mit dem Muskat-Zienenmodel aus, belegt ein Blech mit Oblaten, setzt sie darauf und backt sie in einem abgekühlten Ofen.

### Nro. 836. Macaronen.

Man reibt oder stößt ½ Pf. abgezogene Mandeln mit 2 Eyerklar ganz fein, vermischt sie mit ½ Pf. gesiebten Zucker und der abgeriebenen Schale einer Zitrone, setzt dieses in einer Casserolle auf eine schwache Gluth und rührt die Masse bis der Zucker vergangen und diese ein wenig heiß ist. Alsdann stellt man sie vom Feuer, rührt sie wieder so lang, bis sie ausgekühlt ist, gibt den Schnee von 2 Eyerklar darein und rührt diesen gut darunter. Hierauf belegt man ein Blech mit Oblaten, setzt von der Masse länglichte Macaronen darauf, überfährt sie mit dem Zuckersieb und backt sie in einem abgekühlten Ofen.

### Nro. 837. Zitronen-Brödchen.

Man zerklopft in einer Schüssel 3 ganze Eyer mit dem Saft einer halben Zitrone, reibt 2 Zitronen an ½ Pf. Zucker ab, stoßt ihn fein, gibt ihn durch ein Sieb an die Eyer und rührt dieses ½ Stunde, gibt so viel feinstes Mehl durch ein Sieb dazu, daß die Masse nicht auseinander läuft, belegt alsdann ein bestrichenes Blech mit Papier, setzt von der Masse kleine Häufchen darauf, überfährt sie mit einem Zuckersieb und backt sie in einem guten Ofen.

### Nro. 838. Anis-Brödchen.

Man schlägt das Weiße von 5 Eyern zu Schnee, rührt damit ½ Pf. feingesiebten Zucker zu einer dicken Masse, gibt ½ Löffelvoll Zitronensaft, 1 Löffelvoll gewaschenen und getrockneten Anis und so viel feinstes Mehl durch ein Sieb darein, daß die Masse nicht auseinander laufen kann, setzt davon kleine Häufchen auf ein mit Oblaten belegtes Blech und backt sie in einem gelinden Ofen.

### Nro. 839. Mandelbrod.

Man schneidet 1 Pf. ungeschälte Mandeln die man zuvor mit einem Tuch abgerieben hat in kleine Würfel, vermischt diese auf einem Backbrett mit 1 Pf. gesiebtem Zucker, eben so viel feinem Mehl, 1 Loth Zimmt, halb so viel Nelken, 1 Quint Muskatblüthe, 3 Loth Pomeranzenschalen, eben so viel Zitronat und die Schale von einer Zitrone, letztere 3 Stücke fein gewiegt. Hierauf zerklopft man 6 ganze und 6 gelbe Eyer, macht Gemeldetes damit zu einem festen Teig, arbeitet ihn gut durch und wallt ihn einen kleinen Fingerdick aus, bestreut alsdann ein Blech ganz fein mit Mehl, schneidet den Teig in viereckigte Stückchen und backt sie in einem guten Ofen gelb.

### Nro. 840. Kleyen-Brödchen.

Ein Viertelpfund ungeschälte Mandeln werden mit einem Tuche abgerieben, fein gestoßen und mit ½ Pf. gesiebten Zucker vermischt, alsdann wird das Weiße von 2 Eyern zu Schnee geschlagen, Gemeldetes damit abgerührt und die feingewiegte Schale einer halben Zitrone, 1 Loth Zitronat, eben so viel Pomeranzenschalen und ½ Loth Zimmt darunter gemischt. Nun belegt man ein Blech mit Oblaten, setzt von der Masse runde Häufchen darauf und backt sie in einem gelinden Ofen.

### Nro. 841. Mandel-Kränzlein.

Das Weiße von 4 Eyern schlägt man zu Schnee, rührt damit ½ Pf. fein gesiebten Zucker und mischt ½ Pf. fein gewiegte Mandeln darein. Alsdann belegt man ein Blech mit Oblaten, formirt von der Masse kleine Kränzchen darauf und backt diese in einem abgekühlten Ofen. Wenn sie fertig sind, überstreicht man sie ganz leicht mit zerklopftem Eyerklar, streut gestoßenen Candis darauf, läßt sie im Ofen wieder trocknen und bricht die leere Oblate, so in der Mitte ist, davon aus.

### Nro. 842. Mandelberg.

Man schlägt das Weiße von 2 Eyern zu Schnee, rührt damit ½ Pf. gesiebten Zucker, schneidet ½ Pf. geschälte Mandeln ganz fein, eben so 3 Loth Pommeranzenschalen und Zitronat, mischt dieses in den Zucker, belegt ein Blech mit Oblatten, setzt von der Masse kleine Häufchen, die sich in die Höhe ziehen darauf, und stellt sie in einen gelinden Ofen. Ehe sie ganz fertig sind, überfährt man sie mit einer Feder die man in Zitronensaft taucht, bestreut sie mit gröblich gestoßenem Candis, und läßt sie damit vollends fertig werden.

### Nro. 843. Geröstete Mandeln.

Man reibt 1 Pf. ausgesuchte schöne Mandeln mit einem reinen Tuche ab; alsdann läutert man 1 Pf. Zucker mit einem Glas Wasser, kocht diesen bis er etwas dick und das Wasser daran verraucht ist, gibt die Mandeln mit einem Kaffeelöffelvoll Zimmt darein, und kocht sie so lange bis sie anfangen zu krachen. Nun stellt man sie vom Feuer, spritzt ein wenig frisches Wasser darüber, rührt sie damit durcheinander, gibt sie noch einmal auf das Feuer und läßt sie indem man sie beständig umrührt darauf, bis der Zucker ganz eingekocht hat. Hierauf stellt man sie bei Seite, rührt sie so lange durcheinander, bis der Zucker daran trocken geworden ist, und legt sie zum Abkühlen auf ein Sieb.

### Nro. 844. Braune Leb-Kuchen.

Man kocht 1 Maaß Honig mit 1 Pf. Zucker, bis er Probe hält, d. h. man läßt einen Tropfen davon auf einen Stein fallen, wenn der Zucker nicht auseinander läuft, hat er genug, im Gegentheil aber muß er noch so lange gekocht werden. Hierauf mischt man 1 Pf. abgeschälte Mandeln, die man quer so fein wie möglich geschnitten hat, ferner 6 Loth Pommeranzenschalen und die Schalen von 2 Zitronen beides fein geschnitten, 2 Loth Zimmt, 1 Loth Nelken, ½ Loth Cardemomen, alles dieses grob gestoßen, 2 geriebene Muskatnüsse, eine Messerspitzevoll fein pulverisirte Potasche, 1 Quart Kirschengeist und 4 Pf. Mehl darein, läßt den Teig so lang auf Kohlen, bis er tüchtig durchgearbeitet und kein Mehl mehr darin zu sehen ist, und stellt ihn dann blos noch zur Wärme. Hierauf probirt man ein Stückchen davon, das man ein wenig breit drückt, ob solches im Ofen nicht zerläuft; ist dieß der Fall, so muß der Teig mit Mehl verstärkt werden. Nun wird ein Backbrett mit Mehl bestreut, ein Stück von dem Teig darauf genommen, dasselbe starken Messerrückendick ausgewallt, in die mit Mehl bestäubte Mödel gedrückt, und das, was darüber hinausgeht, mit einem Messer abgeschnitten. Alsdann werden die Lebkuchen auf ein mit Mehl bestreutes Blech gelegt, dieselbe in einem abgekühlten Ofen gebacken, wenn sie fertig sind, mit gekochtem Zuckerwasser überstrichen und getrocknet.

### Nro. 845. Weiße Leb-Kuchen.

Ein halb Pfund gestebten Zucker rührt man mit 3 Eyern ½ Stunde, mischt, wenn die Masse dick ist, 4 Loth fein geschnittene Mandeln, eben so viel fein gewiegten Zitronat, die abgeriebene Schale einer Zitrone, 1 Loth Zimmt, ½ Loth Cardemomen, eine Messerspitzevoll Muskatenblüthe und ½ Pf. feines Mehl darein, rührt dieses zusammen gut durcheinander, nimmt den Teig alsdann auf ein mit Mehl bestreutes Backbrett, wallt ihn starken Messerrückendick aus, und drückt ihn in beliebige Mödel, legt die Lebkuchen auf ein mit Mehl bestreutes Blech, und backt sie in einem abgekühlten Ofen.

---

# Glasirte Früchte.

## Nro. 846. Castanien zu glasiren.

Man läutert 1 Pf. Zucker mit einem Glas Wasser in einer kupfernen Pfanne, klärt ihn mit zerklopftem Eyerweiß, und kocht ihn nach diesem, bis er Probe hält, man taucht nämlich mit einem glatten Hölzchen zuerst in kaltes Wasser, dann in den Zucker und wieder schnell in das Wasser. Sollte nun der Zucker, wenn man darauf drückt, wie Glas abspringen, so hat er genug, läßt er sich aber noch zähe oder klebrig fühlen, so muß er noch so lange gekocht werden, bis er die erwähnte Eigenschaft hat. Die Castanien, die schön sein müssen, werden zuerst gebraten und geschält, alsdann an ein Hölzchen gesteckt, in dem Zucker umgewendet, und so lange im Kreis gedreht, bis der Zucker sich glasirt hat und trocken ist. Alsdann werden sie in ein Zuckersieb gelegt, und wenn alle fertig sind, jede in eine Kapsel von weißem Papier eingemacht.

## Nro. 847. Kirschen zu glasiren.

Man schneidet an den Kirschen die Stiele ein wenig ab, wäscht sie rein, und trocknet sie auf einem Sieb. Hierauf schlägt man von Eyerklar einen Schnee, gibt ein paar Löffelvoll davon in eine Schüssel, legt von den Kirschen darein, und schwingt sie mit dem Schnee um. Nun macht man von dem feinsten Zucker, welcher durchgesiebt wird, in einer messingnen Pfanne heiß, wendet die im Eyerweiß gelegenen Kirschen in dem heißen Zucker um, legt sie, ohne daß sie auf einander liegen auf ein Sieb, und läßt sie trocknen.

## Nro. 848. Johannisbeere zu glasiren.

Man nimmt hiezu schöne aber ja keine überreife Träubchen, wäscht und trocknet sie, behandelt sie wie die Kirschen, und gibt sie wie jene, wenn sie fertig sind, zum Trocknen auf ein Sieb.

### Nro. 849. Garten-Erdbeere zu glasiren.

Diese müssen schön aber auch nicht überreif sein. Sie werden gewaschen, und gut getrocknet, der Zucker aber geläutert, und wenn er dick gekocht hat, werden die Erdbeere darein getaucht, alsdann auf ein Zuckersieb gelegt und getrocknet. Auf diese Art können auch Himbeere glasirt werden.

# Verschiedene Glace zu Torten.

### Nro. 850. Chocolade-Glace.

Drei Loth fein geriebene Chocolade wird mit 4 Loth Zucker, der fein und gesiebt sein muß, vermischt, das Weiße von 1 großen oder 2 kleinen Eyern wird ein wenig zerklopft, Gemeldetes damit abgerührt, die Torte damit überzogen, und dann bei der Wärme oder in einem kühlen Ofen getrocknet.

### Nro. 851. Weiße Glace.

Man zerklopft das Weiße von einem Ey, rührt damit ¼ Pf. feinsten durchgesiebten Zucker ¼ Stunde, drückt ein paar Tropfen Zitronensaft dazu, und gebraucht diese Glace um verschiedene Torten und Backereien damit zu überziehen.

### Nro. 852. Rothe Glace.

Ein Viertelpfund feiner gesiebter Zucker wird mit dem Schaum von ½ Eyerklar und einigen Tropfen ungezuckerten Erbselensaft gut abgerührt, und dieses zum Glasiren bei Torten oder kleinen Backereien verwendet.

### Nro. 853. Gelbe Glace.

Einige Fasern guter Safran wird in ein Eyerklar gelegt, und wenn dieses davon gefärbt ist, herausgenommen, das Klare alsdann zu Schaum geschlagen, und ¼ Pf. fein gesiebter Zucker damit abgerührt.

### Nro. 854. Punsch-Glace.

Man reibt ½ Zitrone an Zucker ab, schabt das Gelbe herunter, trocknet es am Ofen, stößt und läßt es durch ein Sieb, gibt ¼ Pf. fein gesiebten Zucker, ein halbes zerklopftes Eyerklar, einige Tropfen Zitronensaft und Arak darein, rührt es zu einer dicken Glace, und überzieht damit die Torten.

### Nro. 855. Obst zu Compot, Kuchen und dergleichen aufzubewahren.

Man nimmt hiezu grüne Gläser, die einen weiten Hals haben, in welche das Obst, das nicht zu reif sein noch Flecken haben oder Anstoß haben darf, gethan wird. Die Gläser werden voll mit dem Obst gemacht, 3 bis 4 Löffelvoll feinster gestoßener Zucker darüber gestreut, und mit einer Schweinsblase fest und doppelt verbunden. Aprikosen und Pfersiche werden geschält, Zwetschgen gekernt, Kirschen nach Belieben, nachdem die Gläser gut verbunden sind, werden sie mit Heu umwickelt, in einen Kessel neben einander gestellt, kaltes Wasser daran gegossen, dann ein gelindes Feuer darunter gemacht, und dieses erhalten bis das Wasser kocht. Zwetschgen müssen ½ Stunde, Aprikosen, Kirschen, Mirabellen, Renkloden, Heidelbeere ¼ Stunde, Pfersich aber nur 10 Minuten kochen, wonach das Feuer sammt Kohlen schnell weggenommen werden muß, die Gläser aber bleiben unverrückt bis sie erkaltet sind in dem Kessel stehen. Alsdann werden sie herausgenommen, das Heu davon gemacht, und an einen kühlen Ort nur in keinen Keller gestellt. Vier Wochenlang rüttelt man das Obst alle Tage, nach dieser Zeit aber nur alle 8 Tage. Auf diese Art das Obst pünktlich behandelt hält es sich Jahr und Tag gut.

### Nro. 856. Brockel-Erbsen für den Winter in Gläser aufzubewahren.

Die Erbsen werden so lang sie noch jung und zart sind ausgehülst, in Gläser wie das Obst gefüllt, mit einer kleinen Handvoll Salz bestreut, und leicht zugedeckt, nach 3 bis 4 Tagen verbindet man die Gläser mit Schweinsblasen, umwickelt solche mit Heu, stellt sie in einen Kessel, gibt kaltes Wasser dazu, und unter den Kessel gelindes Feuer, erhält dieses bis das Wasser ¼ Stunde gekocht hat, nimmt es dann weg, und läßt die Gläser in dem Wasser stehen bis es ganz kalt geworden ist, nimmt sie alsdann heraus, macht das Heu davon, und hebt die Erbsen an einem kühlen Ort nur in keinem Keller zum Gebrauch auf, sie werden zuweilen wie das Obst gerüttelt, und wenn man davon kochen will, über Nacht in frisches Wasser gelegt.

### Nro. 857. Gefrornes zu machen.

Hiezu gehören folgende Gefäße, als: ein Eimer von hartem Holz, oben muß derselbe mit einem Griff und unten 2 Fingerbreit ober dem Boden mit einem Zapfen versehen sein, wodurch man das Wasser so sich allenfalls sammelt ablassen kann, eine Gefrierbüchse von Zinn mit einem gut passenden Deckel, der sich breit an der Büchse herunter zieht, und oben mit einem breiten runden Griff versehen ist, ein Spattel von Buchenholz, welcher unten etwas gerade lauft, weiter herauf aber muldenförmig und mit einem langen Stil versehen ist. Wenn man nun Gefrornes verfertigen will, zerschlägt man das Eis in ganz kleine Stückchen, gibt zu 3 Theil Eis den vierten Theil Salz, vermischt dieses zusammen gut, und bedeckt mit einem Theil den Boden des Eimers, stellt die Büchse mit der zum frieren bestimmten Masse darauf, gibt das übrige Eis um dieselbe herum, so daß die Büchse bis an den Deckel in Eis steht. Nun dreht man sie ohne den Deckel zu öffnen ½ Stunde schnell im Kreis herum, bis sich die Masse schwach nur wie eine Haut zu Eis angesetzt hat. Alsdann reinigt man den Deckel von dem sich allenfalls darauf befindlichen Eis, nimmt ihn weg, gibt aber sehr Acht, daß nichts vom Eis in die Masse kommt, stößt diese mit dem Spattel, was sich sowohl an der Seite als am Boden angesetzt hat, ab, rührt sie gut durcheinander, und fährt mit Abstoßen des Eises als auch Umdrehen der Büchse beständig fort, bis die Masse gut bearbeitet und so stark und zart wie Butter ist. Man füllt sie alsdann gleich in Gefrierschälchen, oder gibt den Deckel wieder auf die Büchse, läßt das, wenn es in einer warmen Jahreszeit ist, sich gesammelte Wasser ab, gibt dem Eis noch ein wenig Zusatz von Salz, und somit kann die Masse noch einige Stunden, bis sie gebraucht wird, stehen bleiben.

### Nro. 858. Punsch-Gefrornes.

Man läutert 1 Pf. vom feinsten Zucker mit 1 Quart Wasser, gibt die Schale von 4 Zitronen, die man ganz fein abgeschält hat, darein, und kocht sie ein paar Minuten mit, stellt sodann den Zucker vom Feuer, gibt den Saft von 10 großen Zitronen darein, rührt dieses gut durcheinander, und preßt es durch eine Serviette in die Gefrierbüchse, stellt dieselbe in das Eis, dreht sie eine Weile im Kreis herum, gibt erst wenn die Masse gefrieren will, nach und nach ½ Schoppen Arak dazu, und bearbeitet die Masse wie solches angezeigt ist.

### Nro. 859. Vanille Gefrornes.

Man klopft 2 Fingerlange Stückchen Vanille, kocht sie mit 1 Quart Rahm, und preßt diesen durch ein leichtes Tuch, alsdann zerklopft man das Gelbe von 14 Eyern mit dem durchgepreßten Rahm, und gießt noch nach und nach 3 Quart kalten Rahm hinzu. Hierauf läutert man ½ Pf. feinsten Zucker mit einem Glas Wasser, läßt ihn so lange kochen, bis das Wasser verzehrt und der Zucker dick zu werden anfängt, stellt ihn dann vom Feuer, rührt die mit Rahm zerklopften Eyer langsam darein, läßt die Masse auf Kohlen unter beständigem Rühren dick werden, aber ja nicht kochen, passirt sie, wenn dieß erfolgt ist, durch ein Sieb, rührt sie damit sie keine Haut bekommt bis sie ganz ausgekühlt ist, gibt sie dann in die Gefrierbüchse, und bearbeitet sie nach Vorschrift.

### Nro. 860. Erdbeer-Gefrornes.

Zwei Maaß reife Walderdbeeren werden gewaschen, und nachdem sie abgelaufen sind, durch ein Sieb gepreßt, alsdann den Saft von 2 Zitronen darein gerührt. Hierauf läutert man ½ Pf. feinsten Zucker mit einem Glas Wasser, läßt ihn, nachdem er rein ist, ein wenig erkalten, gibt den durchgepreßten Erdbeerensaft darein, rührt sie gut mit dem Zucker durcheinander, passirt das Ganze durch ein Sieb, gibt sie in die Gefrierbüchse, gießt, wenn solche anfangen will zu gefrieren, nach und nach 1 Quart guten alten Wein dazu, und verfährt damit genau nach Vorschrift. Eben so wird auch das Himbeergefrorne gemacht. Wenn man keine frische Himmbeeren hat, kann dick eingekochter Himbeersaft statt dem frischen genommen werden. Man rechnet auf 1 Quart Himbeersaft 3 Quart frisches Wasser und ein Quart alten guten Wein, welcher erst wenn die Masse gefrieren will, nachgegossen wird.

### Nro. 861. Orangen-Gefrornes.

Man kocht eine Handvoll Orangenblüthen mit einer Maaß guten süßen Rahm, preßt ihn durch ein leichtes Tuch, und zerklopft damit das Gelbe von 14 Eyern. Hierauf läutert man ½ Pf. feinsten Zucker, stellt ihn nachdem er rein ist vom Feuer, und rührt wenn er ein wenig ausgekühlt hat die mit dem Rahm zerklopften Eyer darein, stellt die Masse wieder auf Kohlen, und läßt sie unter beständigem Rühren dick werden, aber ja nicht kochen, passirt sie durch ein Sieb, rührt sie damit sie keine Haut bekömmt bis sie ganz ausgekühlt hat, gibt sie alsdann in die Gefrierbüchse, und verfährt damit nach Vorschrift.

### Nro. 862. Chocolade-Gefrornes.

Man kocht 12 Loth gute geriebene Chocolade mit 1 Maaß Rahm, zerklopft das Gelbe von 8 Eyern mit ein wenig kaltem Rahm, gibt die Chocolade mit ¼ Pf. feinem geläuterten Zucker darein, setzt die Masse auf Kohlen, und läßt sie unter beständigem Rühren dick werden, nur nicht kochen, passirt sie alsdann durch ein Sieb, rührt sie bis sie kalt ist, gibt sie in die Gefrierbüchse, und verfährt damit nach Vorschrift.

### Nro. 863. Weichsel-Gefrornes.

Ein ein halb Pfund frische Weichseln stoßt man sammt den Steinen in einem Mörser, und preßt den Saft davon durch ein Tuch. Hierauf läutert man ¾ Pf. feinsten Zucker mit einem Glas Wasser, läßt ihn so lange kochen bis das Wasser aufgezehrt ist und der Zucker dick zu werden anfängt, stellt ihn sodann vom Feuer, rührt den durchgepreßten Saft mit einem Quart Muskatwein in den Zucker, rührt dieses zusammen gut durcheinander, füllt die Masse in die Gefrierbüchse, und bearbeitet sie, wie solches angezeigt ist.

---

# Früchte in Zucker und Essig einzumachen.

### Nro. 864. Zucker zu läutern.

Ein Pfund Zucker schlägt man in Stücken, gibt ihn in eine Casserolle oder messingne Pfanne, gießt 1 Quart Wasser dazu, kocht ihn langsam, und schöpft fleißig den in die Höhe kommenden unreinen Schaum mit einem Schaumlöffel ab. Indessen zerklopft man ein 1 Eyerklar mit ein paar Löffelvoll Wasser, gibt dieses wenn der Zucker so lange gekocht hat, daß er kurz vom Löffel fällt, darein, und passirt ihn ohne noch einmal kochen zu lassen, durch ein dünnes Tuch.

### Nro. 865. Johannisbeere einzusieden.

Man wäscht die abgezopften Johannisbeere, bringt sie auf ein Sieb und läßt ihn ablaufen, läutert auf 1 Pf. Beeren 1 Pf. Zucker, gibt, wenn derselbe gut verschäumt und kurz gekocht ist, die Beeren darein, kocht sie langsam, bis sie zu sinken anfangen, nimmt aber währenddem den sich aufwerfenden Schaum ab. Alsdann hebt man die Beere mit einem Schaumlöffel heraus, kocht den Saft kurz ein, gibt die Beere wieder darein, läßt sie noch ein wenig damit kochen, und gießt sie zum Erkalten in ein Geschirr von Porzellän. Nachdem sie kalt sind, füllt man sie erst in die dazu bestimmten Gläser, schneidet, so groß die Oeffnung ist, ein Blättchen weißes Papier, zieht dieses durch ein wenig Arak oder gutes Kirschenwasser, legt es auf die Beere, verbindet das Glas mit Papier, stupft dieses ein wenig mit einer Nadel, und hebt sie an einem kühlen und trockenen Orte zum Gebrauch auf.

### Nro. 866. Aprikosen einzumachen.

Man übergießt halb reife Aprikosen, damit sie sich schälen lassen, mit heißem Wasser, zieht die Haut davon, schneidet sie entzwei und nimmt die Steine heraus. Auf 1 Pf. Aprikosen läutert man ¾ Pf. Zucker, gibt wenn er rein ist, die Aprikosen darein, kocht sie ¼ Stunde und gießt sie dann in ein Geschirr von Porzellän, nach 24 Stunden legt man die Aprikosen mit einem silbernen Löffel in das dazu bestimmte Glas, kocht den Saft oder Zucker mit der ganz fein geschnittenen Schale einer Zitrone dick, gießt ihn wenn er erkaltet ist über die Aprikosen, legt ein in Arak getauchtes Blättchen weißes Papier darauf, verbindet das Glas gut mit Papier, stupft dieses mit einer starken Nadel und hebt sie an einem kühlen Ort auf.

### Nro. 867. Weichseln einzumachen.

Auf 1 Pf. ausgesteinte Weichseln läutert man 1 Pf Zucker, gibt, wenn er rein ist und noch ein wenig dick gekocht hat die Weichseln darein, kocht sie eine kleine Viertelstunde und nimmt währenddem den sich aufwerfenden Schaum fleißig ab, legt die Weichseln, indem man sie mit einem Schaum- oder Zuckerlöffel aus dem Zucker hebt, in ein Geschirr von Porzellän, kocht den Saft dick und gibt ihn darüber. Wenn sie ganz erkaltet sind, füllt man sie erst in die dazu bestimmten Gläser, legt ein weißes durch Arak gezogenes Blatt Papier darauf, verbindet die Gläser wie die früher angezeigten und hebt sie an einem kühlen Ort auf.

Anmerk. Man kann die Weichseln aber auch ohne sie vorher auszusteinen einmachen, nämlich, man schneidet die Stiele davon kurz ab, rechnet auf 1 Pf. Weichseln ½ Pf. Zucker, und verfährt im Uebrigen damit wie solches angezeigt ist.

### Nro. 868. Renkloden einzumachen.

Diese werden wie die Aprikosen halb reif sammt den Stielen gebrochen, mit kochendem Wasser übergossen und wenn sie ein paar Minuten darin gelegen sind, zum Ablaufen auf ein Sieb gebracht. Auf 1 Pf. Renkloden läutert man ¾ Pf. Zucker, gibt sie wenn er rein ist darein, kocht sie eine Viertelstunde und gießt sie sammt dem Zucker in ein Geschirr von Porzellän, läßt sie 24 Stunden darin stehen, legt die Renkloden mit einem silbernen Löffel in ein dazu bestimmtes Glas, kocht den Saft oder Zucker mit der feingeschnittenen Schale einer Zitrone dick, gießt ihn wenn er abgekühlt ist darüber, legt ein Blättchen weißes Papier das man durch Arak gezogen hat darauf, verbindet das Glas mit Papier, stupft dieses mit einer starken Nadel und behält es an einem kühlen Ort auf. Auf eben diese Art werden Pfirsche und Mirabellen behandelt.

### Nro. 869. Zwetschen einzumachen.

Die Zwetschen werden, damit sie leichter zu schälen sind, mit heißem

Wasser begossen, alsdann geschält und die Steine herausgedrückt, auf 1 Pf. Zwetschen läutert man ½ Pf. Zucker, gibt sie wenn derselbe rein ist darein, verschäumt sie während dem Kochen fleißig und legt sie, wenn sie 10 Minuten gekocht haben heraus. Den Saft kocht man kurz ein, gibt ihn über die Zwetschen und füllt diese erst wenn sie ganz erkaltet sind in ein Zuckerglas, verfährt übrigens damit wie früher schon bei den Aprikosen angezeigt ist.

### Nro. 870. Quitten einzusieden.

Man schält gute Quitten, schneidet sie in beliebige Stücke, nimmt das Steinige davon, überkocht sie ein wenig mit Wasser und legt sie dann zum Abtrocknen auf ein reines Tuch. Auf 1 Pf. Quitten läutert man 1 Pf. Zucker, gibt, wenn er rein ist, die Quitten mit der feingeschnittenen Schale einer Zitrone und deren Saft darein, kocht sie darin weich, legt sie zum Erkalten in ein Geschirr von Porzellän und gibt den Saft wenn er kurz eingekocht hat darüber. Sie werden wie das früher Angezeigte in Gläser gefüllt und eben so wie jenes verbunden und aufbewahrt.

### Nro. 871. Himbeere einzusieden.

Schöne Himbeere wäscht und trocknet man auf einem Sieb, läutert zu 1 Pf. Beere ¾ Pf. Zucker, gibt sie wenn er rein und ein wenig dick gekocht hat in den Zucker, kocht die Beere unter fleißigem Abschäumen bis sie zu sinken anfangen und legt sie, wenn dies der Fall ist, mit einem Schaumlöffel heraus. Nun kocht man den Saft kurz ein, gibt die Beere wieder darein, kocht sie noch ein wenig mit, läßt sie alsdann erkalten, füllt sie in die dazu bestimmten Gläser und verfährt damit wie dies bei den Johannisbeeren angezeigt ist.

### Nro. 872. Himbeermark einzusieden.

Auf 1 Pf. durchgetriebenes Mark läutert man ¼ Pf. Zucker, gibt sobald derselbe rein ist das Mark darein, kocht es ⅐ Stunde und verwahrt es, wenn es erkaltet ist in ein Zuckerglas gefüllt an einen kühlen Ort.

### Nro. 873. Dörlitzen einzusieden.

Auf 3 Pf. gewaschene und wieder getrocknete Dörlitzen läutert man ½ Pf. Zucker, gibt sie wenn derselbe rein ist darein, verschäumt sie während dem Kochen fleißig, kocht sie mit dem Zucker kurz ein und verwahrt sie wenn sie kalt geworden sind in Zuckergläser, die verbunden werden, an einem kühlen Ort.

### Nro. 874. Marmelade von Aepfeln.

Auf 4 Pf. geschälte und geputzte Borstorfer-Aepfel läutert man 1½ Pf. Zucker, gibt wenn er rein ist den Saft einer Zitrone sammt derer klein geschnittenen Schale mit den Aepfeln darein, kocht sie auf Kohlen langsam zu einer dicken Masse, treibt diese durch ein Sieb und hebt sie wenn sie erkaltet ist in Zuckergläser, die gut verbunden werden, an einem kühlen Ort zum Gebrauch auf.

### Nro. 875. Marmelade von Aprikosen.

Auf 3 Pf. geschälte ganz reife Aprikosen läutert man 2 Pf. Zucker, gibt, wenn solcher rein ist, die Aprikosen darein, kocht sie zu einer dicken Masse, treibt diese durch ein Sieb, schlägt die Steine der Aprikosen auf, schält die Kerne davon, wiegt sie ganz fein, rührt sie unter die Masse, gibt diese wenn sie erkaltet ist in Zuckergläser, verbindet sie wohl und hebt sie an einem kühlen Ort auf.

### Nro. 876. Marmelade von Kirschen.

Zu 5 Pf. ausgesteinte Kirschen läutert man 2 Pf. Zucker, gibt wenn er rein ist die Kirschen darein, schäumt sie während dem Kochen fleißig ab und läßt sie langsam zu einer dicken Masse einkochen, treibt sie alsdann durch ein Sieb und behält sie, wenn sie kalt ist, in Zuckergläser auf.

### Nro. 877. Marmelade von Quitten.

Man siedet die Quitten weich, zieht die Haut davon und schabt das Mark von dem Steinigen ab. Auf 2 Pf. Mark läutert man 1 Pf. Zucker, gibt, wenn dieser rein ist, die abgeriebene Schale von 2 Zitronen, deren Saft sammt dem Mark darein, kocht die Masse langsam unter fleißigem Umrühren auf Kohlen dick, füllt sie, wenn sie erkaltet ist, in Zuckergläser, verbindet sie mit Papier und behält sie an einem kühlen Ort auf.

### Nro. 878. Hägenmark einzusieden.

Man läutert 1 Pf. Zucker, kocht ihn ein wenig dick und läßt ihn erkalten, alsdann rührt man 1½ Pf. Hägenmark darein, kocht dieses auf Kohlen unter fleißigem Umrühren und Abschäumen kurz ein, stellt es alsdann bei Seite, füllt es wenn es erkaltet ist in Zuckergläser und behält es, nachdem es gut verbunden ist, an einem kühlen Ort auf.

### Nro. 879. Grüne Welschnüsse einzusieden.

Die Nüsse werden in der Hälfte Juni, wo sie noch ganz weich sind, gebrochen, dieselben unten und oben ein wenig abgeschnitten, an mehreren Orten mit einem Hölzchen durchstochen und 12 Tage in kaltes Wasser gelegt. Alle Tage aber wird das alte Wasser ab= und wieder frisches daran gegossen. Nach dieser Zeit setzt man die Nüsse mit frischem Wasser in einer messingnen Pfanne auf das Feuer, gießt solches wenn es sieden will ab, wieder frisches daran und wiederholt dieses drei bis viermal. Endlich kocht man die Nüsse so weich, daß man sie mit einem Hölzchen leicht durchstechen kann, nimmt sie alsdann vom Feuer und legt sie 24 Stunden wieder in kaltes Wasser. Nun läutert man auf 2 Pf. Nüsse 1 Pf. Zucker, gibt sie wenn der Zucker rein ist darein, kocht sie ¼ Stunde und gibt das Ganze in ein Geschirr von Porzellän. Nachdem sie 2 Tage gestanden sind, werden sie wieder ¼ Stunde gekocht und dieses noch zweimal allemal nach 2 Tagen wiederholt. Nach dem dritten Kochen legt man die Nüsse mit einem silbernen Löffel auf eine Platte, spickt sie klein mit geschnittenem Zitronat, kocht an den Saft noch ein Stück Zucker, gibt wenn der Schaum davon genommen ist die Nüsse wieder darein, kocht sie noch 10 bis 12 Minuten damit, legt sie alsdann zum auskühlen auf eine Platte und wenn sie erkaltet sind, in ein Zuckerglas, gibt den abgekühlten Saft darüber, schneidet nach der Weite des Glases ein Blättchen weißes Papier, zieht dieses durch Arak, legt es auf die Nüsse, verbindet das Glas mit Papier, stupft dieses mit einer Nadel und hebt es an einem kühlen Ort auf.

## Nro. 880. Himbeersaft einzusieden.

Ganz reife Himbeere werden zerdrückt, ein paar Tage in Keller gestellt, alsdann durch ein Tuch gepreßt. Zu 2 Maaß Saft läutert man 3 Pf. Zucker und kocht ihn nachdem er rein ist kurz, gießt dann den Saft dazu, kocht ihn langsam bis es dick ist, läßt ihn erkalten und behält ihn in Bouteillen oder steinernen Flaschen, welche man gut stöpselt und verbindet, an einem kühlen Ort auf.

## Nro. 881. Zwetschen in Essig einzumachen.

Zu 400 Zwetschen, die groß und reif sind, auch die Stiele haben müssen, kocht man 3 Pf. Zucker mit 3 Maaß gutem Weinessig, 1 Loth ganzen Zimmt und 12 Nelken ½ Stunde und läßt ihn erkalten, indessen werden die Zwetschen mit einem Tuch abgewischt, mit einer Nadel gestupft, in einen neuen Topf gelegt, der erkaltete Essig darüber gegossen, der Topf mit einer Schweinsblase gut verbunden und derselbe 8 Tage alle Tage gerüttelt. Nach dieser Zeit gießt man den Essig ab, kocht ihn wieder eine Zeitlang, gibt die Zwetschen darein und kocht sie nur so lange damit, bis die Haut zu springen anfängt. Alsdann stellt man sie vom Feuer, legt sie behutsam mit einem silbernen Löffel in den Topf, läßt den Syrup erkalten, gibt ihn darüber, verbindet den Topf wenn alles ganz kalt ist, wieder mit der Blase und behält die Zwetschen, indem man sie zuweilen rüttelt, an einem kühlen Ort zum Gebrauch auf.

## Nro. 882. Weichseln in Essig einzumachen.

Zwei Pf. Weichseln, von denen man die Stiele abschneidet, legt man in ein Zuckerglas, kocht ¼ Maaß guten Weinessig mit 1 Pf. Zucker, etwas ganzen Zimmt und einigen Nelken zu einem Syrup, läßt solchen erkalten, gießt ihn über die Weichseln, bindet das Glas zu und läßt sie 8 Tage stehen. Nach dieser Zeit gießt man den Syrup ab, kocht ihn wieder ein wenig, gießt ihn wenn er erkaltet ist über die Weichseln und wiederholt dieses nach 8 Tagen zum drittenmal. Alsdann verbindet man das Glas mit Papier, stupft dieses mit einer Nadel und verwahrt die Weichseln an einem kühlen Ort. Man kann sie aber auch auf folgende Art einmachen: man gibt in ein Zuckerglas eine Handvoll zerstoßenen Zucker, gibt auf diesen eine Lage Weichseln mit einem Stückchen gebröckelten Zimmt und ein paar Nelken, bestreut diese wieder mit Zucker, gibt dann wieder Weichseln darauf und fährt abwechselnd so fort bis das Glas voll ist, gießt guten Weinessig der über die Weichseln heraufgeht hinzu, verbindet das Glas gut mit Papier, stupft dieses mit einer Stecknadel, läßt die Weichseln einige Wochen in der Sonne destilliren und hebt sie an einem kühlen Ort zum Gebrauch auf.

### Nro. 883. Melonen in Essig einzumachen.

Man schält die Melonen und schneidet sie in beliebige Stücke. Hierauf kocht man ½ Maaß guten Weinessig mit 1 Pf. Zucker, etwas ganzen Zimmt und ein paar Nelken, gießt diesen darüber und läßt sie 24 Stunden zugedeckt damit stehen, nach dieser Zeit gießt man den Essig wieder ab, setzt ihn auf das Feuer, gibt, wenn er kocht, die Melonen hinein, und kocht sie bis sie weich sind, läßt sie dann erkalten, legt sie mit einem silbernen Löffel in Zuckergläser, kocht den Essig zu einem dicken Syrup, und gibt ihn wenn er erkaltet ist darüber; sie können zu Fleisch= und Geflügelbraten aufgesetzt werden.

### Nro. 884. Kleine Gurken in Essig einzumachen.

Diese müssen ganz gesund ohne Flecken und Anstoß sein, man wischt sie mit einem Tuch ab, legt sie in eine Schüssel, gibt starkes Salzwasser darüber und läßt sie darin einen Tag liegen. Nach dieser Zeit legt man sie zum Ablaufen auf ein Sieb, hierauf macht man guten dichten Weinessig in einer messingnen Pfanne siedend, gibt ein paar Lorbeerblätter, Fenchelkraut, einige Pfefferkörner sammt den Gurken darein, läßt diese ein paarmal damit aufstoßen, gießt sie sammt dem Essig in einen steinernen Topf, verbindet diesen mit einem Tuch, damit kein Dampf heraus kann, gut, stellt die Gurken wenn sie erkaltet sind an einen kühlen Ort und hebt sie zum Gebrauch auf.

### Nro. 885. Geschnittene Gurken einzumachen.

Man nimmt hiezu halb große Gurken, die noch keine Körner haben dürfen, schält sie rein, schneidet sie in Blatten, bestreut sie mit Salz und legt sie auf eine Serviette, die auf ein Sieb gelegt ist. Wenn sie einen Tag so gelegen und abgelaufen sind, legt man sie in einen steinernen Topf oder auch in ein großes Zuckerglas. Nun kocht man guten Weinessig ab, läßt diesen erkalten, gießt so viel davon an die Gurken, daß er zwar darüber geht, aber immer noch ein 2 Fingerbreiter leerer Raum bleibt, diesen füllt man mit gutem Provenceeröl auf, verbindet den Topf oder das Glas mit einer Blase und hebt die Gurken an einem kühlen Ort zum Gebrauch auf.

### Nro. 886. Salzgurken einzumachen.

Man legt auf den Boden eines Fäßchens, in das man mit der Hand durch den Spunt langen kann, Traubenlaub, wischt große gesunde Gurken mit einem Tuch rein ab, gibt sie darauf, macht das Fäßchen damit voll und läßt nur noch einen 2 Handbreiten Raum; so viel man nun Wasser darein zu brauchen glaubt, setzt man auf das Feuer, gibt den dritten Theil Essig hinzu, zu jeder Maaß Flüssigkeit aber eine Handvoll Salz, ferner ganzen Pfeffer, Lorbeerblätter und Fenchelkraut, gemeldete 3 Stücke in einer ziemlichen Quantität. Man kocht dieses so lang wie harte Eyer, und setzt es dann zum Auskühlen bei Seite. Wenn der Sud ganz kalt ist, gießt man ihn über die Gurken, so daß dieser darübergeht, macht den Spunt fest zu, legt das Fäßchen in einen Keller, und wälzt es alle Tage einmal um.

### Nᵗᵒ. 887. Champignon einzumachen.

Man nimmt hiezu die kleinere Sorte, bricht die Stiele davon, wäscht sie rein und gibt sie zum Ablaufen auf ein Sieb. Hierauf macht man guten Weinessig mit einer Zwiebel, ein Lorbeerblatt, etwas Salz und einigen Pfefferkörnern siedend, gibt die Champignon darein läßt sie damit einmal aufwallen, stellt sie dann zum Erkalten bei Seite und verwahrt sie in einem steinernen Topf, den man mit einer Blase gut verbindet, an einem kühlen Ort.

### Nro. 888. Welschkorn einzumachen.

Die Kölbchen werden, so lang sie noch klein und unreif sind, abgebrochen, mit einem Wall in gesalzenem Wasser gekocht und zum Ablaufen auf ein reines Tuch gelegt, nachdem sie abgetrocknet sind, legt man sie in ein Zuckerglas, gibt dazwischen einige Blätter Basilikum, Estragon und ein wenig Pfeffer, gießt guten Weinessig darauf, bis das Glas voll ist, verbindet es mit Papier und verwahrt es an einem kühlen Ort, es kann mit Champignon und kleinen Gurken verziert oder auch allein zum Rindfleisch aufgesetzt werden.

### Nro. 889. Estragon zu Saucen.

Man zupft die Blätter von Estragon in ein Zuckerglas, gibt etwas grob gestoßenen Zimmt, ein paar Nelken und ein wenig weißen Pfeffer darüber, macht das Glas mit ächtem gutem Weinessig voll, verbindet es mit einer Schweinsblase und destilirt den Essig ein paar Wochen an der Sonne; einen oder 2 Löffelvoll an Saucen genommen, gibt einen vorzüglich guten Geschmack.

### Nro. 890. Senf zu machen.

Eine halbe Maaß Essig wird mit ¼ Pf. Zucker wohl gekocht, alsdann ein wenig abgekühlt, die Hälfte davon an ¼ Pf. Senfmehl gemischt und dieses ½ Stunde damit gerührt; je länger der Senf gerührt wird, desto zarter und besser wird er. Nach dieser Zeit rührt man die andere Hälfte Essig nach und nach darein und verwahrt den Senf in einer Bouteille zum Gebrauch auf. Man kann ihn auch noch auf folgende Art verfertigen: ½ Pf. Sardellen werden mit einer Handvoll Chalotten und einigen Blättern Estragon klein zerschnitten, mit ¼ Maaß Essig und einem Stück Zucker gekocht; alsdann durch ein Tuch gepreßt. Hierauf nimmt man ¼ Pf. braun und gelbes Senfmehl in eine Schüssel, gibt ein wenig von dem abgekühlten Essig daran und rührt dieses 2 Stunden so, daß es wie Teig ist; alsdann erst verdünnt man es mit dem übrigen Essig, gibt den Senf in Töpfe, verbindet diese mit einer Blase und behält sie an einem kühlen Ort auf.

# Verschiedene kalte und warme Getränke.

### Nro. 891. Eyer-Punsch.

Man zerklopft in einer großen Casserolle 12 ganze Eyer mit dem Saft von 6 Zitronen, einer Bouteille Franzwein, eben so viel Arak und ein gleiches Quantum Wasser, reibt 3 Zitronen an 3 Pf. Zucker ab, und gibt diesen zerstoßen ebenfalls dazu, setzt alsdann die Casserolle auf ein Kohlenfeuer, schlägt die Masse mit einem Schlagbesen, bis sich Schaum in die

Höhe wirft, nimmt diesen mit einem silbernen Löffel in Tassen oder Gläser ab, und servirt ihn gleich.

## Nro. 892. Gewöhnlicher Punsch.

Zu 6 Maaß Punsch reibt man 3 Zitronen und 6 Orangen an 4 bis 5 Pf. Zucker ab, schlägt diesen in Stücken und drückt den Saft von 14 Zitronen und 6 Orangen durch einen Seiher daran. Hierauf brüht man 1 Loth feinen Thee mit 4½ Maaß kochendem Wasser ab, läßt diesen zugedeckt eine Weile bei der Wärme stehen, gießt ihn alsdann durch einen Seiher an den Zucker, gibt eine ganze und eine halbe Bouteille Arak darein, filtrirt den Punsch, wenn der Zucker ganz aufgelöst ist, durch eine Serviette, stellt ihn noch einmal zugedeckt an das Feuer, bis er wieder ganz heiß ist, und servirt ihn in Gläser.

Anmerk. Die Quantität des Araks läßt sich nicht ganz genau bestimmen, weil es hiebei sehr auf Qualität und Geschmack ankömmt. Will man den Punsch noch besser haben, so gießt man, nachdem er filtrirt ist, ¼ Bouteille Champagner oder Burgunder darein, und läßt ihn damit noch einmal recht heiß werden.

## Nro. 893. Kalter Punsch.

Von 4 Zitronen reibt man das Gelbe auf 3 Pfund feinem Zucker ab, schlägt diesen in kleine Stücke, und gibt ihn in eine Schüssel von Porzellän, gießt den Saft von 10 Zitronen, 3 Bouteillen Rheinwein und 1 Bouteille Arak darauf, verdeckt die Schüssel gut, läßt den Punsch so einen halben Tag stehen, filtrirt ihn alsdann durch eine Serviettte, und gibt ihn kalt in Gläser.

## Nro. 894. Bischoff.

Acht bis 10 schöne bittere Orangen werden eingekerbt, auf dem Rost gebraten, alsdann entzwei geschnitten und in eine Schüssel von Porzellän gelegt. Hierauf kocht man 3 Maaß rothen Wein wohl verdeckt mit Zucker, bis er süß genug ist, gibt ihn sogleich über die Orangen, und stellt ihn ein paar Stunden in heiße Asche, damit sich der Geschmack von den Orangen dem Weine mittheilen kann. Nach dieser Zeit preßt man sie gut aus, filtrirt den Bischoff durch eine Serviette und gibt ihn warm oder kalt nachdem es beliebt in Gläser.

## Nro. 895. Hippocras.

Man gibt in eine Schüssel von Porzellän 3 Maaß guten Rheinwein, 1½ Pf. feinen Zucker, 2 Loth feinen Zimmt, 1 Gran weißen Pfeffer, und die Schale von einer Zitrone, verdeckt die Schüssel gut, bindet noch ein Tuch darüber, und läßt sie so 24 Stunden stehen. Nach dieser Zeit stößt man 1 Gran Ambra mit ein wenig Zucker, bindet dieses in ein ganz feines Tüchlein, legt eine Serviette über eine Schüssel, legt das Ambra darauf, gießt den Hippocras darüber und servirt ihn nachdem er durchgelaufen ist in Gläser.

## Nro. 896. Glühwein.

Man läßt 1 Pfund gestoßenen Zucker in einer Casserolle heiß werden, gießt alsdann 2 Maaß rothen Wein dazu, schneidet eine Zitrone entzwei, besteckt diese mit Zimmt und Nelken, legt sie in den Wein und stellt ihn zugedeckt ein paar Stunden in heiße Asche, drückt dann die Zitronen aus, läßt den Wein durch ein reines Haarsieb, und servirt ihn heiß in Gläser.

## Nro. 897. Thee.

Die Bereitung dieses so allgemein und beliebt gewordenen Getränkes ist zu einfach um viel darüber sagen zu können. Die Hauptsache bei dessen Bereitung ist diese, daß das Wasser zu dessen Aufguß längere Zeit sieden muß, ehe es aufgegossen wird. Die bei uns bekanntesten 3 Hauptsorten sind: der Thee-Buh, Haysan und grüner Thee; die kostbarste Sorte ist Kaiser-Thee, dieser ist sehr theuer und wird nur in vornehmen Cirkeln verwendet. Wenn man nun Thee bereiten will, so nimmt man von einer der 3 erstgenannten Sorten so viel man zwischen 4 Fingern fassen kann, gibt solchen in die dazu bestimmte Theekanne und gießt das kochende Wasser daran, nachdem der Thee ein paar Minuten gestanden hat kann er mit kaltem oder warmem Rahm, auch mit Arak getrunken werden, wer es liebt, kann dem Thee ein Stückchen Zimmt, Vanille oder ein Stückchen fein abgeschälte Zitronenschaale beifügen.

## Nro. 898. Sapajeau.

Die abgeriebenen Schalen von 3 Zitronen, deren Saft, 8 ganze Eyer und eine Bouteille Champagner schlägt man mit ½ Pf. gestoßenem Zucker in einer Casserolle gut ab, setzt sie auf Kohlen, schlägt die Masse bis sie kochheiß ist und servirt sie dann gleich in Tassen.

## Nro. 899. Reformirter Thee.

Ein halb Loth guter Thee wird mit einer Maaß Milch, worein ein Stückchen Zimmt und der nöthige Zucker gekocht hat, abgebrüht und zugedeckt, bis er angezogen hat. Indessen zerklopft man das Gelbe von 6 Eyern mit etwas kalter Milch, passirt den Thee durch ein Sieb dazu, stellt ihn wieder auf Kohlen, und sprudelt ihn bis er recht heiß ist gut ab. Man kann auch aus der Milch den Zucker weglassen, an den Thee, wenn er an die Eyer passirt ist, Syrup-Capilere geben, ihn absprudeln, und in Tassen serviren. Der Syrup gibt dem Thee einen äußerst angenehmen Geschmack.

## Nro. 900. Wasser-Chocolade.

So viele Becher Chocolade man braucht, so viel Wasser gießt man in eine messingne Pfanne, gibt auf jeden Becher 1½ Loth feinste geriebene Chocolade dazu, kocht dieses zuerst ein wenig, gießt es dann in eine Chocolade-Kanne von Blech oder in einen glasirten Topf, setzt diesen auf Kohlen, sprudelt die Chocolade, bis Schaum auf die Höhe kömmt, hebt diesen in gewärmte Tassen ab, und servirt sie sogleich mit gebähten Schnitten von Milchbrod.

## Nro. 901. Milch-Chocolade.

Man macht 1 Maaß Milch mit etwas Zucker siedend, streut, so wie diese im Steigen ist, 8 Loth geriebene Chocolade darein, kocht sie ein wenig, und stellt sie dann vom Feuer, zerklopft das Gelbe von 8 Eyern mit einer Tasse kalter Milch, rührt diese in die Chocolade, sprudelt sie auf Kohlen zu Schaum, und servirt sie warm in Tassen.

## Nro. 902. Warmes Bier.

Eine Maaß weißes Bier wird mit einem Stück Zucker, ein Stückchen

Zimmt, etwas ganze Muskatenblüthe, Zitronenschale und einer Nuß groß frischer Butter gekocht, rein verschäumt, mit dem Gelben von 8 Eyern ab- gerührt, und auf Kohlen bis es dick und schäumig ist gesprudelt.

### Nro. 903. Chaudeau (Schodo).

Eine halbe Maaß Wein wird mit 4 ganzen und 8 gelben Eyern in einem hohen glasirten Topf gut abgeschlagen, die abgeriebene Schale einer Zitrone mit ¼ Pf. gestoßenem Zucker darein gegeben, der Saft einer halben Zitrone dazu gedrückt, und die Masse auf Kohlen gesprudelt, bis sie schau- mig und kochheiß ist, alsdann in Tassen servirt.

### Nro. 904. Limonade.

Den Saft von 4 Zitronen, wozu die auf Zucker abgeriebene Schale von 2 Zitronen kommt, versüßt man mit ¼ Pf. zerstoßenem feinen Zucker, gießt 1 Maaß frisches Wasser dazu, passirt solches, wenn der Zucker sich aufgelöst hat, durch eine Serviette, und gibt ein paar Löffelvoll Wein dar- ein. Man kann den Wein, wer ihn nicht liebt auch weglassen.

### Nro. 905. Erdbeer-Wasser.

An eine Maaß zerdrückte Erdbeeren gibt man den Saft einer Zitrone und eine Maaß frisches Wasser, läßt dieses ein paar Stunden stehen, preßt es alsdann durch eine Serviette, und versüßt es nach Belieben mit Zucker; eben so wird auch Himbeerwasser gemacht.

### Nro. 906. Wasser mit Kirschen.

Man stößt frische Kirschen sammt den Steinen, etwas Zimmt und ein paar Nelken, läßt dieses ein paar Stunden stehen, preßt alsdann den Saft durch eine Serviette, gießt davon ein Quart an eine halbe Maaß Wasser, und versüßt solches nach Belieben mit Zucker.

### Nro. 907. Mandelmilch.

Ein halb Pfund rein gewaschene Mandeln stößt man ohne sie abzuzie- hen mit ein wenig frischem Wasser ganz fein, gießt 2 Maaß Wasser hinzu, läßt sie eine Weile so stehen, preßt sie dann durch eine Serviette fest aus und versüßt die Milch mit Zucker nach Belieben. Man kann unter die Man- deln auch 1 Loth bittere Mandeln stoßen, es gibt der Milch einen ange- nehmen Geschmack.

### Nro. 908. Mandelsyrup.

Ein Pfd. süße und 4 Loth bittere Mandeln werden, nachdem sie zuvor gewaschen sind, mit ein wenig Wasser fein gestoßen; hierauf kocht man 1 Pf. feinsten Zucker mit einem Quart Wasser bis er sich zieht, gibt die Mandeln darein und preßt dieses so lange es noch heiß ist durch eine Serviette, läßt den Syrup alsdann erkalten, und füllt ihn in Bouteillen, wenn man Man- delmilch machen will, gießt man 2 Kaffeelöffel davon in ein Quart Wasser, rührt dieses um und damit ist sie dann fertig.

### Nro. 909. Kirschen-Ratafia.

Sechs Pfund Amarellen werden sammt den Steinen zerstoßen, 2 starke Hände voll Johannis- und eben so viele Himbeere zerdrückt und diese sammt den Aprikosen mittelst einer Presse ausgepreßt. An diesen Saft gießt man 2 Maaß guten Franzbranntwein, gibt 1 Loth zerbröckelten Zimmt und halb so viel Nelken dazu, gießt dieses in ein Glas, verbindet es mit einer Schweinsblase und läßt solches 6 Wochen lang an einem temperirten Ort stehen. Hierauf filtrirt man es durch ein reines wollenes Tuch, zerklopft 2 Pf. feinen Zucker, gibt diesen an die Ratafia, läßt sie gut verbunden noch 14 Tage stehen, filtrirt sie noch einmal und bewahrt sie dann in Bouteillen auf.

### Nro. 910. Quitten-Ratafia.

Man reibt gute Birnen-Quitten, preßt den Saft davon aus, gibt an eine Maaß Quittensaft eine Maaß guten Franzbranntwein, zerschneidet 50 Pfersichkerne, gibt diese mit 1 Pf. Zucker, ½ Loth Zimmt und eben so viel Nelken grob zerstoßen darein, stellt das Glas wohl verbunden 2 Monat lang zu gelinder Wärme, filtrirt die Ratafia nach dieser Zeit und hebt sie in Bouteillen gefüllt auf.

---

### Nro. 911. Pöckelfleisch zu machen.

Wenn das Pöckelfleisch warm mit Meerrettig gespeist werden soll, so ist hiezu der Brustkern das beste Stück; nach diesem nimmt man das Schwanzstück. Man röstet ein paar Händevoll Salz mit 4 Loth Salpeter, 6 bis 8 zerriebenen Lorbeerblättern, einigen zerdrückten Wachholderbeeren, 1 Loth grob zerstoßenen Pfeffer, einigen Nelken, eine Handvoll gewiegter Schalotten und einigen Blättern zerschnittenen Estragon und Basilikum auf dem Feuer trocken ab, reibt damit das Fleisch gut ein, legt es in das dazu bestimmte Geschirr und stellt es wohl zugedeckt in einen Keller. Nach ein paar Tagen kocht man so viel Wasser, daß das Fleisch ganz davon bedeckt werden kann, gibt auf die Maaß Wasser 1 Pf. Salz darein, läßt es erkalten und gießt es über das Fleisch, nachdem solches 3 Wochen in dieser Sur gelegen hat, kann davon, ohne daß es gewaschen wird gekocht werden. Es kann warm mit Meerrettig oder auch kalt gegeben werden. Man kann das Fleisch übrigens 2 Monate lang in dieser Sur aufbehalten.

### Nro. 912. Schinken zu kochen.

Man weicht den Schinken über Nacht in frisches Wasser, wäscht ihn alsdann mit warmem Wasser rein, setzt ihn kalt an das Feuer, gibt eine Zwiebel, ein Lorbeerblatt und etwas Estragon darein, läßt aber den Schinken nicht kochen, sondern nur ziehen; wenn er nun einen halben Tag am Feuer gestanden hat, probirt man ihn ob er fertig ist und die Haut sich gern davon abziehen läßt. Ist dies der Fall, so schneidet man sie ein paar Fingerbreit ober dem Knochen ab, schneidet das daran Gebliebene zierlich aus und umbindet den Knochen mit ausgeschnittenem weißem Papier, verziert den Schinken mit ausgestochenen rothen Rüben, fein gewiegter Petersilie und dem Gelben von gewiegten hart gesottenen Eyern. Man kann den Schinken statt zu sieden auch in einem Backofen backen, er wird hiezu 24 Stunden zuvor in kaltem Wasser eingeweicht und dann aus warmem Wasser rein gewaschen; von schlechtem schwarzem Mehl macht man einen gewöhnlichen Brodteig, wallt diesen so groß der Schinken ist, einen Fingerdick aus, bestreut den Teig mit geriebenen Kräutern, als: Estragon, Basilikum und Petersil, legt den Schinken darauf, schlägt den Teig gut ein, legt ihn auf ein Blech und backt ihn 3 Stunden im Ofen; verfährt übrigens wenn er fertig ist wie schon angezeigt wurde.

## Nro. 913. Schwartenmagen.

Sechs Pfund Schweinsohren und Knöcheln werden mit 4 Pf. Schwarten ganz weich gekocht und wenn sie erkaltet sind in kleine Stückchen zerschnitten, dieses Zerschnittene mit 2 Pf. schweinernem Gehäck, Salz, ein wenig Pfeffer und Nelken und etwas von der Brühe worin die Knochen gekocht haben, gut, doch nicht zu dünn untereinander gemacht, damit werden gutgereinigte Schweinsmägen gefüllt, dieselben fest verbunden in einen hohen Topf mit Wasser gehängt und damit 2 Stunden, ohne daß sie jedoch kochen, an das Feuer gestellt. Nach dieser Zeit werden sie herausgenommmen, mit einer Gabel wohl gestupft, zwischen 2 reine Bretter gelegt und mit einem schweren Stein gepreßt.

## Nro. 914. Bratwürste zu machen.

Man schneidet zu 6 Pf. Schweinefleisch, welches vom Schlegel genommmen wird, 1½ Pf. Speck in ganz feine Würfel, alsdann macht man von dem Fleisch die Schwarten weg, hackt solches fein und gibt während dem Hacken etwas Fleischbrühe, in Ermanglung dieser Wasser dazu. Wenn das Gehäck fein ist, wird es in eine Schüssel genommen, der Speck mit Salz, geriebenem Majoran, Pfeffer und etwas Nelken nach Belieben darein gegeben, eine Maaß Wasser oder Fleischbrühe mit reinen Händen darein geklopft und in die reingeputzten Därme durch eine Spritze gefüllt. Wer es liebt, kann einige Stücke Knoblauch eine Zeit lang in kaltem Wasser liegen lassen, die Würste, wenn sie gemacht sind, ein paar Stunden in das Wasser legen, sie nach dieser Zeit herausnehmen und zum Abtrocknen aufhängen.

## Nro. 915. Leberwürste zu machen.

Man siedet 6 Pf. Kesselfleisch mit 3 Kalbs - oder Schweinslungen und Herzen weich, gibt, wenn dieses fertig ist, 3 Schweinslebern dazu, läßt diese damit nur ein wenig ziehen, nicht kochen und legt sie sammt den Lungen und Fleisch aus dem Sud. Wenn alles abgekühlt hat, schneidet man Leber und Lunge in Stücke und gibt sie auf das Hackbrett. Von dem Fleisch schneidet man die Hälfte ebenfalls in Stücke, gibt es auch dazu und hackt dieses fein; die andere Hälfte vom Fleisch schneidet man ganz fein, vermischt es in einer Schüssel mit dem Gehackten, welches ganz fein sein muß, gibt Salz, Pfeffer, Nelken und wer es liebt, etwas geriebenen Majoran und ein wenig fein geschnittene und mit Butter abgedämpfte Zwiebeln dazu; knetet die Masse mit etwas von der Brühe, worin das Fleisch gesotten hat gut ab, gibt aber Acht daß sie nicht zu dünne wird, füllt sie dann in beliebige gut gereinigte Därme, unterbindet die Würste gut und verwällt sie langsam in Wasser, sie können alsdann warm gespeist oder in Rauch ein paar Tage aufgehängt werden.

## Nro. 916. Schwarz-Würste.

Ein halb Pfund Speck, den man von den Lenden nimmt, wiegt man ganz fein, eben so schneidet man 4 bis 5 große Zwiebel ganz fein und dämpft sie mit ¼ Pfd. Butter weich. Hierauf zerklopft man ein Quart Schweinsblut mit eben so viel süßem Rahm, gibt dieses sammt den Zwiebeln und Speck in eine Schüssel, vermischt ein wenig geriebenen Majoran mit ein wenig Pfeffer, Nelken, Muskatenblüthe und Salz, gibt dieses in die Masse, läßt solche unter beständigem Rühren auf Kohlen ein wenig dick werden, aber ja nicht kochen, füllt sie dann in gut gereinigte weite Därme, unterbindet sie fest, verwällt sie in Wasser und bratet sie nach diesem mit Butter gelb.

## Nro. 917. Französischer Schachtelkäse.

Hiezu hat man die sogenannte Labee nöthig, die auf folgende Art verfertigt wird: Man nimmt einen ganzen gereinigten frischen Kalbsmagen, ¼ Maaß guten Weinessig, einen Eßlöffelvoll Salz, eben so viel gestoßenen Pfeffer, läßt dieses zusammen 6 bis 8 Tage an einem temperirten Ort bestilliren und filtrirt es nach dieser Zeit durch Fließpapier; hierauf werden 5 Maaß gute Milch, so wie sie gemolken wird, in ein Geschirr von Porzellän gethan, das zuvor mit der beschriebenen Labee ausgeschwenkt worden ist, ein Löffelvoll davon in die Milch gerührt und diese an einen warmen Ofen gestellt. Nach 36 bis 40 Stunden muß die Masse, wenn sie nicht zu warm gehalten wird, gerinnen und wie Butter anzufühlen sein; wornach sie alsdann in eine Serviette gegossen und 24 Stunden damit aufgehängt wird. Nach dieser Zeit wird der Käse herausgenommen, gesalzen, gut durcheinander gerührt und in eine Form mit vielen Löchern gedrückt darin gelassen, bis er ganz abgelaufen und außen etwas gelb und schmierig ist, alsdann wird er auf eine Platte gestürzt, ringsum mit Salz eingerieben und bis er reif ist, an einem kühlen Ort aufbewahrt. Diese angegebene Portion gibt ungefähr ¼ Pf. Käse.

## Nro. 918. Kartoffelmehl zu machen.

Man schält die Kartoffeln, wäscht sie rein, reibt sie auf dem Reibeisen, thut sie in ein großes Geschirr, gießt kaltes Wasser dazu, rührt sie gut um und läßt das Wasser in ein anderes reines Geschirr durch ein Sieb laufen; wenn nun hier das Mehlige sich gesetzt hat, gießt man das Wasser ab, wieder frisches hinzu und wiederholt dieses so lange, bis das Mehl, so auf dem Boden sitzt, blendend weiß ist, alsdann sticht man es heraus, gibt es auf ein Sieb und trocknet es langsam am Ofen oder an der Luft, nur nicht an der Sonne, weil diese es roth macht. Wenn das Mehl trocken ist, stößt man es in einem Mörser fein, läßt es durch ein Sieb, und verbraucht es zu Backwerk.

## Nro. 919. Fleckenseife zu machen.

Zwei Pf. gute Seife schneidet man klein, kocht sie mit 2 Maaß Ochsengalle dick, mischt 4 Loth Zucker und den vierten Theil von einem Quart Terpentinöl darein und kocht sie mit diesem Zusatz noch ein wenig; alsdann legt man einen Schachteldeckel gut mit Papier aus, gießt die Seife darein, läßt sie erkalten und schneidet sie nach diesem in beliebige Stücke.

### Nro. 920. Chocolade-Butter.

Man brennt den Cacao gelinde, stößt und verarbeitet ihn bis er wie Brei ist, gießt auf die Masse heißes Wasser, rührt sie gut durcheinander und läßt sie erkalten, die in die Höhe gekommene Fettigkeit oder Butter hebt man alsdann mit einem Löffel ab, sie kann in der Küche bei Chocoladespeisen verwendet oder statt Wundbalsam, da sie sehr heilsam ist, gebraucht werden.

### Nro. 921. Sardellen-Butter.

Ein Viertelpfund schöne und gute Sardellen wäscht und reinigt man von den Gräten, wiegt sie fein und stößt sie nach diesem mit ¼ Pf. ausgewaschener frischer Butter in einem Mörser gut durch, drückt sie alsdann in eine Butterbüchse ein und servirt sie zu frisch gesottenen Erdäpfeln.

### Nro. 922. Petersil-Butter.

Eine große Handvoll zartes Petersilkraut wäscht man rein, läßt es auf einem Sieb abtrocknen und wiegt es so fein wie möglich. Hierauf wäscht man 1 Pf. frische Butter gut aus, trocknet sie mit einem Tuch ab, besprengt sie mit ein wenig Salz, knetet das gewiegte Petersilkraut darein und hebt die Butter an einem kühlen Ort zum Gebrauch in der Küche auf.

### Nro. 923. Kräuter-Pulver.

Eine Handvoll zartes Petersilkraut, eben so viel Basilikum, etwas Zitronen und Pfefferkraut, trocknet man zuerst in einer Serviette an der Luft, alsdann in einem ausgekühlten Ofen und reibt es zu Pulver. Eben so dörrt man eine Handvoll Champignon, 2 Händevoll Morgeln und 3 bis 4 geputzte Trüffeln; stößt dieses zu Pulver, vermischt es mit den Kräutern, schlägt das Pulver durch ein Sieb und hebt es in einer gutverschlossenen Schachtel oder Bouteille zum Gebrauch auf. Man bedient sich dieses Pulvers statt Gewürz bei Ragout, Fricasés, Saucen u. dgl.

### Nro. 924. Stockfische zu wässern.

Der getrocknete Stockfisch wird auf einem Amboß oder einem Hackstock mit einem großen schweren Hammer tüchtig geklopft, einen Tag in fließendes Wasser und nach diesem eben so lange in eine reine Lauge gelegt; diese wird sodann abgegossen und wieder frisches Wasser daran geschüttet, auf diese Art kann der Stockfisch 10 bis 12 Tage, wenn das Wasser alle Tage gewechselt wird, aufbehalten werden.

### Nro. 925. Molken.

Man nimmt eine Maaß frische Milch, so wie sie gemolken wird, setzt sie in einer messingnen Pfanne auf das Feuer und gibt während sie zu kochen anfangen will, einen starken Kaffeelöffelvoll preparirten Weinstein oder einige Tropfen Zitronensaft darein, läßt die Milch mit diesem Zusatz gerinnen und passirt die Flüssigkeit durch ein reines Tuch.

CPSIA information can be obtained at www.ICGtesting.com
Printed in the USA
BVOW01s1011240614

357222BV00009B/361/P

9 781247 783680